MANUAL DA LICITAÇÃO

O GEN | Grupo Editorial Nacional – maior plataforma editorial brasileira no segmento científico, técnico e profissional – publica conteúdos nas áreas de concursos, ciências jurídicas, humanas, exatas, da saúde e sociais aplicadas, além de prover serviços direcionados à educação continuada.

As editoras que integram o GEN, das mais respeitadas no mercado editorial, construíram catálogos inigualáveis, com obras decisivas para a formação acadêmica e o aperfeiçoamento de várias gerações de profissionais e estudantes, tendo se tornado sinônimo de qualidade e seriedade.

A missão do GEN e dos núcleos de conteúdo que o compõem é prover a melhor informação científica e distribuí-la de maneira flexível e conveniente, a preços justos, gerando benefícios e servindo a autores, docentes, livreiros, funcionários, colaboradores e acionistas.

Nosso comportamento ético incondicional e nossa responsabilidade social e ambiental são reforçados pela natureza educacional de nossa atividade e dão sustentabilidade ao crescimento contínuo e à rentabilidade do grupo.

JOSÉ CALASANS JUNIOR

MANUAL DA LICITAÇÃO

LEI 14.133, DE 1º DE ABRIL DE 2021

3ª edição revista e atualizada

■ O autor deste livro e a editora empenharam seus melhores esforços para assegurar que as informações e os procedimentos apresentados no texto estejam em acordo com os padrões aceitos à época da publicação, e todos os dados foram atualizados pelo autor até a data de fechamento do livro. Entretanto, tendo em conta a evolução das ciências, as atualizações legislativas, as mudanças regulamentares governamentais e o constante fluxo de novas informações sobre os temas que constam do livro, recomendamos enfaticamente que os leitores consultem sempre outras fontes fidedignas, de modo a se certificarem de que as informações contidas no texto estão corretas e de que não houve alterações nas recomendações ou na legislação regulamentadora.

■ Fechamento desta edição: *12.04.2021*

■ O Autor e a editora se empenharam para citar adequadamente e dar o devido crédito a todos os detentores de direitos autorais de qualquer material utilizado neste livro, dispondo-se a possíveis acertos posteriores caso, inadvertida e involuntariamente, a identificação de algum deles tenha sido omitida.

■ **Atendimento ao cliente:** (11) 5080-0751 | faleconosco@grupogen.com.br

■ Direitos exclusivos para a língua portuguesa
Copyright © 2021 *by*
Editora Atlas Ltda.
Uma editora integrante do GEN | Grupo Editorial Nacional
Al. Arapoema, 659, sala 05, Tamboré
Barueri – SP – 06460-080
www.grupogen.com.br

■ Reservados todos os direitos. É proibida a duplicação ou reprodução deste volume, no todo ou em parte, em quaisquer formas ou por quaisquer meios (eletrônico, mecânico, gravação, fotocópia, distribuição pela Internet ou outros), sem permissão, por escrito, da Editora Atlas Ltda.

■ Capa: Joyce Matos

■ **CIP – BRASIL. CATALOGAÇÃO NA FONTE.**
SINDICATO NACIONAL DOS EDITORES DE LIVROS, RJ.

C146m

Calasans Junior, José

Manual da Licitação: com base na Lei nº 14.133, de 1º de abril de 2021 / José Calasans Junior. – 3. ed. – Barueri [SP]: Atlas, 2021.

Inclui bibliografia
ISBN 978-65-597-7027-4

1. Direito administrativo – Brasil. 2. Licitação pública – Legislação – Brasil. 3. Contratos administrativos – Brasil. I. Título.

21-70495 　　　　　　　　　　　　　　　　　　　　　　　　　CDU: 342.9(81)

Leandra Felix da Cruz Candido – Bibliotecária – CRB-7/6135

*À memória de meus pais,
ao amor de minha esposa, Celeste,
de meu filho, Reinaldo
e de minha neta, Mirella,
dedico a edição deste livro.*

SOBRE O AUTOR

JOSÉ CALASANS JUNIOR é advogado, especialista em Direito da Eletricidade e Direito Administrativo. Fez cursos de especialização em administração na Universidade de São Paulo (USP) e na Universidade Federal da Bahia (UFBA). Foi advogado da Companhia de Eletricidade do Estado da Bahia (Coelba) desde 1968, tendo chefiado o Departamento Jurídico da empresa até maio de 1995, quando se aposentou.

Ao longo de sua atividade profissional de mais de três décadas, especializou-se, também, em questões relacionadas com a licitação, tendo presidido, presidiu por vários anos, comissões permanentes e especiais de licitação, inclusive para contratações vinculadas a financiamentos de organismos internacionais, como Banco Mundial, Banco Internacional de Reconstrução e Desenvolvimento (BIRD) e Banco Interamericano de Desenvolvimento (BID). Foi autor dos regulamentos de contratação da Coelba (quando ainda empresa estatal) e da Empresa Baiana de Águas e Saneamento (Embasa).

Como Consultor Jurídico do Ministério de Minas e Energia (1995 a 1999), foi responsável pela elaboração do projeto do Regulamento do Procedimento Licitatório Simplificado da Petrobras, aprovado pelo Decreto Federal nº 2.745, publicado no *Diário Oficial da União* de 25 de agosto de 1998. Além de artigos publicados em revistas especializadas, ministrou palestras em diversos seminários e cursos sobre licitações e contratos.

TRABALHOS PUBLICADOS PELO AUTOR

Artigos:

LEI DE LICITAÇÕES – Alterações que precisariam ser feitas. *Revista Informativo de Licitações e Contratos.* Curitiba: Zênite, 1997.

A LICITAÇÃO NAS EMPRESAS ESTATAIS. *Revista de Direito Administrativo.* Rio de Janeiro, dez./1998.

LICITAÇÃO – Adjudicação e Homologação do Julgamento. *Revista Informativo de Licitações e Contratos.* Curitiba: Zênite, mar./2000.

O PREGÃO NAS LICITAÇÕES DE BENS E SERVIÇOS. *Informativo de Licitações e Contratos.* Curitiba: Zênite, out./2000.

RECURSOS ADMINISTRATIVOS NAS LICITAÇÕES. *Informativo de Licitações e Contratos.* Curitiba: Zênite, mai./2005.

LEI DE LICITAÇÕES – Equívocos e omissões da proposta de reforma. *Informativo de Licitações e Contratos.* Curitiba: Zênite, dez./2007.

A LICITAÇÃO NAS EMPRESAS ESTATAIS. *Informativo de Licitações e Contratos.* Curitiba: Zênite, jun./2012.

O CREDENCIAMENTO COMO MODALIDADE DE LICITAÇÃO. *Informativo de Licitações e Contratos.* Curitiba: Zênite, mai./2012.

O RDC versus a Lei 8.666. *Informativo de Licitações e Contratos.* Curitiba: Zênite, jun./2012.

Livros:

DIREITO DA ENERGIA ELÉTRICA – Estudos e Pareceres. Rio de Janeiro: Synergia Editora, 2013.

LICITAÇÃO E CONTRATAÇÃO NAS EMPRESAS ESTATAIS – Anotações críticas sobre a Lei nº 13.303, de 30 de junho de 2016. Rio de Janeiro: Synergia Editora, 2017.

NOTA DO AUTOR

Esta 3ª edição do MANUAL DA LICITAÇÃO deveria contemplar, apenas, a revisão das orientações de procedimento contidas nas edições anteriores e a atualização das anotações críticas sobre as inovações da principal proposta de alteração da legislação sobre licitações em tramitação no Congresso Nacional. De fato, quando do lançamento da 2ª edição do Manual, tinha sido aprovado pelo Senado Federal o Projeto de Lei (PLS) nº 559, de 2013, resultante de proposta elaborada por uma Comissão Especial constituída pelo Presidente do Senado "para atualizar e modernizar a Lei nº 8.666, de 21 de junho de 1993".

Na Câmara dos Deputados, o PLS 559 de 2013, já como proposta de nova lei de licitações, tramitou sob nº 6.814, de 2017, sofrendo alterações significativas através de dois substitutivos: o primeiro, elaborado pelo Deputado João Arruda, relator inicial na Comissão Especial constituída para análise da matéria, não chegou a ser apreciado; o segundo, elaborado pelo Deputado Augusto Coutinho, englobando, sob o nº 1.292, de 1995, as inúmeras propostas em tramitação na Câmara dos Deputados sobre licitações e contratos administrativos, foi aprovado pelo Plenário da Câmara dos Deputados em 17 de setembro de 2017. Acolhido pelo Senado e aprovado em 10 de dezembro de 2020, foi sancionado pelo Presidente da República em 1º de abril de 2021, transformando-se na nova Lei de Licitações, sob nº 14.133.

É importante esclarecer que, mesmo vigorando desde a data de sua publicação (1º/04/2021), a nova Lei de Licitações não se aplicará, desde logo e obrigatoriamente, a todos os procedimentos de contratação, tendo em vista a regra de transição (art. 191) que permite à Administração Pública continuar licitando e contratando segundo as normas das leis anteriores (8.666, de 1993, 10.520, de 2002, e 12.462, de 2011). Assim, durante esse período de adaptação, de dois anos (art. 193, inciso II), justificável, certamente, pela necessidade de edição de normas complementares de regulamentação exigidas em diversos dispositivos da nova Lei de Licitações, haverá, na Administração Pública, procedimentos administrativos de contratação disformes, o que não corresponde ao princípio da segurança jurídica.

Esta nova edição do MANUAL DA LICITAÇÃO, mantendo o mesmo propósito de oferecer orientação prática para o processamento das licitações públicas, apresenta observações mais abrangentes, que, de um lado, permitirão aos leitores formar juízo sobre as principais inovações da nova legislação, e, de outro lado, ajudarão os agentes públicos e demais interessados a realizar os procedimentos administrativos e participar das licitações, desde logo, de acordo com a nova disciplina legal.

PREFÁCIO

Com imensa satisfação venho apresentar àqueles que no exercício diário de suas tarefas enfrentam problemas relacionados com o tema licitação a obra deste experiente profissional que me honrou com o convite para prefaciar tão valioso trabalho.

Ao ler o título do livro, alguns podem ter pensado: aí vem mais um trabalho sobre licitações. Este *Manual da Licitação*, todavia, não é simplesmente mais um trabalho sobre o tema. O Dr. José Calasans Junior trilha senda própria e original, poupando-nos de complexas e cansativas considerações doutrinárias teóricas ou especialmente filosóficas sobre o tema. O autor, detentor de vasta experiência no assunto, tendo assessorado e atuado diretamente em inúmeros procedimentos licitatórios, sabe muito bem do que mais precisam os responsáveis pela condução de tais procedimentos administrativos: executá-los de forma materialmente eficaz e juridicamente inquestionável.

Quanto à sua linguagem, define-se em duas palavras: concisão e clareza. Conciso, seu texto não nos prende inutilmente à leitura de tergiversações; o autor, ao contrário, enfrenta de forma direta os problemas que dificultam a tarefa de quem trabalha, quer no polo da Administração, quer no polo privado, evitando impor ao leitor repetidas considerações introdutórias tópico a tópico. Revestido da mais absoluta clareza, seu estilo leva à imediata compreensão, tornando a leitura agradável e fluida, pois não contém armadilhas que normalmente encontramos em trabalhos jurídicos, as quais detêm a leitura que, para correto entendimento do texto, levam à necessária releitura de parágrafos, quando não de páginas inteiras.

Oportuno lembrar, ainda, algo evidente, mas nem sempre levado em consideração por aqueles que escrevem sobre temas jurídicos que servem de ferramenta de trabalho para os profissionais das mais diversas áreas do conhecimento humano e não apenas da jurídica: os homens apresentam variadas características, manifestando-se cada qual de forma suficientemente singular para que possamos distinguir uma pessoa das demais.

Apesar de tal diversidade de nossa espécie e da singularidade de cada um, podemos classificar quem escreve em número determinado de categorias básicas, das quais eu destacaria os que perdem seu tempo escrevendo de modo negligente sobre temas que acabam agredindo os sentimentos de pessoas ou grupos, e nos constrangem a também perdermos nosso tempo lendo; os que criam enredos imaginários, mas talentosamente despertam nossas emoções; os que observam a realidade e, descrevendo-a, nos fazem conhecer o que jamais havíamos visto ou notado; e, finalmente, os que têm a habilidade incomum de observar e sistematizar os diversos aspectos da realidade e igualmente sistematizar, mas genialmente também simplificar, a forma de solucionar os problemas pertinentes ao assunto sobre o qual escrevem.

A primeira das aludidas categorias é a dos que escrevem inútil e nocivamente; não merece o mínimo apreço. A segunda categoria é a dos que escrevem artisticamente, a dos que tornam a vida menos monótona e nos fazem sentir e ver o mundo e as pessoas com maior sensibilidade. A terceira categoria é a dos que escrevem cientificamente; é o seleto grupo dos que, dotados de incomum aptidão para a observação criteriosa e para o raciocínio objetivo, analisam o mundo e as pessoas metodicamente, enfatizam os fatores de maior relevância que não raro fogem à observação comum e, obtendo os resultados de seu estudo, nos mostram o caminho objetivamente mais adequado para enfrentarmos os problemas práticos sem cuja solução a vida seria mais árdua e estressante. São, pois, os integrantes deste grupo os que estudam cientificamente os fenômenos – de natureza histórico-cultural no presente caso – e apontam a técnica que, embasada em conhecimentos assim obtidos, nos orientam na busca da otimização de nossas opções.

O Dr. José Calasans Junior, indubitavelmente, integra este último e invejável grupo, e o leitor, a partir do momento em que necessitar resolver qualquer problema em matéria licitatória, com certeza concordará.

Os roteiros elaborados pelo autor, além de identificarem cada ato a ser praticado pelos agentes aos quais incumbe conduzir o procedimento, contêm comentários que, a um só tempo, esclarecem o interessado e o orientam na busca da opção juridicamente desejável. Seus modelos não são simples textos a serem preenchidos, são verdadeiras fórmulas a serem aplicadas à prática, contendo notas explicativas da máxima utilidade, por sua precisão e oportunidade, pois figuram apenas quando cabíveis e necessárias.

Por tudo isso, parabenizo o autor e, não apenas com prazer, mas entusiasticamente, recomendo a leitura deste excelente trabalho e sua utilização na solução dos problemas enfrentados na prática da licitação.

LUIZ ALBERTO BLANCHET
Advogado, Mestre e doutor em Direito Público
Professor de Direito Administrativo e Constitucional
nos cursos de graduação e mestrado em Direito
da Pontifícia Universidade do Paraná

SUMÁRIO

PARTE I – TEORIA DA LICITAÇÃO			1
CAPÍTULO 1 – FUNDAMENTOS DA LICITAÇÃO			3
1.1	O dever de licitar na Administração		3
	1.1.1	Fundamento constitucional do dever de licitar	5
	1.1.2	Definição e objetivo da licitação	6
1.2	Síntese retrospectiva da legislação sobre licitações		8
CAPÍTULO 2 – PRINCÍPIOS DA LICITAÇÃO			15
2.1	Os princípios constitucionais da Administração Pública		15
2.2	Princípios fundamentais da licitação, segundo a Lei nº 14.133/2021		16
	2.2.1	Princípio da igualdade (ou isonomia)	18
	2.2.2	Princípio da legalidade	19
	2.2.3	Princípio da impessoalidade	20
	2.2.4	Princípio da competitividade	20
	2.2.5	Princípios da moralidade e da probidade administrativa	20
	2.2.6	Princípios da publicidade e da transparência	21
	2.2.7	Princípio da vinculação ao edital	22
	2.2.8	Princípio do julgamento objetivo	22
	2.2.9	Princípio da motivação	23
	2.2.10	Princípios da eficiência e da eficácia	23
2.3	Outros princípios da nova Lei de Licitações		24

CAPÍTULO 3 – CONSIDERAÇÕES GERAIS SOBRE A NOVA LEI DE LICITAÇÕES (LEI 14.133/2021)............ 27

3.1 Estrutura, natureza e abrangência da Lei nº 14.133/2021........... 27
    3.1.1 Normas gerais e normas procedimentais............ 29
    3.1.2 Burocracia do procedimento............ 32

3.2 Aspectos inovadores da Lei 14.133/2021............ 33
    3.2.1 Inovações positivas............ 33
        i) Possibilidade de limitação do número de consorciados (art. 15, § 4º)............ 33
        ii) Exigência de comprovação da conformidade dos preços, nas contratações por inexigibilidade e dispensa da licitação (art. 23, § 4º)............ 34
        iii) Negociação para obtenção de mais vantagens (art. 61).... 35
        iv) Possibilidade da exigência da relação de compromissos assumidos pelos licitantes (art. 67, § 8º)............ 36
        v) Contratação de serviços de prestador exclusivo por inexigibilidade de licitação (art. 74, inciso I)............ 36
        vi) Proibição da subcontratação nos casos de inexigibilidade da licitação (art. 74, § 4º)............ 37
        vii) Possibilidade de se limitar, na licitação, a participação aos pré-qualificados (art. 80, § 10)............ 38
        viii) Exigência da comprovação da capacidade técnica do subcontratado (art. 122, § 1º)............ 39
        ix) Possibilidade da utilização de meios alternativos de resolução de controvérsias (art. 151)............ 41
        x) Matriz de riscos (arts. 6º, inciso XXVII, e 22)............ 42
        xi) Portal Nacional de Contratações Públicas (PNCP) – art. 174............ 42

    3.2.2 Inovações negativas............ 43
        i) Conceito de licitante (art. 6º, inciso IX)............ 43
        ii) Agente de contratação como responsável pelo processamento de licitações (art. 8º, *caput*, e § 2º)............ 44
        iii) Diálogo competitivo como modalidade de licitação (arts. 6º, inciso XLII, e 32)............ 45
        iv) Eliminação da tomada de preços como modalidade de licitação (art. 28)............ 46

3.3 Omissões da Lei 14.133/2021............ 46
    3.3.1 Não obrigatoriedade do cadastramento e classificação como condição para licitar............ 47
    3.3.2 Não limitação do efeito suspensivo dos recursos administrativos............ 48
    3.3.3 Não atribuição da legitimidade para recorrer ao não licitante, em casos de ilegalidade............ 49
    3.3.4 Falta de limite de valor anual para as contratações com dispensa da licitação............ 51

3.3.5	Não restrição da inexigibilidade da licitação à inviabilidade da competição, por exclusividade do fornecedor ou prestador do serviço..	51

CAPÍTULO 4 – ESTRUTURA DO "PROCESSO LICITATÓRIO"........................ 53

4.1	Distinção entre processo e procedimento...	53
4.2	Pressupostos e finalidade do processo de contratação.......................	54
4.3	Requisitos e forma dos atos processuais...	54
4.4	"Fases" do procedimento..	57
4.5	Restrições à participação nos procedimentos de contratação...........	59
4.6	Participação de consórcios...	61

CAPÍTULO 5 – MODALIDADES DE LICITAÇÃO... 63

5.1	Modalidades de licitação...	63
5.2	Classificação das modalidades de licitação..	65
5.3	Critérios para determinar a modalidade de licitação..........................	65
5.4	Diálogo competitivo – modalidade "híbrida" de licitação.................	66
	5.4.1 Inovação desnecessária..	68
	5.4.2 Inovação inoportuna e arriscada...	71

CAPÍTULO 6 – DIVULGAÇÃO DA LICITAÇÃO... 73

6.1	O edital como instrumento de divulgação da licitação.......................	73
	6.1.1 Conteúdo do edital...	75
	6.1.2 Documentos que integram o edital..	82
6.2	Impugnação do edital...	83
6.3	O edital nas concorrências internacionais..	85
6.4	Forma de divulgação da licitação	85
	6.4.1 Prazos de divulgação do edital...	86

CAPÍTULO 7 – JULGAMENTO DA LICITAÇÃO.. 89

7.1	Etapas do procedimento...	89
7.2	Julgamento das propostas..	91
	7.2.1 Recebimento, abertura, análise e classificação das propostas.....	91
7.3	Critérios de julgamento e fatores de avaliação	92
	7.3.1 Julgamento pelo critério de menor preço................................	93
	7.3.2 Julgamento pelo critério de melhor técnica............................	96
	7.3.3 Julgamento pelo critério de técnica e preço............................	100

	7.3.4	Julgamento pelo critério do maior desconto...............	101
	7.3.5	Julgamento pelo critério do maior lance.......................	102
	7.3.6	Julgamento pelo critério do maior retorno econômico......	102
7.4	Julgamento da habilitação		103
	7.4.1	Declaração dos licitantes, de que "atendem aos requisitos de habilitação"...	103
	7.4.2	Momento da apresentação da documentação *versus* momento da aferição da habilitação...	104
	7.4.3	Diferimento da comprovação de regularidade fiscal...........	105
	7.4.4	Declaração de reserva de cargos para pessoas com deficiência..	106
	7.4.5	Declaração de integralidade dos custos da proposta..........	107
	7.4.6	Declaração de conhecimento e de vistoria do local e das condições de realização da obra ou serviço.....................	107
	7.4.7	Complementação de documentos e saneamento de erros ou falhas..	107
7.5	Análise dos elementos de habilitação		108
	7.5.1	Capacidade jurídica..	109
	7.5.2	Qualificação técnico-profissional e técnico-operacional.....	109
		7.5.2.1 Habilitação técnica de consórcios...................	112
		7.5.2.2 Habilitação técnica de subcontratados............	113
	7.5.3	Habilitações fiscal, social e trabalhista.................................	114
	7.5.4	Habilitação econômico-financeira...	115
7.6	Negociação com o ofertante da proposta classificada em primeiro lugar...		116
7.7	Apresentação do resultado do julgamento.......................................		117
7.8	Adjudicação e homologação do julgamento.....................................		117
7.9	Revogação e anulação da licitação...		121

CAPÍTULO 8 – CONTRATAÇÃO DIRETA 125

8.1	Elementos do Processo de Contratação Direta..................................	125
8.2	Contratação direta por inexigibilidade da Licitação..........................	127
	8.2.1 Exclusão do requisito da singularidade do serviço...........	129
	8.2.2 Proibição da subcontratação	134
8.3	Contratação direta por dispensa da Licitação...................................	134

CAPÍTULO 9 – INSTRUMENTOS AUXILIARES DAS LICITAÇÕES 139

9.1	Natureza e finalidade dos instrumentos auxiliares das licitações......	139
9.2	Credenciamento..	140

9.3	Pré-qualificação		143
9.4	Manifestação de Interesse		143
9.5	Sistema de Registro de Preços		145
	9.5.1	Natureza do procedimento	146
	9.5.2	A "carona" como burla à obrigação de licitar	147
9.6	Registro Cadastral		148

CAPÍTULO 10 – CONTRATOS ADMINISTRATIVOS 151

10.1	Conceito do contrato administrativo		151
10.2	Peculiaridades do contrato administrativo		152
	10.2.1	Alteração unilateral do contrato	153
	10.2.2	Reequilíbrio econômico-financeiro	153
	10.2.3	Rescisão unilateral, pela Administração	154
	10.2.4	Controle	154
	10.2.5	Autoexecutoriedade das sanções administrativas	154
10.3	Cláusulas essenciais do contrato administrativo		155
10.4	Idioma dos contratos administrativos		161
10.5	Foro dos contratos		161
10.6	Prazos dos contratos		161
10.7	Alteração dos contratos		163
10.8	Execução, inexecução e extinção dos contratos		164

CAPÍTULO 11 – RECURSOS ADMINISTRATIVOS 167

11.1	Pressupostos do recurso		167
	11.1.1	Pressupostos subjetivos	170
	11.1.2	Pressupostos objetivos	172
11.2	Efeitos do recurso		173
11.3	Audiência dos interessados		173
11.4	Decisão do recurso		173

PARTE II – PRÁTICA DA LICITAÇÃO 175

ROTEIROS DE PROCEDIMENTO 177

Nota preliminar	177
Estrutura do processo de contratação	178
Roteiro do procedimento da concorrência e do pregão	180
Atos da fase externa do procedimento licitatório	180
Atos da Comissão, Agente de Contratação ou Pregoeiro	182

Análise e classificação das propostas 182
Atos da Administração 190

MODELOS E FORMULÁRIOS 195

Modelos para Concorrência e Pregão do tipo menor preço 195
Modelos para Concorrência dos tipos melhor técnica e técnica e preço 196
Modelos para Licitações de menor preço 196
Modelos para Licitações de melhor técnica e de técnica e preço 224

PARTE III – APÊNDICE LEGISLAÇÃO 259

LEI Nº 14.133, DE 1º DE ABRIL DE 2021 261

REFERÊNCIAS BIBLIOGRÁFICAS 387

Parte I
TEORIA DA LICITAÇÃO

Capítulo 1
FUNDAMENTOS DA LICITAÇÃO

1.1 O DEVER DE LICITAR NA ADMINISTRAÇÃO

Qualquer estudo sobre licitação tem como ponto de partida a indagação: *"Por que licitar?"*.

Na acepção etimológica – já se dizia – licitar significa *"oferecer lanço sobre"* (Novo Dicionário Aurélio da Língua Portuguesa, Editora Nova Fronteira, 1986, p. 1.029), constituindo, portanto, a licitação o *"Ato de fazer lanços em um leilão"* (Novo Dicionário Jurídico Brasileiro, de José Náufel, Editora Parma, 1929, p. 672). Nessa acepção, a licitação envolve uma ação de quem pretende adquirir alguma coisa, pela qual oferta um certo preço, tal como ocorre em um *leilão*.[1]

No sentido jurídico, aplicado no âmbito da Administração Pública, a licitação envolve, de um lado, um *pedido* de um ente público interessado em realizar uma obra, um serviço ou uma compra, e, de outro lado, a *oferta* de um preço, por parte dos interessados em realizar a obra, o serviço ou o fornecimento pretendido pela Administração Pública. Assim também ocorre entre os particulares, quando desejam obter bens e serviços. A diferença reside

---

[1] Em sua obra clássica (*Licitação e Contrato Administrativo*, Ed. Revista dos Tribunais, 9ª Ed. 1990, p. 20), HELY LOPES MEIRELLES menciona o sistema de *"vela e pregão"*, referido por FRANCESCO GRECA (*I Contratti della Pubblica Amministrazione*, Milão, 1969, p. 80), que consistia em apregoar-se a obra desejada e, enquanto ardia uma vela, os construtores interessados faziam suas ofertas, adjudicando-se a obra a quem houvesse ofertado o melhor preço, quando se extinguia chama.

em que, para a Administração Pública, o sistema da licitação é imposto pelo ordenamento jurídico, somente podendo ser afastado quando caracterizadas situações expressamente ressalvadas pela lei.

A licitação constitui, portanto, exigência inafastável para a escolha daqueles que o Estado deseja contratar para realizar os objetivos da ação administrativa. Trata-se de procedimento característico dos sistemas democráticos de governo, que não admitem o arbítrio ou a decisão unipessoal dos governantes. Baseado no princípio da isonomia, objetiva, fundamentalmente, obter a condição mais vantajosa para os negócios da Administração Pública. Celso Antônio Bandeira de Mello observa:

> *"Este proceder visa garantir duplo objetivo: de um lado proporcionar às entidades governamentais possibilidade de realizarem o negócio mais vantajoso; de outro, assegurar aos administrados ensejo de disputarem entre si a participação nos negócios que as pessoas administrativas entendam de realizar com os particulares. Destarte, atendem-se a três exigências públicas impostergáveis: proteção aos interesses públicos e recursos governamentais – ao se procurar a oferta mais satisfatória; respeito ao princípio da isonomia (previsto no art. 153, § 1º da Lei Maior) – com abertura de disputa no certame e, finalmente, obediência aos reclamos de probidade administrativa, imposto pelo art. 82, V, da Carta Magna brasileira"* (os dispositivos constitucionais referidos correspondem aos arts. 5º e 37 da Carta de 1988).[2]

Nessa mesma linha de entendimento, é o ensinamento de ALCIDES CRECA:

> *"La licitación es una medida de buen gobierno en toda obra pública que realice el Estado. Se fundamenta en fines utilitarios y en fines morales. Los utilitarios consistirían en obtener el menor costo y la más acabada realización técnica. Los morales son fáciles de advertir. Por la licitación se evitan favoritismos a determinadas empresas o personas, se impide el cohecho en los funcionarios públicos y se coloca a profesionales o empresarios em un mismo pie de igualdad ante la Administración Pública. Analizando el régimen de la licitación la hemos definido como un acto condición previo, siendo su finalidad establecer un riguroso contralor en la disposición de los bienes del Estado, un trato igual para los particulares que comercian con la Administración Pública y una eficaz defensa de los intereses colectivos."*[3]

---

[2] *Licitação*, São Paulo, Revista dos Tribunais, 1980.
[3] *Régimen Legal De La Construcción*, Buenos Aires, 1956, p. 212 *apud* Hely Lopes Meirelles, obra citada, p. 19.

1.1.1 Fundamento constitucional do dever de licitar

No ordenamento jurídico nacional, a exigência da licitação foi estabelecida, inicialmente, através de atos normativos de natureza legal, para órgãos do governo central, como se verificará adiante. Somente a partir da Constituição de 1988 o procedimento passou a ser imposto para toda a Administração Pública, nos três níveis de governo: União, Estados e Distrito Federal e Municípios. No texto original da Carta de 1988 a matéria foi disciplina nestes termos:

> "Art. 22. Compete privativamente à União legislar sobre:
>
> (...)
>
> XXVII – normas gerais de licitação e contratação, em todas as modalidades, para a administração pública, direta e indireta, incluídas as fundações instituídas e mantidas pelo poder público, nas diversas esferas de governo, e empresas sob seu controle".
>
> "Art. 37. A administração pública direta, indireta ou fundacional, de qualquer dos Poderes da União, dos Estados, do Distrito Federal e dos Municípios obedecerá aos princípios de legalidade, impessoalidade, moralidade, publicidade e, também, ao seguinte:
>
> (...)
>
> XXI – ressalvados os casos especificados na legislação, as obras, serviços, compras e alienações serão contratados mediante processo de licitação pública que assegure igualdade de condições a todos os concorrentes, com cláusulas que estabeleçam obrigações de pagamento, mantidas as condições efetivas da proposta, nos termos da lei, o qual somente permitirá as exigências de qualificação técnica e econômica indispensáveis à garantia do cumprimento das obrigações;"

Posteriormente, em virtude da Emenda Constitucional nº 19, de 4 de junho de 1998, o texto do inciso XXVII do art. 22, acima transcrito, sofreu alteração, ficando assim redigido:

> "normas gerais de licitação e contratação, em todas as modalidades, para as administrações públicas diretas, autárquicas e fundacionais da União, Estados, Distrito Federal e Municípios, obedecido o disposto no art. 37, XXI, e para as empresas públicas e sociedades de economia mista, nos termos do art. 173, § 1º, III".

E o § 1º do art. 173, resultante da referida Emenda Constitucional, ficou assim escrito:

"§ 1º A lei estabelecerá o estatuto jurídico da empresa pública, da sociedade de economia mista e de suas subsidiárias que explorem atividade econômica de produção ou comercialização de bens ou de prestação de serviços, dispondo sobre:

I – sua função social e formas de fiscalização pelo Estado e pela sociedade;

II – a sujeição ao regime jurídico próprio das empresas privadas, inclusive quanto aos direitos e obrigações civis, comerciais, trabalhistas e tributários;

III – licitação e contratação de obras, serviços, compras e alienações, observados os princípios da administração pública;

IV – a constituição e o funcionamento dos conselhos de administração e fiscal, com a participação de acionistas minoritários;

V – os mandatos, a avaliação de desempenho e a responsabilidade dos administradores."

Estabeleceu, portanto, a Constituição Federal de 1988 as seguintes diretrizes sobre licitação pública:

1) competência privativa da União para estabelecer *normas gerais* em matéria de licitação e contratação pública;
2) obrigatoriedade da licitação para todos os órgãos da administração pública, direta e indireta, nas três esferas de governo;
3) obrigatoriedade da licitação também para as empresas públicas e sociedades de economia mista, e respectivas subsidiárias, devendo fazê-lo, entretanto, segundo procedimento estabelecido em regulamento próprio, devidamente publicado. Esse regulamento veio a ser estabelecido no estatuto jurídico dessas entidades, aprovado pela Lei nº 13.303, de 30 de junho de 2016.

1.1.2 Definição e objetivo da licitação

Fixada a obrigação de licitar, cumpre definir o conceito, a forma e o objetivo da licitação.

Entre os doutrinadores especialistas do Direito Administrativo brasileiro, dois merecem ser destacados na tarefa de conceituar a licitação: HELY LOPES MEIRELLES e CELSO ANTÔNIO BANDEIRA DE MELLO. O primeiro, na sua obra clássica anteriormente citada, define a licitação como

"o procedimento administrativo mediante o qual a Administração Pública seleciona a proposta mais vantajosa para o contrato de seu interesse. Visa a propiciar iguais oportunidades aos que desejam contratar com o Poder

Público, dentro dos padrões previamente estabelecidos pela Administração, e atua como fator de eficiência e moralidade nos negócios administrativos. É o meio técnico-legal de verificação das melhores condições para a execução de obras, serviços, compra de materiais, e alienação de bens públicos. Realiza-se através de uma sucessão ordenada de atos vinculantes para a Administração e para os licitantes, sem a observância dos quais é nulo o procedimento e o contrato subsequente".

Para CELSO ANTÔNIO BANDEIRA DE MELLO a licitação

"é o procedimento administrativo pelo qual uma pessoa governamental, pretendendo alienar, adquirir ou locar bens, realizar obras ou serviços, segundo condições por ela estipuladas previamente, convoca interessados na apresentação de propostas, a fim de selecionar a que se revele mais conveniente em função de parâmetros antecipadamente estabelecidos e divulgados".[4]

Em ambas as definições estão bem ressaltados os dois aspectos característicos da licitação: (i) é um *procedimento administrativo*, isto é, um *modo de agir* do órgão público interessado em contratar a realização de uma obra, de um serviço, de uma compra ou de uma alienação; e (ii) tem como objetivo a obtenção da condição mais vantajosa para realização desse negócio.

Ao mesmo tempo que restringe a discricionariedade do administrador público, a licitação contribui, também, para a economia da atividade administrativa. A parcimônia dos recursos públicos recomenda ao administrador eficiência na sua utilização. Por outro lado, a necessidade de economia na aplicação desses recursos exige que o agente público busque, sempre, as melhores condições de preço para as contratações que deseja realizar. Esses objetivos, que estavam bem postos na Lei nº 8.666, quando declarava a dupla finalidade da licitação: *"garantir a observância do princípio constitucional da isonomia"* e *"a seleção da proposta mais vantajosa para a Administração"* – art. 3º), estão repetidos no art. 11 da nova Lei de Licitações.

Portanto, licitar significa buscar a condição mais interessante, sob os aspectos econômico e financeiro, para realizar a obra, o serviço ou a aquisição pretendida. Nem poderia ser diferente, porque se o resultado de uma licitação implica maior custo para a Administração, o procedimento perde sentido. Esse aspecto assume particular relevo para a adequada compreensão, por exemplo, do conceito de menor preço, como fator básico de avaliação das propostas. Adiante, o tema será abordado mais detidamente para demonstrar

---

[4] *Licitação*, Editora Revista dos Tribunais, 1980, p. 1.

que o menor preço não é aquele de menor valor nominal, mas o que implica menor dispêndio para a Administração. A nova Lei de Licitações é explícita nesse ponto, ao definir que *"o julgamento por menor preço (...) considerará o menor dispêndio para a Administração"* (art. 34).

A Lei 14.133/2021 estabelece, no art. 11 do Capítulo I do Título II:

> "Art. 11. O processo licitatório tem por objetivos:
>
> I – assegurar a seleção da proposta apta a gerar o resultado de contratação mais vantajoso para a Administração Pública, inclusive no que se refere ao ciclo de vida do objeto;
>
> II – assegurar tratamento isonômico entre os licitantes, bem como a justa competição;
>
> III – evitar contratações com sobrepreço ou com preços manifestamente inexequíveis e superfaturamento na execução dos contratos;
>
> IV – incentivar a inovação e o desenvolvimento nacional sustentável.
>
> Parágrafo único. A alta administração do órgão ou entidade é responsável pela governança das contratações e deve implementar processos e estruturas, inclusive de gestão de riscos e controles internos, para avaliar, direcionar e monitorar os processos licitatórios e os respectivos contratos, com o intuito de alcançar os objetivos estabelecidos no caput deste artigo, promover um ambiente íntegro e confiável, assegurar o alinhamento das contratações ao planejamento estratégico e às leis orçamentárias e promover eficiência, efetividade e eficácia em suas contratações".

Como é fácil de perceber, as disposições transcritas, especialmente as do parágrafo único do art. 11, revelam mais uma plataforma de administração pública, do que objetivos específicos de um procedimento licitatório. *"Incentivar a inovação e o desenvolvimento nacional sustentável"*, por exemplo, deve constituir objetivo de toda ação governamental, a ser implementada no planejamento das contratações, mas não constitui, necessariamente, objetivo da licitação.

Como acima ressaltado, o objetivo fundamental do procedimento licitatório é a obtenção da melhor condição para realizar as obras, serviços, compras e alienações do interesse da Administração Pública, e a busca da economia deve constituir, sem dúvida, a motivação maior da realização da licitação.

1.2 SÍNTESE RETROSPECTIVA DA LEGISLAÇÃO SOBRE LICITAÇÕES

O primeiro diploma legal, editado no Brasil, em que se estabeleceu a obrigação de se realizar um procedimento de caráter licitatório foi o Decreto nº

2.926, de 14 de maio de 1862, expedido pelo Ministro Manoel Felizardo de Souza e Mello, "com a rubrica de Sua Magestade o Imperador Pedro II". Nesse decreto foram estabelecidas *"regras e clausulas geraes para as arremataçoes e execução dos serviços a cargo do Ministerio da Agricultura, Commercio e Obras Públicas"*.

O procedimento compreendia a expedição de *"annuncios, convidando concurrentes, (...) para a apresentação das propostas"* (art. 1º), em ato a ser realizado perante o Presidente da Junta. Cada *concurrente* deveria apresentar *"fiador idoneo"* (art. 3º) e formular sua proposta *"de viva voz, e de modo a ser distinctamente ouvido por todos a sua proposta"*. O membro da Junta que servia de Secretário iria *"tomando em livro competente notas das propostas, e á medida que cada uma dellas fôr completamente enunciada, lerá em voz alta o que a tal respeito houver escripto, assignando depois com os membros da junta e o respectivo concurrente e seu fiador"* (art. 5º). Finda a praça, a junta processante deveria examinar todas as propostas e documentos dos *concurrentes "a fim de dar seu parecer sobre ellas, indicando a que julgar mais vantajosa"*, de tudo lavrando uma ata, a ser remetida ao *"Ministro da Agricultura, Commercio e Obras Públicas, para decidir sobre a adjudicação"* (art. 7º).

Já sob o regime republicado, foi editado o Decreto nº 4.536, de 28 de janeiro de 1922, que aprovou o Código de Contabilidade Pública da União. Editado para disciplinar a aplicação da receita e o controle das despesas do Governo Federal, esse código estabeleceu as primeiras regras sobre a licitação como procedimento prévio originador das despesas da Administração Federal. Desse regulamento, merecem ser destacadas as seguintes disposições pertinentes ao procedimento licitatório:

> *"Art. 49. Ao empenho da despesa deverá preceder contracto, mediante concurrencia publica:*
>
> *a) para fornecimentos, embora parcellados, custeados por credito superiores a 5:000$000;*
>
> *b) para execução de quaesquer obras publicas de valor superior a 10:000$000.*
>
> *Art. 50. A concurrencia publica far-se-á por meio de publicação no Diario Official, ou nos jornaes officiaes dos Estados, das condições a serem estipuladas e com a indicação das autoridades encarregadas da adjudicação, do dia, hora e logar desta.*
>
> *51. Será dispensavel a concurrencia:*
>
> *a) para os fornecimentos, transportes e trabalhos publicos que, por circumstancias imprevistas ou de interesse nacional, a juizo do Presidente da Republica, não permittirem a publicidade ou as demoras exigidas pelos prazos de concurrencia;*
>
> *b) para o fornecimento do material ou de generos, ou realização de trabalhos que só puderem ser effectuados pelo productor ou profissionaes especialistas, ou adquiridos no logar da producção;*

c) para a acquisição de animaes para os serviços militares;

d) para arrendamento ou compra de predios ou terrenos destinados aos serviços publicos;

e) quando não acudirem proponentes á primeira concurrencia.

Neste caso, si houverem sido estipulados preços maximos ou outras razões de preferencia, não poderá ser no contracto aquelle excedido ou estas modificadas, salvo nova concurrencia.

§ 1º Verificada, em primeiro logar, a idoneidade dos concurrentes, será escolhida, salvo outras razões de preferencia antecipadamente assignaladas no edital, a proposta mais barata, que não poderá exceder de 10 % os preços correntes da praça.

Poderá ser preferida mais de uma proposta quando a concurrencia se fizer por unidade e o menor preço desta, em relação á mesma, qualidade, diversificar em cada uma daquellas.

§ 2º Aos concurrentes será licito reclamar contra a inclusão ou exclusão de qualquer concurrente na lista de idoneidade, mediante prova dos factos que allegarem.

§ 3º As propostas serão entregues lacradas, abertas e lidas deante de todos os concurrentes que se apresentarem para assistir a essa formalidade. Cada um rubricará a de todos os outros e antes de qualquer decisão serão publicadas na integra.

§ 4º Haja ou não declaração no edital, presume-se sempre que o Governo se reserva o direito de annullar qualquer concurrencia, por despacho motivado, se houver justa causa".[5]

Esse regramento sofreu várias alterações, sempre por decreto, o último deles o Decreto nº 2.312, de 23 de dezembro de 1986, que revogou "todas as disposições sobre atividades de programação e administração financeira da União, de que tratam o Código de Contabilidade Pública da União, e seu Regulamento".

Como é fácil perceber, a *"concurrencia"* prevista no Decreto 4.536, de 1922 (denominação originária da licitação, tal como hoje conhecida), constituía instrumento de controle das despesas públicas, portanto, matéria de Direito Financeiro, aplicável apenas à União.

A primeira lei de abrangência nacional, com normas específicas sobre licitação, foi o Decreto-lei nº 200, de 25 de fevereiro de 1967, que dispôs sobre a organização da Administração Federal e estabeleceu diretrizes para

---

[5] Texto extraído do *site* da Presidência da República, sem ajustes ortográficos.

a reforma administrativa dos órgãos da União. No Título XII o Decreto-lei 200 estabeleceu *"normas relativas a licitações para compras, obras, serviços e alienações"*. Tal como no Decreto 4.536, de 1922, as normas do Decreto-lei 200 tinham como destinatários os órgãos da administração pública federal. Entretanto, pela Lei nº 5.456, de 20 de junho de 1968, essas normas foram estendidas aos Estados e Municípios, assegurando-se, porém, a esses entes (art. 4º) *"legislar supletivamente sobre a matéria, tendo em vista as peculiaridades regionais e locais, nos termos do § 2º do art. 8º da Constituição"*.

Ainda como diploma legal específico, foi editado, em 21 de novembro de 1986, o Decreto-lei nº 2.300, que instituiu o *"estatuto jurídico das licitações e contratos administrativos pertinentes a obras, serviços, compras e alienações, no âmbito da Administração Federal centralizada e autárquica"* e que teve seu regulamento aprovado pelo Decreto nº 73.140, de 9 de novembro de 1973. No entanto, nos arts. 85 e 86 desse Decreto-lei ficou estabelecido:

> *"Art. 85. Aplicam-se aos Estados, Municípios; Distrito Federal e Territórios as normas gerais estabelecidas neste Decreto-Lei.*
>
> *Parágrafo único. As entidades mencionadas neste artigo não poderão:*
>
> *a) ampliar os casos de dispensa, de inexigibilidade e de vedação de licitação, nem os limites máximos de valor fixados para as diversas modalidades de licitação;*
>
> *b) reduzir os prazos de publicidade do edital ou do convite, nem os estabelecidos para a interposição e decisão de recursos.*
>
> *Art. 86. As sociedades de economia mista, empresas e fundações públicas, e demais entidades controladas direta ou indiretamente pela União, e pelas entidades referidas no artigo anterior, até que editem regulamentos próprios, devidamente publicados, com procedimentos seletivos simplificados e observância dos princípios básicos da licitação, inclusive as vedações contidas no parágrafo único do artigo 85, ficarão sujeitas às disposições deste Decreto-lei.*
>
> *§ 1º Os órgão[s] públicos e as sociedades ou entidades controladas, direta ou indiretamente, pelo Poder Público, para as aquisições de equipamentos e materiais e realização de obras e serviços, com base em política industrial e de desenvolvimento tecnológico ou setorial do Governo Federal, poderão adotar modalidades apropriadas, observados, exclusivamente, as diretrizes da referida política e os respectivos regulamentos.*
>
> *§ 2º Os regulamentos a que se refere este artigo, no âmbito da Administração Federal, após aprovados pela autoridade de nível ministerial a que estiverem vinculados os respectivos órgãos, sociedades e entidades, deverão ser publicados no Diário Oficial da União".* (texto extraído do site da Presidência da República).

Tendo em vista a nova diretriz estabelecida pela Constituição de 1988, foi à União atribuída competência para legislar sobre:

> *"normas gerais de licitação e contratação, em todas as modalidades, para a administração pública, direta e indireta, incluídas as fundações instituídas e mantidas pelo poder público, nas diversas esferas de governo, e empresas sob seu controle"* (redação original do art. 22, inciso XXVII).

E, ao fixar os princípios norteadores da Administração Pública, de qualquer dos Poderes da União, dos Estados, do Distrito Federal e dos Municípios, a Constituição de 1988 definiu que:

> *"ressalvados os casos especificados na legislação, as obras, serviços, compras e alienações serão contratados mediante processo de licitação pública que assegure igualdade de condições a todos os concorrentes, com cláusulas que estabeleçam obrigações de pagamento, mantidas as condições efetivas da proposta, nos termos da lei, o qual somente permitirá as exigências de qualificação técnica e econômica indispensáveis à garantia do cumprimento das obrigações"* (inciso XXI do art. 37).

Com base nessas disposições constitucionais, foi editada, em 21 de junho de 1993, a Lei nº 8.666, que *"institui normas para licitações e contratos da Administração Pública e dá outras providências"*. O art. 1º da Lei 8.666 é taxativo:

> *"Art. 1º Esta Lei estabelece normas gerais sobre licitações e contratos administrativos pertinentes a obras, serviços, inclusive de publicidade, compras, alienações e locações no âmbito dos Poderes da União, dos Estados, do Distrito Federal e dos Municípios.*
>
> *Parágrafo único. Subordinam-se ao regime desta Lei, além dos órgãos da administração direta, os fundos especiais, as autarquias, as fundações públicas, as empresas públicas, as sociedades de economia mista e demais entidades controladas direta ou indiretamente pela União, Estados, Distrito Federal e Municípios".*

Ainda com a finalidade de estabelecer normas gerais sobre licitações e contratações públicas, foram editadas as Leis nºs 10.520, de 17 de julho de 2002, que instituiu o pregão como modalidade de licitação para contratação de bens e serviços comuns, e a Lei nº 12.462, de 5 de agosto de 2011, que instituiu o Regime Diferenciado de Contratações Públicas (RDC), aplicável exclusivamente às licitações e contratações vinculadas aos Jogos Olímpicos e Paraolímpicos de 2016, aos jogos da Copa das Confederações de 2013 e da Copa do Mundo de 2014.

Por fim, vale referir que em 30 de junho de 2016 foi editada a Lei nº 13.303, que aprovou o Estatuto Jurídico da empresa pública, da sociedade de economia mista e de suas subsidiárias, previsto na Emenda Constitucional nº 19, de 4 de junho de 1998, no qual também ficou instituído o regulamento diferenciado das licitações e contratações dessas entidades, excluindo-as, portanto, da incidência das normas das leis gerais acima referidas.[6]

---

[6] Com relação a esse regulamento, remete-se o leitor ao livro "LICITAÇÃO E CONTRATAÇÃO NAS EMPRESAS ESTATAIS", que este autor fez publicar pela Synergia Editora, do Rio de Janeiro, em 2017.

Capítulo 2
PRINCÍPIOS DA LICITAÇÃO

2.1 OS PRINCÍPIOS CONSTITUCIONAIS DA ADMINISTRAÇÃO PÚBLICA

A Constituição Federal de 1988, na Seção I do Capítulo VII do Título III, que trata da "Organização do Estado", prescreve:

> *"Art. 37. A administração pública direta e indireta de qualquer dos Poderes da União, dos Estados, do Distrito Federal e dos Municípios obedecerá aos princípios de legalidade, impessoalidade, moralidade, publicidade e eficiência (...)".*

Ora, a Licitação é um procedimento administrativo, tornado obrigatório para a contratação de obras, serviços, compras e alienações do interesse de órgãos integrantes de qualquer dos Poderes da República. Portanto, deve observar, necessariamente, os princípios que a Constituição indica. Deve ser realizada mediante processo aberto ao público em geral (*"processo de licitação pública"* – diz o inciso XXI do art. 37 da CF), assegurando-se aos interessados *"igualdade de condições"* (princípios da isonomia e da competitividade), com vistas à obtenção da condição mais vantajosa para a realização das obras, dos serviços, das compras e das alienações do interesse da Administração Pública (princípios da eficiência e da economicidade), tudo segundo as regras definidas em lei (princípio da legalidade).

Entretanto, o elenco do art. 37 da Constituição não é taxativo, o que significa que outros "princípios" podem ser indicados em normas infraconstitucionais, sempre que destinados a dar efetividade aos previstos no texto constitucional. Assim sempre ocorreu em todos os diplomas legais editados para disciplinar o procedimento licitatório.

2.2 PRINCÍPIOS FUNDAMENTAIS DA LICITAÇÃO, SEGUNDO A LEI Nº 14.133/2021

No Capítulo II do Título I (Disposições Preliminares), a Lei 14.133/2021 indica:

> "Art. 5º. *Na aplicação desta Lei, serão observados os princípios da legalidade, da impessoalidade, da moralidade, da publicidade, da eficiência, do interesse público, da probidade administrativa, da igualdade, do planejamento, da transparência, da eficácia, da segregação de funções, da motivação, da vinculação ao edital, do julgamento objetivo, da segurança jurídica, da razoabilidade, da competitividade, da proporcionalidade, da celeridade, da economicidade e do desenvolvimento nacional sustentável, assim como as disposições do Decreto-Lei nº 4.657, de 4 de setembro de 1942 (Lei de Introdução às Normas do Direito Brasileiro)."*

Como é fácil de perceber, esse elenco contempla, além dos princípios listados no art. 37 da Constituição Federal, mais 17 (dezessete) *princípios*, alguns dos quais não parecem guardar qualquer pertinência com os objetivos fundamentais da licitação. Assim, por exemplo, não se vê razão que justifique a inclusão da *"segregação de funções"* como *princípio* norteador de uma licitação, como também não se compreende que esse procedimento administrativo deva ter como *objetivo* (ou *princípio*) incentivar o *"desenvolvimento nacional sustentável"* (art. 11, IV, da Lei 14.133/2021), propósito que deve nortear, por óbvio, a ação governamental, a ser implementada no planejamento das contratações públicas.

Como se sabe, os *princípios* são comandos abstratos que se prestam a dar suporte ou embasamento às prescrições (regras) legais. Segundo a definição de CELSO ANTÔNIO BANDEIRA DE MELLO, por princípio deve-se entender *"a disposição expressa ou implícita, de natureza categorial em um sistema, pelo que confirma o sentido das normas implementadas em uma dada ordenação jurídico-positiva"* (Revista de Direito Público 15/284). Pode-se, também, dizer que os princípios são espécie de normas que não precisam estar inscritas no ordenamento positivo, mas que devem orientar a aplicação das regras desse ordenamento. E porque servem de lastro para a aplicação das normas expressas (concretas), os princípios devem ser aplicados mediante juízo de ponderação, o que significa dizer que, diferentemente das regras escritas, os princípios não são autoexcludentes: o de maior peso deve preponderar; ao passo que, no confronto entre regras (normas concretas), havendo colisão, uma deverá ser afastada, para que a outra prevaleça.

Em matéria de licitação, o estudo sobre princípios deve ter como base o preceito constitucional que impõe o procedimento seletivo como requisito de toda contratação da Administração Pública. Reza o inciso XXI do art. 37 da Carta Política de 1988:

> *"ressalvados os casos especificados na legislação, as obras, serviços, compras e alienações serão contratados mediante processo de licitação pública que assegure igualdade de condições a todos os concorrentes, com cláusulas que estabeleçam obrigações de pagamento, mantidas as condições efetivas da proposta, nos termos da lei, o qual somente permitirá as exigências de qualificação técnica e econômica indispensáveis à garantia do cumprimento das obrigações".*

Desse texto constitucional resultam evidentes dois comandos que podem ser considerados como basilares das contratações da Administração Pública: a publicidade do procedimento (*"processo de licitação pública"*) e o tratamento isonômico aos competidores (*"igualdade de condições a todos os concorrentes"*). Mas o comando do inciso XXI deve ser visto como complementar do preceito geral expresso do *caput* do art. 37 da Constituição Federal, que subordina toda administração pública *"aos princípios de legalidade, impessoalidade, moralidade, publicidade e eficiência"*. Seriam, portanto, esses os princípios norteadores de qualquer regra legal sobre licitações, o que não significa que a lista do texto constitucional deva ser vista como taxativa e excludente de outros princípios a serem observados na realização dos procedimentos de contratação da Administração Pública.

Bem por isso, toda legislação nacional sobre essa matéria sempre conteve um elenco de "princípios da licitação". No Decreto-lei 200, de 1967, falava-se, genericamente, no *"princípio da licitação"* (art. 126); no Decreto-lei 2.300, de 1986, a prescrição era mais explícita, na indicação dos *"princípios básicos da igualdade, da publicidade, da probidade administrativa, da vinculação ao instrumento convocatório, do julgamento objetivo e dos que lhe são correlatos"* (art. 3º), listagem que foi repetida no art. 3º da Lei 8.666, de 1993, que resumia, também, a finalidade e o objetivo da licitação: *"garantir a observância do princípio constitucional da isonomia e a selecionar a proposta mais vantajosa para a Administração"*.

Interpretando essa disposição da Lei 8.666, MARÇAL JUSTEN FILHO afirma que

> *"A licitação busca realizar dois fins, igualmente relevantes: o princípio da isonomia e a seleção da proposta mais vantajosa. Se prevalecesse exclusivamente a ideia da 'vantajosidade', ficaria aberta oportunidade para interpre-*

tações disformes. A busca da 'vantagem' poderia conduzir a Administração a opções arbitrárias ou abusivas. Enfim, poderia verificar-se confusão entre interesses primários e secundários da Administração".[1]

No elenco do art. 5º da Lei 14.133/2021 merecem ser destacados, como fundamentais os seguintes princípios:

2.2.1 Princípio da igualdade (ou isonomia)

Talvez para guardar aderência à expressão utilizada nos dispositivos constitucionais (*"Todos são iguais perante a lei, sem distinção de qualquer natureza (...)"* – art. 5º; *"igualdade de condições a todos os concorrentes"* – art. 37, inciso XXI), a Lei 14.133/2021 substituiu o termo *isonomia* por *igualdade*, na indicação desse princípio fundamental da licitação, o que não influi na substância conceitual. O que importa dizer é que *igualdade* (ou *isonomia*) significa a impossibilidade de se estabelecer tratamento diferenciado injustificável entre os interessados na contratação.

Esse é o sentido da expressão do inciso XXI do art. 37 da Constituição Federal, ao determinar que o processo da licitação deve assegurar *"igualdade de condições a todos os concorrentes"*, o que significa dizer que não se pode estabelecer condição de participação, ou de execução do objeto, que não possa ser atendida por todos os potenciais interessados. Daí não se há de concluir que a licitação pressupõe *igualdade* de todos os competidores; ou que seja ilegítima a diferenciação resultante do julgamento que diferencia as propostas. Se assim fosse, seria impossível selecionar alguma, tendo-a como a melhor. A equalização que se exige na análise das ofertas não quer dizer igualá-las. Nesse sentido é válida a lição de MARÇAL JUSTEN FILHO (obra citada, p. 26):

> *"Seria um equívoco supor que a isonomia veda diferenciação entre os particulares para contratação com a Administração. A administração necessita contratar terceiros para realizar seus fins. Logo, deve escolher o contratante (leia-se o contratado) e a proposta. Isso acarreta inafastável diferenciação entre os particulares. Quando a Administração escolhe alguém para contratar, está efetivando uma diferenciação entre os interessados. Em termos rigorosos, está introduzindo um tratamento diferenciado para os terceiros.*
>
> *A diferenciação e o tratamento discriminatório são insuprimíveis, sob esse ângulo. Não se admite, porém, a discriminação arbitrária, produto de*

---

[1] COMENTÁRIOS À LEI DE LICITAÇÕES E CONTRATOS ADMINISTRATIVOS, 4ª Ed. Aide Editora, p. 25.

preferências pessoais e subjetivas do ocupante do cargo público. A licitação consiste em um instrumento jurídico para afastar a arbitrariedade na seleção do contratante (leia-se contratado). *Portanto, o ato convocatório deverá definir, de modo objetivo, as diferenças que são reputadas relevantes para a Administração. A isonomia significa o tratamento uniforme para situações uniformes, distinguindo-se-as na medida em que exista diferença".*

E HELY LOPES MEIRELLES já advertia:

"O que o princípio da isonomia entre os licitantes veda é a cláusula discriminatória ou o julgamento faccioso que desiguala os iguais ou iguala os desiguais, favorecendo a uns e prejudicando a outros, com exigências inúteis para o serviço público, mas com destino certo a determinados candidatos. Essa é a forma mais insidiosa de desvio de poder, com que a Administração quebra a isonomia entre os licitantes (...)" (Licitação e Contrato Administrativo, Ed. Revista dos Tribunais, 9ª Ed. 1988, p. 23/24).

Reproduzindo o que se continha na Lei 8.666 (art. 3º), a nova Lei de Licitações destaca a importância do princípio da isonomia, ao estabelecer que o agente público designado para atuar na área de licitações e contratos não poderá *"admitir, prever, incluir ou tolerar, nos atos que praticar, situações que: a) comprometam, restrinjam ou frustrem o caráter competitivo do processo licitatório (...) (...) b) estabeleçam preferências ou distinções em razão da naturalidade, da sede ou do domicílio dos licitantes"* ou *"tratamento diferenciado de natureza comercial, legal, trabalhista, previdenciária ou qualquer outra entre empresas brasileiras e estrangeiras, inclusive no que se refere a moeda, modalidade e local de pagamento, mesmo quando envolvido financiamento de agência internacional"* (art. 9º, incisos I, *a* e *b*, e II).

2.2.2 Princípio da legalidade

O segundo princípio basilar da licitação é o da *legalidade*, que impõe a vinculação do procedimento às prescrições legais e regulamentares específicas e às estabelecidas no respectivo ato convocatório. Chamado por Hely Lopes Meirelles de *"princípio do procedimento formal"*, o princípio da legalidade impede que a Administração estabeleça "regras" para o certame em desacordo com as prescrições da lei. Entretanto, a formalidade do procedimento não deve implicar o apego a formalismos descabidos, que levem a alijar licitantes ou a recusar propostas por simples defeitos não comprometedores da qualificação dos interessados, ou da qualidade de suas ofertas. A forma, na ação administrativa, é importante, sem dúvida, mas não deve prevalecer sobre o conteúdo.

A Lei 14.133/2021, que foi pródiga na "criação" de princípios, esqueceu do *princípio da instrumentalidade do processo*.

2.2.3 Princípio da impessoalidade

Os atos administrativos, como regra, têm como destinatários todos os cidadãos, sem qualquer distinção. Pelo princípio da *impessoalidade*, em matéria de licitação, impede-se que o agente público estabeleça considerações de caráter exclusivista em relação aos concorrentes, seu estado ou situação, em quebra do princípio maior da isonomia. Não se admite que a licitação seja feita para favorecer tal ou qual pessoa, mas deve ter em vista o atendimento do interesse público. A vantagem da proposta deve ser aferida segundo *dados objetivos*, independentemente da pessoa do proponente. Por isso que a explicitação, no ato convocatório, dos fatores de avaliação e do modo (critério) objetivo e impessoal como serão analisadas as propostas confere aos licitantes segurança quanto à objetividade do julgamento.

2.2.4 Princípio da competitividade

Ao determinar que as obras, serviços, compras e alienações da Administração Pública sejam precedidas de um *"processo de licitação pública"*, a Constituição Federal está fixando, como pressupostos desse processo, a isonomia de tratamento aos potenciais interessados (*"igualdade de condições"* – diz o texto do art. 37, XXI) e a possibilidade de competição entre eles. Com efeito, inexistindo essa possibilidade de competição, a licitação torna-se inviável.

Mas a inviabilidade de competição deve ser real, seja porque não existem os competidores, seja porque não se pode diferenciá-los por critérios objetivos. O que não se admite – e esse é o que decorre do princípio da competitividade – é que a Administração estabeleça regras para o procedimento que, de alguma forma, restrinjam ou inviabilizem a competição.

2.2.5 Princípios da moralidade e da probidade administrativa

O princípio da *moralidade*, intrinsecamente associado ao da *probidade*, impõe que o procedimento licitatório esteja ajustado aos bons costumes e às regras de ética que devem nortear toda conduta individual e, com maior razão, a atividade dos agentes administrativos. Ainda quando inexistente norma legal específica, não se justifica nem se admite conduta ofensiva à ética e à moral. Tenha-se em conta, por outro lado, que mesmo normas legais podem estar em desacordo com princípios éticos e morais, aos quais devemos todos, em especial o administrador público, submissão incondicional.

2.2.6 Princípios da publicidade e da transparência

A publicidade é um dos princípios estabelecidos pela Constituição como norteadores de toda a ação administrativa. Pelo princípio da publicidade impõe-se que todos os atos praticados pelos agentes administrativos sejam do pleno conhecimento da coletividade. Entretanto, a circunstância de serem publicados não confere, por si só, legitimidade aos atos administrativos, mas é requisito de sua eficácia. Significa dizer que, mesmo tendo sido tornados públicos, atos falhos ou irregulares não se convalidam, enquanto os atos legítimos somente adquirem eficácia após publicados.

Se assim é em relação aos atos em geral da Administração Pública, não poderia a licitação ficar excluída desse princípio. Estreitamente vinculado ao outro princípio constitucional da isonomia, a publicidade significa que nada, na licitação, pode ser escondido da coletividade. Não pode haver licitação secreta ou sigilosa. É da essência do instituto o amplo conhecimento de seus atos. Apenas em relação ao conteúdo das propostas a publicidade não incide, mas somente até o momento de sua abertura. Em tudo o mais, o procedimento é aberto e passível do acompanhamento e do controle do público em geral. Todo cidadão tem interesse e é parte legítima para acompanhar o processo e obter informações sobre as propostas.

A nova Lei de Licitações desdobra o princípio da *publicidade*, com a criação do princípio da *transparência*, como se fossem figuras de igual natureza ou sinônimas. A transparência – que também deve nortear as ações administrativas – significa que todos os atos e decisões dos agentes públicos devem ser disponibilizados ao público em geral, com os dados, as informações e os elementos indispensáveis à aferição da sua legitimidade, correção e legalidade. Mas a publicidade é mais que isso: constitui requisito da validade e eficácia dos atos administrativos. No que tange ao procedimento licitatório, significa a impossibilidade de atos sigilosos ou secretos. Publicidade e transparência não são sinônimos, e sim conceitos complementares:

> *"Entende-se a publicidade como característica do que é público, conhecido, não mantido em secreto. Transparência, ao seu turno, é atributo do que é transparente, límpido, cristalino, visível; é o que se deixa perpassar pela luz e ver nitidamente o que está por trás. A transparência exige não somente informação disponível, mas também informação compreensível. Os atos administrativos devem ser públicos e transparentes – públicos porque devem ser levados a conhecimento dos interessados por meio dos instrumentos legalmente previstos (citação, publicação, comunicação etc.); transparentes porque devem permitir entender com clareza seu conteúdo e todos os ele-*

mentos de sua composição, inclusive o motivo e a finalidade, para que seja possível efetivar seu controle. Resumindo em singela frase a reflexão proposta, nem tudo o que é público é necessariamente transparente".[2]

A publicidade deve ser complementada pela *transparência*. A nova Lei de Licitações eliminou a obrigatoriedade da publicação das licitações no Diário Oficial e em jornais, estabelecendo como regra de publicidade a divulgação em sítio eletrônico oficial, instituindo, para tanto, o Portal Nacional de Contratações Públicas (PNCP), que está regulado no Capítulo I do Título V (arts. 174/176). Nesse Portal deverão ser divulgados, não apenas *"editais de credenciamento e de pré-qualificação, avisos de contratação direta e editais de licitação e respectivos anexos"* (art. 174, § 2º, inciso III), bem como todas as decisões emitidas nos procedimentos administrativos de licitação e de contratação direta, sob pena de violação do princípio da publicidade.

Adiante, no item 6.4 do Capítulo 6, serão feitas referências e observações críticas ao veto aplicado ao § 1º do art. 54, que previa a obrigatoriedade da publicação de extrato do edital no Diário Oficial (da União, do Estado, do Distrito Federal ou do Município, conforme o caso) e em jornal diário de grande circulação.

2.2.7 Princípio da vinculação ao edital

Por esse princípio, impõe-se que o certame se desenvolva na estrita observância das regras preestabelecidas, daí por que se costuma dizer que o edital é a lei interna da licitação. Uma vez definidas essas regras, não mais poderão ser alteradas, porque vinculam não apenas a Administração como os próprios licitantes.

2.2.8 Princípio do julgamento objetivo

O princípio do julgamento objetivo determina a impossibilidade de se definir a contratação à base de meras considerações subjetivas. O ato de convocação da licitação deve indicar, de forma clara e precisa, os fatores de avaliação e o critério que será adotado no julgamento das propostas. Pelo princípio do julgamento objetivo, afasta-se o arbítrio e veda-se a discricionariedade na escolha das propostas. Na mais simples licitação, a decisão da escolha deve estar respaldada em avaliação objetiva e fundamentada em razões que correspondam ao interesse público.

---

[2] FABRÍCIO MOTTA, Procurador-Geral do Ministério Público de Contas (TCM-GO) e professor da Universidade Federal de Goiás. Artigo publicado na Revista Consultor Jurídico, de 01/02/2018.

2.2.9 Princípio da motivação

Inovando, em relação ao que se continha na Lei 8.666, a nova Lei de Licitações relaciona entre os princípios a serem observados na sua aplicação o da *motivação*. A inclusão é altamente positiva.

Adiante, no capítulo referente ao julgamento das propostas, observações mais amplas serão feitas a respeito do descumprimento, por parte das comissões de licitação, desse princípio fundamental, que é exigido de todo ato administrativo. De fato, a Lei nº 9.784, de 1999, que regula o processo administrativo no âmbito da Administração federal, prescreve:

> *"Art. 50. Os atos administrativos deverão ser motivados, com indicação dos fatos e dos fundamentos jurídicos, quando:*
>
> *I – neguem, limitem ou afetem direitos ou interesses;*
>
> *II – imponham ou agravem deveres, encargos ou sanções;*
>
> *III – decidam processos administrativos de concurso ou seleção pública;*
>
> *IV – dispensem ou declarem a inexigibilidade de processo licitatório;*
>
> *V – decidam recursos administrativos;*
>
> *VI – decorram de reexame de ofício;*
>
> *VII – deixem de aplicar jurisprudência firmada sobre a questão ou discrepem de pareceres, laudos, propostas e relatórios oficiais;*
>
> *VIII – importem anulação, revogação, suspensão ou convalidação de ato administrativo.*
>
> *§ 1º A motivação deve ser explícita, clara e congruente, podendo consistir em declaração de concordância com fundamentos de anteriores pareceres, informações, decisões ou propostas, que, neste caso, serão parte integrante do ato.*
>
> *(...)*
>
> *§ 3º A motivação das decisões de órgãos colegiados e comissões ou de decisões orais constará da respectiva ata ou de termo escrito".*

Essas prescrições são inteiramente aplicáveis aos procedimentos licitatórios, especialmente no que toca ao julgamento de propostas. A indicação das razões que levam à escolha, ou exclusão, de determinada proposta constitui requisito de validade do julgamento.

2.2.10 Princípios da eficiência e da eficácia

Pelo princípio da eficiência, incluído no elenco do art. 37 da Constituição pela Emenda nº 19, de 1998, as licitações e contratações públicas devem visar, sempre, _à otimização do proveito na utilização dos recursos disponíveis, o que está intimamente ligado ao princípio da economicidade.

E, pelo princípio da eficácia, exige-se que o procedimento licitatório conduza ao resultado pretendido pela Administração, qual seja: a contratação da obra, do serviço ou da compra pela condição mais vantajosa.

2.3 OUTROS PRINCÍPIOS DA NOVA LEI DE LICITAÇÕES

No elenco de princípios, constante do art. 5º da Lei 14.133/2021, constatam-se duas inovações e uma omissão: como inovações: (i) a inclusão do princípio da *celeridade*, que não constava do rol do art. 37 da Constituição Federal, mas passou a integrá-la a partir da Emenda nº 45, de 30/12/2004, que incluiu o inciso LXXVIII no rol dos direitos fundamentais da cidadania; (ii) a necessidade de observância das disposições da Lei de Introdução às Normas do Direito Brasileiro (LINDB – Dec.-Lei 4.657, de 1942).

Em matéria de licitação, a burocracia que caracteriza esse procedimento administrativo – e que a nova lei não eliminou – dificilmente permitirá que se torne realidade o princípio da *celeridade*. De qualquer sorte, é louvável a iniciativa do legislador em incluir essa norma como diretriz para os procedimentos licitatórios;

Quanto à observância das disposições da LINDB, tem-se como oportuna a diretriz, como forma de coibir (ou, pelo menos, conter) a descabida ingerência dos órgãos de controle na atuação dos administradores públicos, a ponto de neles incutir o *"temor de decidir"*. Alguém já disse que *"o administrador desistiu de decidir"*, porque *"viu seus riscos ampliados e, por instituto de auto-proteção, demarcou suas ações à sua 'zona de conforto'"*, com isso instalando-se, na administração pública, uma *"crise de ineficiência pelo controle: acuados, os gestores não mais atuam apenas na busca da melhor solução ao interesse administrativo, mas também para se proteger"*.[3]

Certamente buscando restabelecer a discricionariedade que é característica da ação administrativa, a Lei 14.133/2021 prescreve que, na aplicação de suas normas, deve-se observar as disposições da LINDB, entre as quais merece se destacar a do art. 28, que reza:

> *"O agente público responderá pessoalmente por suas decisões ou opiniões técnicas em caso de dolo ou erro grosseiro".*

---

[3] FERNANDO VERNALHA GUIMARÃES, *in* www.direitodoestado.com.br/colunistas/o--dereito-administrativo-do-medo-a-crise-da-ineficiencia-pelo-controle.

É na linha dessa diretriz que a jurisprudência dos Tribunais tem decido, principalmente em relação aos pronunciamentos dos profissionais da área jurídica, que a responsabilização somente cabe quando demonstrado o dolo.

Como omissão – registra-se que a nova lei, tão pródiga na criação de *princípios*, deixou de referir o da *adjudicação ao vencedor*, que Hely Lopes Meirelles considerava como *compulsória*. Uma vez atendidas as exigências do ato convocatório, o ofertante da melhor proposta tem direito subjetivo a *não ser preterido* na celebração do contrato correspondente, situação que vincula a Administração ao resultado do certame, somente permitindo eximir-se do contrato objetivado se demonstrar razões de interesse público decorrentes de fato superveniente. Mesmo não estando contemplada no elenco do art. 5º como princípio, a adjudicação do objeto licitado ao vencedor do certame é consequência natural do resultado do julgamento que indica a proposta considerada mais vantajosa para a Administração. É verdade que a adjudicação não confere ao vencedor o direito de exigir a concretização do contrato, mas não poderá a Administração celebrá-lo com outro que não seja o vencedor da licitação, salvo se este não atender à convocação para assinar o respectivo instrumento (art. 90, § 2º, da Lei 14.133/2021).

Capítulo 3
CONSIDERAÇÕES GERAIS SOBRE A NOVA LEI DE LICITAÇÕES (LEI 14.133/2021)

3.1 ESTRUTURA, NATUREZA E ABRANGÊNCIA DA LEI Nº 14.133/2021

A nova Lei de Licitações está estruturada em 5 títulos, assim designados:

TÍTULO I – DISPOSIÇÕES PRELIMINARES – com 4 capítulos, que tratam do "Âmbito de Aplicação" da lei (Capítulo I); dos "Princípios" (Capítulo II); das "Definições" (Capítulo III) e dos "Agentes Públicos" (Capítulo IV);

TÍTULO II – DAS LICITAÇÕES – com 10 capítulos, que tratam do "Processo Licitatório" (Capítulo I); da "Fase Preparatória" (Capítulo II); da "Divulgação do Edital de Licitação" (Capítulo III); da "Apresentação de Propostas e Lances" (Capítulo IV); do "Julgamento" (Capítulo V); da "Habilitação" (Capítulo VI); do "Encerramento da Licitação" (Capítulo VII); da "Contratação Direta" (Capítulo VIII); das "Alienações" (Capítulo IX); e dos "Instrumentos Auxiliares" (Capítulo X);

TÍTULO III – DOS CONTRATOS ADMINISTRATIVOS – com 12 capítulos, tratando da "Formalização dos Contratos" (Capítulo I); das "Garantias" (Capítulo II); da "Alocação de Riscos" (Capítulo III); das "Prerrogativas da Administração" (Capítulo IV); da "Duração dos Contratos" (Capítulo V); da "Execução dos Contratos" (Capítulo VI); da "Alteração dos Contratos e dos Preços" (Capítulo VII);

das "Hipóteses de Extinção dos Contratos" (Capítulo VIII); do "Recebimento do Objeto do Contrato" (Capítulo IX); dos "Pagamentos" (Capítulo X); da "Nulidade dos Contratos" (Capítulo XI); e dos "Meios Alternativos de Resolução de Controvérsias" (Capítulo XII);

TÍTULO IV – DAS IRREGULARIDADES – com 3 capítulos, que tratam das "Infrações e Sanções Administrativas" (Capítulo I); das "Impugnações, dos Pedidos de Esclarecimento e dos Recursos" (Capítulo II); e do "Controle das Contratações" (Capítulo III);

TÍTULO V – DISPOSIÇÕES GERAIS – com 3 capítulos, versando sobre o "Portal Nacional de Contratações Públicas" (Capítulo I); "Alterações Legislativas" (Capítulo II); e "Disposições Transitórias e Finais" (Capítulo III).

Como tem sido ressaltado desde a primeira edição, este Manual tem caráter essencialmente prático, voltado para os aspectos procedimentais. Não move o autor o propósito de tecer comentários sobre toda a matéria relacionada com a licitação. Não obstante, não pode furtar-se a registrar ligeiras observações críticas sobre a nova lei, para destacar alguns pontos nos quais entende que ocorreram avanços e retrocessos em relação à legislação revogada, e outros que, se contemplados, certamente contribuiriam para o aprimoramento do procedimento licitatório.

A primeira observação crítica que se faz à nova Lei de Licitações incide, precisamente, sobre a esquematização dos temas nela disciplinados. Assim, por exemplo, no Título II não há sequência lógica na abordagem das matérias tratadas. Como adiante será esclarecido, a licitação constitui procedimento da **fase externa** do ***processo de contratação***, o qual tem, no planejamento (**fase interna**), o ponto de partida para a busca da solução destinada ao atendimento da necessidade da Administração. Nessa fase interna – de planejamento – identifica-se a necessidade a ser atendida (obra, serviço, compra); definem-se as especificações, os projetos, os orçamentos, os prazos, os requisitos de qualificação a serem atendidos pelos interessados em participar da licitação; elaboram-se as minutas do correspondente contrato e do ato convocatório; designa-se o agente público ou a comissão que será responsável pelo processamento do certame e faz-se o chamamento público dos agentes privados potenciais interessados na execução do objeto pretendido.

A esquematização do Capítulo II do Título II (DAS LICITAÇÕES) não obedece a essa sequência lógica de planejamento. O julgamento da licitação é disciplinado em capítulo específico (V), mas os critérios de julgamento estão indicados em uma seção (III) do Capítulo II – Da Fase Preparatória. E a habilitação é disciplinada em capítulo distinto (VI), quando, em verdade, constitui etapa do julgamento. Além disso, no mesmo Título II a lei trata de temas (inexigibilidade e dispensa) que pertencem a outra espécie de procedimento administrativo – **contratação direta**.

Conforme consta do art. 1º, a Lei nº 14.133/2021 *"estabelece normas gerais de licitação e contratação para as Administrações Públicas diretas, autárquicas e fundacionais da União, dos Estados, do Distrito Federal e dos Municípios"*. Mesmo sem o dizer expressamente – como fazia a Lei 8.666, de 1993 – a Lei 14.133/2021 tem por finalidade regulamentar o preceito do inciso XXVII do art. 22 da Constituição Federal, que fixa a competência privativa da União para legislar sobre *"normas gerais de licitação e contratação, em todas as modalidades, para as administrações públicas diretas, autárquicas e fundacionais da União, Estados, Distrito Federal e Municípios, obedecido o disposto no art. 37, XXI, e para as empresas públicas e sociedades de economia mista, nos termos do art. 173, § 1º, III"*.

Com essa finalidade, a Lei 14.133/2021 tem natureza de *lei nacional*, hierarquicamente superior à lei *federal*, embora sejam as duas espécies editadas pelo ente maior da Federação. De fato, enquanto a lei *federal* vincula, apenas, a União e suas entidades da administração indireta (autarquias e fundações), a lei *nacional* alcança e submete a seus ditames todos os entes federativos (União, Estados, Distrito Federal e Município), nas esferas de poder que os compõem (Legislativo, Executivo e Judiciário). E, como *lei nacional*, as *normas gerais* nela contidas vinculam os Estados (e Distrito Federal) e os Municípios e as respectivas entidades de administração indireta (autarquias e fundações).

3.1.1 Normas gerais e normas procedimentais

Como dito acima, a Constituição Federal atribuiu à União competência privativa para legislar sobre *"normas gerais de licitação e contratação, em todas as modalidades, para as administrações públicas diretas, autárquicas e fundacionais da União, Estados, Distrito Federal e Municípios, obedecido o disposto no art. 37, XXI, e para as empresas públicas e sociedades de economia mista, nos termos do art. 173, § 1º, III"* (art. 22, inciso XXVII).

E no art. 24 a Carta de 1988 estabelece:

> *"Compete à União, aos Estados e ao Distrito Federal legislar concorrentemente sobre:*
>
> *(...)*
>
> *XI – procedimentos em matéria processual;*

(...)

§ 2º A competência da União para legislar sobre normas gerais não exclui a competência suplementar dos Estados".

Da análise dessas disposições constitucionais resulta claro que a competência atribuída à União para legislar sobre normas gerais de licitação e contratos não impede, nem retira dos Estados, do Distrito Federal e dos Municípios a competência para estabelecerem regras específicas para o seu procedimento licitatório. Não se pode negar que a esses entes políticos assiste o direito-poder de editar leis próprias para estabelecer normas procedimentais para as suas licitações, respeitadas, por óbvio, as *normas gerais* da lei *nacional*. E assim o fizeram alguns Estados: Bahia – Lei nº 9.433, de 2005; Sergipe – Lei nº 5.848, de 2006; Paraná – Lei nº 15.340, de 2006; São Paulo – Lei nº 13.121, de 2008; Distrito Federal – Lei nº 5.345, de 2014, em todas elas com repetição, quase integral, das normas da Lei 8.666, de 1993.

Conquanto não houvesse unanimidade entre os doutrinadores comentaristas da Lei 8.666 quanto ao conceito de *normas gerais*, era mais ou menos consensual o entendimento segundo o qual deveriam ser consideradas como tais aquelas que definiam regras a serem observadas, de maneira uniforme, em toda a Federação. Alice González Borges considerava como normas gerais *"aquelas que, por alguma razão, convém ao interesse público sejam tratadas por igual, entre todas as ordens da Federação, para que sejam devidamente instrumentalizados e viabilizados os princípios constitucionais com que têm pertinência"*.[1] E Jessé Torres Pereira Júnior afirmava que *"é norma geral de licitação e contratação toda disposição da Lei nº 8.666/93 que se mostre indispensável para implementar os princípios constitucionais da Administração Pública e os básicos arrolados no art. 3º"*.[2]

Teriam, então, natureza de normas gerais as disposições da Lei 8.666 que definiam, por exemplo, os casos de dispensa e inexigibilidade da licitação; as modalidades e os tipos de licitação; as condições gerais e de prorrogação e aditamento dos contratos; as sanções administrativas e penais e os recursos administrativos. A conveniência de se evitar, nesses campos, discrepância de tratamento, que implicaria quebra do princípio da isonomia, certamente levou o constituinte de 1988 a ditar o preceito do inciso XXVII do art. 22, já referido. Esse propósito da Constituição restaria comprometido se cada

---

[1] *Normas Gerais no Estatuto de Licitações e Contratos Administrativos*, São Paulo: Revista dos Tribunais, 1991, p. 22.
[2] *Comentários à Lei das Licitações Públicas e Contratações da Administração Pública*, 6ª. ed., Renovar, Rio de Janeiro, 2003, p. 19.

unidade federativa pudesse estabelecer, ao seu talante, por exemplo, os casos em que o procedimento licitatório poderá ser dispensado ou inexigido. Os cidadãos em geral e os interessados em contratar com o poder público ficariam inseguros, porque a disciplina que vigorasse em um Estado poderia não ser a mesma adotada por outro. Isso atentaria contra a garantia de igualdade de oportunidades, exigida pela Constituição no inciso XXI do art. 37 como fundamento da licitação, e certamente poria em risco a própria indissolubilidade da Federação.

Se o tema já suscitava divergências no regime da lei anterior, com a nova lei parece ter se acentuado o conflito, na medida em que o novo regramento se mostra ainda mais detalhista e abrangente. Com efeito, a Lei 14.133/2021 não apenas regula, de forma exaustiva, todos os aspectos relacionados com os procedimentos de licitação e de contratação *"para as Administrações Públicas diretas, autárquicas e fundacionais da União, dos Estados, do Distrito Federal e dos Municípios"* (art. 1º), como ia ao extremo de **fixar limites** para a atividade legislativa dos demais entes federativos, ao estabelecer, por exemplo:

- limite máximo para a margem de preferência que os Estados, o Distrito Federal e os Municípios poderiam estabelecer para os produtos manufaturados produzidos m seus territórios (art. 26, §§ 3º e 4º);
- prazo para os Municípios realizarem: (i) a *"divulgação complementar de suas contratações"* (art. 175, § 2º); (ii) licitações *"em sítio eletrônico oficial"* (art. 176, inciso II); (iii) publicação, em diário oficial, das informações que a lei exige que sejam divulgadas no sítio eletrônico oficial – o PNCP (art. 176, inciso I do parágrafo único).

As disposições dos §§ 3º e 4º do art. 26 e do § 2º do art. 175 foram vetadas, assim desaparecendo tanto a possibilidade de fixação, pelos mencionados entes federativos, da margem de preferência, como a exigência da divulgação complementar a que estariam os Municípios obrigados, até 31 de dezembro de 2023.

Anote-se, ademais, que a Lei 14.133/2021 prevê, em diversos dispositivos, a necessidade da edição de regulamento, mas estabelecia que *"os entes federativos editarão, preferencialmente, apenas 1 (um) ato normativo"* (art. 188), o que equivale a restringir a competência suplementar dos Estados, do Distrito Federal e dos Municípios, que a Constituição da República lhes atribui (art. 24). Entretanto, o art. 188 foi vetado, não por conta da violação do art. 24 da Constituição Federal, e sim sob alegação de *"vício de inconstitucionalidade formal, por se tratar de matéria reservada à Lei Complementar, nos termos do parágrafo único do art. 59 da Constituição da República, o qual determina que lei complementar disporá sobre a elaboração, redação, alteração e consolidação das leis"*.

Essas observações permitem concluir que, sob o aspecto abordado, a Lei 14.133/2021 padece do mesmo vício de inconstitucionalidade que se continha na Lei 8.666.

3.1.2 Burocracia do procedimento

Outro aspecto negativo da disciplina estabelecida pela Lei 8.666, de 1993, consistia no caráter excessivamente burocratizante de suas normas. Sob o falso propósito de moralizar o procedimento licitatório, aquele diploma estabelece um rito tão rigoroso, que chegava a comprometer, em muitos casos, o seu objetivo.

É compreensível, e até necessário, que na Administração direta ou centralizada o procedimento licitatório seja cercado de regras rígidas, de modo a coibir os desvios dos administradores inescrupulosos. Mas a formalidade do procedimento não deve significar formalismos exagerados, em prejuízo do resultado da licitação. Hely Lopes Meirelles já advertia:

> *"O princípio do procedimento formal, todavia, não significa que a Administração deve ser 'formalista' a ponto de fazer exigências inúteis e desnecessárias à licitação, como também não quer dizer que se deva anular o procedimento ou o julgamento, ou inabilitar licitantes, ou desclassificar propostas diante de simples omissões ou irregularidades na documentação ou na proposta, desde que tais omissões ou irregularidades sejam irrelevantes e não causem prejuízos à Administração ou aos concorrentes. A regra é a dominante nos processos judiciais: não se decreta nulidade onde não houve dano para qualquer das partes – pás de nulité sans grief, no dizer dos franceses".*[3]

Posta em confronto com a Lei 8.666, a nova Lei de Licitações apresenta como inovações mais significativas, no regramento do procedimento licitatório, a inversão das fases (ou etapas, melhor dizendo) de habilitação dos licitantes e julgamento das propostas e a concentração dos recursos em fase (ou etapa) única, após a proclamação do resultado. Em tudo o mais, mantém-se a mesma disciplina da lei anterior, caracterizada pelo excesso de formalidades que compromete a celeridade do procedimento.

Sem qualquer presságio de descrença, pode-se afirmar que dificilmente se conseguirá processar uma licitação, na mais simples das modalidades, em prazo inferior a sessenta dias, e uma concorrência de grande vulto não será concluída em tempo inferior a cento e oitenta dias.

---

[3] Op. Citada, p. 22.

3.2 ASPECTOS INOVADORES DA LEI 14.133/2021

Apesar dos senões apontados, não se pode deixar de reconhecer que a nova lei incorpora inovações procedimentais interessantes, algumas já contempladas em leis específicas. Sem a pretensão de esgotar a análise de todos os aspectos da nova legislação, o autor destaca alguns pontos, mais especificamente relacionados com o processamento da licitação, nos quais a Lei 14.133/2021 apresenta avanços e retrocessos, e outros que, se contemplados, certamente contribuiriam para a celeridade e a eficácia do procedimento.

3.2.1 Inovações positivas

i) **Possibilidade de limitação do número de consorciados** (art. 15, § 4º)

A Lei 8.666, ao fixar diretrizes para a participação, em licitações, de empresas reunidas em consórcio, era omissa quanto ao número de consorciados, o que abria caminho para dúvidas dos agentes administrativos na organização dos processos licitatórios em que pretendiam admitir esse tipo de participação. Por conta dessa omissão, o Tribunal de Contas da União firmou posição no sentido de que *"se a lei deixou à discricionariedade a decisão de permitir a participação no certame de empresa em consórcio, ao permiti-la a Administração deverá observar as disposições contidas no art. 33, da Lei nº 8.666/93, não podendo estabelecer condições não previstas expressamente na lei, mormente quando restritivas ao caráter competitivo da licitação. Assim, por ausência de previsão legal, é irregular a condição estabelecida no edital que limitou a duas o número de empresas participantes no consórcio"* (Acórdão nº 1.240/2008 – TCU Plenário, relator o Ministro André Luís de Carvalho, publicado no Diário Oficial da União de 30/06/2008).

Mostra-se óbvio que tal entendimento não correspondia ao propósito que ditou a regra do art. 33 da Lei 8.666, quando deixou ao critério da Administração permitir a participação de empresas consorciadas. Dizer que a limitação do número de consorciados representava restrição ao caráter competitivo da licitação equivalia a dizer que a não admissão do consórcio também seria restritiva da competitividade. Filiava-se o autor ao entendimento defendido pelo Tribunal de Contas de Minas Gerais, no sentido de que *"se pode o administrador optar pela possibilidade de um consórcio, naturalmente pode, também, limitar o número dos licitantes àqueles que terá capacidade de bem gerenciar"* (decisão de 07/08/2007, no julgamento da Representação nº 712804, de que foi relatora a Conselheira Adriene Andrade). Defendia, então, o autor a opinião de que as diretrizes fixadas nos incisos do art. 33 da Lei 8.666 em nada interferiam na liberdade, assegurada pela própria lei à Administração, de, quando admitir a consorciação, limitar o número de seus integrantes, tendo em consideração, além da complexidade e da amplitude do objeto da contratação, a sua capacidade de gerenciar e controlar a execução do contrato.

Essa interpretação restritiva do TCU já não prevalece sob o regime da nova Lei de Licitações, que agora assegura, expressamente, a possibilidade de a Administração limitar o número dos participantes de um consórcio, exigindo, apenas, que haja justificativa técnica aprovada pela autoridade competente. É claro o texto do § 4º do art. 15 da Lei 14.133/2021:

> *"Desde que haja justificativa técnica aprovada pela autoridade competente, o edital de licitação poderá estabelecer limite máximo para o número de empresas consorciadas".*

A justificativa poderá consistir na demonstração da conveniência de concentração da responsabilidade técnica dos executores da obra ou do serviço e da facilitação do acompanhamento e da fiscalização dos serviços por parte dos agentes da administração contratante.

ii) Exigência de comprovação da conformidade dos preços, nas contratações por inexigibilidade e dispensa da licitação (art. 23, § 4º)

Sob a Lei 8.666, nas contratações diretas por inexigibilidade ou dispensa da licitação, deveria o processo respectivo conter, além da caracterização da situação emergencial motivadora do contrato e da razão da escolha do fornecedor ou executante, a *"justificativa do preço"* (art. 26, inciso III do parágrafo único). Essa justificativa cabia ao órgão responsável pela contratação.

Na nova Lei de Licitações a obrigação de comprovar a compatibilidade dos preços, nas hipóteses de contratação direta, cabe, agora, *"ao contratado"*, que deverá fazê-la *"previamente"*, conforme dispõe o § 4º do art. 23:

> *"Nas contratações diretas por inexigibilidade ou por dispensa, quando não for possível estimar o valor do objeto na forma estabelecida nos §§ 1º, 2º e 3º deste artigo, o contratado deverá comprovar previamente que os preços estão em conformidade com os praticados em contratações semelhantes de objetos de mesma natureza, por meio da apresentação de notas fiscais emitidas para outros contratantes no período de até 1 (um) ano anterior à data da contratação pela Administração, ou por outro meio idôneo".*

Entretanto, se, de um lado, a inovação é positiva, porque exige a comprovação da compatibilidade dos preços, de outra parte encerra uma incongruência em seus termos, ao dizer que a comprovação deverá ser feita pelo contratado *"previamente"*, o que é contraditório, porque *contratado* é aquele que **já celebrou contrato**, situação que somente deve se configurar **após** a aprovação de sua escolha pela autoridade competente. Se a comprovação da compatibilidade dos preços é condição para a contratação direta e deve ser feita *"previamente"*, quem deverá fazê-la há de ser o fornecedor ou executante **escolhido** pela Administração (cf. art. 72, inciso VII, da Lei 14.133/2021), porque somente depois de comprovar que os preços propostos estão compatíveis com os que praticou em contratações anteriores da mesma natureza é que poderá ter sua escolha aprovada e, então, passar à condição de *contratado*.

Além dessa incongruência, a norma do § 4º do art. 23 mostra-se insatisfatória, na medida em que exige a comprovação da compatibilidade dos preços apenas *"quando não for possível estimar o valor do objeto na forma estabelecida nos §§ 1º, 2º e 3º"* do dispositivo, ou seja, pelo órgão interessado na contratação direta. A segurança quanto à adequação dos preços somente estará garantida quando se exigir: (i) da Administração – que faça estimativa correta do valor do objeto a ser contratado; e (ii) do fornecedor ou executante escolhido – que comprove, documentalmente e antes da assinatura do contrato, que os valores propostos estão compatíveis com os que praticou em contratos similares anteriores. Para garantir essa segurança, a redação do dispositivo legal deveria ser a seguinte:

> *"Nas contratações diretas por inexigibilidade ou por dispensa, quando não for possível estimar o valor do objeto na forma estabelecida nos §§ 1º, 2º e 3º, o fornecedor ou executante escolhido deverá comprovar, previamente, com a apresentação de notas fiscais emitidas para outros contratantes no período de até 1 (um) ano anterior, ou outros meios igualmente idôneos, que os preços estão em conformidade com os praticados em contratações semelhantes de objetos da mesma natureza do pretendido pela Administração".*

iii) Negociação para obtenção de mais vantagens (art. 61)

Na linha do que já previa a Lei do Regime Diferenciado de Contratações – RDC (Lei nº 12.462, de 2011), a nova Lei de Licitações estabelece como diretriz para a eficácia das licitações a possibilidade de negociação com o vencedor do certame, para obtenção de condições mais vantajosas. Diz o art. 61:

> *"Definido o resultado do julgamento, a Administração poderá negociar condições mais vantajosas com o primeiro colocado".*

Essa possibilidade de negociação constava nas edições anteriores deste Manual como uma das sugestões do autor para uma licitação eficaz (na Lei 8.666 a negociação era prevista, apenas, nas licitações de melhor técnica – art. 46, § 1º, inciso II).

Estabelece o § 2º do art. 61 da nova Lei de Licitações que *"A negociação será conduzida por agente de contratação ou comissão de contratação, na forma de regulamento, e, depois de concluída, terá seu resultado divulgado a todos os licitantes e anexado aos autos do processo licitatório"*. Embora não esteja expresso no texto legal, é óbvio que a negociação deve ser feita de forma transparente, com seu resultado expresso em ata específica, constante do processo, divulgada para conhecimento do público em geral e não apenas dos demais licitantes.

iv) Possibilidade da exigência da relação de compromissos assumidos pelos licitantes (art. 67, § 8º)

Ao detalhar os elementos de comprovação da *qualificação técnico-profissional e técnico-operacional*, o § 8º do art. 67 da Lei 14.133/2021 prevê a possibilidade da *"exigência da relação dos compromissos assumidos pelo licitante que importem em diminuição da disponibilidade do pessoal técnico referido nos incisos I e III do* caput *deste artigo"*.

Sem dúvida, essa é uma inovação positiva, que supre omissão que se apontava na Lei 8.666. Mas é incompleta, porque limita a finalidade da exigência à verificação da disponibilidade *"do pessoal técnico"* indicado na proposta, deixando de fora a comprovação da disponibilidade *"das instalações e do aparelhamento"*, que o inciso III do art. 67 também menciona como dado a ser considerado na avaliação da capacidade técnica dos licitantes.

v) Contratação de serviços de prestador exclusivo por inexigibilidade de licitação (art. 74, inciso I)

Na Lei 8.666 a exclusividade que permitia a contratação direta por inexigibilidade da licitação somente poderia ser invocada nos casos de compras, porque o texto do inciso I do art. 25 daquela lei referia-se, apenas, a *"materiais, equipamentos, ou gêneros que só possam ser fornecidos por produtor, empresa ou representante comercial"*. Não obstante, tanto a doutrina como a jurisprudência dos tribunais sempre entenderam que a inexigibilidade também poderia ser alegada em relação ao prestador de serviços, ainda que não com base no inciso I e sim em função do texto do *caput* do art. 25. Nesse sentido, decidiu o Tribunal de Contas da União que *"É lícita contratação de serviços com fulcro no art. 25,* caput, *sempre que comprovada a inviabilidade de competição"*, embora ressaltando que *"na hipótese de contratação de serviços, o fundamento legal deverá o caput, posto que o inc. I trata apenas de compras,* e que *"É mister, ainda, a comprovação da exclusividade na prestação do serviço"*

(Decisão nº 63/1998 – TCU Plenário, relator o Ministro Adhemar Paladini Ghisi, publicado no Diário Oficial da União de 17/03/1998).

A nova Lei de Licitações afastou qualquer dúvida sobre esse ponto, ao estabelecer, no art. 74:

> *"É inexigível a licitação quando inviável a competição, em especial nos casos de:*
>
> *I – aquisição de materiais, de equipamentos ou de gêneros ou contratação de **serviços** que só possam ser fornecidos por produtor, empresa ou representante comercial exclusivos".*

O § 1º desse art. 74 determina que

> *"(...) a Administração deverá demonstrar a inviabilidade de competição, mediante atestado de exclusividade, contrato de exclusividade, declaração do fabricante ou outro documento idôneo capaz de comprovar que o objeto é fornecido ou **prestado** por produtor, empresa ou representante comercial exclusivos, vedada a preferência por marca específica".*

Embora não esteja explicitado no texto transcrito, no caso de serviços a exclusividade da prestação deverá ser atestada pelos órgãos responsáveis pela fiscalização da atividade profissional (CREA, CRA etc.).

vi) Proibição da subcontratação nos casos de inexigibilidade da licitação (art. 74, § 4º)

Uma das situações que autorizam a contratação direta por inviabilidade da competição está contemplada no art. 74, inciso III, da Lei 14.133/2021 e envolve a prestação de serviços técnicos especializados por profissionais ou empresas de notória especialização. A notória especialização está definida no inciso XIX do art. 6º como *"qualidade de profissional ou de empresa cujo conceito, no campo de sua especialidade, decorrente de desempenho anterior, estudos, experiência, publicações, organização, aparelhamento, equipe técnica ou outros requisitos relacionados com suas atividades, permite inferir que o seu trabalho é essencial e reconhecidamente adequado à plena satisfação do objeto do contrato".* Se tais características constituem justificativa para a contratação de determinado profissional, ou empresa, é evidente que a prestação do serviço há de ser pessoal, sem possibilidade de sua execução ser transferida para terceira pessoa.

Na Lei 8.666 a pessoalidade da execução era exigida em relação aos profissionais integrantes da equipe técnica da *empresa* licitante, admitida a substituição por outros de experiência equivalente ou superior, *"desde que aprovada pela administração"* (art. 30, § 10). Não havia, porém, vedação explícita (embora fosse óbvia) da substituição do profissional técnico nos casos em que sua notória especialização constituísse justificativa para a contratação direta. Agora, a nova Lei de Licitações é expressa, ao estabelecer, no § 4º do art. 74, que

> *"Nas contratações com fundamento no inciso III do* **caput** *deste artigo, é vedada a subcontratação de empresas ou a atuação de profissionais distintos daqueles que tenham justificado a inexigibilidade".*

Se a contratação é de profissional autônomo, é óbvio que não poderá ele transferir a terceiros a execução dos serviços.

vii) Possibilidade de se limitar, na licitação, a participação aos pré-qualificados (art. 80, § 10)

Em capítulo específico (Capítulo X do Título II), a Lei 14.133/2021 trata dos chamados *"Instrumentos Auxiliares"* das licitações, os quais são listados no art. 78: *credenciamento, pré-qualificação, procedimento de manifestação de interesse, sistema de registro de preços e registro cadastral*. A pré-qualificação, o sistema de registro de preços e o registro cadastral já estavam previstos na Lei 8.666, embora sem a classificação que agora recebem da nova Lei de Licitações.

A pré-qualificação está definida na nova lei (art. 80, *caput*) como *"o procedimento técnico-administrativo para selecionar previamente:*

> *I – licitantes que reúnam condições de habilitação para participar de futura licitação ou de licitação vinculada a programas de obras ou de serviços objetivamente definidos;*
> *II – bens que atendam às exigências técnicas ou de qualidade estabelecidas pela Administração".*

Resulta evidente, dessas disposições, que a pré-qualificação poderá ser adotada sempre que a Administração contratante considerar conveniente selecionar "previamente" aqueles que demonstrem possuir qualificação (jurídica, técnica e econômico-financeira) para realizar o objeto de um futuro contrato. Manifestada essa intenção, e aberto o procedimento administrativo correspondente, a conclusão que se impõe é a de que somente aqueles que acolherem ao chamado e atenderem às exigências de qualificação estarão habilitados a participar da licitação que se seguir ao procedimento de pré-qualificação.

Essa seleção prévia propicia dupla vantagem: (a) torna o procedimento da futura licitação mais célere (porque elimina a possibilidade de questionamentos sobre a habilitação dos concorrentes); (b) dá à Administração a segurança de que qualquer licitante que venha a ser declarado vencedor terá condições efetivas de bem executar o objeto pretendido. Essa possibilidade está, agora, prevista no § 10 do art. 80 da Lei 14.133/2021:

> "A licitação que se seguir ao procedimento da pré-qualificação poderá ser restrita a licitantes ou bens pré-qualificados".

Adiante esse tema será retomado, para afirmar que a pré-qualificação, complementada com a prévia classificação dos interessados, pode ser estabelecida como condição para a participação em toda e qualquer licitação.

viii) Exigência da comprovação da capacidade técnica do subcontratado (art. 122, § 1º)

Reproduzindo norma da Lei 8.666 (art. 72), a nova Lei de Licitações regula a subcontratação nestes termos:

> "Art. 122. Na execução do contrato e sem prejuízo das responsabilidades contratuais e legais, o contratado poderá subcontratar partes da obra, do serviço ou do fornecimento até o limite autorizado, em cada caso, pela Administração.
>
> § 1º O contratado apresentará à Administração documentação que comprove a capacidade técnica do subcontratado, que será avaliada e juntada aos autos do processo correspondente.
>
> § 2º Regulamento ou edital de licitação poderão vedar, restringir ou estabelecer condições para a subcontratação.
>
> § 3º Será vedada a subcontratação de pessoa física ou jurídica, se aquela ou os dirigentes desta mantiverem vínculo de natureza técnica, comercial, econômica, financeira, trabalhista ou civil com dirigente do órgão ou entidade contratante ou com agente público que desempenhe função na licitação ou atue na fiscalização ou na gestão do contrato, ou se deles forem cônjuge, companheiro ou parente em linha reta, colateral, ou por afinidade, até o terceiro grau, devendo essa proibição constar expressamente do edital de licitação".

É fácil perceber que a nova disciplina apresenta três inovações interessantes:

(i) determina que **o contratado** comprove a capacidade técnica do profissional ou da empresa que subcontratará (§ 1º do art. 122);

(ii) transfere para o regulamento ou edital da licitação a decisão de proibir, restringir ou estabelecer condições para a subcontratação (§ 2º do art. 122); e

(iii) veda, desde logo, a subcontratação de determinadas pessoas, físicas ou jurídicas (§ 3º do art. 122).

Esse tema da subcontratação comporta algumas considerações. Inicialmente, deve-se ter presente que a subcontratação representa instrumento de efetividade do princípio da livre concorrência, que fundamenta a ordem econômica (Constituição Federal, art. 170, inciso IV), pelo qual a todos é assegurado *"o livre exercício de qualquer atividade econômica, independentemente de autorização de órgãos públicos, salvo nos casos previstos em lei"* (parágrafo único do art. 170). De outra parte, ao estabelecer que o processo da licitação pública deve assegurar *"igualdade de condições a todos os concorrentes"* (art. 37, inciso XXI), a Constituição Federal fixa, como diretriz fundamental, que os procedimentos de licitação não podem criar obstáculos ou restrições à participação de quaisquer interessados que possam, de alguma forma, contribuir para a consecução dos objetivos da Administração Pública.

Nessa linha de orientação, a legislação brasileira sobre licitações sempre previu duas importantes medidas: (a) o parcelamento das obras, serviços ou compras, como forma de *"ampliação da competitividade"* (Lei 8.666, art. 23, § 1º); (b) a subcontratação (art. 72), como forma de permitir que, sob a responsabilidade direta do licitante vencedor da licitação, outros agentes também pudessem desenvolver sua atividade econômica, executando parcelas das obras, dos serviços ou dos fornecimentos de sua especialidade. É óbvio que essa possibilidade devia estar, sempre, condicionada à autorização da Administração, o que não significava, entretanto, que pudesse esta, por mero arbítrio, impedir a subcontratação.

A conjugação dessas disposições autorizava, então, a afirmativa de que a discricionariedade conferida à Administração para fixar limites do objeto a ser subcontratado não era total, pois não se admitia que pudesse impedi-la em caso de obras, serviços ou compras complexas, que exigissem executores especializados para determinadas etapas.

Fixado esse ponto, cabe a segunda observação: a nova lei inova, negativamente: (i) ao deixar de fixar a obrigatoriedade do fracionamento das obras e (ii) ao admitir a possibilidade de o regulamento ou o edital da licitação criar, de forma oblíqua e contraditória, sério obstáculo à atuação de empreendedores – profissionais ou empresas – que, por conta de sua reduzida capacidade econômica e estrutura administrativa e operacional, não têm condições de concorrer, em licitações públicas, com empreendedores de grande porte. Ao trilhar por caminho restritivo, a Lei 14.133/2021 contradiz, a um só tempo, três princípios fundamentais: o da igualdade de oportunidades, o da competitividade e o da economicidade.

O fracionamento de obras (que na Lei 8.666era obrigatório como forma de ampliação da competitividade – art. 23, § 1º) representa, sem dúvida, medida necessária para conferir efetividade ao princípio constitucional da livre-iniciativa, além de propiciar economia de escala no custo das obras públicas. Incompreensivelmente, a nova lei permite o parcelamento apenas para a contratação de compras (art. 40, inciso V, *b*) e de serviços (art. 47, inciso II), como se na contratação de obras o parcelamento também não pudesse possibilitar a *"ampliação da competição"* e *"evitar a concentração de mercado"* (art. 40, § 2º, inciso III, e art. 47, § 1º, inciso III).

A Administração somente poderá impedir a subcontratação quando demonstrar, fundamentadamente, a impossibilidade e a inconveniência técnica do fracionamento da obra, em etapas ou parcelas que permitam a participação – diretamente, através de consórcio ou mediante posterior subcontratação – de outros agentes econômicos especializados. Então, a conclusão que se impõe é a de que a disposição do § 2º do art. 121 da Lei 14.133/2021 deve ser interpretada conforme o espírito e os objetivos da própria lei, de modo a que a vedação ali prevista somente possa ser estabelecida quando demonstradas a impossibilidade técnica e a inconveniência do fracionamento da obra, do serviço ou da compra.

Uma terceira observação sobre o regramento do art. 122 da Lei 14.133/2021 diz respeito ao momento em que ser feita a comprovação da capacidade técnica do subcontratado. É inegável que a aferição da capacidade técnica daqueles que serão subcontratados constitui elemento da qualificação do licitante que dela pretender valer-se, até porque, ao recorrer à participação de terceiros para a execução de determinadas tarefas do contrato que lhe foi adjudicado, estará confessando, de certa forma, que não está qualificado para realizá-las plenamente, ainda que permaneça responsável pela execução. Portanto, a comprovação da qualificação técnica do(s) futuro(s) subcontratados deve ser feita na fase (etapa) específica da licitação, vale dizer, antes da adjudicação.

ix) Possibilidade da utilização de meios alternativos de resolução de controvérsias (art. 151)

No Capítulo XII do Título III a Lei 14.133/2021 prevê a possibilidade de se adotar, nas contratações da Administração Pública, *"meios alternativos de prevenção e resolução de controvérsias, notadamente a conciliação, a mediação, o comitê de resolução de disputas e a arbitragem"*, nas controvérsias sobre *"direitos patrimoniais disponíveis, como as questões relacionadas ao restabelecimento do equilíbrio econômico-financeiro do contrato, ao inadimplemento de obrigações contratuais por quaisquer das partes e ao cálculo de indenizações"* (art. 151, *caput* e parágrafo único). Essa previsão legal constitui, sem dúvida, importante avanço, e põe fim às dúvidas que se costumava levantar, por exemplo, quanto ao cabimento da arbitragem prevista na Lei nº 9.307, de 23/09/1996, para solucionar conflitos surgidos na execução de contratos administrativos. A nova Lei de Licitações inova, também positivamente, ao admitir (art. 153) o aditamento de contratos vigentes, para permitir a adoção dos meios alternativos de resolução de controvérsias.

x) **Matriz de riscos (arts. 6º, inciso XXVII, e 22)**

A adoção da *matriz de riscos* é inovação interessante da nova Lei de Licitações. Definida no inciso XXVII do art. 6º como *"cláusula contratual definidora de riscos e de responsabilidades entre as partes e caracterizadora do equilíbrio econômico-financeiro inicial do contrato, em termos de ônus financeiro decorrente de eventos supervenientes à contratação"*, a matriz de riscos constitui cláusula econômica insuscetível de modificação unilateral pela Administração Pública (art. 104, § 1º). Ao definir, previamente, os riscos e as responsabilidades por eventos que poderão afetar o equilíbrio da equação econômico-financeiro do contrato, a matriz de riscos afasta a possibilidade de invocação posterior da conhecida "teoria da imprevisão", porque já pactuada a forma de distribuição dos riscos envolvidos.

A matriz de riscos está disciplinada no art. 22 da Lei 14.133/2021 e, de acordo com o § 3º do mesmo artigo, será obrigatória nas licitações de obras e serviços de grande vulto (de valor superior a 200 milhões de reais – art. 6º, inciso XXII) e naquelas em que foram adotados os regimes de contratação integrada e semi-integrada (art. 6º, incisos XXXII e XXXIII).

xi) **Portal Nacional de Contratações Públicas (PNCP) – art. 174**

Cabe referir, por fim, a criação do Portal Nacional de Contratações Públicas (PNCP), como *"sítio eletrônico oficial destinado a:*

"I – divulgação centralizada e obrigatória dos atos exigidos por esta Lei;

II – realização facultativa das contratações pelos órgãos e entidades dos Poderes Executivo, Legislativo e Judiciário de todos os entes federativos" (art. 174).

De acordo com o § 2º desse art. 174, o PNCP deverá conter, entre outras, as seguintes informações acerca das contratações:

"I – planos de contratação anuais;

II – catálogos eletrônicos de padronização;

III – editais de credenciamento e de pré-qualificação, avisos de contratação direta e editais de licitação e respectivos anexos;

IV – atas de registro de preços;

V – contratos e termos aditivos;

VI – notas fiscais eletrônicas, quando for o caso".

Como se verifica, deverão estar concentradas no PNCP todas as informações relacionadas com as licitações e as contratações da Administração Pública, das três esferas de governo, organizadas e disponibilizadas aos órgãos de controle e à sociedade civil, segundo as regras da Lei nº 12.527, de 18/11/2011 (Lei de Acesso à Informação).

Observa-se, entretanto, que a nova Lei de Licitações não indica como poderão ser realizadas as contratações através do Portal Nacional (inciso II do art. 174), matéria que deverá, por certo, ser objeto de regulamentação. À primeira vista, não parece que se possa, apenas com base em dados constantes do PNCP, eliminar a exigência do procedimento licitatório, que é imposta pela Constituição Federal, como forma de obtenção de condição mais vantajosa para a contratação das obras, serviços, compras e alienações da Administração Pública.

3.2.2 Inovações negativas

i)   Conceito de licitante (art. 6º, inciso IX)

O inciso IX do art. 6º define o licitante como sendo a *"pessoa física ou jurídica, ou consórcio de pessoas jurídicas, que participa ou manifesta a intenção de participar de processo licitatório, sendo-lhe equiparável, para os fins desta Lei, o fornecedor ou o prestador de serviço que, em atendimento à solicitação da Administração, oferece proposta".*

Essa conceituação não se mostra juridicamente correta. Licitante é quem licita, isto é, quem formula proposta de fornecimento de bem ou de prestação de serviço. Sem que haja a efetiva participação no procedimento licitatório, com a apresentação de proposta, ninguém pode ser considerado *licitante*. A simples intenção de participação, que ocorre, por exemplo, com a aquisição do edital, não autoriza que seja o adquirente equiparado ao licitante, porque não se lhe pode imputar os deveres e as responsabilidades, perante a Administração Pública, que decorrem da efetiva participação no procedimento administrativo.

Entretanto, está correta a definição do mencionado inciso IX do art. 6º quanto à equiparação daquele que, atendendo a uma solicitação da Administração Pública, em um procedimento de contratação direta, formula proposta para fornecimento de bem ou de prestação de serviço pretendido pelo órgão público, porque, a partir do momento em que se dispõe a realizar a obra, o serviço ou o fornecimento pretendido pelo órgão público, o proponente se submete a todas as normas legais que regulam a contratação.

ii) Agente de contratação como responsável pelo processamento de licitações (art. 8º, caput, e § 2º)

Estabelece o art. 8º da Lei 14.133/2021 que a licitação será conduzida por *"agente de contratação"*, que é definido como *"pessoa designada pela autoridade competente, entre servidores efetivos ou empregados públicos dos quadros permanentes da Administração Pública, para tomar decisões, acompanhar o trâmite da licitação, dar impulso ao procedimento licitatório e executar quaisquer outras atividades necessárias ao bom andamento do certame até a homologação"* (inciso LX do art. 6º).

A disposição é inovadora, não tanto pela conceituação, e sim porque representa substancial alteração do propósito que se consagrou na legislação sobre licitações públicas. Ao atribuir a um colegiado (comissão) a tarefa de julgamento das licitações (tal como estatuído na Lei 8.666, art. 51), o legislador nacional pretendeu, a um só tempo, atender ao princípio da impessoalidade, que a Constituição Federal impõe aos órgãos da Administração Pública (art. 37), como prevenir a influência dos administradores na "escolha" daqueles que serão contratados para realizar as obras, os serviços e os fornecimentos, assim minimizando a subjetividade do julgamento unipessoal. Bem por isso, o julgamento feito pela comissão, quanto às propostas, tem caráter vinculante para o administrador público, que não poderá modificá-lo. A condução do procedimento licitatório por um único agente público somente era permitida nas pequenas unidades administrativas e em face da exiguidade de pessoal disponível para formação da comissão (§ 1º do art. 51 da Lei 8.666).

Ao estabelecer, como regra, que as licitações sejam conduzidas por um *agente de contratação* (apenas nas licitações que envolvam *bens ou serviços especiais* é admitida a substituição do *agente de contratação* por comissão formada por, no mínimo, três membros (§ 2º do art. 8º), a Lei 14.133/2021 fragiliza a observância do princípio constitucional da impessoalidade, deixando aberta a possibilidade de aquele agente, "influenciado" pela autoridade que o designou, indicar para ser contratada pessoa ou empresa da preferência do administrador público.

iii) Diálogo competitivo como modalidade de licitação (arts. 6º, inciso XLII, e 32)

A Lei 14.133/2021 instituiu uma nova modalidade de licitação – diálogo competitivo – que não encontra similar em qualquer diploma legislativo nacional.

Esse diálogo competitivo tem sido considerado como inovação de grande valia, pela *"possibilidade de se abrir a licitação ao mercado antes mesmo da definição da minuta contratual, fugindo-se da tradição de contratação por adesão que marca o direito administrativo"*,[4] e porque *"traz a flexibilidade inexistente nas modalidades atuais e autoriza a interação monitorada entre a Administração Pública e os licitantes para o desenvolvimento de produtos ou serviços sob medida"*[5].

Este autor considera equivocada a criação dessa nova modalidade de licitação, por duas razões fundamentais: 1ª razão: o diálogo competitivo, tal como disciplinado na Lei 14.133/2021, não caracteriza, efetivamente, modalidade de licitação, assemelhando-se mais à *manifestação de interesse*, que a lei disciplina como *instrumento auxiliar* das licitações; 2ª razão: o temor de que as "alternativas" de execução que venham a ser apontadas nos "diálogos competitivos" entabulados com proponentes "previamente selecionados", terminem por atender, de fato, apenas ou preponderantemente, aos interesses econômicos dos proponentes. Fatos recentes, investigados, apurados e comprovados pela "Operação Lava Jato", evidenciaram a inexistência de mecanismos eficazes para prevenir, ou coibir, "diálogos" pouco sérios entre agentes econômicos e agentes públicos.

Tendo-se como válidas essas considerações, não é difícil prever que o "diálogo competitivo" em nada contribuirá para o aperfeiçoamento das contratações públicas. Bem ao contrário, poderá torná-las mais expostas às práticas nocivas que a cada dia vem sendo apontadas nas investigações policiais noticiadas nos meios de comunicação. Mostra-se inoportuna, portanto, a criação dessa nova modalidade de licitação.

Adiante, no capítulo referente às modalidades de licitação, esse tema será retomado.

---

[4] Opinião do Prof. THIAGO MARRARA, da Universidade de São Paulo, no artigo **O "diálogo competitivo" como modalidade licitatória e seus impactos**, publicado na Revista Consultor Jurídico, em 06/01/2017.

[5] Entendimento da advogada CAROLINA BARROS PIRES, especialista em contratos públicos, artigo **Nova Lei de Licitações pode pacificar pontos sensíveis dos contratos públicos,** na mesma revista eletrônica, edição de 06/11/2019.

iv) Eliminação da tomada de preços como modalidade de licitação (art. 28)

O art. 28 da Lei 14.133/2021 lista como modalidades de licitação o pregão, a concorrência, o concurso, o leilão e o diálogo competitivo, os dois primeiros destinados à contratação de obras, serviços e compras, segundo o procedimento comum definido no art. 17 da nova Lei de Licitações, enquanto o último – o diálogo competitivo –, embora também destinado à contratação de obras, serviços e compras que envolvam inovação tecnológica, tem rito procedimental especial. Restaram excluídas do elenco das modalidades tradicionais o convite e a tomada de preços.

Quanto ao convite, tem-se como acertada a decisão do legislador. A eliminação dessa modalidade era uma das sugestões feitas nas edições anteriores deste Manual, porque vinha se prestando ao direcionamento das contratações, com práticas que se revelaram nocivas ao interesse da Administração.

Entretanto, a eliminação da tomada de preços não parece ser medida acertada. Melhor seria que tivesse a lei instituído duas espécies de concorrência: a *concorrência restrita*, aberta apenas aos interessados previamente cadastrados e classificados (nos moldes da antiga tomada de preços), e a *concorrência ampla*, aberta a quaisquer interessados que atendessem aos requisitos de qualificação especificados no ato convocatório. A utilização de cada uma dessas duas modalidades estaria vinculada ao valor estimado para a contratação e ao vulto e complexidade da obra, serviço ou fornecimento pretendido.

3.3 OMISSÕES DA LEI 14.133/2021

Nas edições anteriores deste Manual, depois das anotações críticas que fez a respeito das propostas que tramitavam no Congresso Nacional para alteração da Lei de Licitações, o autor listou algumas medidas que poderiam contribuir para simplificação e celeridade dos procedimentos licitatórios. Algumas dessas medidas já poderiam ser aplicadas sob o regime da Lei 8.666, enquanto outras dependeriam de previsão legal, como ocorreu, agora, com a eliminação do convite do elenco das modalidades de licitação, e com a previsão da negociação com o vencedor do certame, para obtenção de condições mais vantajosas para a Administração.

Entretanto, a nova Lei de Licitações é omissa no enfrentamento de aspectos que certamente contribuiriam para a celeridade e a objetividade dos procedimentos licitatórios. Eis alguns desses pontos:

3.3.1 Não obrigatoriedade do cadastramento e classificação como condição para licitar

Entre as sugestões então formuladas, destacava-se a obrigatoriedade do cadastramento e da classificação de fornecedores e de produtos, como condição para a participação nas licitações públicas.

O autor insiste, uma classificação prévia de todos quantos desejem contratar com o Poder Público, feita segundo a respectiva especialidade, possibilita que a habilitação (qualificação técnica e econômica) dos participantes de uma licitação possa ser comprovada mediante consulta instantânea (*on-line*) ao sistema cadastral, no momento da abertura da licitação. Mesmo nas licitações mais complexas e de maior valor, a serem processadas na modalidade de concorrência, nada impede, sob o ponto de vista jurídico, a exigência do cadastramento antecipado dos interessados, a ser complementado, no procedimento licitatório, pela qualificação específica para a obra, serviço ou compra, ou para um conjunto de obras, serviços ou compras a serem contratados.

Já a classificação de produtos evitará a perda de tempo, em cada certame de compras, para análise dos materiais/equipamentos ofertados, ou porque desconhecidos no segmento de mercado, ou porque sobre eles o órgão público interessado não dispõe de informações confiáveis quanto à qualidade. Com a exigência da prévia análise e classificação dos produtos, as compras tornar-se-ão mais céleres e menos custosas, reduzindo-se, ao mesmo tempo, os riscos de aquisições de produtos sem tradição de desempenho comprovada. As vantagens dessa sistemática saltam aos olhos:

(i) dispensa a apresentação de documentos de habilitação, pois em cada certame os interessados exibirão, apenas, o "Certificado de Registro e Classificação", no qual estarão indicados a sua especialização (obras e serviços para os quais foi previamente comprovada sua qualificação) ou o tipo dos materiais/equipamentos que podem fornecer, cuja qualidade técnica foi também previamente avaliada;

(ii) permite reduzir os prazos de publicidade dos editais para o mínimo necessário à elaboração das propostas, tornando mais célere o trâmite da contratação (a celeridade está elencada no art. 5º da lei como um dos princípios do procedimento licitatório);

(iii) fará desaparecer – ou pelo menos reduzirá significativamente – os motivos de questionamentos sobre qualificação, uma vez que, já sendo conhecidos os potenciais competidores (a lista dos classificados deverá ser disponibilizada pelo órgão de cadastro pelos meios de publicidade previstos na lei), somente poderão comparecer ao certame os classificados na respectiva especialidade, sem possibilidade, portanto, de surpresas entre os concorrentes;

(iv) por fim, e sobre tudo isso, a Administração saberá, antecipadamente, que qualquer dos concorrentes que se sagrar vencedor da licitação terá condições efetivas de bem executar a obra, o serviço ou o fornecimento pretendidos.

A nova Lei de Licitações avançou nessa direção, mas timidamente: determina que os órgãos e entidades da Administração Pública *"deverão utilizar o sistema de registro cadastral unificado disponível no Portal Nacional de Contratações Públicas"* (art. 87); permite a licitação *"restrita a licitantes ou bens pré-qualificados"* (art. 80, § 10), mas não exige a classificação prévia como condição para participação nas licitações em geral.

Não obstante, com base nessas disposições, pode-se afirmar a possibilidade da adoção dessa exigência, em toda e qualquer licitação.

3.3.2 Não limitação do efeito suspensivo dos recursos administrativos

A Lei 14.133/2021 alterou, significativamente, a disciplina da anterior lei geral, para estabelecer que os recursos administrativos dos licitantes deverão ser formulados e apreciados em momento único, após a proclamação do resultado do julgamento. No art. 17, a fase recursal – inciso VI – é colocada após a fase de habilitação – V –, como se esta não fizesse parte do julgamento, o que não é verdade, pois tanto a análise e classificação das propostas coo a análise dos elementos de habilitação constituem *etapas* do julgamento da licitação (v. parágrafo final do tópico 7.1 do Capítulo 7). Com essa alteração – que já vigorava sob a Lei do Pregão (Lei 10.520, de 2002) – pretende-se tornar o procedimento mais fluido, sem "breques" suspensivos por recursos intercorrentes. Entretanto, a eficácia dessa alteração é aparente, uma vez que apenas se transfere para momento posterior a paralisação que os recursos intercorrentes provocavam. Pior ainda: coloca-se sob risco de comprometimento do resultado do julgamento da licitação, diante da possibilidade de sua invalidação, se os recursos interpostos vierem a ser acolhidos, implicando a repetição de atos processuais e retardando, ou até inviabilizando, a contratação.

A obviedade dessas observações leva, induvidosamente, à conclusão de que mais acertada seria a **limitação do efeito suspensivo dos recursos**, que se daria com aplicação desse efeito apenas em relação ao licitante recorrente, ou à proposta a que se referisse, sem que isso implicasse a paralisação do processo. Exemplificando: se determinada proposta é desclassificada, o recurso do proponente garantirá a permanência da proposta no certame, em suspenso, até o julgamento definitivo do recurso; se um licitante é inabilitado e recorre, seu recurso garantirá o seu direito de permanecer no certame, até a decisão final do recurso. Em ambas as hipóteses, a comissão (o agente de contratação ou pregoeiro, conforme o caso) daria seguimento ao processo, com a análise das demais propostas e da habilitação dos demais licitantes, ficando a proclamação do resultado da licitação condicionada ao resultado do recurso: se provido o recurso manifestado pelo que teve sua proposta desclassificada, esta seria devidamente analisada e classificada; se vitorioso o recorrente inabilitado, sua proposta passaria pelo crivo da análise e da classificação.

Não se há de alegar que essa sistemática desvirtuaria a amplitude característica do efeito suspensivo do recurso. Ao contrário, corresponde, exatamente, ao que já ocorre, por exemplo, quando algum licitante recorre à via judicial, após a proclamação do resultado do julgamento: se a decisão judicial lhe for favorável, sua inabilitação será tornada sem efeito, ou sua proposta será analisada e classificada, podendo, eventualmente, implicar a alteração do julgamento que já havia sido proclamado.

A sugestão resguarda o direito de recurso, sem comprometer a celeridade do procedimento licitatório, o que não está garantido pela solução adotada pela nova Lei de Licitações.

3.3.3 Não atribuição da legitimidade para recorrer ao não licitante, em casos de ilegalidade

Inovando em relação à disciplina que se continha na Lei 8.666, a nova Lei de Licitações prevê:

> *"Art. 165. Dos atos da Administração decorrentes da aplicação desta Lei cabem:*
>
> *I – recurso, no prazo de 3 (três) dias úteis, contado da data de intimação ou de lavratura da ata, em face de:*
>
> *a) ato que defira ou indefira pedido de pré-qualificação de interessado ou de inscrição em registro cadastral, sua alteração ou cancelamento;*
>
> *b) julgamento das propostas;*
>
> *c) ato de habilitação ou inabilitação de licitante;*
>
> *d) anulação ou revogação da licitação;*
>
> *e) extinção do contrato, quando determinada por ato unilateral e escrito da Administração;*
>
> *II – **pedido de reconsideração**, no prazo de 3 (três) dias úteis, contado da data de intimação, relativamente a ato do qual não caiba recurso hierárquico".*

"Art. 170. (...)

§ 4º Qualquer licitante, contratado ou pessoa física ou jurídica poderá **representar** aos órgãos de controle interno ou ao tribunal de contas competente contra irregularidades na aplicação desta Lei".

Como se percebe, a *representação* (que o art. 109 da Lei 8.666 contemplava no elenco dos recursos) agora está prevista no capítulo que trata "DO CONTROLE DAS CONTRATAÇÕES" (Título IV – art. 170, § 4º), o que dá azo à suposição de que o legislador pretendeu, deliberadamente, afastar a possibilidade de sua utilização contra atos praticados no procedimento licitatório, antes da contratação, restando induvidoso, portanto, que a representação não tem, na nova lei, natureza de recurso, mas simplesmente constitui forma de exercício do direito constitucional de petição.

Entretanto, como se demonstrará no Capítulo 11 deste Manual, o simples direito de representação não é suficiente para prevenir danos que o cometimento de ilegalidades costuma acarretar à Administração Pública. Se qualquer cidadão é parte legítima para formular essa representação; se pode promover ação judicial (ação popular) para anular atos ilegais da licitação, danosos ao interesse público, por que não lhe é permitido prevenir esses danos, através de recurso, no processo licitatório?

Registre-se que a Lei nº 9.784, de 1990, que regula o processo administrativo no âmbito da Administração Federal, assegura a possibilidade de recurso por parte do cidadão, mesmo quando não seja parte do processo, para defesa de *"direitos ou interesses difusos":*

"Art. 58. *Têm legitimidade para interpor recurso administrativo:*

I – os titulares de direitos e interesses que forem parte no processo;

II – aqueles cujos direitos ou interesses forem indiretamente afetados pela decisão;

III – as organizações e associações representativas, no tocante a direitos e interesses coletivos;

IV – **os cidadãos** *ou associações,* **quanto a direitos ou interesses difusos**".

Ora, a licitação constitui procedimento administrativo típico, que tem por objetivo resguardar os interesses superiores da sociedade, relativamente aos dispêndios que resultarão da contratação de obras, serviços ou compras da Administração Pública. A observância das regras disciplinadoras desse procedimento administrativo (princípio da legalidade) constitui *direito subjetivo coletivo,* afeto a todo cidadão, por isso que a própria nova Lei de Licitações assegura a qualquer *"pessoa física ou jurídica"* a possibilidade da representação (art. 170, § 4º) *"contra irregularidades na aplicação desta Lei"*. Independentemente dos interesses pertinentes àqueles que participam do certame licitatório, **todos os cidadãos** têm interesse em que o resultado seja o mais vantajoso, sob o aspecto financeiro, para a coletividade, daí porque *"a defesa do erário"* pode, sim, ser classificada como **direito difuso**,[6] apto a legitimar a interposição de recurso, por parte de qualquer cidadão, em face de decisão que implique, ou possa acarretar, prejuízo para a Administração Pública.

Portanto, não parece haver razão jurídica que desautorize a legitimação do cidadão não licitante para recorrer, no procedimento licitatório, contra atos ilegais que afetem o interesse público.

3.3.4 Falta de limite de valor anual para as contratações com dispensa da licitação

A inexistência de limitação tem permitido que as contratações diretas atinjam somas expressivas. O estabelecimento de um limite anual (por exemplo, o dobro do valor estabelecido para a dispensa) constituiria freio à burla do dever de licitar. Evidentemente, esse limite não seria aplicado nas hipóteses de emergência, que reclamem a proteção da vida, ou de interesses coletivos superiores.

3.3.5 Não restrição da inexigibilidade da licitação à inviabilidade da competição, por exclusividade do fornecedor ou prestador do serviço

Conforme se demonstrará adiante, em tópico do capítulo que trata da dispensa e da inexigibilidade, a contratação direta, especialmente em se tratando serviços técnicos especializados, não caracteriza hipótese de *inviabilidade da competição*, mas de simples *dispensa,* tanto que para eles está prevista a modalidade do concurso (art. 6º, inciso XXXIX). A imprecisão que se continha na definição das hipóteses exemplificadas nos incisos do art. 25 da Lei nº 8.666, associada ao rigor da interpretação dos órgãos de controle, motivavam práticas de evasão ao procedimento licitatório, na contratação desses serviços, continuamente questionados pelos órgãos de controle.

Para prevenir tais questionamentos, bastaria que a lei estabelecesse que a invocação da inexigibilidade somente seria cabível nos casos de fornecedor ou prestador exclusivo do bem ou serviço pretendido pela Administração.

---

[6] PEDRO LENZA, *Teoria geral da ação civil pública*, Ed. Revista dos Tribunais, S. Paulo, 2003, p. 94/95.

Capítulo 4
ESTRUTURA DO "PROCESSO LICITATÓRIO"

4.1 DISTINÇÃO ENTRE PROCESSO E PROCEDIMENTO

O primeiro capítulo do Título II da Lei 14.133/2021 trata "Do Processo Licitatório". Em sete artigos (11 a 17), dispõe sobre os "objetivos" do processo (art. 11); requisitos e forma dos atos processuais (arts. 12 e 13); pessoas físicas e jurídicas impedidas de participar de licitações e da execução de contratos(art. 14), participação de empresas em consórcio (art. 15) e profissionais organizados em cooperativa (art. 16), e indica as fases do processo, a serem observadas "em sequência" (art. 17).

Esse capítulo da nova Lei de Licitações comporta algumas observações críticas, que são feitas não necessariamente na ordem em que os assuntos estão regulados no diploma legal. Impõe-se esclarecer, de início, a distinção entre *processo* e *procedimento*.

Processo é o conjunto de atos realizados para atingir determinado objetivo. Nesse conjunto, cada ato tem uma função própria, voltada para o objetivo definido. Por sua vez, *procedimento* significa a *forma* ou o *modo* como esses atos devem ser praticados no processo. Tanto o processo como o procedimento desenvolvem-se em *etapas* e *fases*, estas sequencialmente, sempre "para a frente", de sorte que a seguinte se inicia depois de encerrada a anterior. No campo do Direito Administrativo, quando se objetiva a realização de uma obra, serviço ou compra, também é importante considerar que o "processo de contratação" compreende dois "procedimentos" distintos, que têm finalidade imediata diferenciada: uma voltada à realização de uma **licitação**, outra destinada a justificar uma **contratação direta**, por dispensa ou inexigibilidade da licitação.

4.2 PRESSUPOSTOS E FINALIDADE DO PROCESSO DE CONTRATAÇÃO

O "processo de contratação" (que na Lei 14.133/2021 é designado como "processo licitatório") tem como pressuposto a existência de uma **necessidade coletiva** a ser atendida pela Administração Pública: uma obra, um serviço ou uma compra, que precisam ser contratados com terceiros. Identificada essa necessidade, e reconhecida a impossibilidade de ser atendida diretamente pela estrutura do órgão público (execução direta), instaura-se o "processo de contratação", que tem como objetivo e finalidade encontrar, fora do âmbito da Administração Pública, o atendimento da necessidade identificada, o que poderá ocorrer através de um dos procedimentos específicos: **licitação** ou **contratação direta**.

Também não se deve confundir pressuposto do processo com sua finalidade. Aquele, como dito acima, consiste na necessidade a ser atendida; esta (a finalidade) é o próprio atendimento da necessidade identificada. Equivocada será, igualmente, a suposição de que a finalidade do processo de contratação consiste em assegurar a isonomia entre os agentes externos chamados a participar da escolha da solução objetivada. Em verdade, a isonomia é pressuposto do procedimento licitatório, e não do processo de contratação.

A Lei 14.133/2021 confunde os conceitos de "processo" e "procedimento", ao se referir, no Capítulo I do Título II, ao "Processo Licitatório", como se constituísse realidade autônoma, estanque do "conjunto de atos" que formam o "processo de contratação".

4.3 REQUISITOS E FORMA DOS ATOS PROCESSUAIS

Já se disse que a licitação é um procedimento administrativo típico, que se concretiza pela formalidade de seus atos, o que significa dizer que no procedimento licitatório não se admitem atos, manifestações ou decisões que não estejam expressos em *documentos* do processo.

A Lei 14.133/2021 fixa diretrizes importantes para a boa observância do princípio do *procedimento formal*, que não deve ser confundido com *formalismo*, defeito que sobrepõe a forma ao conteúdo. O art. 12 contém regras positivas nesse sentido:

> "Art. 12. No processo licitatório, observar-se-á o seguinte:
>
> I – os documentos serão produzidos por escrito, com data e local de sua realização e assinatura dos responsáveis;
>
> II – os valores, os preços e os custos utilizados terão como expressão monetária a moeda corrente nacional, ressalvado o disposto no art. 51 desta Lei;

> *III – o desatendimento de exigências meramente formais que não comprometam a aferição da qualificação do licitante ou a compreensão do conteúdo de sua proposta não importará seu afastamento da licitação ou a invalidação do processo;*
>
> *IV – a prova de autenticidade de cópia de documento público ou particular poderá ser feita perante agente da Administração, mediante apresentação de original ou de declaração de autenticidade por advogado, sob sua responsabilidade pessoal;*
>
> *V – o reconhecimento de firma somente será exigido quando houver dúvida de autenticidade, salvo imposição legal;*
>
> *VI – os atos serão preferencialmente digitais, de forma a permitir que sejam produzidos, comunicados, armazenados e validados por meio eletrônico;*
>
> *(...)*
>
> *§ 2º É permitida a identificação e assinatura digital por pessoa física ou jurídica em meio eletrônico, mediante certificado digital emitido em âmbito da Infraestrutura de Chaves Públicas Brasileira (ICP-Brasil)".*

O art. 13 dispõe sobre a "publicidade diferida", relativamente ao conteúdo das propostas e ao orçamento estimado pela Administração para a contratação:

> *"Art. 13. Os atos praticados no processo licitatório são públicos, ressalvadas as hipóteses de informações cujo sigilo seja imprescindível à segurança da sociedade e do Estado, na forma da lei.*
>
> *Parágrafo único. A publicidade será diferida:*
>
> *I – quanto ao conteúdo das propostas, até a respectiva abertura;*
>
> *II – quanto ao orçamento da Administração, nos termos do art. 24 desta Lei."*

E o inciso II do art. 24, que foi vetado na sanção presidencial, estabelecia que *"o orçamento será tornado público apenas e imediatamente após a fase de julgamento de propostas"*.

Quanto ao conteúdo das propostas, a regra do inciso I do art. 13 não rende ensejo a dúvida ou a questionamento: até o momento da abertura em sessão pública, o conteúdo das propostas está protegido pelo sigilo, cuja violação caracteriza ilícito criminal (art. 337-J do Código Penal, introduzido pelo art. 178 da Lei 14.133/2021). No que se refere ao orçamento estimado para a contratação, a publicidade diferida deve ser analisada com certa reserva.

Comentando a norma do inciso II do § 2º do art. 40 da Lei 8.666, que listava os documentos que deveriam compor o edital como anexos, o autor defendeu, na 2ª edição do Manual da Licitação, o entendimento de que o orçamento estimado *"em planilhas de quantitativos e preços unitários"* não parecia ser dado que devesse ser fornecido pela Administração, por duas razões: a primeira, porque a revelação do valor estimado para a obra, serviço ou fornecimento caracterizaria o certame como licitação de "preço base", tipo que não estava contemplado na Lei nº 8.666; a segunda razão decorria do risco a que ficava exposta a Administração, de contratar com preços inadequados, se o seu orçamento estivesse dissociado dos preços de mercado. E esse risco era concreto, na medida em que, como todos sabem, os orçamentos públicos são feitos, quase que invariavelmente, a partir de propostas obtidas em licitações anteriores. Raramente o órgão público faz pesquisa de mercado para elaborar a estimativa de custo da futura contratação. Ora, se o edital indica um valor superestimado, esse valor será, fatalmente, "bem acolhido" pelos licitantes, que o reproduzirão em suas propostas. Não se conhece um licitante que tenha feito a "boa ação" de advertir a Administração, antecipadamente, de que seus orçamentos estão exagerados. Ao contrário, depois que os contratos são assinados, costumam aparecer os zelosos defensores da moralidade, para denunciar os "superfaturamentos".[1]

O orçamento estimativo deve servir de parâmetro para a análise das propostas, mas os proponentes devem indicar, livremente, seus preços, cabendo à comissão (agente de contratação ou pregoeiro, conforme o caso) a responsabilidade de verificar, objetivamente, se os valores ofertados estão, ou não, compatíveis com os preços de mercado e dentro da estimativa feita para a contratação. Por isso, a indicação de valor que a Administração se dispõe a pagar mostra-se inconveniente aos interesses da Administração Pública. Em uma economia de livre mercado, em que a competição se baseia na eficiência e produtividade, as empresas tendem a reduzir seus ganhos para vencer os concorrentes. Agora, se a Administração já indica quanto se dispõe a pagar por um serviço ou bem, corre o risco de pagar mais do que os licitantes cobrariam, se não conhecessem o valor da estimativa oficial.

---

[1] O Prof. LUIZ ALBERTO BLANCHET assim se manifesta sobre esse tema: *"A publicação dos orçamentos distorce os preços a serem propostos porque o proponente deixará de calcular os seus próprios custos para se basear no orçamento da Administração (é mais cômodo e ele sabe que os demais também o farão). A prática tem demonstrado que, quando não se dá publicidade ao orçamento, a variação dos preços é maior, tornando maior a competitividade e a vantagem para o interesse público. Afinal, ninguém está melhor habilitado a conhecer seus próprios custos do que cada proponente; e os custos, como é óbvio, são altamente variáveis de um para outro proponente"* (Roteiro prático das licitações, 6ª edição, Editora Juruá, Curitiba/PR, 2003, p. 58).

Nessa linha de entendimento, considera o autor que a solução adotada pela nova Lei era parcialmente válida: o orçamento não deve ser fornecido com o edital da licitação; mas sua divulgação deveria ocorrer já na sessão pública de recebimento das propostas, e não *"após a fase de julgamento de propostas"*, como dizia o inciso II do art. 24, vetado. Assim estaria sendo atendido o princípio constitucional da publicidade e, ao mesmo tempo, assegurada aos licitantes a garantia de que a análise de compatibilidade de suas propostas não seria feita em função de uma estimativa de custo porventura preparada *a posteriori*.

O veto ao inciso II do art. 24 teve como justificativa a alegação de que, ao estabelecer, de maneira rígida, que o orçamento deveria ser tornado público imediatamente após o julgamento das propostas, a norma estaria impossibilitando que o orçamento fosse utilizado *"na fase de negociação, fase essa posterior a de julgamento e estratégica para a definição da contratação"*. Entretanto, tal alegação somente seria válida se, de fato, o dispositivo, na forma como escrito, implicasse a impossibilidade de o orçamento estimado da contratação ser levado em conta na negociação a ser feita com o licitante declarado vencedor do certame. Mas essa impossibilidade não estava posta no texto vetado, nem mesmo pelo emprego do advérbio *"imediatamente"*, até porque, ao estabelecer que a negociação deverá ocorrer após *"Definido o resultado do julgamento"* (art. 61), a lei está deixando implícito que a negociação ocorrerá *"após o julgamento de propostas"*.

Com o veto ao texto do inciso II do art. 24, já não há momento definido para o levantamento do sigilo do orçamento. Essa indefinição compromete os princípios da publicidade e da transparência, e reforça a convicção de que a melhor solução seria a indicada acima: divulgação do valor do orçamento da Administração na sessão pública de recebimento das propostas.

4.4 "FASES" DO PROCEDIMENTO

Diz o art. 17 da Lei 14.133/2021:

> *"Art. 17. O processo de licitação observará as seguintes fases, em sequência:*
> *I – preparatória;*
> *II – de divulgação do edital de licitação;*
> *III – de apresentação de propostas e lances, quando for o caso;*
> *IV – de julgamento;*
> *V – de habilitação;*
> *VI – recursal;*

VII - de homologação.

§ 1º A fase referida no inciso V do **caput** *deste artigo poderá, mediante ato motivado com explicitação dos benefícios decorrentes, anteceder as fases referidas nos incisos III e IV do* **caput** *deste artigo, desde que expressamente previsto no edital de licitação.*

§ 2º As licitações serão realizadas preferencialmente sob a forma eletrônica, admitida a utilização da forma presencial, desde que motivada, devendo a sessão pública ser registrada em ata e gravada em áudio e vídeo.

§ 3º Desde que previsto no edital, na fase a que se refere o inciso IV do **caput** *deste artigo, o órgão ou entidade licitante poderá, em relação ao licitante provisoriamente vencedor, realizar análise e avaliação da conformidade da proposta, mediante homologação de amostras, exame de conformidade e prova de conceito, entre outros testes de interesse da Administração, de modo a comprovar sua aderência às especificações definidas no termo de referência ou no projeto básico.*

§ 4º Nos procedimentos realizados por meio eletrônico, a Administração poderá determinar, como condição de validade e eficácia, que os licitantes pratiquem seus atos em formato eletrônico.

§ 5º Na hipótese excepcional de licitação sob a forma presencial a que refere o § 2º deste artigo, a sessão pública de apresentação de propostas deverá ser gravada em áudio e vídeo, e a gravação será juntada aos autos do processo licitatório depois de seu encerramento.

§ 6º A Administração poderá exigir certificação por organização independente acreditada pelo Instituto Nacional de Metrologia, Qualidade e Tecnologia (Inmetro) como condição para aceitação de:

I - estudos, anteprojetos, projetos básicos e projetos executivos;

II - conclusão de fases ou de objetos de contratos;

III - material e corpo técnico apresentados por empresa para fins de habilitação".

O dispositivo legal classifica como *fases* do processo de licitação as *etapas* do procedimento licitatório. Ainda que se considerem termos sinônimos, a distinção é de fácil percepção: enquanto a *fase* dá ideia de momento, período, estágio de uma série de fatos ou atos, *etapa* significa cada uma dessas partes.

No caso de uma licitação, tem-se que o processo compreende diversas etapas (identificação da necessidade a ser atendida; planejamento da solução adequada; definição dos custos dessa solução; requisitos a serem atendidos pelos interessados na execução do objeto e várias outras condições para atendimento da necessidade identificada). Todas essas ações constituem *etapas do processo de contratação*. Entretanto, esse *processo* (conjunto de atos) desenvolve-se em dois momentos distintos (fases): primeiro, no âmbito interno do órgão público responsável pelo atendimento da necessidade identificada (obra, serviço ou compra). No segundo momento, os atos do *processo de contratação* realizam-se no ambiente externo, com a participação dos agentes econômicos interessados em realizar o objeto pretendido pelo órgão público. Tanto na fase interna como na externa, o *processo de contratação* deve atender a regras *procedimentais* específicas, que compreendem *etapas sequenciadas*, desenvolvendo-se, portanto, sempre "para a frente", cada uma começando após a conclusão da que a antecede. Assim é porque a licitação *"é uma sucessão itinerária e encadeada de atos sucessivos"*[2], isto é, um procedimento administrativo típico. A sequência dos atos administrativos é característica do *procedimento*.

Então, o que o art. 17 classifica como *"fases do processo"* de licitação caracteriza *etapas do procedimento licitatório*, a serem realizadas *"em sequência"*, isto é, cada uma no momento certo, sem retrocessos.

4.5 RESTRIÇÕES À PARTICIPAÇÃO NOS PROCEDIMENTOS DE CONTRATAÇÃO

No art. 14 estão referidas as pessoas – físicas e jurídicas – que não poderão disputar licitações públicas, nem participar, direta ou indiretamente, da execução de contratos com a Administração Pública. Para algumas dessas pessoas, como o autor do anteprojeto, do projeto básico ou do projeto executivo, a vedação justifica-se para não comprometer a isonomia de condições dos concorrentes; para outros a vedação faz-se necessária para coibir a indevida intermediação, em favor de pessoas que se encontrem, de alguma forma, legalmente impedidas de concorrer, em virtude de falhas, irregularidades e práticas ilícitas em contratações anteriores com o Poder Público.

Eis o elenco das vedações:

> *"Art. 14. Não poderão disputar licitação ou participar da execução de contrato, direta ou indiretamente:*
>
> *I – autor do anteprojeto, do projeto básico ou do projeto executivo, pessoa física ou jurídica, quando a licitação versar sobre obra, serviços ou fornecimento de bens a ele relacionados;*
>
> *II – empresa, isoladamente ou em consórcio, responsável pela elaboração do projeto básico ou do projeto executivo, ou empresa da qual o autor do projeto seja dirigente, gerente, controlador, acionista ou detentor de mais*

---

[2] CELSO ANTÔNIO BANDEIRA DE MELLO, *in* Licitação, Editora Revista dos Tribunais, 1980, p. 3.

de 5% (cinco por cento) do capital com direito a voto, responsável técnico ou subcontratado, quando a licitação versar sobre obra, serviços ou fornecimento de bens a ela necessários;

III – pessoa física ou jurídica que se encontre, ao tempo da licitação, impossibilitada de participar da licitação em decorrência de sanção que lhe foi imposta;

IV – aquele que mantenha vínculo de natureza técnica, comercial, econômica, financeira, trabalhista ou civil com dirigente do órgão ou entidade contratante ou com agente público que desempenhe função na licitação ou atue na fiscalização ou na gestão do contrato, ou que deles seja cônjuge, companheiro ou parente em linha reta, colateral ou por afinidade, até o terceiro grau, devendo essa proibição constar expressamente do edital de licitação;

V – empresas controladoras, controladas ou coligadas, nos termos da Lei nº 6.404, de 15 de dezembro de 1976, concorrendo entre si;

VI – pessoa física ou jurídica que, nos 5 (cinco) anos anteriores à divulgação do edital, tenha sido condenada judicialmente, com trânsito em julgado, por exploração de trabalho infantil, por submissão de trabalhadores a condições análogas às de escravo ou por contratação de adolescentes nos casos vedados pela legislação trabalhista.

§ 1º O impedimento de que trata o inciso III do **caput** deste artigo será também aplicado ao licitante que atue em substituição a outra pessoa, física ou jurídica, com o intuito de burlar a efetividade da sanção a ela aplicada, inclusive a sua controladora, controlada ou coligada, desde que devidamente comprovado o ilícito ou a utilização fraudulenta da personalidade jurídica do licitante.

§ 2º A critério da Administração e exclusivamente a seu serviço, o autor dos projetos e a empresa a que se referem os incisos I e II do **caput** deste artigo poderão participar no apoio das atividades de planejamento da contratação, de execução da licitação ou de gestão do contrato, desde que sob supervisão exclusiva de agentes públicos do órgão ou entidade.

§ 3º Equiparam-se aos autores do projeto as empresas integrantes do mesmo grupo econômico.

§ 4º O disposto neste artigo não impede a licitação ou a contratação de obra ou serviço que inclua como encargo do contratado a elaboração do projeto básico e do projeto executivo, nas contratações integradas, e do projeto executivo, nos demais regimes de execução.

§ 5º Em licitações e contratações realizadas no âmbito de projetos e programas parcialmente financiados por agência oficial de cooperação estrangeira ou por organismo financeiro internacional com recursos do financiamento ou da contrapartida nacional, não poderá participar pessoa física ou jurídica que integre o rol de pessoas sancionadas por essas entidades ou que seja declarada inidônea nos termos desta Lei".

4.6 PARTICIPAÇÃO DE CONSÓRCIOS

Na legislação anterior, a participação de empresas reunidas em consórcio somente poderia ocorrer quando expressamente permitida no edital da licitação (art. 33 da Lei 8.666). Agora, a consorciação é livre, e somente não será admitida quando houver *"vedação devidamente justificada no processo licitatório"* (art. 15 da Lei 14.133/2021).

É inovadora, também, a nova Lei de Licitações, ao prever, expressamente, a possibilidade de o edital estabelecer limite máximo ao número de empresas consorciadas. A inovação é positiva, e afasta, em definitivo, o entendimento restrito do Tribunal de Contas da União, que considerava ilegal a limitação.

Embora a lei só faça referência à habilitação técnica (inciso III do *caput* do art. 15), cabe esclarecer que, no caso de consorciação, todas as empresas participantes do consórcio devem apresentar os documentos da respectiva habilitação (capacidade jurídica, qualificação econômico-financeira e regularidade fiscal).

Capítulo 5
MODALIDADES DE LICITAÇÃO

5.1 MODALIDADES DE LICITAÇÃO

Por modalidade de licitação deve-se entender a "forma" ou a "maneira" de fazer licitação. Pode-se, também, dizer que modalidade significa "espécie" do procedimento licitatório. Assim, o procedimento administrativo "licitação" formaliza-se através das "espécies" definidas pela lei, as quais podem ser distinguidas entre modalidades *comuns* e modalidades *especiais*.

O art. 28 da nova Lei de Licitações relaciona as seguintes modalidades de licitações:

I – pregão;
II – concorrência:
III – concurso;
IV – leilão;
V – diálogo competitivo

Cada uma dessas modalidades está assim conceituada no art. 6º da Lei:

"pregão: modalidade de licitação obrigatória para aquisição de bens e serviços comuns, cujo critério de julgamento poderá ser o de menor preço ou o de maior desconto" (inciso XLI);

"concorrência: modalidade de licitação para contratação de bens e serviços especiais e de obras e serviços comuns e especiais de engenharia, cujo critério de julgamento poderá ser: a) menor preço; b) melhor técnica ou conteúdo

artístico; c) técnica e preço; d) maior retorno econômico; e) maior desconto" (inciso XXXVIII);

"concurso: modalidade de licitação para escolha de trabalho técnico, científico ou artístico, cujo critério de julgamento será o de melhor técnica ou conteúdo artístico, e para concessão de prêmio ou remuneração ao vencedor" (inciso XXXIX);

"leilão: modalidade de licitação para alienação de bens imóveis ou de bens móveis inservíveis ou legalmente apreendidos a quem oferecer o maior lance" (inciso XL);

"diálogo competitivo: modalidade de licitação para contratação de obras, serviços e compras em que a Administração Pública realiza diálogos com licitantes previamente selecionados mediante critérios objetivos, com o intuito de desenvolver uma ou mais alternativas capazes de atender às suas necessidades, devendo os licitantes apresentar proposta final após o encerramento dos diálogos" (inciso XLII).

A Lei 14.133/2021 inovou na indicação das modalidades de licitação: primeiro, ao extinguir duas "espécies" tradicionais (o convite e a tomada de preços); depois, ao instituir uma nova modalidade (o diálogo competitivo), importada do direito europeu.

No Capítulo 3 deste Manual foram feitas observações críticas a essas inovações, cabendo, agora, esclarecer, adicionalmente, que nas propostas de que resultou o texto final da Lei 14.133/2021 (Projeto de Lei nº 559, de 2013, aprovado pelo Plenário do Senado em 14/12/2017, e substitutivo elaborado pelo ex-deputado João Arruda, primeiro relator na Comissão Especial da Câmara dos Deputados para dar parecer ao projeto oriundo do Senado), estava prevista, apenas, a eliminação da modalidade convite. A exclusão da tomada de preços ocorreu no substitutivo elaborado pelo novo relator, deputado Augusto Coutinho, aprovado pelo Plenário da Câmara dos Deputados em 17/09/2019.

A exclusão do convite do rol das modalidades de licitação era medida que se fazia necessária, diante das críticas da doutrina, por incompatibilidade com os princípios da isonomia e da impessoalidade, e por ensejar contratações dirigidas. Entretanto, o mesmo não se pode dizer relativamente à exclusão da tomada de preços. Aliás, a exclusão dessa modalidade de licitação revela incoerência do legislador, uma vez que: (i) manteve o registro cadastral, que era a base da tomada de preços; (ii) admite que *"A Administração poderá realizar licitação restrita a fornecedores cadastrados"* (art. 87, § 3º); (iii) e diz que *"O interessado que requerer o cadastro na forma do* caput *deste artigo poderá participar de processo licitatório até a decisão da Administração, (...)."* (art. 88, § 6º). A nova Lei eliminou a denominação da modalidade, mantendo sua característica diferenciadora. Ora, o que caracterizava a tomada de preços era, precisamente, a limitação da participação àqueles previamente cadastrados.

Mas a inovação mais significativa da nova lei, no tocante à indicação das modalidades de licitação, consiste, inegavelmente, na criação de uma nova modalidade, que não encontra ressonância nas práticas consolidadas no Direito Administrativo brasileiro. Trata-se do **diálogo competitivo**, sobre o qual serão feitas, a seguir, novas considerações críticas.

5.2 CLASSIFICAÇÃO DAS MODALIDADES DE LICITAÇÃO

As modalidades de licitação indicadas no artigo 28 da Lei 14.133/2021 podem ser classificadas em *comuns* e *especiais*. No primeiro grupo enquadram-se a concorrência e o pregão, conforme resulta claro do texto do art. 29:

> "Art. 29. A concorrência e o pregão seguem o rito procedimental comum a que se refere o art. 17 desta Lei, adotando-se o pregão sempre que o objeto possuir padrões de desempenho e qualidade que possam ser objetivamente definidos pelo edital, por meio de especificações usuais de mercado".

Como se percebe, a concorrência e o pregão obedecem ao mesmo rito procedimental, diferenciando-se, apenas, quanto ao objeto, pois que o pregão será adotado apenas para as aquisições de bens e serviços *comuns*, assim considerados *"aqueles cujos padrões de desempenho e qualidade podem ser objetivamente definidos pelo edital, por meio de especificações usuais de mercado"* (art. 6º, inciso XIII).

As três outras modalidades de licitação (concurso, leilão e diálogo competitivo) classificam-se como *especiais*, porque têm rito procedimental diferenciado.

Interessante observar que a Lei 14.133/2021 define as modalidades de licitação, sem, porém, classificá-las por "tipos", como fazia a Lei 8.666, o que não impede que os editais adotem essa classificação, já consagrada no Direito Administrativo brasileiro.

5.3 CRITÉRIOS PARA DETERMINAR A MODALIDADE DE LICITAÇÃO

No regime da Lei 8.666 a modalidade de licitação era determinada em função do valor estimado para a contratação (art. 23), com limites prefixados, conforme a natureza do objeto envolvido. A nova Lei de Licitações desconsidera a estimativa do valor de contratação e determina a modalidade da licitação em função da natureza do objeto e do critério a ser adotado para o julgamento, conforme resulta claro pelas definições contidas nos correspondentes incisos do art. 6º, atrás transcritas.

5.4 DIÁLOGO COMPETITIVO – MODALIDADE "HÍBRIDA" DE LICITAÇÃO

Como observado no Capítulo 3 deste Manual, dentre as inovações da Lei 14.133/2021, destaca-se a criação de uma nova modalidade de licitação – o **diálogo competitivo**, que é definida no inciso XLII do art. 6º como

> *"modalidade de licitação para contratação de obras, serviços e compras em que a Administração Pública realiza diálogos com licitantes previamente selecionados mediante critérios objetivos, com o intuito de desenvolver uma ou mais alternativas capazes de atender às suas necessidades, devendo os licitantes apresentar proposta final após o encerramento dos diálogos".*

A aplicação e a forma de processamento do diálogo competitivo estão assim disciplinadas no art. 32 da Lei;

> *"Art. 32. A modalidade diálogo competitivo é restrita a contratações em que a Administração:*
>
> *I – vise a contratar objeto que envolva as seguintes condições;*
>
> *a) inovação tecnológica ou técnica;*
>
> *b) impossibilidade de o órgão ou entidade ter sua necessidade satisfeita sem a adaptação de soluções disponíveis no mercado; e*
>
> *c) impossibilidade de as especificações técnicas serem definidas com precisão suficiente pela Administração;*
>
> *II – verifique a necessidade de definir e identificar os meios e as alternativas que possam satisfazer suas necessidades, com destaque para os seguintes aspectos:*
>
> *a) a solução técnica mais adequada;*
>
> *b) os requisitos técnicos aptos a concretizar a solução já definida;*
>
> *c) a estrutura jurídica ou financeira do contrato;*
>
> *III – (VETADO).*
>
> *§ 1º Na modalidade diálogo competitivo, serão observadas as seguintes disposições:*
>
> *I – a Administração apresentará, por ocasião da divulgação do edital em sítio eletrônico oficial, suas necessidades e as exigências já definidas e estabelecerá prazo mínimo de 25 (vinte e cinco) dias úteis para manifestação de interesse na participação da licitação;*

II - os critérios empregados para pré-seleção dos licitantes deverão ser previstos em edital, e serão admitidos todos os interessados que preencherem os requisitos objetivos estabelecidos;

III - a divulgação de informações de modo discriminatório que possa implicar vantagem para algum licitante será vedada;

IV - a Administração não poderá revelar a outros licitantes as soluções propostas ou as informações sigilosas comunicadas por um licitante sem o seu consentimento;

V - a fase de diálogo poderá ser mantida até que a Administração, em decisão fundamentada, identifique a solução ou as soluções que atendam às suas necessidades;

VI - as reuniões com os licitantes pré-selecionados serão registradas em ata e gravadas mediante utilização de recursos tecnológicos de áudio e vídeo;

VII - o edital poderá prever a realização de fases sucessivas, caso em que cada fase poderá restringir as soluções ou as propostas a serem discutidas;

VIII - a Administração deverá, ao declarar que o diálogo foi concluído, juntar aos autos do processo licitatório os registros e as gravações da fase de diálogo, iniciar a fase competitiva com a divulgação de edital contendo a especificação da solução que atenda às suas necessidades e os critérios objetivos a serem utilizados para seleção da proposta mais vantajosa e abrir prazo, não inferior a 60 (sessenta) dias úteis, para todos os licitantes pré-selecionados na forma do inciso II deste parágrafo apresentarem suas propostas, que deverão conter os elementos necessários para a realização do projeto;

IX - a Administração poderá solicitar esclarecimentos ou ajustes às propostas apresentadas, desde que não impliquem discriminação nem distorçam a concorrência entre as propostas;

X - a Administração definirá a proposta vencedora de acordo com critérios divulgados no início da fase competitiva, assegurada a contratação mais vantajosa como resultado;

XI - o diálogo competitivo será conduzido por comissão de contratação composta de pelo menos 3 (três) servidores efetivos ou empregados públicos pertencentes aos quadros permanentes da Administração, admitida a contratação de profissionais para assessoramento técnico da comissão;

XII - (VETADO)

§ 2º Os profissionais contratados para os fins do inciso XI do § 1º deste artigo assinarão termo de confidencialidade e abster-se-ão de atividades que possam configurar conflito de interesses".

O "diálogo competitivo" não consta na proposta elaborada pela Comissão Temporária do Senado, que deu origem ao Projeto de Lei 559, de 2013, do Senado, e serviu de base para o texto final aprovado pelas duas

Casas do Congresso Nacional. O "diálogo" apareceu no substitutivo do Senador Fernando Bezerra Coelho, relator, aprovado pelo Plenário do Senado em 14 de dezembro de 2016, constando do parecer do relator, como justificativa, simplesmente, a alegação de que se trata de modalidade *"presente em ordenamentos jurídicos como o da União Europeia"*. O texto final, que se transformou em lei, recebeu consideráveis ajustes no substitutivo do relator, Deputado Augusto Coutinho, que, praticamente, reproduz as recomendações da Diretiva 2014/24, aprovada pelo Parlamento Europeu e pelo Conselho da União Europeia em 26 de fevereiro de 2014.

Em que pesem os aperfeiçoamentos decorrentes das alterações introduzidas pelo referido substitutivo, a novidade não parece corresponder aos propósitos de aperfeiçoamento que motivaram a proposta de nova Lei para as licitações públicas. Não se desconhece, também, que opiniões respeitáveis, manifestadas em artigos de especialistas divulgados na mídia eletrônica, consideram positiva a criação dessa nova modalidade de licitação, ainda que ressalvem, todos eles, a necessidade da especialização dos agentes públicos que estarão envolvidas na sua implementação, bem como o aprimoramento das práticas administrativas, para êxito dessa modalidade licitatória. Da parte do autor deste Manual, é forte o ceticismo quanto à eficácia do "diálogo competitivo", que se revela modalidade desnecessária, inoportuna e arriscada.

5.4.1 Inovação desnecessária

A desnecessidade dessa inovação é fácil de explicar: as especificidades do objeto a ser contratado, indicadas nos incisos do art. 32, não são de ordem a afastar a concorrência, como modalidade adequada para o procedimento licitatório; bem ao contrário, até a recomendam, com o critério de julgamento de "melhor técnica ou conteúdo artístico", previsto no inciso III do art. 33 da Lei 14.133/2021. Dispondo o nosso ordenamento jurídico de instrumento adequado para contratação de objetos especiais, que permitem escolher, com segurança, as soluções que melhor atendam às necessidades da Administração, não já justificativa para importar modalidades procedimentais que podem não corresponder às peculiaridades da nossa cultura jurídica.

Em primeiro lugar, é imperioso ter presente que o modelo de licitação consagrado no Direito Administrativo brasileiro se caracteriza pela *adesão* dos particulares interessados em contratar com o Poder Público. Nesse modelo, cabe à Administração Pública definir as regras para a seleção daqueles que contratará para execução das obras, serviços e compras de que necessita. Aos interessados em executar tais obras, serviços ou fornecimentos cabe, apenas, indicar as condições de preços sob as quais se dispõem a realizá-los.

Esse modelo de *adesão* é tão característico do nosso Direito Administrativo que os contratos assim pactuados possuem peculiaridades inexistentes nos ajustes do Direito Privado. Bem por isso, há quem sustente que os contratos administrativos não correspondem à característica do verdadeiro pacto contratual, ou, quando muito, caracterizam acordo de vontade apenas em parte, sob o aspecto econômico. As chamadas "cláusulas exorbitantes" descaracterizam os contratos administrativos, fazendo desaparecer a equidade das partes no ajuste.

E porque é essa a característica do nosso modelo de contratação pública, o "diálogo" que agora se institui como modalidade de procedimento licitatório significa retirar do Poder Público, representante da sociedade, a prerrogativa de dizer como pretende executar as obras, os serviços e as compras destinados ao atendimento das necessidades coletivas. Não se quer dizer que o administrador público é senhor absoluto das decisões voltadas ao atendimento das necessidades coletivas. E tanto não é que a lei já o obriga a auscultar as necessidades da sociedade, mediante mecanismos (talvez não eficazes) da *consulta* e da *audiência pública*. Mas a decisão é sempre do agente administrador público, que por ela responde à sociedade, através dos órgãos de controle. Portanto, a instituição do "diálogo competitivo", como modalidade de licitação, em nada contribuirá para o aprimoramento dos procedimentos administrativos de contratação, em nosso país. Bem ao contrário, poderá torná-los mais expostos às práticas nocivas que a cada dia vem sendo apontadas nas investigações policiais noticiadas nos meios de comunicação. Mostra-se inoportuna, portanto, a criação dessa nova modalidade de licitação.

A desnecessidade do diálogo competitivo como modalidade de licitação resulta, também, da existência, na Lei 14.133/2021, de procedimento específico para promover a interação entre a Administração Pública e a iniciativa privada, com vistas à obtenção de contribuições para atendimento de necessidades coletivas, em questões de relevância. Trata-se do **Procedimento de Manifestação de Interesse**, assim regulado no art. 81 da Lei 14.133/2021:

> *"Art. 81. A Administração poderá solicitar à iniciativa privada, mediante procedimento aberto de manifestação de interesse a ser iniciado com a publicação de edital de chamamento público, a propositura e a realização de estudos, investigações, levantamentos e projetos de soluções inovadoras que contribuam com questões de relevância pública, na forma de regulamento.*
>
> *(...)*
>
> *§ 3º Para aceitação dos produtos e serviços de que trata o* caput *deste artigo, a Administração deverá elaborar parecer fundamentado com a demonstração de que o produto ou serviço entregue é adequado e suficiente à compreensão*

do objeto, de que as premissas adotadas são compatíveis com as reais necessidades do órgão e de que a metodologia proposta é a que propicia maior economia e vantagem entre as demais possíveis".

Confrontando-se essa disposição com a definição do inciso XLII do art. 6º e com as do art. 32, não é difícil perceber que o diálogo competitivo encerra, na fase inicial, o mesmo objetivo do procedimento de manifestação de interesse, qual seja, a obtenção, da iniciativa privada, de sugestão de solução para "questões de relevância", com vistas ao atendimento de necessidades especiais da coletividade.

É de observar que o diálogo competitivo, tal como disciplinado no art. 32 da Lei 14.133/2021, apresenta um formato híbrido, com objetivos imediatos diferenciados, embora complementares. De fato, no regramento do art. 32 mostram-se bem claras duas fases procedimentais distintas: a primeira fase abre-se através de **edital específico**, no qual a Administração apresentará suas necessidades e estabelecerá prazo *"para manifestação de interesse de participação na licitação"* (inciso I do § 1º), indicando os critérios para *"pré-seleção dos licitantes"* (inciso II do § 1º). Nessa primeira fase – que a própria lei denomina de *"fase de diálogo"* (art. 32, inciso V do § 1º), todo o procedimento é voltado para a identificação de *"uma ou mais alternativas capazes de atender às suas necessidades"*, conforme prevê a definição do inciso XLII do art. 6º.

Identificada a alternativa considerada satisfatória, a Administração declara concluído o diálogo e publica um **novo edital**, no qual divulga *"a especificação da solução que atenda às suas necessidades e os critérios objetivos a serem utilizados para seleção da proposta mais vantajosa"*. Essa segunda fase a própria lei a denomina de *"fase competitiva"* (inciso VIII do § 1º do art. 32).

São inafastáveis, então, duas conclusões: (a) no procedimento da fase dialógica **não há competição** entre os participantes, pois nela se objetiva, apenas, a obtenção de sugestões de alternativas capazes de satisfazer às necessidades da Administração; (b) no procedimento da segunda fase, em que efetivamente se dá a **competição** entre os participantes pré-selecionados, **já não mais haverá "diálogo" entre os licitantes e a Administração**, porque esse já deverá ter sido declarado concluído (art. 32, § 1º, inciso VIII).

Deve-se ter em conta, ademais, que as especificidades do objeto a ser contratado, indicadas nos incisos do art. 32 da Lei 14.133/2021, não são de ordem a afastar a utilização da concorrência como modalidade adequada para o procedimento licitatório, mediante o critério de julgamento por *melhor técnica*, apesar das imperfeições de julgamento que costumam ocorrer nas licitações desse tipo. Aliás, o procedimento da segunda etapa do diálogo competitivo corresponde, exatamente, ao rito da concorrência. Dispondo o nosso ordenamento jurídico de instrumentos apropriados, que permitem atender, com razoável segurança, às necessidades da Administração Pública para contratação de objetos especiais, não há razão que justifique a importação de uma modalidade de procedimento que, além de não corresponder às peculiaridades da nossa cultura jurídica, não oferece garantia de aprimoramento dos procedimentos administrativos.

5.4.2 Inovação inoportuna e arriscada

O diálogo competitivo está sendo introduzido em nosso sistema de licitação e contratação como alternativa de solução para objetivos que envolvam inovação tecnológica, que não possam sem atendidos *"sem a adaptação de soluções disponíveis no mercado"*, ou impossíveis de terem suas especificações técnicas *"definidas com precisão suficiente pela Administração"* (art. 32, inciso I, letras *a*, *b* e *c*, da Lei 14.133/2021). A nossa cultura, bem diferente daquela dos países que adotam essa modalidade de licitação (caso da União Europeia), ainda não dispõe de mecanismos eficazes para prevenir, ou coibir, "diálogos" pouco sérios entre agentes públicos e agentes privados. Fatos recentes, amplamente denunciados, investigados e punidos, deixam presente o temor de que as "alternativas" de execução que venham a ser apontadas nos "diálogos competitivos" entabulados com proponentes "previamente selecionados", terminem por atender, de fato, apenas, ou preponderantemente, aos interesses econômicos dos proponentes.

Nesse quadro de trauma da sociedade, a criação de uma modalidade de licitação que institucionaliza a prática de "diálogos" com interessados "pré-selecionados" revela-se, sem dúvida inoportuna.

Por fim, a instituição do diálogo competitivo representa sério risco para a Administração Pública, submetida que ficará à indicação de alternativas de execução que poderão corresponder mais aos interesses dos agentes privados do que aos da coletividade. O tempo será o juiz do acerto, ou desacerto, dessas considerações críticas.

Portanto, a introdução, no nosso ordenamento jurídico, do "diálogo competitivo", como modalidade de licitação, não representará inovação qualitativa dos procedimentos de contratação já conhecidos.

Capítulo 6
DIVULGAÇÃO DA LICITAÇÃO

6.1 O EDITAL COMO INSTRUMENTO DE DIVULGAÇÃO DA LICITAÇÃO

Concluídos os atos preparatórios (fase interna) e definida a modalidade da licitação, a fase externa do procedimento terá início com o *ato convocatório*. Essa convocação é feita através de *edital*, cuja divulgação é disciplinada pela nova Lei de Licitações no Capítulo III do Título II, em apenas dois artigos (53 e 54), os quais estabelecem diretrizes para o "controle de legalidade" do processo, por parte do órgão jurídico da Administração (art. 53) e determina que *"A publicidade do edital de licitação será realizada mediante divulgação e manutenção do inteiro teor do ato convocatório e de seus anexos no Portal Nacional de Contratações Públicas (PNCP)"* (art. 54). Esse sítio eletrônico é o *Portal Nacional de Contratações Públicas (PNCP)* disciplinado no Capítulo I do Título V da Lei 14.133/2021 (arts. 174/176).

Como se percebe, a nova Lei extinguiu a divulgação através do diário oficial e de jornais, no que guarda coerência com a recomendação posta no inciso VI do art. 12, no sentido de que os atos do processo (entenda-se *procedimento*) licitatório *"serão preferencialmente digitais, de forma a permitir que sejam produzidos, comunicados, armazenados e validados por meio eletrônico"*. O § 2º do art. 54 faculta a *"divulgação adicional"* do edital e anexos *"a interessados devidamente cadastrados para esse fim"*, mas não há, na Lei, qualquer indicação de como se fará esse *cadastro*. Na disciplina do Registro Cadastral (instrumento auxiliar das licitações – Seção VI do Capítulo X do Título II) não existe nenhuma disposição sobre o cadastramento para recebimento de editais de licitação.

Como peça inaugural da fase externa do procedimento, o ato convocatório deve conter todos os elementos indispensáveis à correta explicitação do objeto do futuro contrato, bem como os requisitos ou as condições a serem satisfeitos pelos interessados em participar do certame.

O edital é a peça principal do procedimento licitatório. Nele devem estar contidas as diretrizes e as regras que nortearão a ação da unidade administrativa promotora da licitação e daqueles que se mostrarem interessados em participar do certame. Considerado por Hely Lopes Meirelles como a "lei interna da licitação", o edital é o documento fundamental de todo procedimento licitatório, uma vez que nele a Administração indica o que deseja (objeto do futuro contrato) e os requisitos e os critérios de avaliação da qualificação dos interessados e de julgamento de suas propostas.

Todo edital deve atender, necessariamente, aos seguintes requisitos básicos:

i) *publicidade*: é através dela que a Administração leva ao conhecimento do público em geral sua intenção de contratar a realização de uma obra ou serviço ou a aquisição de um bem determinado. A publicidade é da essência do edital e pode ser feita na íntegra (como costuma ocorrer no caso de um concurso) ou mediante aviso resumido, em que são fornecidos os dados indicativos fundamentais, para a ciência dos interessados;

ii) *identificação do objeto da licitação*: no edital deve estar bem definida a finalidade da licitação, vale dizer, o objeto do futuro contrato, com todos os elementos caracterizadores que permitam aos interessados fazer suas ofertas. Esse objeto deve ser descrito de forma precisa e clara, para não dar margem a dúvidas e não render ensejo a ofertas díspares, que não possam ser avaliadas homogeneamente;

iii) *delimitação do universo dos interessados*: ao definir as exigências de qualificação, o edital circunscreve o universo daqueles que poderão concorrer. É claro que essa delimitação não caracteriza restrição à participação ou tratamento anti-isonômico. Ao contrário, ao mesmo tempo que evita o nivelamento dos desiguais, previne a Administração contra riscos de transacionar com quem não demonstre condições objetivas (de capacidade técnica e econômica) de bem realizar a obra, ou o fornecimento desejado. Mas essa delimitação não pode restringir a competitividade, com exigências que só possam ser atendidas por determinados "interessados";

iv) *definição dos critérios de julgamento*: para que haja plena ciência dos interessados no certame, deve o edital definir, com clareza e objetividade, os critérios pelos quais serão julgadas as propostas e avaliada a qualificação dos participantes;

v) *indicação da forma do procedimento*: como "lei interna da licitação", o edital deverá estabelecer a forma e os termos como se desenvolverá o procedimento, evidentemente com absoluta observância das prescrições da legislação específica, em especial no que se refere aos direitos dos licitantes (acompanhamento do processo, recursos etc.) e do público em geral;

vi) *explicitação das condições do futuro contrato*: uma vez que a licitação objetiva a celebração de um contrato, é fundamental que o edital indique as condições desse ajuste, de sorte que os interessados possam conhecer as regras a que estarão submetidos, em função de sua proposta.

6.1.1 Conteúdo do edital

Diz o art. 25 da Lei 14.133/2021 que

> "O edital deverá conter o objeto da licitação e as regras relativas à convocação, ao julgamento, à habilitação, aos recursos e às penalidades da licitação, à fiscalização e à gestão do contrato, à entrega do objeto e às condições de pagamento".

Embora não estejam espessamente listados na nova Lei de Licitações, os itens abaixo constituem conteúdo obrigatório do edital:

I – objeto da licitação, em descrição sucinta e clara

Como se esclareceu antes, a definição do objeto da licitação constitui o dado de maior importância do edital. Se esse objeto não é adequadamente definido, ou se é descrito de maneira incompleta, ou com detalhes e minudências que o restringem, o resultado da licitação poderá ficar comprometido. O edital deve fornecer as características básicas da obra, do serviço ou do bem que se pretende contratar, de sorte que os interessados possam formular propostas adequadas. Se a Administração deseja contratar a construção de uma escola, por exemplo, deve o edital da licitação fornecer as características dessa escola (área de construção, número de salas ou de pavimentos, tipo e detalhes da construção, das instalações elétricas e sanitárias etc.), elementos sem os quais os interessados não terão como elaborar a proposta. Se o objeto é a compra de móveis (mesas para a repartição, por exemplo), deverão ser indicadas as características desses móveis (tamanho, número de gavetas, tipo da madeira ou outro material do tampo, se de madeira ou de mármore ou outro material), e assim por diante.

Mas a especificação do objeto não pode se prestar para restringir o universo dos interessados na licitação. Com efeito, nos dois exemplos referidos, se o edital define especificações ou características que somente podem ser atendidas por certo interessado, a finalidade da licitação estará comprometida. O mesmo ocorrerá se o edital simplesmente deixar de indicar as características do móvel que se pretende adquirir, dando azo a que sejam apresentadas propostas não uniformes, ou heterogêneas. Porque é pressuposto da licitação que os bens ou os serviços a serem contratados sejam cambiáveis e suscetíveis de comparação.

II – local onde poderá ser examinado e adquirido o projeto básico

Esse é, sem dúvida, o segundo elemento que o edital deve conter. O projeto básico constitui pressuposto de uma licitação de obra ou serviço, sendo indispensável, portanto, que o ato convocatório indique onde esse projeto poderá ser examinado e adquirido pelos interessados e, se for o caso, a que custo.

III – se há projeto executivo disponível na data da publicação do edital de licitação e o local onde possa ser examinado e adquirido

Ficou esclarecido anteriormente que a existência do projeto executivo de uma obra ou serviço não constitui elemento indispensável para a sua contratação, uma vez que, se assim for considerado conveniente, poderá constituir encargo do contratado, que o desenvolverá no curso da execução, tendo como base as informações do projeto básico. Agora, se a Administração já o possui, o edital deverá conter essa informação e indicar onde poderão os interessados examiná-lo e adquiri-lo.

IV – condições para a participação na licitação, forma de apresentação das propostas e modo de disputa

Quando decide abrir uma licitação para contratar a realização de uma obra ou serviço ou adquirir determinado bem, a Administração pode, legitimamente, delimitar o universo daqueles que poderão tomar parte no certame. Isso não significa restrição à competição, mas resulta da necessidade de evitar riscos que comprometam o interesse público, o que ocorreria, sem dúvida, se comparecesse e viesse a ser contratado quem não apresenta as condições de capacitação que assegurem a consecução do resultado. O edital deve, portanto, indicar os requisitos dessa capacitação, conforme estabelecem os arts. 62 a 70 da Lei 14.133/2021.

Deve, também, o edital indicar a forma como deverão ser apresentadas as propostas, as informações que deverão conter e as consequências da inobservância das exigências fixadas para a participação.

A lei estabelece, em diversos dispositivos, a exigência de *declarações* a serem firmadas pelos licitantes, as quais se prestam para propiciar à Administração segurança (provisória, é claro) quanto à qualificação para a realização do objeto da licitação. Essa exigência faz sentido, tendo em vista que, com a inversão das fases do procedimento, a habilitação dos licitantes somente será conhecida após a análise e a classificação das propostas. Na linha dessa simplificação procedimental, em vez de exigir que cada declaração seja expressa em documento individualizado, poderão os licitantes formulá-las na "Carta-proposta", conforme modelo fornecido com o edital.

Deve, ainda, o edital indicar o *modo de disputa*, isto é, a forma como deverão ser formulados as propostas de preços ou os *lances*. Conforme estabelece o art. 56 da Lei 14.133/2021, são dois os modos de disputa:

aberto – em que as propostas são formuladas por meio de **lances públicos** sucessivos, crescentes ou decrescentes (inciso I do art. 56);

fechado – em que *"as propostas permanecerão em sigilo até a data e hora designadas para sua divulgação"* (inciso II do art. 56).

Esses modos de disputa podem ser adotados isolada ou conjuntamente, mas a lei estabelece limites:

i) não se admitirá a utilização isolada do modo de disputa fechado nas licitações em que o critério de julgado for o de menor preço ou de maior desconto (§ 1º do art. 56), o que significa que, em concorrência ou pregão em que adotado esse critério de julgamento deverá o edital prevê a formulação das propostas em envelope fechado e mediante lances públicos;

ii) nas licitações de técnica e preço (concorrências), o modo de disputa será, obrigatoriamente, o fechado (§ 2º do art. 56).

Os §§ 2º e 3º do art. 56 fixam diretrizes para a formulação dos lances no modo de disputa aberto e no modo conjugado (fechado e aberto).

V – llocais, horários e códigos de acesso dos meios de comunicação a distância em que serão fornecidos elementos, informações e esclarecimentos relativos à licitação e às condições para atendimento das obrigações necessárias ao cumprimento de seu objeto

Essa é outra informação fundamental, que o edital não pode omitir. Os interessados podem necessitar de dados ou esclarecimentos complementares sobre o objeto, sobre os requisitos de participação ou de qualquer outro dado que entendam indispensável para bem elaborar suas propostas. O edital deve indicar o local (ou locais) onde esses elementos complementares poderão ser fornecidos, bem assim quem os prestará, e, se possível, os meios de comunicação (telefones, fax, *e-mail* etc.) através dos quais poderão ser obtidos.

VI – critério de aceitabilidade dos preços unitário e global, conforme o caso

O art. 59 da Lei 14.133/2021, que trata do julgamento, indica diretrizes para a análise da exequibilidade das propostas relativas a obras e serviços de engenharia e faixas percentuais para determinar quando os preços ofertados serão consideradas inexequíveis.

VII – limites para pagamento de instalação e mobilização para execução de obras ou serviços que serão obrigatoriamente previstos em separado das demais parcelas, etapas ou tarefas

Esse aspecto assume particular importância na preparação de uma licitação, para que se evite a esperteza de certos licitantes, que buscam capitalizar-se no início do contrato, expondo a Administração ao risco de não ter o objeto concluído no devido tempo. Para isso, nada mais eficaz que um bom cronograma de desembolso, com a indicação dos montantes percentuais dos pagamentos a serem feitos durante a execução do contrato, impondo ao licitante compatibilizar os volumes de execução (cronograma físico) da obra ou do serviço com os desembolsos programados. Para etapas a serem pagas por "verba", o cronograma de desembolso deve estabelecer limites percentuais máximos de pagamento.

VIII – condições equivalentes de pagamento entre empresas brasileiras e estrangeiras, no caso de licitações internacionais

Essas informações atenderão ao que se determina no art. 52 da nova Lei de Licitações, sobre as licitações internacionais.

IX – critério para julgamento, com disposições claras e parâmetros objetivos

Aqui está um dos requisitos fundamentais do edital. Com efeito, destinando-se a licitação a garantir a observância do princípio constitucional da isonomia e a selecionar a proposta mais vantajosa para a Administração, o julgamento isento de subjetivismo é condição indispensável para o atingimento desses objetivos. Ao estabelecer a regra do julgamento objetivo, deseja a lei que a escolha do contratante não seja ditada por outro motivo que não a vantagem, efetiva e concreta, para a Administração.

A Comissão (o Agente de Contratação ou Pregoeiro, conforme o caso), ao fazer a avaliação e a classificação das propostas, não dispõe de poder discricionário, mas deve aplicar os critérios previamente estabelecidos no ato convocatório. Qualquer que seja o tipo ou a modalidade da licitação, o resultado final deve ser ditado com base nos critérios prefixados.

Não se deve confundir *critério de julgamento* com *fator de avaliação*. Este constitui o aspecto a ser considerado para definir a vantagem da proposta; aquele consiste no modo como será feita a avaliação de cada fator da proposta. Assim, em uma licitação de menor preço, por exemplo, não é suficiente dizer o edital que será vencedora a proposta de menor valor. É fundamental que o ato convocatório explicite quais os *fatores de valoração* (prazo de entrega, condição de pagamento, extensão e prazo da garantia etc.) que a Comissão deverá levar em conta para indicar a melhor proposta. Como já se disse anteriormente (e será comentado em maior profundidade adiante), não é o valor nominal da proposta que caracteriza a vantagem que se busca na licitação. Na falta de indicação de outros fatores, o preço será o determinante da classificação.

Já a não explicitação do critério de avaliação, ou a indicação de critérios incompatíveis com os fatores de avaliação prefixados, comprometem a validade do edital, porque transmitem aos licitantes insegurança e receio quanto ao julgamento. Ademais, desatende-se ao princípio maior da licitação – o da isonomia.

X – instruções e normas para os recursos previstos na Lei 14.133/2021

Já se esclareceu, anteriormente, que um dos objetivos do edital consiste em definir os termos do procedimento licitatório. Isso significa dizer que os licitantes precisam conhecer, antecipadamente, a sequência da licitação, ou, em outras palavras, como serão praticados os atos do processo. Para isso, o edital deverá indicar, inclusive, como a Comissão, o agente de contratação ou o pregoeiro atuarão, como proferirão suas decisões e quais os meios de que disporão os licitantes para acompanhar esses atos e, se for o caso, impugná--los. É certo que a própria lei já prevê os recursos processuais de que poderão valer-se os licitantes. Mas o edital deve explicitar esses recursos, indicar os prazos de sua interposição e a forma como deverão ser manifestados.

XI – prazo e condições para assinatura do contrato, para execução e para entrega do objeto da licitação

Uma vez que a licitação tem em vista escolher a melhor proposta para um futuro contrato, deve o edital indicar, de logo, quais as condições que o licitante vencedor deverá atender para firmar o instrumento desse ajuste. Deverá o ato convocatório estabelecer, de logo, o prazo para a assinatura do contrato, bem assim as penalidades a que ficará sujeito o adjudicatário, se não comparecer, ou se recusar a assinatura.

Quanto às condições de execução do contrato e de entrega do seu objeto, deverão estar previstas na respectiva minuta, que é parte integrante do edital, como anexo obrigatório.

XII – condições de pagamento, prevendo:
- *prazo de pagamento, não superior a trinta dias, contado a partir da data final do período de adimplemento de cada parcela;*
- *cronograma de desembolso máximo por período, em conformidade com a disponibilidade de recursos financeiros;*
- *critério de atualização financeira dos valores a serem pagos, desde a data final do período de adimplemento de cada parcela até a data do efetivo pagamento;*
- *compensações financeiras e penalizações, por eventuais atrasos, e descontos, por eventuais antecipações de pagamentos;*
- *exigência de seguros, quando for o caso.*

Entre as condições do futuro contrato, a indicação da forma de pagamento é informação imprescindível, no ato convocatório da licitação, bem como o cronograma de desembolsos que norteará a contratação há de ser o indicado pela proposta, a qual não deverá ser aceita se não estiver adequada às disponibilidades orçamentárias da Administração. Deve-se considerar, ademais, que os desembolsos do órgão contratante devem estar relacionados aos quantitativos de execução, indicados na proposta, daí por que, respeitados os limites da disponibilidade orçamentária da Administração, cabe ao licitante indicar o montante de recursos que deseja receber, na proporção dos percentuais da execução da obra, serviço ou fornecimento contratado.

XIII – critério de reajuste, que deverá retratar a variação efetiva do custo de produção, admitida a adoção de índices específicos ou setoriais, desde a data prevista para apresentação da proposta, ou do orçamento a que essa proposta se referir, até a data do adimplemento de cada parcela

Essa é outra indicação que não pode faltar no edital. Embora nas atuais circunstâncias da economia nacional a defasagem dos preços não represente fator preocupante na formulação de propostas em uma licitação, ainda assim o critério de atualização dos valores ofertados não pode ser esquecido, até porque constitui garantia constitucional. Nas contratações de bens para entrega imediata, bem como de serviços cujo prazo de execução não ultrapasse trinta dias, o reajuste dos preços pode ser dispensado.

XIV – condições de recebimento do objeto da licitação

A indicação das regras sobre o recebimento do objeto contratado é imprescindível, na medida em que visa a garantir a obtenção do objeto da licitação, exatamente nas condições e com as qualidades e atributos desejados pela Administração. O contrato deve ser claro e preciso em definir as providências ou as medidas que a Administração deverá adotar para certificar-se de que a obra, o serviço ou o bem adquirido corresponde, exatamente, ao que foi especificado nos documentos da licitação.

XV – sanções para o caso de inadimplemento

Aos participantes de uma licitação podem ser aplicadas sanções de natureza e motivação dúplice: umas, por descumprimento de regras do procedimento; outras, por falhas ou erros cometidos no curso da execução do subsequente contrato.

Além de indicar as penalidades a que estarão sujeitos os licitantes e o contratado (este, em caso de inadimplemento das obrigações assumidas), o edital e a minuta do contrato deverão prever, inclusive, as regras básicas para o procedimento administrativo de aplicação dessas penalidades, assegurados, obviamente, o contraditório e o direito de defesa, que são garantias constitucionais.

XVI – outras indicações específicas ou peculiares da licitação

A itemização acima não é excludente de outras condições que a Administração entenda cabíveis, para cada tipo de licitação. Desde que não conflitem com os princípios constitucionais e legais, outros requisitos poderão ser estabelecidos no ato convocatório, seja quanto à habilitação, seja para a formulação das propostas, de modo a garantir maior segurança na análise da qualificação dos interessados e melhor qualidade técnica das ofertas.

Mas há outros dados, indicados em outros dispositivos da Lei 14.133/2021, que precisam estar explicitados no edital:

i) o *modo de disputa,* que poderá ser fechado ou aberto, conforme definido nos incisos I e II do art. 56;

ii) a *matriz de riscos* e a *obrigatoriedade de o licitante vencedor implementar programa de integridade* (*"compliance"*), quando se tratar de licitação de obras ou serviços de grande vulto, conforme definido nos arts. 6º, inciso XXVII, 22 e 25, § 4º).

6.1.2 Documentos que integram o edital

Como dito anteriormente, a Lei 14.133/2021 não indica quais os documentos que devem integrar o edital, como anexos obrigatórios, nem mesmo esclarece quem deve assiná-lo. A Lei 8.666 limitava-se a dizer que *"O original do edital deverá ser datado, rubricado em todas as folhas e assinado pela autoridade que o expedir, (...)"* (art. 40, § 1º), o que supunha que o titular do órgão público responsável pela licitação seria a pessoa que deveria assinar o edital. No entanto, não era incomum encontrar editais assinados pelo presidente de Comissão Permanente ou Especial de licitação, o que não constituía irregularidade, especialmente quando a Comissão Permanente de Licitação era organizada como órgão integrante da estrutura da entidade promotora da licitação. E mesmo quando assim não for, nada impede que a autoridade competente delegue ao presidente da Comissão competência para assinar e expedir o edital, previamente aprovado pelo jurídico da repartição.

O edital deverá ter como anexos, o projeto básico e/ou o executivo, com todas as suas partes, desenhos, especificações e outros complementos; o orçamento estimado em planilhas de quantitativos e preços unitários; a minuta do contrato a ser firmado entre a Administração e o licitante vencedor; e as especificações complementares e as normas de execução pertinentes à licitação.

Quanto ao orçamento estimado para a contratação, a Lei estabelece, para esse documento, a *publicidade diferida* (art. 13, parágrafo único, inciso II), e admitia a possibilidade de a Administração mantê-lo sob sigilo e somente torná-lo público *"após a fase de julgamento de propostas"* (art. 24, inciso II, que foi vetado). Sobre esse tema, remete-se o leitor ao Capítulo 4, item 4.3, deste Manual.

6.2 IMPUGNAÇÃO DO EDITAL

Como lei interna da licitação, o edital vincula a Administração e os próprios concorrentes. Isso significa dizer que, uma vez estabelecidas no ato convocatório as regras da licitação, já não mais poderão ser alteradas arbitrariamente pela Administração. A Lei nº 8.666 era explícita nesse ponto (*"A administração não pode descumprir as normas e condições do edital, ao qual se acha estritamente vinculada"* (art. 41), o que não ocorre na nova Lei de Licitações; isso não autoriza supor que o caráter vinculante do edital tenha sido abolido.

Quanto aos licitantes, a vinculação do edital resulta da impossibilidade de formular propostas em termos ou condições diversos dos estabelecidos nesse ato convocatório.

É evidente que razões de interesse público podem justificar modificação de algumas das condições previstas. Em tal hipótese, é lícito à Administração proceder aos ajustes considerados necessários, mas deverá republicar o edital, restabelecendo o prazo inicialmente fixado, salvo quando a alteração não for de ordem a afetar a formulação das propostas.

No Capítulo II do Título IV (que trata DAS IRREGULARIDADES), a nova Lei de Licitações disciplina, em artigo único, a impugnação do edital da licitação, nestes termos:

> *"Art. 164. Qualquer pessoa é parte legítima para impugnar edital de licitação por irregularidade na aplicação desta Lei ou para solicitar esclarecimento sobre os seus termos, devendo protocolar o pedido até 3 (três) dias úteis antes da data de abertura do certame.*
>
> *Parágrafo único. A resposta à impugnação ou ao pedido de esclarecimento será divulgada em sítio eletrônico oficial no prazo de até 3 (três) dias úteis limitado ao último dia útil anterior à data da abertura do certame".*

Como se percebe, a disciplina da nova Lei é extremamente lacônica, no que representa incompreensível retrocesso, quando posta em confronto com o regramento da legislação anterior, que regulava a impugnação tanto em relação ao cidadão comum, como em relação àquele que tem interesse em participar do procedimento licitatório (art. 41 da Lei 8.666). A Lei não esclarece a quem deverá ser dirigida a impugnação, mas diz que o prazo para a resposta à impugnação é de 3 (três) dias úteis (parágrafo único do art. 164). Espera-se que o assunto venha a ser adequadamente regulamentado, de modo a bem orientar os interessados.

Não obstante a lacuna da nova Lei, algumas observações devem ser feitas sobre esse tema. A primeira delas é a de que o direito de impugnar edital de licitação é inerente à própria cidadania, insere-se no âmbito do *direito de petição* assegurado pelo art. 5º, inciso XXXIV, "a", da Constituição Federal. Portanto, não pode ser negado, sob pretexto algum.

Por outro lado, não se deve supor que a ausência de impugnação tem o condão de legitimar um edital no qual se encontrem vícios ou ilegalidades que lhe comprometam a validade. Apropriada, portanto, a observação de Marçal Justen Filho, na obra já citada, no sentido de que, incorrendo o edital em nulidade, *"a Administração tem o dever de pronunciá-la, até mesmo de ofício, tão logo tenha conhecimento de sua existência, conforme lição unânime e pacífica da doutrina e da jurisprudência".* Isso, porque *"a omissão do interessado somente afeta os casos de anulabilidade, onde estão envolvidos interesses privados e disponíveis dos licitantes. Nessa (e somente nessa) hipótese, a inexistência de impugnação convalida o ato e acarreta o desaparecimento do vício".*

Por outro lado, mesmo não tendo formulado impugnação perante a Administração, o cidadão não fica impedido de levantar questionamento contra o edital, inclusive denunciando aos órgãos de controle externo as irregularidades ou as falhas que comprometam a validade do documento. A própria lei assegura essa possibilidade, ao prever:

> *"Qualquer licitante, contratado ou pessoa física ou jurídica poderá representar aos órgãos de controle interno ou ao tribunal de contas competente contra irregularidades na aplicação desta Lei"* (§ 4º do art. 170).

Além disso, o sistema jurídico proporciona o uso de medida judicial específica para a impugnação de atos administrativos em geral – a ação popular (Lei nº 4.717, de 29 de junho de 1965), na qual está prevista, especificamente, a possibilidade de ataque, por vício de nulidade, ao edital de concorrência, quando nele forem incluídas *"cláusulas ou condições, que comprometam o seu caráter competitivo"* (art. 4º, inciso III, letra *b*).

O que se disse serve para demonstrar que a ausência da impugnação não acarreta (para o cidadão comum, tampouco para o licitante) a perda do direito de questionar o edital e de exigir da Administração que proceda às correções que o maculem.

Outro aspecto importante, nesse tópico, diz respeito à aceitação do edital, seja pela ausência de impugnação tempestiva, seja pela expressa declaração de concordância com as condições nele estabelecidas. Na primeira situação, ficou esclarecido que a circunstância de não ter formulado, no prazo estabelecido no art. 163, a impugnação formal, não retira do licitante o direito de fazê-lo a qualquer tempo, seja perante a própria Administração, seja pela via judicial. Já na segunda hipótese, parece razoável entender que, se o próprio licitante declara plena aceitação das condições do edital, não poderá, depois, levantar questionamento. Essa situação é comum nas licitações em que o edital prevê a obrigatoriedade de a carta-proposta conter declaração explícita de aceitação das condições da licitação. Nesses casos, se o interessado entende haver vício no edital deve formular a impugnação, antecipadamente ou em conjunto com a proposta. Porque, se firmar a declaração de concordância, perde legitimidade para o questionamento posterior.

6.3 O EDITAL NAS CONCORRÊNCIAS INTERNACIONAIS

O art. 52 da Lei 14.133/2021 reproduz a disciplina que se continha na legislação anterior, relativamente às licitações internacionais, nas quais "*o edital deverá ajustar-se às diretrizes da política monetária e do comércio exterior e atender às exigências dos órgãos competentes*", especialmente no que se refere às condições de pagamento, sendo explícito no sentido de que:

> "*§ 1º Quando for permitido ao licitante estrangeiro cotar preço em moeda estrangeira, o licitante brasileiro igualmente poderá fazê-lo.*
>
> *§ 2º O pagamento feito ao licitante brasileiro eventualmente contratado em virtude de licitação nas condições de que trata o § 1º deste artigo será efetuado em moeda corrente nacional.*
>
> *3º As garantias de pagamento ao licitante brasileiro serão equivalentes àquelas oferecidas ao licitante estrangeiro.*
>
> *§ 4º Os gravames incidentes sobre os preços constarão do edital e serão definidos a partir de estimativas ou médias dos tributos.*
>
> *§ 5º As propostas de todos os licitantes estarão sujeitas às mesmas regras e condições, na forma estabelecida no edital.*
>
> *§ 6º Observados os termos desta Lei, o edital não poderá prever condições de habilitação, classificação e julgamento que constituam barreiras de acesso ao licitante estrangeiro, admitida a previsão de margem de preferência para bens produzidos no País e serviços nacionais que atendam às normas técnicas brasileiras, na forma definida no art. 26 desta Lei*".

6.4 FORMA DE DIVULGAÇÃO DA LICITAÇÃO

A Lei 14.133 eliminou a obrigatoriedade da publicação das licitações no Diário Oficial e em jornais, e estabeleceu, como regra, a divulgação em *sítio eletrônico oficial*, instituindo, para tanto, o *Portal Nacional de Contratações Públicas (PNCP)* como veículo centralizador da publicação dos editais e avisos de licitações, das contratações diretas e dos contratos e termos aditivos (art. 54, *caput*). Previa o § 1º desse art. 54 que, sem prejuízo da divulgação no PNCP, seria *"obrigatória a publicação de extrato do edital no Diário Oficial (da União, do Estado, do Distrito Federal ou do Município, ou, no caso de consorcio público, do ente de maior nível ente eles, bem como em jornal diário de grande circulação"*. E, no § 2º, é permitida a divulgação adicional e a manutenção do inteiro teor do edital e de seus anexos em sítio eletrônico oficial do ente federativo ou do ente de maior nível em caso de consórcio público, admitindo-se, ainda, a *"divulgação direta a interessados devidamente cadastrados para esse fim"*.

Entretanto, o § 1º do art. 54 foi vetado pelo Presidente da República, com base em sugestão do Ministério da economia e da Controladoria-Geral da União, sob a alegação de que a divulgação ali prevista *"contraria o interesse público por ser medida desnecessária e antieconômica, tendo em vista que a divulgação em 'sítio eletrônico oficial' atende ao princípio constitucional da publicidade"*.

O argumento é parcialmente válido, mas é incoerente, quando se observa que deixou de ser aplicado em relação à divulgação da modalidade *leilão*, para a qual a lei estabelece que *"Além da divulgação no sítio eletrônico oficial, o edital do leilão será afixado em local de ampla circulação de pessoas na sede da Administração **e poderá, ainda, ser divulgado por outros meios necessários para aplicar a publicidade e a competitividade da licitação"*** (art. 31, § 3º).

Ora, a divulgação que estava prevista no § 1º do art. 54 visava, precisamente, ampliar a publicidade e a competitividade das licitações em geral, não havendo, aparentemente, razão, que justifique considerá-la como medida "desnecessária e antieconômica", mantendo-a em relação ao leilão.

Nessa linha de entendimento, parece válido sustentar que, por analogia à regra do § 3º do art. 31, não incorrerá em ilegalidade a terminação do administrador público que autorizar a divulgação do edital de licitação em outros meios (jornais de grande circulação, por exemplo) além do sítio eletrônico oficial, quando considerar necessária para ampliar a publicidade e a competitividade da licitação.

6.4.1 Prazos de divulgação do edital

Inovando em relação à legislação anterior, a nova lei fixa prazos de divulgação dos editais não em função da modalidade da licitação, e sim tendo em conta o objeto, a forma de execução do contrato e o critério a ser adotado para o julgamento das propostas. Esses prazos estão assim fixados no art. 55 da Lei 14.133/2021:

"I – para aquisição de bens:

a) 8 (oito) dias úteis, quando adotados os critérios de julgamento de menor preço ou de maior desconto;

b) 15 (quinze) dias úteis, nas hipóteses não abrangidas pela alínea "a" deste inciso:

II – no caso de serviços e obras:

a) 10 (dez) dias úteis, quando adotados os critérios de julgamento de menor preço ou de maior desconto, no caso de serviços comuns e de obras e serviços comuns de engenharia;

b) 25 (vinte cinco) dias úteis, quando adotados os critérios de julgamento de menor preço ou de maior desconto, no caso de serviços especiais e de obras e serviços especiais de engenharia;

c) 60 (sessenta) dias úteis, quando o regime de execução for de contratação integrada;

d) 35 (trinta e cinco) dias úteis, quando o regime de execução for o de contratação semi-integrada ou nas hipóteses não abrangidas pelas alíneas "a", "b" e "c" deste inciso;

III – para licitação em que se adote o critério de julgamento de maior lance, 15 (quinze) dias úteis;

IV – para licitação em que se adote o critério de julgamento de técnica e preço ou de melhor técnica ou conteúdo artístico, 35 (trinta e cinco) dias úteis".

O § 1º do art. 55 estabelece a obrigatoriedade de nova divulgação do edital e o *"cumprimento dos mesmos prazos dos atos e procedimentos originais"*, quando houver modificação no edital (ou de qualquer de seus anexos, é óbvio) que comprometa a formulação das propostas. E o § 2º permite a redução desses prazos até a metade, nas licitações realizadas pelo Ministério da Saúde, *"no âmbito do Sistema Único de Saúde (SUS)"*.

Capítulo 7
JULGAMENTO DA LICITAÇÃO

7.1 ETAPAS DO PROCEDIMENTO

Já se disse, a licitação é um procedimento, vale dizer, uma sucessão de atos que se realizam na fase externa do *processo de contratação*. Esse *procedimento* desenvolve-se em etapas (ou fases, como diz a lei) sequenciadas, iniciando-se uma somente depois de encerada a antecedente.

Em artigo publicado em dezembro de 1997, comentando anteprojeto de nova Lei de Licitações elaborado pelo antigo Ministério da Administração Federal e Reforma do Estado (MARE), o autor deste Manual de Licitação formulou algumas sugestões que, no seu entender, poderiam contribuir para o aprimoramento e a celeridade do procedimento licitatório. Entre essas sugestões destacava-se a seguinte:

> "FASES DO PROCEDIMENTO LICITATÓRIO. *O procedimento licitatório deve ser simplificado, para se tornar mais eficiente e eficaz. As formalidades devem ser as absolutamente necessárias, para garantir a segurança da contratação. Observe-se que o preceito do inciso XXI do art. 37 da Constituição somente permite sejam feitas 'exigências de qualificação técnica e econômica indispensáveis à garantia do cumprimento das obrigações'. Em face dessa regra, qualquer outra exigência pode ser considerada descabida.*
>
> *Procedimento eficiente e eficaz é aquele que privilegia o resultado, sobre a forma. Se a finalidade da licitação é a escolha da proposta mais vantajosa para a Administração, cumpre que esse resultado seja buscado pela forma mais rápida e segura. Isso se conseguirá, por exemplo, alterando-se as fases do procedimento, de maneira que a análise da qualificação técnica*

e econômica seja feita, apenas e unicamente, em relação ao licitante que ofereceu o melhor preço.

Essa sistemática já é adotada, com bons resultados, em normas de organismos internacionais, como o Banco Mundial (Banco Internacional para a Reconstrução e Desenvolvimento – BIRD). O procedimento é simples: (a) os licitantes apresentam, ao mesmo tempo, em envelopes distintos e fechados, os documentos de habilitação exigidos no edital e as propostas de preços; (b) a comissão de licitação abre, inicialmente, todas as propostas de preços; (c) identificada a propostas de melhor valor, procede-se à abertura dos envelopes de habilitação dessa licitante; (d) comprovado o atendimento das exigências de qualificação técnica e econômica dessa licitante, a comissão a declara vencedora e encerra o procedimento licitatório. Caso contrário, abrem-se os envelopes da documentação da ofertante do segundo melhor preço e passa-se à análise de sua qualificação. E assim sucessivamente, até que se constate o pleno atendimento das exigências do edital". [1]

Essa sugestão veio a ser adotada pela Medida Provisória nº 2.026, de maio de 2000, que teve sucessivas reedições, convertida, depois, na Lei nº 10.520, de 17 de julho de 2002, que instituiu o pregão como modalidade de licitação. Mais tarde, essa *inversão de fases* foi adotada pela Lei nº 11.079, de 30 de dezembro de 2004, que instituiu normas gerais para a contratação de parcerias público-privadas, e repetida na Lei nº 12.462, 4 de agosto de 2011, que criou o Regime Diferenciado de Contratações Públicas (RDC).

A Lei 14.133/2021 tornou regra a denominada *inversão das fases* do procedimento licitatório, estabelecendo que a análise e a classificação das propostas devem preceder à verificação da habilitação dos licitantes (art. 17, incisos IV e V). Mas o fez de forma tecnicamente incorreta, ao disciplinar essas *fases* (etapas) em capítulos distintos do Título II, designando a primeira *fase* como *"Do Julgamento"* (Capítulo V) e a segunda fase como *"Da Habilitação"* (Capítulo VI), o que induz o intérprete desatento à suposição de que essa segunda *fase* não constitui *etapa do julgamento*.

Tanto a análise e a classificação das propostas como a análise dos elementos de habilitação constituem *etapas* do julgamento da licitação. Na primeira etapa, ou *fase*, a Comissão (Agente de Contratação ou Pregoeiro, conforme o caso) analisa, avalia e classifica as propostas; na segunda etapa apura a qualificação dos licitantes, com base nos documentos de habilitação

---

[1] Texto extraído de artigo sob o título *"LEI DE LICITAÇÕES; alterações que precisariam ser feiras"*, publicado no boletim *Informativo de Licitações & Contratos* nº 3, editado pela Editora Zênite, Curitiba/PR, em dez. 1997.

indicados no edital, começando pela do ofertante da proposta classificada em primeiro lugar.

7.2 JULGAMENTO DAS PROPOSTAS

7.2.1 Recebimento, abertura, análise e classificação das propostas

O julgamento da licitação inicia-se com o recebimento e a abertura dos envelopes das propostas, que deve ocorrer, sempre, em sessão pública, na data e horário indicados no edital respectivo.

Uma observação importante: **o horário de instalação da sessão pública é inflexível.** Se o ato convocatório estabeleceu 10h, por exemplo, nesse horário exato a Comissão deverá abrir a sessão, receber os envelopes dos licitantes e tomar-lhes as assinaturas na lista de presenças. Qualquer tolerância quanto ao horário não encontra justificativa legal e viola o princípio da isonomia. Evidentemente, pode acontecer que, enquanto estejam sendo entregues os envelopes pelos presentes, compareça algum retardatário. Nesse caso, a Comissão poderá, ouvidos os presentes e desde que não haja oposição, admitir a participação do retardatário, com o que estará ampliando o universo dos interessados. Entretanto, **essa tolerância não poderá ser admitida se já iniciada a abertura dos envelopes**, porque então o número dos competidores já estará definido.

Na ata dessa sessão pública o presidente da Comissão (o Agente de Contratação ou Pregoeiro, conforme o caso) fará constar o registro da inviolabilidade dos envelopes das propostas e quaisquer observações porventura feitas pelos licitantes.

Terá início, então, a etapa mais importante do procedimento licitatório. Certamente, também, é nessa etapa que costumam acontecer as falhas mais prejudiciais ao objetivo da licitação e aos direitos dos licitantes. Ausência de objetividade no julgamento; inobservância dos critérios previamente fixados no ato convocatório; falta de justificativa da avaliação e da classificação ou desclassificação de propostas, são exemplos de situações que comprometem a validade do procedimento, na medida em que dão lugar a intermináveis protestos e recursos administrativos, quase sempre decididos sem fundamentação adequada, gerando, por conseguinte, ações judiciais de todo tipo, que retardam a licitação e acarretam sérios prejuízos à Administração Pública.

Cumpre, portanto, bem orientar as comissões de licitação (agentes de contratação e pregoeiros), para que atuem com firmeza, mas segundo as regras preestabelecidas e em conformidade com a lei, de modo a impedir a ação de "*licitantes profissionais*", que sempre encontram motivo para impugnar, protestar, recorrer e valer-se da via judicial, a pretexto de defender "direitos" que, quase sempre, somente se baseiam em falhas procedimentais.

A objetividade do julgamento deve resultar da observância das seguintes regras fundamentais: (a) vinculação ao tipo da licitação; (b) avaliação exclusivamente dos fatores previstos no edital; e (c) explicitação das razões que justifiquem o resultado (fundamentação).

7.3 CRITÉRIOS DE JULGAMENTO E FATORES DE AVALIAÇÃO

A lei determina (art. 33) que *"O julgamento das propostas será realizado de acordo com os seguintes critérios:*

I – menor preço;

II – maior desconto;

III – melhor técnica ou conteúdo artístico;

IV – técnica e preço;

V – maior lance, no caso de leilão;

VI – maior retorno econômico".

Nos artigos seguintes da Seção III do Capítulo II do Título II são indicadas as hipóteses de aplicação de cada um desses critérios, no que se mantém o mesmo regramento da legislação revogada, salvo quando à classificação das licitações por "tipos", como fazia a Lei 8.666, o que não impede que os editais adotem essa classificação, já consagrada no ordenamento jurídico.

A regra básica é a de que, na avaliação das propostas, deve a Comissão (o Agente de Contratação ou Pregoeiro, conforme o caso) analisar todos os aspectos que possam influir no valor final da contratação, de modo a identificar a proposta que propiciará o menor dispêndio para a Administração Pública. Mesmo nas licitações de melhor técnica, em que o preço não influi na indicação do vencedor, a preocupação com o menor dispêndio não deve ser esquecida, no momento da negociação a ser feita conforme determina o art. 61 da Lei.

Conforme o objeto a ser licitado e o critério estabelecido para o julgamento das propostas, deverão ser analisados, além do preço e de fatores específicos indicados no edital:

Nas licitações de menor preço, de obras e serviços:

i) o programa de trabalho;

ii) a qualificação da equipe técnica e a adequação dos equipamentos disponíveis;

iii) a experiência e desempenho do licitante em contratações anteriores;
iv) o cronograma de execução e o prazo de conclusão dos trabalhos;
v) o cronograma de desembolsos.

Nas licitações de menor preço, de compras:

i) as especificações técnicas dos bens;
ii) o ciclo de vida e desempenho dos bens;
iii) o prazo e as condições da garantia;
iv) a estrutura de assistência técnica durante a garantia;
v) o cronograma e o prazo de conclusão da entrega;
vi) o cronograma de desembolsos.

Nas licitações de melhor técnica e de técnica e preço, de obras:

i) a demonstração de conhecimento do objeto;
ii) a metodologia e programa de trabalho;
iii) a qualificação da equipe técnica e a adequação dos equipamentos disponíveis;
iv) a experiência e o desempenho do licitante em contratações anteriores;
v) o cronograma de execução e o prazo de conclusão dos trabalhos;
vi) o cronograma de desembolsos.

Nas licitações de melhor técnica e de técnica e preço, de compras;

i) as especificações técnicas dos bens;
ii) o ciclo de vida e desempenho dos bens;
iii) o prazo e as condições da garantia;
iv) a estrutura de assistência técnica durante a garantia;
v) o cronograma e o prazo de conclusão da entrega;
vi) o cronograma de desembolsos.

7.3.1 Julgamento pelo critério de menor preço

O critério de menor preço pode ser adotado tanto nas concorrências como nos pregões, e está assim definido na nova lei:

> "Art. 34. O julgamento por menor preço ou maior desconto e, quando couber, por técnica e preço considerará o menor dispêndio para a Administração, atendidos os parâmetros mínimos de qualidade definidos no edital de licitação.
>
> § 1º Os custos indiretos, relacionados com as despesas de manutenção, utilização, reposição, depreciação e impacto ambiental do objeto licitado, entre outros fatores vinculados ao seu ciclo de vida, poderão ser considerados para a definição do menor dispêndio, sempre que objetivamente mensuráveis, conforme disposto em regulamento".

Infere-se dessa disposição legal:

(i) que o menor preço, para efeito de adjudicação do contrato objetivado na licitação, não é o menor valor **nominal** indicado na proposta, e sim aquele que possibilitar o menor custo final da obra, serviço ou compra (**menor dispêndio** para a Administração);

(ii) para que esse menor dispêndio seja aferido, deverá a Comissão (ou o agente público responsável pelo julgamento) considerar todos os custos envolvidos na execução do contrato, tal como explicitado no § 1º do art. 34, acima transcrito;

(iii) o menor preço (menor dispêndio), isoladamente, não confere ao seu ofertante a primazia na classificação das propostas.

A nova lei põe fim ao entendimento de alguns intérpretes do inciso I do § 1º do art. 45 da Lei 8.666, segundo o qual nas licitações do tipo menor preço não seria admitido levar em conta, para efeito de classificação das propostas, quaisquer outros aspectos, além do valor nominal. De fato, por conta de uma interpretação vesga da regra daquele dispositivo, as Comissões de licitação entendiam que o simples fato de uma proposta indicar o menor valor era suficiente para ser classificada como a melhor, o que constituía equívoco. O menor preço que determina a vantagem de uma proposta não é o seu valor *nominal*, mas sim aquele que representa o menor dispêndio para a Administração, vale dizer, o valor final ou *real* da obra, serviço ou fornecimento a ser contratado. E somente com uma avaliação criteriosa pode-se determinar o **melhor** preço, ou seja, aquele que, efetivamente, significará o *menor dispêndio final* para a Administração. Nesse sentido, continua válida e oportuna a observação de Celso Antônio Bandeira de Mello:

> "O critério de melhor preço é o que privilegia o mais barato deles. Em abstrato, o critério de melhor preço não significa que seja o de menor valor nominal, isto é, aquele que se apresente, na proposta, com expressão numérica mais

baixa. Com efeito, se houver diferença de qualidade ou de durabilidade entre os bens ofertados e estes elementos sejam importantes em função da necessidade administrativa a ser preenchida, pode ocorrer que o mais barato, nominalmente, seja mais caro. Às vezes uma coisa é numericamente de expressão maior, porém, objetivamente, resultará menos dispendiosa. Em tais casos, o melhor preço poderá estar contido em números mais elevados. Estes podem estar traduzindo uma oferta de valor real mais baixo que o de outra oferta substanciada em números nominalmente menores."[2]

Assim, desde que devidamente justificada, será válida a adjudicação feita a quem ofertar proposta de valor nominal mais elevado, mas de menor custo final, pois este é mais conveniente à Administração. Foi o que reconheceu o Supremo Tribunal Federal, ao denegar mandado de segurança impetrado por licitante que pretendia invalidar adjudicação feita a proponente de valor nominal mais elevado, mas que foi considerado mais conveniente, em função do menor prazo de execução proposto, isso porque – sustentou a decisão – a norma do art. 45, § 1º, inciso I, da Lei nº 8.666 (que define o tipo de menor preço) devia ser interpretada em consonância com o princípio da isonomia fixado no art. 37 da Constituição, para que se possa atingir o objetivo da licitação, que é *"selecionar a proposta mais vantajosa para a Administração".*[3]

Em primeiro lugar, a proposta deve atender às especificações do edital, e essas especificações não são apenas as de natureza técnica, bem como aos *"parâmetros mínimos de qualidade"*, a que alude o art. 34 da nova lei. É imperioso, portanto, que o ato convocatório indique todos os requisitos a serem atendidos pelas propostas e quais os elementos (fatores) que serão avaliados. Sem prejuízo de outros que sejam indicados, em função da especificidade do objeto licitado, devem ser analisados:

- a qualificação e a experiência da equipe técnica indicada e a adequação dos equipamentos e ferramental que serão disponibilizados para a realização dos trabalhos;
- o cronograma de execução, com os prazos de início e término de cada etapa da obra ou serviço (no caso de compra – o cronograma

---

[2] Op. cit., p. 69-70.
[3] Mandado de Segurança nº 22043/BA, rel. Ministro Moreira Alves, impetrado contra ato do Procurador-Geral da República, que adjudicou contrato de empreitada, em licitação de menor preço, a ofertante de proposta nominalmente mais elevada, porém considerada mais vantajosa, em virtude do menor prazo de execução indicado (*DJ* de 5 de dezembro de 1997).

de entregas), para verificar se são compatíveis com o prazo de conclusão previsto no edital;
- os preços, parciais e total, indicados pelo proponente, de modo a apurar se são compatíveis com os praticados no mercado e com o valor estimado para a contratação;
- o cronograma de desembolsos e sua adequação aos prazos parciais do cronograma físico (ou de entregas, no caso de compras);
- nos casos de compras, o prazo e a extensão da garantia e a estrutura de pessoal e equipamentos para a prestação da assistência técnica;

A Comissão (o Agente de Contratação ou Pregoeiro) poderá (e deverá, sempre que entender necessário) solicitar aos licitantes esclarecimentos complementares, inclusive a demonstração da exequibilidade da proposta (art. 59, § 2º, da Lei 14.133/2021).

Nem seria preciso – porque óbvio –, mas cabe a observação de que a Comissão pode corrigir eventuais erros na indicação dos valores das propostas, seja na soma das parcelas, seja nas operações de multiplicação dos preços unitários, por isso que é comum – e prudente – que o ato convocatório advirta: em caso de discordância entre os valores unitários e totais, deverão prevalecer os valores unitários, e havendo divergência entre os valores expressos em número e os indicados por extenso, estes últimos é que deverão ser considerados. A constatação desses eventuais erros não deve ser considerada como desconformidade da proposta, para efeito de desclassificação, do mesmo modo que a sua correção não caracteriza alteração das condições ofertadas pelo licitante.

Concluída a análise dos fatores de avaliação, as propostas serão classificadas segundo a ordem crescente dos valores globais. Atendidas as condições e as especificações do ato convocatório, inclusive quanto aos aspectos acima destacados, a Comissão indicará a melhor proposta, aquela cujo valor final represente o menor dispêndio para a Administração.

7.3.2 Julgamento pelo critério de melhor técnica

Estabelece o art. 35 da Lei 14.133/2021:

> "Art. 35. O julgamento por melhor técnica ou conteúdo artístico considerará exclusivamente as propostas técnicas ou artísticas apresentadas pelos licitantes, e o edital deverá definir o prêmio ou a remuneração que será atribuída aos vencedores.

Parágrafo único. O critério de julgamento de que trata o caput *deste artigo poderá ser utilizado para a contratação de projetos e trabalhos de natureza técnica, científica ou artística".*

No § 2º do art. 37 estava previsto que esse critério de julgamento também deveria ser adotado nas licitações para contratação dos seguintes serviços técnicos especializados de natureza predominantemente intelectual, referidos nas alíneas *a, d* e *h* do inciso XVIII do art. 6º:

- estudos técnicos, planejamentos e projetos básicos ou executivos (alínea *a*);
- fiscalização, supervisão ou gerenciamento de obras ou serviços (alínea *d*);
- controles de qualidade e tecnológico, análises, testes e ensaios de campo e laboratoriais, instrumentação e monitoramento de parâmetros específicos de obras e do meio ambiente e demais serviços de engenharia que se enquadrem na definição de serviços técnicos especializados (alínea *h*).

Entretanto, o § 2º do art. 37 foi vetado, por sugestão dos Ministérios da Infraestrutura e da Economia, sob a alegação de que *"cabe ao gestor, analisando caso a caso, vocacionado no poder discricionário e com base na Lei, decidir, a depender do objeto a adoção do critério de julgamento"*. O veto afastou a obrigatoriedade dos critérios de melhor técnica e de técnica e preço nas licitações dos mencionados serviços técnicos especializados, mas não impediu que sejam adotados, quando o órgão contratante reconhecer e demonstrar a conveniência da sua aplicação, tendo em conta a complexidade e especificidade do serviço a ser prestado.

O mesmo art. 37 detalha o procedimento do julgamento por melhor técnica (aplicável também no de técnica e preço), que compreende:

> *"I – verificação da capacitação e da experiência do licitante, comprovadas por meio da apresentação de atestados de obras, produtos ou serviços previamente realizados;*
>
> *II – atribuição de notas a quesitos de natureza qualitativa por banca designada para esse fim, de acordo com orientações e limites definidos em edital, considerados a demonstração de conhecimento do objeto, a metodologia e o programa de trabalho, a qualificação das equipes técnicas e a relação dos produtos que serão entregues;*
>
> *III – atribuição de notas por desempenho do licitante em contratações anteriores aferida nos documentos comprobatórios de que trata o § 3º do art.*

88 desta Lei e em registro cadastral unificado disponível no Portal Nacional de Contratações Públicas (PNCP)".

Sob o regime da Lei 8.666 consagrou-se a sistemática de julgamento das licitações de melhor técnica (e de técnica e preço) baseada na atribuição de notas, ou pontos, a determinados elementos ou dados exigidos dos licitantes, para efeito de se determinar a melhor ou maior qualidade da proposta. Tal sistemática, entretanto, não estava respaldada em regra explícita da Lei 8.666, pois nos dispositivos que disciplinavam o julgamento desses tipos de licitação não se encontrava qualquer referência a "notas" ou "pontos" a serem atribuídos aos elementos ou dados das propostas. A lei limitava-se a indicar os fatores a serem avaliados, os quais estavam expressamente listados no inciso I do § 1º do art. 46 (*"a capacitação e a experiência do proponente, a qualidade técnica da proposta, compreendendo metodologia, organização, tecnologias e recursos materiais a serem utilizados nos trabalhos, e a qualificação das equipes técnicas a serem mobilizadas para a sua execução"*).

Mesmo sem prever a avaliação desses fatores mediante atribuição de notas ou pontos, os editais das licitações de melhor técnica e de técnica e preço passaram a adotar essa sistemática de julgamento, por critérios que em nada se mostravam apropriados à aferição da qualidade técnica das propostas.

A experiência de longos anos no acompanhamento e na realização de licitações, inclusive em procedimentos vinculados a normas de organismos internacionais (BID e BIRD), fez firme, no autor deste Manual, o convencimento de que essa forma de avaliação não se mostra legítima; ao contrário, revela-se, no mínimo, injusta e anti-isonômica, porque, mediante uma análise "técnica" ditada, muitas vezes, por motivação tendenciosa, se determina, antecipadamente, o vencedor de uma licitação. Quem já não leu, em jornais, anúncios cifrados de "vencedores" de concorrências conhecidos antes mesmos de abertas as respectivas propostas de preços!

A nova Lei de Licitações, além de explicitar essa sistemática de julgamento das licitações de melhor técnica (e de técnica e preço), incide na mesma imprecisão da lei anterior: indica os *fatores* de avaliação da proposta técnica, mas não a forma como deverão ser analisados, o que deixa aberta a porta para a subjetividade do julgamento nesses tipos de licitação.

Ao disciplinar o critério de julgamento de *melhor técnica,* depois de dizer que nesse tipo de licitação o julgamento considerará *"exclusivamente as propostas técnicas ou artísticas apresentadas"* (art. 35, *caput*), a lei estabelece que deverão ser verificadas a *"capacitação",* a *"experiência",* o *"conhecimento do objeto, a metodologia e o programa de trabalho",* a *"qualificação das equipes técnicas"* e o *"desempenho do licitante em contratações anteriores"* (incisos I, II e III do art. 37), elementos que, à toda vista, não dizem respeito à **qualidade técnica** da proposta, porque representam a **qualificação** do proponente. Em verdade, dos aspectos referidos, apenas a metodologia e o programa de trabalho constituem, efetivamente, **fatores de qualidade técnica da proposta.** O dispositivo legal menciona a *"relação dos produtos que serão entregues"* (inciso II, parte final), mas não esclarece se deverá ser feita análise da qualidade desses produtos, nem faz referência ao **prazo** de sua apresentação – esse que seria fator objetivo de avaliação da proposta técnica. Embora não haja referência expressa no art. 37, o prazo de execução (ou de entrega, no caso de compras) constitui fator a ser levado em consideração na análise do *"programa de trabalho".*

Imprecisões como as apontadas, associadas ao sistema de atribuição de notas, contribuem para resultados ilegítimos, produzidos por julgamentos acentuadamente subjetivos, quando não tendenciosos, nos quais, por antecipação, é possível identificar o vencedor da licitação. Esse risco continua sob a nova lei, talvez até maximizado, porque agora a atribuição de notas estará a cargo de uma "banca" integrada por *"profissionais contratados por conhecimento técnico, experiência ou renome na avaliação dos quesitos especificados em edital"* (inciso II do § 1º do art. 37. É estranho esse detalhe da disposição legal: os profissionais externos que integrarão a "banca de julgamento" serão contratados pela *"experiência ou renome"* demonstrados na avaliação de quesitos do mesmo tipo dos especificados no edital, ou seja: "especialistas" em fazer avaliação subjetiva de propostas técnicas!

Para atender ao princípio do julgamento objetivo e minimizar as consequências nocivas que caracterizam essa sistemática de julgamento (mais acentuadamente no critério de melhor técnica), é recomendável que o edital indique **o modo** como deverá a "banca de julgamento" analisar cada um dos fatores, dizendo, por exemplo:

i) que a metodologia e o programa de trabalho serão analisados com vistas a verificar se guardam conformidade e coerência com as normas técnicas aplicáveis ao tipo da obra ou serviço a ser contratado e que será atribuída a melhor nota, ou maior pontuação, à proposta que se mostrar mais adequada às normas técnicas específicas;

ii) que a qualificação das equipes técnicas será aferida em função dos títulos e da experiência de cada integrante na efetiva participação em trabalhos similares aos que são licitados, devidamente comprovada pelos atestados apresentados, e que as notas, ou pontos, serão atribuídos de forma proporcional à quantidade dos títulos e da efetiva participação, devidamente atestada, de cada integrante das equipes em trabalhos similares aos que estão sendo licitados, de modo que receberá a maior nota ou pontuação a proposta do proponente cuja equipe ostentar mais títulos de qualificação e mais atestados de experiência;

iii) que o desempenho do licitante será avaliado com base nos atestados fornecidos pelas entidades para as quais já tenha o licitante executado obras ou serviços similares aos que são objeto da licitação. Embora o texto do § 3º do art. 36 se refira, apenas, a contratos com a Administração Pública, não há razão que impeça serem considerados, também, contratos celebrados com entidades privadas, desde que devidamente certificados pelos órgãos fiscalizadores da atividade profissional (CREAA, CRA e outros assemelhados); a nota ou a pontuação deverá ser proporcional à quantidade de obras ou serviços comprovados pelos atestados apresentados;

iv) que o cronograma de execução será analisado a partir da compatibilidade dos prazos parciais e do prazo indicado para a conclusão dos trabalhos: para o menor prazo final, a maior nota ou pontuação; para as demais propostas, notas ou pontos inversamente proporcionais.

Como ressaltado anteriormente, a Comissão deverá, sempre, indicar as justificativas das notas ou dos pontos atribuídos a cada um desses fatores e os motivos das eventuais desclassificações, sem o que não estará atendida a exigência legal da fundamentação e objetividade do julgamento.

Conforme a regra do art. 35, nas licitações em que for adotado o critério de julgamento de melhor técnica, o vencedor será aquele cuja proposta técnica obtiver a maior nota ou pontuação final, o que não significa que a adjudicação deva ser feita se o preço da proposta não estiver compatível com o valor estimado para a contratação, depois da negociação a que se refere o art. 61 da Lei 14.133/2021.

7.3.3 Julgamento pelo critério de técnica e preço

Na licitação de técnica e preço, o julgamento das propostas obedece, basicamente, à mesma sistemática de procedimento estabelecida para a licitação de melhor técnica, mas a classificação final é determinada mediante ponderação das notas atribuídas às propostas técnica e de preço, *"na proporção máxima de 70% (setenta por cento) de valoração para a proposta técnica"* (§ 2º do art. 36), detalhe inovador, pois a Lei 8.666 não estabelecia essa proporção. As mesmas observações críticas feitas à sistemática de julgamento pelo critério de melhor técnica são válidas para o de técnica e preço, cabendo ressaltar, adicionalmente, como agravante do risco que decorre dessa sistemática de julgamento, que a nova lei privilegia, excessivamente, a avaliação "técnica", ao permitir a proporção de 70% (setenta por cento), contra apenas 30% (trintas por cento) para o preço (a Lei 8.666 não estabelecia tamanha desproporção).

Este autor defende que nas licitações de técnica e preço o critério de julgamento deveria ser aquele previsto no antigo Decreto-lei nº 2.300, de 1986, segundo o qual, uma vez classificadas as propostas tecnicamente aceitáveis, segundo as especificações estabelecidas no ato convocatório, considerava-se vencedora do certame aquela que ofertou o menor preço. De fato, se o fator técnico não é mais importante que o preço (porque nesse caso a licitação seria de melhor técnica), nada mais correto que o resultado ser determinado em função da melhor condição de preço, entre aquelas apresentadas pelas licitantes tecnicamente classificadas. A vantagem desse critério de julgamento era evidente, pois (i) minimizava o subjetivismo da avaliação e (ii) assegurava o menor custo final da contratação. Infelizmente, parece que não houve interesse em modificar a sistemática que se implantou sob o regime da Lei 8.666.

7.3.4 Julgamento pelo critério do maior desconto

De acordo com o disposto no § 2º do art. 34, *"O julgamento por maior desconto terá como referência o preço global fixado no edital de licitação, e o desconto será estendido aos eventuais termos aditivos".*

A redação desse dispositivo dá azo à suposição de a nova lei restabeleceu o tipo de licitação de *preço base*, abolido pela Lei 8.666, o que é não é verdade. O que se diz no texto transcrito é que, nos casos em que já existe preço conhecido para determinado tipo de serviço, o edital deverá indicar esse preço e, então, a competição dos licitantes dar-se-á relativamente à vantagem que cada um se dispõe a conceder à Administração, expressa sob a forma de *desconto*. Será vencedor da licitação aquele que oferecer o maior desconto sobre o valor indicado no edital.

Esse critério é aplicável, especialmente, nos casos em que a Administração deseja contratar a intermediação de alguém, ou de uma empresa, para realizar certa atividade que tem preço de mercado praticado pelos fornecedores do serviço ou do produto. É o que ocorre, por exemplo, quando se deseja adquirir passagens aéreas ou terrestres, por intermédio de agência de viagem, ou ainda quando se pretende realizar a aquisição ou a locação de imóvel. Nessas hipóteses, o desconto a ser concedido pelo intermediador contratado incidirá sobre o valor da *comissão* paga pela empresa transportadora (caso da venda de passagens) ou sobre a comissão de corretagem (caso da venda ou locação de imóvel).

7.3.5 Julgamento pelo critério do maior lance

Esse critério é aplicável, exclusivamente, na licitação da modalidade *leilão*, para alienação de imóveis ou móveis inservíveis ou legalmente apreendidos (arts. 6º, inciso XL, e 33, inciso V).

7.3.6 Julgamento pelo critério do maior retorno econômico

Reproduzindo regra que se continha na Lei do RDC (Lei nº 12.462, de 2011, art. 23), a nova Lei de Licitações define o contrato de eficiência como o ajuste que tem por objeto *"a prestação de serviços, que pode incluir a realização de obras e o fornecimento de bens, com o objetivo de proporcionar economia ao contratante, na forma de redução de despesas correntes, remunerado o contratado com base em percentual da economia gerada"* (art. 6º, inciso LIII).

Como se percebe pela definição legal, no contrato de eficiência não há dispêndio da Administração Pública, embora lhe seja prestado um serviço, realizada uma obra ou fornecido um bem, pela ação de um agente privado. Nesse tipo de contratação, a remuneração do agente privado será paga em percentual sobre a redução que proporcionar nas "despesas correntes" do órgão público, assim consideradas as despesas de custeio da máquina pública (pessoal, juros da dívida, aquisição de bens de consumo, serviços de terceiros, manutenção de equipamentos, consumo de água, de energia elétrica, de telefone etc.).

Para esse tipo de contratação o critério de julgamento da licitação será o do *maior retorno econômico*, que está assim disciplinado no art. 39 da Lei 14.133/2021:

> *"Art. 39. O julgamento por maior retorno econômico, utilizado exclusivamente para a celebração de contrato de eficiência, considerará a maior economia para a Administração, e a remuneração deverá ser fixada em percentual que incidirá de forma proporcional à economia efetivamente obtida na execução do contrato.*
>
> *§ 1º Nas licitações que adotarem o critério de julgamento de que trata o caput deste artigo, os licitantes apresentarão:*
>
> *I – proposta de trabalho, que deverá contemplar:*
>
> *a) as obras, os serviços ou os bens, com os respectivos prazos de realização ou fornecimento;*
>
> *b) a economia que se estima gerar, expressa em unidade de medida associada à obra, ao bem ou ao serviço e em unidade monetária;*
>
> *II – proposta de preço, que corresponderá a percentual sobre a economia que se estima gerar durante determinado período, expressa em unidade monetária.*

§ 2º O edital de licitação deverá prever parâmetros objetivos de mensuração da economia gerada com a execução do contrato, que servirá de base de cálculo para a remuneração devida ao contratado.

§ 3º Para efeito de julgamento da proposta, o retorno econômico será o resultado da economia que se estima gerar com a execução da proposta de trabalho, deduzida a proposta de preço.

§ 4º Nos casos em que não for gerada a economia prevista no contrato de eficiência:

I – a diferença entre a economia contratada e a efetivamente obtida será descontada da remuneração do contratado;

II – se a diferença entre a economia contratada e a efetivamente obtida for superior ao limite máximo estabelecido no contrato, o contratado sujeitar-se-á, ainda, a outras sanções cabíveis".

7.4 JULGAMENTO DA HABILITAÇÃO

De acordo com a sistemática procedimental estabelecida pela nova Lei de Licitações, a habilitação dos licitantes realiza-se, agora, como regra, em momento posterior ao da análise e classificação das propostas. Além dessa inversão de etapas (ou *fases*), a nova lei estabelece as seguintes diretrizes interessantes para a aferição da habilitação:

"*I – poderá ser exigida dos licitantes a declaração de que atendem aos requisitos de habilitação, e o declarante responderá pela veracidade das informações prestadas, na forma da lei;*

II – será exigida a apresentação dos documentos de habilitação apenas pelo licitante vencedor, exceto quando a fase de habilitação anteceder a de julgamento;

III – serão exigidos os documentos relativos à regularidade fiscal, em qualquer caso, somente em momento posterior ao julgamento das propostas, e apenas do licitante mais bem classificado" (art. 63)

(...)

"*A habilitação poderá ser realizada por processo eletrônico de comunicação a distância, nos termos dispostos em regulamento" (art. 65, § 2º).*

Essas diretrizes comportam algumas observações.

7.4.1 Declaração dos licitantes, de que "atendem aos requisitos de habilitação"

Diante da norma do inciso I do art. 63, a questão que se coloca consiste em saber se a declaração ali prevista substitui a apresentação, pelos participantes do certame, das *"informações e documentos necessários e suficientes para demonstrar a capacidade do licitante de realizar o objeto da licitação"* (art. 62).

Conquanto se reconheça que as alterações previstas nas disposições legais acima transcritas contribuem para a facilitação e a celeridade do procedimento licitatório, não parece aceitável que tais alterações possam implicar supressão de garantias do resultado do procedimento licitatório e riscos ou prejuízos para a Administração Pública.

Em primeiro lugar, deve-se ter presente que, ao estabelecer, como regra, que a análise da habilitação dos licitantes seja feita após a análise e a classificação das propostas, a Lei não está dispensando a apuração da qualificação de todos os competidores, a qual somente pode ser feita com base na documentação comprobatória da qualificação deles, sob os quatro aspectos: capacidade jurídica, qualificação técnico-profissional e operacional, capacidade econômico-financeira e regularidade fiscal. O fato de diferir para um momento posterior ao conhecimento e à classificação das propostas a análise da comprovação da habilitação, não significa renúncia da obrigação de apurar, no momento próprio, a veracidade da declaração dos licitantes, pela qual – é importante ressaltar – responderão eles *"na forma da lei"* (art. 63, inciso I, parte final).

Portanto, a declaração prevista no inciso I do art. 63 – que deve constar do envelope das propostas – não substitui a apresentação dos documentos exigidos para comprovação da habilitação dos licitantes.

7.4.2 Momento da apresentação da documentação *versus* momento da aferição da habilitação

Diz o inciso II do art. 63 que *"será exigida a apresentação dos documentos de habilitação apenas pelo licitante vencedor, exceto quando a fase de habilitação anteceder a de julgamento"*.

A interpretação literal desse dispositivo induz à suposição de que não poderá o edital exigir, de todos os licitantes, a apresentação da documentação de habilitação em envelope distinto do das propostas, na mesma sessão pública de inauguração da licitação.

Se esse foi o propósito do legislador na redação da disposição do inciso II do art. 63, parece evidente o risco que se apresenta, de comprometimento do procedimento licitatório, na eventualidade de a documentação do licitante declarado vencedor, apresentada *a posteriori*, não atender integralmente aos requisitos legais de habilitação. Como a lei não prevê a possibilidade da convocação dos demais licitantes, para apresentação dos documentos de habilitação – ao contrário, diz, taxativamente, que a documentação será exigida *"apenas do licitante vencedor"* – o agente (ou comissão) processante, limitado pelo princípio da legalidade, não poderia convocar os demais licitantes para cumprir uma exigência não prevista em lei. Ter-se-ia configurada, então, a frustração do procedimento licitatório, incorrendo a Administração em custos, inclusive financeiros.

Mas há outro detalhe que não pode ser desconsiderado: a licitação pressupõe tratamento igualitário aos participantes, o que significa que não se pode estabelecer exigências de participação que devam ser atendidas por apenas alguns dos participantes. Todos que acorrem ao certame devem comprovar que, no instante em que se instaura a disputa, estão em condições de competir, igualitariamente, o que significa reconhecer que **a habilitação deve ser existente no momento da abertura da licitação**.

Ao diferir para momento posterior a análise da habilitação, a Lei não está dispensando a comprovação, **por todos quantos pretendam participar da licitação,** de que, no momento da abertura do certame, estão qualificados para realizar o objeto licitado. Fosse assim, seria inócua a disposição do art. 64, no qual a lei prescreve que *"Após a entrega dos documentos para habilitação, não será permitida a substituição ou a apresentação de documentos, salvo em sede de diligência para(...)"*, o que não faria sentido se a documentação não tivesse de ser apresentada, por todos os licitantes, desde a abertura da licitação. Nessa linha de raciocínio, o entendimento correto seria o de que os documentos de habilitação deveriam ser apresentados por todos os licitantes, em envelope distinto do das propostas, na sessão pública de inauguração do certame licitatório, e que a abertura desses envelopes e a análise da documentação neles contida, a começar pelo do licitante declarado vencedor, ocorrerá depois de concluída a classificação das propostas.

Entretanto, para compatibilizar a norma do inciso II do art. 63 com o princípio do tratamento isonômico, poderá o edital estabelecer: (i) que todos os participantes da licitação se comprometam, na declaração prevista no inciso I do art. 63, a apresentar os documentos de habilitação, em envelope fechado, na sessão em que for proclamado o resultado da análise das propostas; (ii) que a abertura desses envelopes será feita na referida sessão pública, a começar pelo do licitante declarado vencedor, como determina o inciso II do art. 63.

7.4.3 Diferimento da comprovação de regularidade fiscal

O inciso III do art. 63 estabelece que *"serão exigidos os documentos relativos à regularidade fiscal, em qualquer caso, somente em momento posterior ao julgamento das propostas, e apenas do licitante mais bem classificado"*.

Esse inciso, se não existisse, não faria falta, porque o que nele se estabelece já se contém na disposição do inciso II, anteriormente comentado. Ademais, o texto incide em impropriedade técnica, ao se referir ao licitante *"mais bem classificado"*. Se o vernáculo é perfeito, o conteúdo é equivocado, pois a classificação é aplicável à proposta, não ao licitante, ao qual se atribui a *habilitação* ou *inabilitação*.

De qualquer sorte, o diferimento da comprovação, previsto no mencionado inciso, mesmo não conflitando com o preceito do § 3º do art. 195 da Constituição Federal, que veda a celebração de contrato com pessoa jurídica em situação irregular com as obrigações para com a Seguridade Social, está em contraposição ao que prevê a legislação do Fundo de Garantia do Tempo de Serviço – FGTS, que expressamente exige a comprovação da regularidade da empresa, ou empregador, como requisito de habilitação em licitação pública.[4] Tratando-se exigência de lei especial, entende-se que não pode ser afastada pela lei geral de licitações, consoante a orientação da LINDB (Lei de Introdução às Normas do Direito Brasileiro – Decreto-Lei nº 4.657, de 04/09/1942.

Então, o Certificado de Regularidade com o FGTS, que constitui um dos elementos da regularidade fiscal, é exigível de todos os participantes da licitação, e deve ser apresentado no momento da abertura da licitação.

7.4.4 Declaração de reserva de cargos para pessoas com deficiência

A exigência dessa declaração, posta no inciso IV do art. 63, não parece ter pertinência com a **qualificação** dos licitantes. Seria mais eficaz a norma legal se exigisse a prova da reserva de cargos **como condição** para licitar e, então, deveriam eles apresentar seu quadro de pessoal, para comprovar que aí está assegurada a reserva exigida.

Sem embargo da inadequação apontada, a declaração poderá ser exigida para constar do envelope do envelope da proposta, devendo o edital estabelecer que a falta da declaração implicará o afastamento do licitante.

---

[4] Lei nº 8.036, de 11/05/1990: *"Art. 27. A apresentação do Certificado de Regularidade do FGTS, fornecido na forma do regulamento, é obrigatória nas seguintes situações: a)* **habilitação** *e licitação promovida por órgão da Administração Federal, Estadual e Municipal, direta, indireta ou fundacional ou por entidade controlada direta ou indiretamente pela União, Estado e Município"*. (Redação do *caput* dada pela Lei nº 13.932, de 2019).

7.4.5 Declaração de integralidade dos custos da proposta

O § 1º do art. 63 determina que o edital da licitação deve exigir dos licitantes, *"sob pena de desclassificação"*, declaração de que *"suas propostas econômicas compreendem a integralidade dos custos para atendimento dos direitos trabalhistas assegurados na Constituição Federal, nas leis trabalhistas, nas normas infralegais, nas convenções coletivas de trabalho e nos termos de ajustamento de conduta vigentes na data de entrega das propostas".*

A disposição incide na mesma impropriedade técnica acima apontada. A leitura correta do texto é a de que a falta da declaração implicará a desclassificação *da proposta* e não do licitante (a quem se aplica a *inabilitação*). Portanto, a referida declaração – que é válida – deve constar da proposta econômica, porque é a ela que diz respeito.

7.4.6 Declaração de conhecimento e de vistoria do local e das condições de realização da obra ou serviço

Diz o § 2º do art. 63 que o edital poderá prever, *"sob pena de inabilitação"*, a necessidade de o licitante *"atestar"* que conhece o local e as condições de realização da obra ou serviço, e, no § 3º, determina que sempre deverá o edital prever a substituição da vistoria local por *"declaração formal assinada pelo responsável técnico do licitante"*.

Nova impropriedade técnica: o licitante não "atesta" que conhece o local e as condições de execução dos serviços; simplesmente "declara", "confessa", "confirma" o conhecimento das condições de execução do objeto licitado. Se não faz a declaração, deve ser excluído do certame, por desatendimento de condição para competir.

7.4.7 Complementação de documentos e saneamento de erros ou falhas

Prevê o art. 64 que da Lei 14.133/2021:

> *"Após a entrega dos documentos para habilitação, não será permitida a substituição ou a apresentação de documentos, salvo em sede de diligência para:*
>
> *I – complementação de informações acerca dos documentos já apresentados pelos licitantes e desde que necessária para apurar fatos existentes à época da abertura do certame;*
>
> *II – atualização de documentos cuja validade tenha expirado após a data de recebimento das propostas.*
>
> *§ 1º Na análise dos documentos de habilitação, a comissão de licitação poderá sanar erros ou falhas que não alterem a substância dos documentos e sua*

> *validade jurídica, mediante despacho fundamentado registrado e acessível a todos, atribuindo-lhes eficácia para fins de habilitação e classificação".*

A disposição do § 1º desse artigo permite à comissão de licitação *"sanar erros ou falhas"* da documentação de habilitação. É certo que imprecisões formais, existentes na documentação, podem – e devem – ser relevadas, quando não comprometem a veracidade da declaração que ali se contém. O princípio da instrumentalidade da forma não deve suplantar o princípio da verdade real. Entretanto, relevar imprecisões formais não significa *sanar* erros ou falhas existentes em documentos, os quais continuam existindo, embora podendo ser desconsiderados, para efeito da habilitação do licitante interessado. O *"despacho fundamentado"* a que alude o § 1º do art. 64 deve ser exigido da comissão para justificar a irrelevância do *erro ou da falha* encontrados no documento, jamais para fazê-los desaparecer (sanar).

Por fim, o texto desse § 1º incide em imprecisão técnica: permite que o despacho de *saneamento* do *erro ou da falha* verificados em documento de habilitação tenha eficácia *"para fins de (...) classificação"* – etapa já encerrada (cf. art. 17, inciso IV).

7.5 ANÁLISE DOS ELEMENTOS DE HABILITAÇÃO

De acordo com a regra do art. 37, inciso XXI, da Constituição Federal, o procedimento licitatório deve assegurar igualdade de condições a todos os concorrentes, nos termos da lei, e somente pode estabelecer exigências de *"qualificação técnica e econômica indispensáveis à garantia do cumprimento das obrigações"*. É evidente que a circunstância de não se referir o dispositivo constitucional à qualificação (melhor dizendo, capacidade) jurídica não autoriza supor que esse requisito seja dispensável. Com efeito, a celebração do contrato, que constitui objetivo de toda licitação, pressupõe, no proponente escolhido, capacidade *"de exercer direitos e assumir obrigações"* (art. 66 da Lei 14.133/2021). Deve, portanto, a Administração verificar, previamente à celebração de seus contratos, se o interessado possui essa capacidade.

Diz a Lei 14.133/2021:

> "Art. 62. A habilitação é a fase da licitação em que se verifica o conjunto de informações e documentos necessários e suficientes para demonstrar a capacidade do licitante de realizar o objeto da licitação, dividindo-se em:
>
> I – jurídica;
>
> II – técnica;
>
> III – fiscal, social e trabalhista;
>
> IV – econômico-financeira."

Cumpre indicar como deve ser feita a análise de cada um desses aspectos, sempre tendo em consideração que o fato de já serem conhecidas as propostas financeiras não deve constituir motivo para contemporizar ou flexibilizar essa análise, a ponto de relevar defeitos (*"sanar erros ou falhas"*) que efetivamente comprometam a qualificação dos licitantes.

7.5.1 Capacidade jurídica

> *"Art. 66. A habilitação Jurídica visa a demonstrar a capacidade de o licitante exercer direitos e assumir obrigações, e a documentação a ser apresentada por ele limita-se à comprovação de existência jurídica da pessoa e, quando cabível, de autorização para o exercício da atividade a ser contratada".*

Diferentemente da Lei 8.666, a nova Lei de Licitações não relaciona os documentos aptos à comprovação da existência jurídica do licitante, mas estabelece que *"As condições de habilitação serão definidas no edital"* (art. 65), o que significa que deve o ato convocatório indicar quais os documentos que o interessado deve apresentar, para comprovar sua *capacidade jurídica*.

No sistema jurídico nacional as pessoas físicas, ou naturais, adquirem capacidade de contratar com a maioridade, aos 18 (dezoito) anos (Código Civil de 2002 – Lei nº 10.406, de 10 de janeiro de 2002, art. 5º). Já as pessoas jurídicas (sociedades comerciais ou civis) adquirem tal capacidade desde a inscrição de seus atos constitutivos no registro público competente: para as sociedades comerciais – o Registro de Comércio; para as sociedades civis – o Registro Civil das Pessoas Jurídicas. Umas e outras devem comprovar essa capacidade. As pessoas físicas ou naturais, com a apresentação da cédula de identidade (RG – Registro Geral), expedida pelo órgão estadual competente (Secretaria da Segurança Pública) ou pelo respectivo órgão fiscalizador da atividade profissional, com validade e força de identidade civil; as sociedades – comerciais e civis – com o respectivo ato de constituição, devidamente registrado ou inscrito, conforme o caso. Os estrangeiros também deverão comprovar a capacidade jurídica, com a apresentação dos documentos similares, devidamente autenticados pela autoridade consular competente.

7.5.2 Qualificação técnico-profissional e técnico-operacional

> *"Art. 67. A documentação relativa à qualificação técnico-profissional e técnico-operacional será restrita a:*
>
> *I – apresentação de profissional, devidamente registrado no conselho profissional competente, quando for o caso, detentor de atestado de responsabilidade*

técnica por execução de obra ou serviço de características semelhantes, para fins de contratação;

II – certidões ou atestados, regularmente emitidos pelo conselho profissional competente, quando for o caso, que demonstrem capacidade operacional na execução de serviços similares de complexidade tecnológica e operacional equivalente ou superior, bem como documentos comprobatórios emitidos na forma do § 3º do art. 88 desta Lei;

III – indicação do pessoal técnico, das instalações e do aparelhamento adequados e disponíveis para a realização do objeto da licitação, bem como da qualificação de cada membro da equipe técnica que se responsabilizará pelos trabalhos;

IV – prova de atendimento de requisitos previstos em lei especial, quando for o caso;

V – registro ou inscrição na entidade profissional competente, quando for o caso;

VI – declaração de que o licitante tomou conhecimento de todas as informações e das condições locais para o cumprimento das obrigações objeto da licitação".

Em 12 (doze) parágrafos desse art. 67 são estabelecidos detalhes e forma de comprovação dessa qualificação técnica, bem como outras exigências complementares, merecendo ser destacadas as seguintes:

i) possibilidade da exigência da relação dos compromissos assumidos pelo licitante que importem em diminuição da disponibilidade do pessoal técnico referido nos incisos I e III do *caput* do artigo (§ 8º);

ii) possibilidade de que a qualificação técnica seja comprovada por meio de atestados relativos a potencial subcontratado, limitado a 25% (vinte e cinco por cento) do objeto licitado (§ 9º).

O regramento estabelecido nesse art. 67 comporta algumas considerações. Inicialmente, cabe observar que a declaração referida no inciso VI desse artigo não tem pertinência lógica, nem jurídica. O fato de ter tomado *conhecimento* das informações e das condições locais para o cumprimento das obrigações objeto da licitação não caracteriza maior ou menor *qualificação* ao licitante. Se declara que tomou conhecimento de todas as informações relacionadas às condições de realização dos trabalhos, não lhe será lícito alegar, depois, dificuldades para reclamar compensações; se nada declara sobre essas condições, nem por isso se pode dizer que seja menos qualificado para bem realizar os trabalhos objeto do futuro contrato.

A qualificação técnica abrange três aspectos: (a) habilitação legal para o exercício da atividade profissional correspondente aos trabalhos ou ao fornecimento a serem executados (*capacidade genérica*); (b) aptidão para desempenhar a atividade relativa à obra, ao serviço ou ao fornecimento objetivado na licitação (*capacidade específica*); (c) disponibilidade de pessoal, ferramental e equipamentos adequados para bem executar o contrato (*capacidade operativa*).

O primeiro aspecto (*habilitação legal*) deve ser demonstrado com a prova de estar o licitante devidamente inscrito ou registrado no órgão fiscalizador da respectiva atividade profissional. Assim, se alguém pretende habilitar-se a uma licitação que objetiva a execução de uma obra de engenharia (um prédio, por exemplo), deve provar que é legalmente habilitado para realizar esse tipo de trabalho, como engenheiro da especialidade registrado no competente Conselho Regional de Engenharia, Arquitetura e Agronomia. Se o objeto da licitação é a elaboração de um estudo de economia, deverá estar o interessado devidamente registrado no respectivo Conselho dessa categoria profissional. E assim por diante.

O segundo aspecto (*aptidão para o desempenho da atividade*) o interessado deverá demonstrar com a prova de que: (a) dispõe de equipe legalmente habilitada e tecnicamente qualificada e de equipamentos, maquinário e ferramental adequados para executar os trabalhos objetivados na licitação; (b) possui experiência na realização de trabalhos da mesma natureza ou similares. Esses dois elementos representam a *qualificação técnico-profissional*, que, no caso das pessoas jurídicas (empresas), resulta da *qualificação* dos integrantes de suas equipes técnicas.

O terceiro elemento da qualificação técnica consiste na prova da disponibilidade de pessoal, ferramental, maquinário e equipamentos adequados para bem executar os trabalhos licitados. Quem não dispõe desses recursos não pode ser considerado tecnicamente qualificado e em condições de ser contratado. Falta-lhe a *qualificação técnico-operacional*. A Lei nº 8.666 vedava (§ 6º do art. 30) a exigência de prova da propriedade e de localização prévia desses bens, embora submetesse o licitante a penalidades, se declarasse disponibilidade que depois não comprovasse, no momento certo de sua utilização. Isso expunha a Administração ao risco de, confiando na declaração do licitante, celebrar um contrato que poderia vir a não ser executado.

Quando licita uma obra ou um serviço, o verdadeiro objetivo do órgão público é ter essa obra ou esse serviço realizado. Penalizar o adjudicatário que disse possuir os equipamentos necessários para essa atividade, mas em verdade não os tem disponíveis no momento certo, não é o que interessa. Por outro lado, não se compatibiliza com o princípio isonômico admitir que concorram, numa licitação para construir uma grande obra (uma hidrelétrica, por exemplo), ao lado de uma empresa possuidora de extenso parque de maquinário, ferramental e equipamentos sofisticados, uma outra que não prova possuí-los do mesmo porte ou similares. Não é sem sentido que a Constituição autoriza exigências de qualificação técnica *"indispensáveis à garantia do cumprimento das obrigações"* (art. 37, inciso XXI).

A nova lei corrige, em parte, a imprecisão da lei anterior, ao exigir do licitante a *"***indicação** *(...) das instalações e do aparelhamento adequados e* **disponíveis** *para a realização do objeto da licitação",* o que significa que tais elementos devem constar na **disponibilidade** do licitante **no momento em que formula a proposta,** e ser comprovada na assinatura do eventual contrato.

De outra parte, são positivas as disposições dos §§ 8º e 9º do art. 67, o primeiro, ao estabelecer a possibilidade da exigência da relação de compromissos assumidos pelo licitante que importem em diminuição de sua capacidade técnico-operacional; o segundo, ao permitir essa capacidade seja comprovada com a utilização de atestados relativos ao(s) eventual(ais) subcontratado(s).

7.5.2.1 Habilitação técnica de consórcios

Como ficou ressaltado no Capítulo 3 (item 3.2.1, "i"), é admitida, nas licitações, a participação de empresas reunidas em consórcio, podendo o edital, com base em justificativa técnica aprovada pela autoridade competente, estabelecer limite máximo ao número de consorciados (art. 15, *caput*, e § 4º). Diferentemente do que estabelecia o regramento da Lei 8.666, agora, sob a nova Lei, a consorciação somente poderá ser vedada se houver, no processo da licitatório, justificativa devidamente fundamentada que desaconselhe a consorciação. Devem, portanto, as empresas interessadas promover a habilitação do consórcio, com a apresentação da mesma documentação exigida de cada uma delas, individualmente.

No que se refere à qualificação técnico-profissional e técnico-operacional de que trata o art. 67, sob exame, deve-se ter em conta o que estabelece o inciso III do referido art. 15, segundo o qual, para efeito de habilitação técnica, deverá ser considerado o *"somatório dos quantitativos de cada consorciado"*, recordando-se, ademais, que o art. 67 fixa, nos §§ 1º e 2º, limites à exigência de comprovação da experiência dos integrantes das equipes técnicas dos licitantes.

Portanto, respeitados esses limites, deverão as empresas consorciadas atender à exigência de habilitação técnica, segundo as diretrizes fixadas no inciso III do *caput* do art. 15, e nos seus §§ 1º, 2º e 5º.

7.5.2.2 Habilitação técnica de subcontratados

A Lei 14.133/2021 regula a subcontratação nos seguintes termos:

> "Art. 122. Na execução do contrato e sem prejuízo das responsabilidades contratuais e legais, o contratado poderá subcontratar partes da obra, do serviço ou do fornecimento até o limite autorizado, em cada caso, pela Administração.
>
> § 1º O contratado apresentará à Administração documentação que comprove a capacidade técnica do subcontratado, que será avaliada e juntada aos autos do processo correspondente.
>
> § 2º Regulamento ou edital de licitação poderão vedar, restringir ou estabelecer condições para a subcontratação.
>
> § 3º Será vedada a subcontratação de pessoa física ou jurídica, se aquela ou os dirigentes desta mantiverem vínculo de natureza técnica, comercial, econômica, financeira, trabalhista ou civil com dirigente do órgão ou entidade contratante ou com agente público que desempenhe função na licitação ou atue na fiscalização ou na gestão do contrato, ou se deles forem cônjuge, companheiro ou parente em linha reta, colateral, ou por afinidade, até o terceiro grau, devendo essa proibição constar expressamente do edital de licitação".

Essa questão da exigência da comprovação da capacidade do subcontratado já foi abordada em tópico do Capítulo 3 (item 3.2.1, "viii"), como inovação positiva da nova Lei de Licitações. Agora, cabe ressaltar, com maior ênfase, o aspecto relativo ao momento em que deve ser feita a exigência da comprovação da capacidade técnica do subcontratado.

Duas considerações importantes merecem ser feitas. A primeira diz respeito à necessidade de fixação de parâmetros para a decisão administrativa de admitir, "em cada caso", a subcontratação. Como ressaltado no comentário feito no tópico do Capítulo 3, antes referido, a discricionariedade conferida à Administração não é total, pois não se admite que possa impedir a subcontratação em casos de obras, serviços ou compras complexas, que requeiram executores especializados para determinadas etapas.

A segunda consideração refere-se ao momento em que a Administração deve decidir sobre o cabimento da subcontratação. Até por uma razão lógica e de respeito aos princípios da igualdade de oportunidades e da competitividade, considera-se que essa definição deve ocorrer antes da abertura do procedimento licitatório, mostrando-se conveniente, então, que já no ato convocatório seja estabelecida a obrigatoriedade de os licitantes indicarem quais as etapas que pretendem subcontratar e a qualificação dos que as executarão. Impõe-se reconhecer, então, que a subcontratação pressupõe a demonstração da qualificação do subcontratado, a ser aferida previamente, na etapa própria do respectivo procedimento licitatório. Se não for assim, tem-se a burla ao princípio constitucional da licitação, abrindo brechas a fraudes, que se caracterizariam com a participação de "empresas laranjas", que não serão as efetivas executoras do objeto contratado. E isso tem ocorrido, especialmente nas licitações de grandes obras, em que a execução do contrato termina sendo atribuída a empresas que não tomaram parte na licitação, ou – o que é pior – a empresas vencidas na competição, ou delas alijadas na etapa de qualificação.

A inexistência de um regramento explícito da lei não impede que a Administração adote providências acautelatórias, para prevenir-se de riscos que a transferência da responsabilidade da execução do contrato pode acarretar. E isso poderá ser feito, estabelecendo-se, já no ato convocatório da licitação, os limites em que a subcontratação será admitida, bem como os requisitos a serem atendidos por aqueles a quem vier a ser atribuída a execução direta de etapas da obra, serviço ou fornecimento contratado.

Nessa linha de entendimento, nos modelos de editais fornecidos neste Manual está prevista a obrigação de os licitantes indicarem em suas propostas (i) as parcelas da obra, do serviço ou do fornecimento que pretendem confiar a terceiros e (ii) apresentarem a documentação comprobatória da qualificação técnica dos possíveis subcontratados.

7.5.3 Habilitações fiscal, social e trabalhista

Essas habilitações constituem a *regularidade fiscal*, de fundamental importância para propiciar à Administração a garantia de que o licitante, em dia com seus encargos tributários e sociais, cumprirá as obrigações que assumir no contrato que lhe venha a ser adjudicado. Os elementos de comprovação dessa regularidade fiscal estão listados no art. 68 da Lei 14.133/2021:

> *"Art. 68. As habilitações fiscal, social e trabalhista serão aferidas mediante a verificação dos seguintes requisitos:*
>
> *I – a inscrição no Cadastro de Pessoas Físicas (CPF) ou no Cadastro Nacional da Pessoa Jurídica (CNPJ);*
>
> *II – a inscrição no cadastro de contribuintes estadual ou municipal, se houver, relativo ao domicílio ou sede do licitante, pertinente ao seu ramo de atividade e compatível com o objeto contratual;*
>
> *III – a regularidade perante a Fazenda federal, estadual e/ou municipal do domicílio ou sede do licitante, ou outra equivalente, na forma da Lei;*
>
> *IV – a regularidade relativa à Seguridade Social e ao FGTS, que demonstre cumprimento dos encargos sociais instituídos por lei;*

V - a regularidade perante a Justiça do Trabalho;

VI - o cumprimento do disposto no inciso XXXIII do art. 7º da Constituição Federal.

§ 1º Os documentos referidos nos incisos do caput deste artigo poderão ser substituídos ou supridos, no todo ou em parte, por outros meios hábeis a comprovar a regularidade do licitante, inclusive por meio eletrônico.

§ 2º A comprovação de atendimento do disposto nos incisos III, IV e V do caput deste artigo deverá ser feita na forma da legislação específica".

O § 1º desse art. 68 permite a substituição dos documentos referidos nos incisos do artigo *"por outros meios hábeis a comprovar a regularidade do licitante".* Ora, a legislação fiscal é precisa na indicação dos meios hábeis à comprovação da regularidade dos contribuintes: as certidões negativas (ou positivas com efeito de negativas) expedidas pelas repartições competentes. Quanto ao *meio eletrônico*, deve ser entendido, apenas, como a forma de apresentação das certidões respectivas.

Ademais, cabe reforçar o que já se disse anteriormente: a indispensabilidade da comprovação da regularidade perante o FGTS **na fase de habilitação**, e não *"em momento posterior ao julgamento das propostas",* como dito no inciso III do art. 63.

7.5.4 Habilitação econômico-financeira

Estabelece o art. 69 da Lei 14.133/2021:

"Art. 69. A habilitação econômico-financeira visa a demonstrar a aptidão econômica do licitante para cumprir as obrigações decorrentes do futuro contrato, devendo ser comprovada de forma objetiva, por coeficientes e índices econômicos previstos no edital, devidamente justificados no processo licitatório, e será restrita à apresentação da seguinte documentação:

I - balanço patrimonial, demonstração de resultado de exercício e demais demonstrações contábeis dos 2 (dois) últimos exercícios sociais;

II - certidão negativa de feitos sobre falência expedida pelo distribuidor da sede do licitante.

§ 1º A critério da Administração, poderá ser exigida declaração, assinada por profissional habilitado da área contábil, que ateste o atendimento pelo licitante dos índices econômicos previstos no edital.

§ 2º Para o atendimento do disposto no caput deste artigo, é vedada a exigência de valores mínimos de faturamento anterior e de índices de rentabilidade ou lucratividade.

> *§ 3º É admitida a exigência da relação dos compromissos assumidos pelo licitante que importem em diminuição de sua capacidade econômico-financeira, excluídas parcelas já executadas de contratos firmados.*
>
> *§ 4º A Administração, nas compras para entrega futura e na execução de obras e serviços, poderá estabelecer no edital a exigência de capital mínimo ou de patrimônio líquido mínimo equivalente a até 10% (dez por cento) do valor estimado da contratação.*
>
> *§ 5º É vedada a exigência de índices e valores não usualmente adotados para a avaliação de situação econômico-financeira suficiente ao cumprimento das obrigações decorrentes da licitação.*
>
> *§ 6º Os documentos referidos no inciso I do caput deste artigo limitar-se-ão ao último exercício no caso de a pessoa jurídica ter sido constituída há menos de 2 (dois) anos".*

É positiva a exigência da relação de compromissos assumidos pelo licitante, capazes de afetar sua capacidade econômico-financeira. Tal como em relação à capacidade técnico-operacional, a existência de compromissos já assumidos pelo licitante pode, efetivamente, comprometer sua capacidade de bem cumprir os encargos financeiros, em especial os de natureza tributária, que tenha de atender na execução de futuro contrato.

Quanto à substituição da análise dos documentos contábeis por declaração de profissional da área, deve-se ter cautela na dispensa de exigências que se prestam a propiciar à Administração Pública segurança em seus negócios.

7.6 NEGOCIAÇÃO COM O OFERTANTE DA PROPOSTA CLASSIFICADA EM PRIMEIRO LUGAR

Inovando, em relação à legislação anterior, a nova lei prevê:

> *"Art. 61. Definido o resultado do julgamento, a Administração poderá negociar condições mais vantajosas com o primeiro colocado.*
>
> *§ 1º A negociação poderá ser feita com os demais licitantes, segundo a ordem de classificação inicialmente estabelecida, quando o primeiro colocado, em determinado momento, mesmo após a negociação, for desclassificado por sua proposta permanecer acima do preço máximo definido pela Administração.*
>
> *§ 2º A negociação será conduzida por agente de contratação ou comissão de contratação, na forma de regulamento, e, depois de concluída, terá seu resultado divulgado a todos os licitantes e anexado aos autos do processo licitatório".*

Em tópico anterior deste Manual (Capítulo 3), ficou registrada, como aspecto positivo da nova Lei de Licitações, a previsão expressa da negociação com o vencedor de uma licitação, com vistas à obtenção de condições mais vantajosas para a contratação. Essa negociação, que será conduzida pela comissão ou pelo agente responsável pelo julgamento da licitação, terá como parâmetro o valor estimado pela Administração para a execução da obra, do serviço ou da compra pretendidos, valor esse que já deverá ter sido tornado público, não obstante o veto aposto ao inciso II do art. 24, já anteriormente destacado. Mas nada impede – e é até recomendável – que a comissão ou o agente condutor da negociação se esforce para obter redução do valor da proposta, que suplante o valor do orçamento público.

7.7 APRESENTAÇÃO DO RESULTADO DO JULGAMENTO

À semelhança do procedimento adotado na etapa de habilitação, o resultado do julgamento das propostas deverá ser expresso em *decisão* da Comissão (do Agente de Contratação ou do Pregoeiro, conforme o caso). Quando proferida em sessão pública (caso de licitações mais simples), essa decisão deverá ser expressa na ata respectiva, na qual serão expostos os fundamentos e as justificativas, de modo a propiciar pleno conhecimento dos licitantes e o acompanhamento dos órgãos de controle, interno e externo.

Nas licitações mais complexas, o resultado deve ser exposto em documento específico (*relatório de julgamento*), assinado, obrigatoriamente, pelos membros da Comissão, no qual deverão constar a fundamentação da decisão e os pareceres técnicos que, eventualmente, lhe sirvam de base. Esse relatório de julgamento deverá ser comunicado aos licitantes, preferentemente em sessão pública especialmente convocada. Como se disse anteriormente, a comunicação em sessão pública apresenta a vantagem de possibilitar a obtenção da desistência de recurso, se prestados esclarecimentos e explicações satisfatórias aos interessados.

Transcorrido o prazo para a interposição de recursos, ou decididos os que tenham sido formulados, ou, ainda, obtida a desistência formal dos interessados, a Comissão (o agente de contratação ou o pregoeiro, conforme o caso) encaminhará o *relatório de julgamento* à autoridade competente, que deverá analisar o resultado, para fins de homologação, ou, se for o caso, anular ou revogar o procedimento, sempre mediante decisão fundamentada, assegurados aos interessados, em qualquer hipótese, o contraditório e a ampla defesa. Recorde-se que a revogação somente poderá ser determinada para atender a razões de interesse público, decorrentes de fatos supervenientes.

7.8 ADJUDICAÇÃO E HOMOLOGAÇÃO DO JULGAMENTO

O art. 17 da Lei 14.133/2021 indica como *fase* (etapa) derradeira do procedimento licitatório a *homologação* (inciso VII). E o Capítulo VII do

Título II da Lei, ao dispor sobre o encerramento da licitação, estabelece, no art. 71, que, *"Encerradas as fases de julgamento e habilitação, e exauridos os recursos administrativos, o processo licitatório será encaminhado à autoridade superior, que poderá: (...) IV – adjudicar o objeto e homologar a licitação".*

Como se percebe pela redação do inciso IV, acima transcrita, a Lei 14.133/2021 estabeleceu como ato final do procedimento licitatório a *adjudicação do objeto* ao vencedor, pondo fim, assim, à divergência que existia entre os doutrinadores quanto à competência para esse ato, que agora é atribuída expressamente *"à autoridade superior".*

De fato, no regime da Lei 8.666, uma corrente expressiva de comentaristas da legislação sobre licitações (à qual se filiava o autor deste Manual) defendia que a adjudicação estava compreendida na competência da comissão de licitação e que a homologação do procedimento, pela autoridade administrativa superior, representava *ato de controle*, sem possibilidade de modificação do resultado do julgamento feito pela comissão. E assim entendia essa corrente doutrinária, pela interpretação do texto do inciso VII do art. 38 daquela lei, no qual se indicava, na sequência cronológica dos atos a serem juntados ao processo da licitação, a *"adjudicação do objeto da licitação e da sua homologação".*

A adjudicação consiste na atribuição do objeto licitado ao vencedor do certame. Em outras palavras, significa a proclamação do direito do vencedor de celebrar o contrato objetivado. Como ato constitutivo de direitos e obrigações, a adjudicação produz efeitos jurídicos desde o momento em que é efetivada. Em virtude dela, o adjudicatário adquire o direito de ser contratado, nos termos e nas condições em que venceu a licitação. Em contrapartida, a Administração fica impedida de formalizar o negócio com outro que não seja o adjudicatário. Como fecho e consequência natural do *julgamento*, a adjudicação caracterizava-se como ato que se continha na competência da Comissão de Licitação. E isso por razão de lógica e pela própria natureza do ato.

Ao estabelecer que o processamento e o julgamento das licitações deveriam ser feitos por comissões, especiais ou permanentes (ou por servidor especialmente designado, no caso de convite), a lei teve a intenção induvidosa de retirar da autoridade administrativa o poder de escolher, diretamente, aquele com quem deseja celebrar os contratos de obras, serviços ou fornecimentos do interesse do órgão que preside. Essa escolha terminaria sendo ditada por motivação subjetiva, o que é incompatível com o princípio da impessoalidade (Constituição Federal, art. 37), que deve presidir a ação administrativa. Sob esse prisma, portanto, não há como dissociar do julgamento colegiado o poder de atribuir o objeto licitado àquele que ofertou a proposta considerada como a mais vantajosa.

De outra parte, o ato de julgar envolve, necessariamente, uma decisão, positiva ou negativa de direito. No caso da licitação, seria, no mínimo, contraditório admitir que o "julgamento" da Comissão se resumisse em elaborar a classificação das propostas e oferecê-la à autoridade superior como subsídio para que esta decidisse a escolha da vencedora do certame. A Comissão de licitação não é órgão assessor da autoridade administrativa. Suas manifestações, no procedimento, não têm caráter opinativo, ao contrário, têm força de ditame, técnico e jurídico, que vincula a autoridade administrativa.

No entanto, a partir de uma interpretação literal da disposição do inciso VI do art. 43 da Lei nº 8.666, construiu-se o entendimento de que a adjudicação escapa à competência da Comissão de Licitação. Segundo Marçal Justen Filho,[5] *"não compete a ela (Comissão) atribuir o 'objeto' da licitação ao vencedor, reconhecendo a satisfatoriedade da proposta formulada"*, pois *"essa é atividade reservada privativamente à autoridade com poderes para vincular a pessoa administrativa"*, pelo que somente pode ser praticada *"pela autoridade de superior hierarquia na entidade da Administração Pública"*. O próprio Tribunal de Contas da União tem recomendado que as comissões de licitações sejam orientadas *"quanto aos limites de sua competência, de forma que o ato de adjudicação seja reservado à autoridade competente da Unidade, bem como que a adjudicação do objeto licitado somente ocorra após a homologação do procedimento licitatório, conforme previsto no art. 43, VI, da Lei nº 8.666/93"* (Acórdão nº 816/2006 – Plenário, rel. Min. Guilherme Palmeira, *DOU* de 2.6.2006)."

Mas esse entendimento mostrava-se equivocado. Um pronunciamento acerca da proposta proclamada como vencedora significaria um exame de conveniência de sua aceitação, inclusive quanto à própria contratação. Ora, esse exame de conveniência antecede a abertura da licitação. Não é dado ao administrador instalar o procedimento licitatório para, somente após o seu término, avaliar a conveniência de contratar a obra, o serviço ou o fornecimento objetivado. Tal avaliação somente tem cabimento se motivada por fato superveniente, que altere a situação determinante da abertura da licitação. Não por outra razão, a Lei nº 8.666 estabelecia que a revogação do procedimento somente poderia dar-se em virtude de razões de interesse público "decorrente de fato *superveniente*" (art. 49).

No regime jurídico anterior à Lei 8.666, esse entendimento era pacífico, sendo categórica, por exemplo, a posição de Lúcia Valle Figueiredo, quando afirmava:

---

[5] Op. cit., p. 420-421.

> "A adjudicação, para nós, é da competência do órgão encarregado de proceder à licitação (a Comissão), cujo ditame é vinculante para a Administração. À autoridade superior, competente para o ato de controle, caberia não homologar, caso verificasse ilegalidade no pronunciamento da Comissão, ou revogar, na hipótese de não mais lhe interessar o futuro contrato. Entretanto, contrariamos a opinião de Adilson Dallari quando encontra na adjudicação um exame de conveniência. Não nos parece caber, como diz ele, na adjudicação, o exame das propostas apresentadas sob o aspecto de conveniência e oportunidade. Tal ato é anterior, e faz parte da fase de aceitação e classificação das propostas. Ato interno que não se constitui num ato administrativo em sentido estrito. [...] Portanto, a adjudicação nada mais é do que a consequência lógica de um julgamento, que se traduz na classificação das propostas. O conteúdo desse provimento administrativo é sempre o julgamento da Comissão."[6]

E o entendimento jurisprudencial não era diferente, antes da Lei nº 8.666. De fato, já em 31.8.1976, no julgamento do Recurso Extraordinário nº 84.396/SP, de que foi relator o Ministro Cordeiro Guerra, o Supremo Tribunal Federal deixou claro que a adjudicação precede a homologação, ao consignar no acórdão que:

> "A adjudicação por si só não defere o direito do licitante à homologação, que pode ser negada pela Administração por motivo de ilegalidade do procedimento ou conveniência de interesse público, em despacho fundamentado."

Mesmo depois da Lei nº 8.666, opiniões de igual peso foram explicitadas na mesma linha, cumprindo destacar o magistério de Toshio Mukai. Depois de pôr em confronto as disposições do inciso VII do art. 38 e as do inciso VI do art. 43, o mestre da Universidade de São Paulo afirmava que a primeira, como norma *geral*, prevalece sobre a segunda, mera norma *procedimental*, e conclui que *"é a Comissão de Licitação que, após julgar o certame, adjudica o seu objeto ao vencedor. Após, a autoridade superior homologa, revoga ou anula, conforme o caso, o processo licitatório".*[7] Portanto, a adjudicação era o ato conclusivo do julgamento e competia à Comissão de Licitação.

O ato derradeiro do procedimento licitatório seria, portanto, a homologação, pela autoridade administrativa, como ato de controle, pelo qual a autoridade superior à Comissão convalida o procedimento, reconhecendo terem sido observadas as formalidades legais. Mas esse controle não envolve

---

[6] *Direitos dos Licitantes*, 2. ed. São Paulo: Revista dos Tribunais, São Paulo, 1981, p. 65-66.
[7] *Boletim de Licitação e Contratos*, v. 2, fev. 1998, Zênite, Curitiba.

análise de mérito do julgamento, porque, como ficou demonstrado, a autoridade não pode modificar a decisão da Comissão. É que, como bem observava Lúcia Valle Figueiredo, na obra já citada, *"o julgamento da Comissão não é mero parecer ou sugestão. É um juízo de valor técnico, que a autoridade superior não pode desconsiderar".* A homologação do procedimento confirma o julgamento da Comissão, conferindo-lhe eficácia. Por mais perfeito e adequado que seja o juízo da Comissão, somente após homologado pela autoridade competente, está apto a produzir efeitos jurídicos. Feita a adjudicação, pela Comissão julgadora, caberia à autoridade administrativa convalidá-la, com a homologação, e convidar o vencedor para assinar o respectivo contrato, a menos que, como ficou antes esclarecido, o interesse público, fundado em fato superveniente, justifique o cancelamento do negócio.

Essa discussão, agora, já não tem sentido, diante do texto expresso do inciso IV do art. 71 da Lei 14.133/2021. Por mais paradoxal que pareça, está atribuída à autoridade superior homologar seu próprio ato!

7.9 REVOGAÇÃO E ANULAÇÃO DA LICITAÇÃO

Concluídas todas as atividades da comissão, ou do agente público, responsável pelo julgamento da licitação, o processo será encaminhado à autoridade superior, que poderá adotar uma das seguintes providências:

> *"Art. 71. (...)*
>
> *I – determinar o retorno dos autos para saneamento de irregularidades;*
>
> *II – revogar a licitação por motivo de conveniência e oportunidade;*
>
> *III – proceder à anulação da licitação, de ofício ou mediante provocação de terceiros, sempre que presente ilegalidade insanável;*
>
> *(...)"*

E continua o art. 71:

> *"§ 1º Ao pronunciar a nulidade, a autoridade indicará expressamente os atos com vícios insanáveis, tornando sem efeito todos os subsequentes que deles dependam, e dará ensejo à apuração de responsabilidade de quem lhes tenha dado causa.*
>
> *§ 2º O motivo determinante para a revogação do processo licitatório deverá ser resultante de fato superveniente devidamente comprovado.*
>
> *§ 3º Nos casos de anulação e revogação, deverá ser assegurada a prévia manifestação dos interessados.*
>
> *§ 4º O disposto neste artigo será aplicado, no que couber, às hipóteses de contratação direta e aos procedimentos auxiliares da licitação".*

Da leitura desse art. 71 extraem-se as seguintes conclusões:

1ª) a revogação constitui faculdade da autoridade administrativa, mas é *ato vinculado*, na medida em que depende da comprovação do fato caracterizador da inconveniência, para a Administração Pública, na ultimação do contrato (objeto mediato) buscado com a licitação;

2ª) somente fato *superveniente*, vale dizer, posterior à abertura do procedimento, pode ser invocado para justificar a revogação da licitação;

3ª) o fato superveniente deve ser *pertinente e suficiente* para justificar o desfazimento da licitação. Em outras palavras: deve a autoridade demonstrar que a ocorrência verificada afeta, especificamente, o negócio pretendido e de tal modo as condições previstas na licitação que o interesse público estaria seriamente comprometido, se concretizado o ajuste nas bases originariamente estabelecidas;

4ª) constatado descumprimento de norma legal ou irregularidade que comprometa a validade do procedimento, a anulação deve ser decretada, por iniciativa da própria autoridade (de ofício) ou mediante provocação de qualquer cidadão, mesmo que não participante da licitação (terceiros);

5ª) a decisão de anulação (o dispositivo fala, equivocadamente, em *parecer*) deve ser fundamentada, como condição de validade e eficácia.

Em qualquer das duas alternativas (revogação ou anulação), exige a lei procedimento específico, no qual sejam assegurados o contraditório e a ampla defesa (o § 3º do art. 71 fala em *"prévia manifestação dos interessados"*, o que deve ser interpretado como exercício do contraditório e da ampla defesa). Sem esse procedimento, estará sendo violada a garantia posta no inciso LV do art. 5º da Constituição (*"aos litigantes, em processo judicial ou administrativo, e aos acusados em geral são assegurados o contraditório e ampla defesa, com os meios e recursos a ela inerentes"*). No julgamento do Mandado de Segurança nº 9.738-RJ, relatado pelo Min. Garcia Vieira, o Superior Tribunal de Justiça assentou que *"a anulação ou revogação de processo licitatório deve ser precedida de oportunidade de defesa, exigindo-se plena justificação, sob pena de ferimento às garantias constitucionais da ampla defesa e do contraditório"* (*DJ* de 7 de junho de 1999).

Em que pese tal afirmativa, parece exagerado falar em necessidade de *"oportunidade de defesa"*, em casos de anulação ou revogação da licitação: primeiro, porque, na hipótese de anulação, a autoridade administrativa está obrigada a pronunciá-la, inclusive de ofício; e, no caso de revogação, a medida visa a preservar o interesse público, não o de qualquer licitante. De outra parte, o que o preceito constitucional assegura é a garantia do *contraditório*, isto é, a possibilidade de o interessado manifestar-se sobre os argumentos que lhe são opostos, e a *ampla defesa*, que estará garantida pela possibilidade de impugnação da decisão administrativa de anulação ou de revogação da licitação, mediante o recurso que a lei prevê no inciso I, letra "d", do art. 165.

No texto aprovado pela Câmara dos Deputados em setembro de 2019 o art. 70, que agora corresponde ao art. 71 da lei, continha mais um parágrafo (5º), dispondo que *"A nulidade não exonerará a Administração do dever de indenizar o contratado pelo que ele houver executado até a data em que for declarada nem por outros prejuízos regularmente comprovados, desde que não lhe seja imputável, devendo ser promovida a responsabilização de quem lhe tenha dado causa"*. Na redação final do projeto aprovado pelo Senado essa disposição foi deslocada para o Capítulo XI (DA NULIDADE DOS CONTRATOS) do Título III (DOS CONTRATOS ADMINISTRATIVOS), como art. 149, com pequena alteração de redação.

Embora, com esse deslocamento, o texto se refira à hipótese de anulação do contrato, não há dúvida quanto à incidência da obrigação de indenizar também quando a anulação for declarada antes da formalização do ajuste, pela anulação, ou revogação, da licitação, bastando que o licitante demonstre ter sofrido prejuízo.

Capítulo 8
CONTRATAÇÃO DIRETA

8.1 ELEMENTOS DO PROCESSO DE CONTRATAÇÃO DIRETA

Depois de fixar as regras de formulação do "processo licitatório", desde a fase preparatória até a conclusão da licitação, com a adjudicação do objeto ao ofertante da proposta selecionada como a mais vantajosa e a homologação do resultado do julgamento, a lei trata, no Capítulo VIII do Título II, da "Contratação Direta", que compreende os casos de inexigibilidade e de dispensa da licitação. A matéria está regulada em três seções do referido capítulo: na Seção I – indicação dos elementos "Do Processo de Contratação Direta" (arts. 72/73); na Seção II – os casos "Da Inexigibilidade de Licitação" (art. 74) e na Seção III – as situações "Da Dispensa de Licitação" (art. 75).

Antes de analisar o conteúdo desse regramento, cabe fazer uma observação quanto à imprecisão técnica adotada pela nova lei. Como ficou ressaltado no Capítulo 4 (itens 4.1 e 4.2), *processo* e *procedimento* são conceitos jurídicos distintos: enquanto o *processo* é constituído pelo conjunto de atos realizados para atingimento de determinado objetivo, o *procedimento* significa a forma, o modo, como esses atos devem ser praticados no processo. Por outras palavras: o processo é a expressão material, física, da atividade administrativa; o procedimento é a maneira como a atividade administrativa deve ser expressa. O processo é gênero, do qual os procedimentos são espécies.

Em se tratando da realização de uma obra, de um serviço ou de uma compra, a atividade administrativa desenvolve-se no **processo de contratação**, que tem como pressuposto a existência de uma necessidade coletiva a ser atendida, e, como objetivo, encontrar, fora do âmbito da Administração Pública, o atendimento dessa necessidade, o que poderá ocorrer através de um dos *procedimentos* indicados pela legislação: a **licitação** ou a **contratação direta**.

A Lei 14.133/2021 repete a mesma imprecisão conceitual já anteriormente apontada: chama de "processo" de contratação direta o que, em verdade, constitui um "procedimento" que integra o "processo de contratação"; além disso, regula a contratação direta no Título "Das Licitações", em vez de fazê-lo em Título específico.

A nova Lei de Licitações indica assim os elementos do "processo de contratação direta":

> *"Art. 72. O processo de contratação direta, que compreende os casos de inexigibilidade e de dispensa de licitação, deverá ser instruído com os seguintes documentos:*
>
> *I – documento de formalização de demanda e, se for o caso, estudo técnico preliminar, análise de riscos, termo de referência, projeto básico ou projeto executivo;*
>
> *II – estimativa de despesa, que deverá ser calculada na forma estabelecida no art. 23 desta Lei;*
>
> *III – parecer jurídico e pareceres técnicos, se for o caso, que demonstrem o atendimento dos requisitos;*
>
> *IV – demonstração da compatibilidade da previsão de recursos orçamentários com o compromisso a ser assumido;*
>
> *V – comprovação de que o contratado preenche os requisitos de qualificação mínima necessária;*
>
> *VI – razão de escolha do contratado;*
>
> *VII – justificativa de preço;*
>
> *VIII – autorização da autoridade competente.*
>
> *Parágrafo único. O ato que autoriza a contratação direta ou o extrato decorrente do contrato deverá ser divulgado e mantido à disposição do público em sítio eletrônico oficial.*
>
> *Art. 73. Na hipótese de contratação direta indevida ocorrida com dolo, fraude ou erro grosseiro, o contratado e o agente público responsável responderão solidariamente pelo dano causado ao erário, sem prejuízo de outras sanções legais cabíveis".*

Diz o parágrafo único do art. 72 que o ato autorizador da contratação direta será *"divulgado"*, o que não atende plenamente aos princípios da publicidade e da transparência. A "divulgação" pode constituir mera "notícia" de determinado fato ou ato, enquanto a "publicação" – que é condição de validade e eficácia de todo ato administrativo – deve compreender, também, a indicação dos motivos e dos fundamentos do ato. É óbvio que, diante das facilidades da comunicação via *internet*, essa publicação pode ser feita *"em sítio eletrônico oficial"*, mas o requisito da publicidade só estará integralmente atendido se a divulgação compreender a indicação dos motivos e as justificativas do ato administrativo.

O mesmo parágrafo único permite se divulgar, apenas, *"o extrato decorrente do contrato"*, em substituição ao ato autorizador da contratação direta. Essa alternativa não se justifica, em face dos requisitos e dos objetivos do princípio da publicidade. O que se exige, para a validade da decisão administrativa de contratação direta, é que sejam **publicados** o ato de autorização da autoridade competente **e** o extrato do correspondente contrato. Só assim poderá a sociedade exercitar, plenamente, o controle da ação administrativa.

O art. 73 encerra uma regra importante: a advertência da responsabilidade solidária do agente público e do beneficiário da contratação, se dela resultar dano à Administração Pública, quando tiverem agido "com dolo, fraude ou erro grosseiro". Nesse ponto, a lei explicita o entendimento que se consolidou na jurisprudência dos tribunais, especialmente quando se pretende a responsabilização criminal pela contratação direta (cf. o novo art. 337-E, inserido no Código Penal, pela nova Lei de Licitações).

8.2 CONTRATAÇÃO DIRETA POR INEXIGIBILIDADE DA LICITAÇÃO

Como dito anteriormente, a contratação direta pode ocorrer pela inviabilidade de competição entre interessados – que caracteriza a **inexigibilidade da licitação** – ou quando configuradas hipóteses erigidas pela lei como autorizadoras da **dispensa** do procedimento licitatório. Na primeira situação a Administração não pode – nem deve – fazer licitação, porque falta o pressuposto que a justifica: a existência de mais de um potencial interessado qualificado para atender à necessidade da Administração; e não havendo mais de uma pessoa qualificada, será impossível a competição, que constitui o fundamento constitucional do dever de licitar.

A inexigibilidade da licitação está assim disciplinada:

> *"Art. 74. É inexigível a licitação quando inviável a competição, em especial nos casos de:*
>
> *I – aquisição de materiais, de equipamentos ou de gêneros ou contratação de serviços que só possam ser fornecidos por produtor, empresa ou representante comercial exclusivos:*

II – *contratação de profissional do setor artístico, diretamente ou por meio de empresário exclusivo, desde que consagrado pela crítica especializada ou pela opinião pública;*

III – *contratação dos seguintes serviços técnicos especializados de natureza predominantemente intelectual com profissionais ou empresas de notória especialização, vedada a inexigibilidade para serviços de publicidade e divulgação:*

a) estudos técnicos, planejamentos e projetos básicos ou executivos;

b) pareceres, perícias e avaliações em geral;

c) assessorias ou consultorias técnicas e auditorias financeiras ou tributárias;

d) fiscalização, supervisão ou gerenciamento de obras ou serviços;

e) patrocínio ou defesa de causas judiciais e administrativas;

f) treinamento e aperfeiçoamento de pessoal;

g) restauração de obras de arte e de bens de valor histórico;

h) controles de qualidade e tecnológico, análises, testes e ensaios de campo e laboratoriais, instrumentação e monitoramento de parâmetros específicos de obras e do meio ambiente e demais serviços de engenharia que se enquadrem na definição deste inciso.

IV – *objetos que devam ou possam ser contratados por meio de credenciamento;*

V – *aquisição ou locação de imóvel cujas características de instalações e de localização tornem necessária sua escolha".*

Como se percebe, na indicação dos casos de inexigibilidade da contratação de serviços, a disciplina da nova lei não difere, em substância, do regramento da lei anterior. Entretanto, em dois pontos observa-se uma mudança significativa, em relação à contratação: (i) de profissional do setor artístico e (ii) dos serviços profissionais especializados de natureza predominantemente intelectual. Para essas duas hipóteses de inexigibilidade, a nova lei estabelece no art. 74 o seguinte:

i) quanto à contratação de profissional do setor artístico (inciso II do art. 74):

"*§ 2º Para fins do disposto no inciso II do* **caput** *deste artigo, considera-se empresário exclusivo a pessoa física ou jurídica que possua contrato, declaração, carta ou outro documento que ateste a exclusividade permanente e contínua de representação, no País ou em Estado específico, do profissional do setor artístico, afastada a possibilidade de contratação direta por* *inexigibilidade por meio de empresário com representação restrita a evento ou local específico".*

A alteração é significativa, pois estabelece um requisito que não existia na legislação anterior: a exclusividade **permanente e contínua** da representação do profissional. Se, de um lado, prestigia a atividade do representante do artista, de outro lado inviabiliza a contratação daqueles artistas que, por ainda não disporem de reconhecimento mais amplo, não contam com representante permanente. Esse tratamento diferenciado afronta os princípios da isonomia e da igualdade de oportunidades.

ii) quanto à contratação de serviços técnicos especializados de natureza predominante intelectual (inciso III do art. 74):

"*§ 3º Para fins do disposto no inciso III do* **caput** *deste artigo, considera-se de notória especialização o profissional ou a empresa cujo conceito no campo de sua especialidade, decorrente de desempenho anterior, estudos, experiência, publicações, organização, aparelhamento, equipe técnica ou outros requisitos relacionados com suas atividades, permita inferir que o seu trabalho é essencial e reconhecidamente adequado à plena satisfação do objeto do contrato.*

§ 4º Nas contratações com fundamento no inciso III do caput deste artigo, é vedada a subcontratação de empresas ou a atuação de profissionais distintos daqueles que tenham justificado a inexigibilidade".

Confrontando-se essa nova disciplina, nesse ponto, com o regramento da lei anterior, percebe-se:

8.2.1 Exclusão do requisito da singularidade do serviço

De fato, enquanto na Lei 8.666 a inexigibilidade da licitação para contratação desses serviços exigia, além da notória especialização do profissional ou da empresa escolhida, também a *singularidade* do serviço (art. 25, inciso II), agora esse requisito já não é exigido, o que significa que o legislador optou por desconsiderar o entendimento que predominava, tanto na jurisprudência do Tribunal de Contas da União como na de Cortes do Poder Judiciário, que considerava irregular, por exemplo, a contratação de profissionais da advocacia, quando não caracterizada a singularidade dos serviços. Registre-se que esse requisito da singularidade já havia sido afastado pela Lei nº 13.303, de 30 de junho de 2016, para as contratações diretas, pelas empresas estatais, de serviços técnicos especializados. Trata-se, portanto, de significativa decisão de política legislativa, tanto mais afirmativa quando se sabe que, nas diversas propostas de que resultou o texto da nova lei, o requisito do caráter singular dos serviços técnicos a serem contratados sempre esteve associado à notória especialização do profissional ou da empresa escolhida.

Em momento anterior deste Manual (Capítulo 3, item 3.3.5), este autor expressou o entendimento de que a contratação de serviços técnicos especializados, como os listados nas alíneas do inciso III do art. 73, deveria constituir hipótese de **dispensa** da licitação, sempre que existam mais de um profissional, ou empresa, legalmente habilitados a realizar o serviço pretendido. Bem por isso, no regime da lei anterior, a contratação direta desses serviços costumava sofrer forte questionamento dos órgãos de controle e do próprio Poder Judiciário, que somente a admitiam como legítima quando se demonstrasse, além da notória especialização do escolhido, a **singularidade** do serviço (art. 25, inciso II, da Lei 8.666), assunto que também ensejava infindável discussão doutrinária.

Uma vez que o requisito da singularidade foi afastado, não há razão que justifique a inexigibilidade da licitação para a contratação desses serviços, não só porque a existência de mais de um profissional, ou empresa, atuante no segmento da atividade permite a competição (que é o pressuposto constitucional da licitação), como também porque a avaliação do outro requisito (notória especialização) não configura exclusividade e não atende plenamente ao princípio do julgamento objetivo.

A análise de algumas situações hipotéticas ajudará o leitor a entender o argumento exposto. Imagine-se que a prefeitura de uma capital pretenda contratar um advogado para defendê-la (hipótese da alínea e do inciso III do art. 73) em uma ação judicial de indenização por acidente ocorrido em uma via pública avariada e não sinalizada, de que resultaram danos em um veículo de terceiro. Considere-se que nessa capital existem vários profissionais especializados em matérias de Direito Civil e Direito Processual Civil, alguns deles reconhecidamente exitosos em casos similares, de responsabilidade civil. Em tal situação, indaga-se: poderá a autoridade municipal escolher um desses profissionais (o advogado "A", por exemplo), desprezando os demais, igualmente conceituados como *experts* em questões do tipo? A resposta negativa mostra-se óbvia. Em tal hipótese, parece inquestionável que a contratação direta do advogado "A" desatenderia a três princípios fundamentais da licitação: o da impessoalidade, o da isonomia e o da competitividade.

Considere-se, agora, outra hipótese: uma prefeitura do interior do Estado, que não dispõe de quadro de procuradores, precisa contratar um advogado para defendê-la em uma ação de indenização similar à figurada acima. No entanto, na cidade existe, apenas, um advogado que atua na área de Direito Civil, em processos de responsabilidade civil. Pode o prefeito municipal contratá-lo por inexigibilidade da licitação? Claro que sim, porque, na hipótese, a inexistência de outros profissionais do ramo torna impossível a competição (art. 74, *caput*).

Na primeira situação figurada, a prefeitura da capital somente poderá formalizar a contratação direta do advogado "A" se demonstrar que, pela *notória especialização*" desse profissional, e pelo seu *"desempenho anterior"* em casos da mesma natureza, revela-se o mais qualificado para obter o resultado favorável desejado, ainda que tal resultado não dependa, exclusivamente, da "capacidade" e da atuação do advogado. Então, a contratação dar-se-ia por *dispensa da licitação*, nunca por *inexigibilidade* desse procedimento administrativo.

Forte nesse entendimento, considera este autor que teria agido mais acertado o legislador se enquadrasse a contratação dos serviços técnicos especializados como hipótese de **dispensa** da licitação, que se caracterizaria quando a Administração comprovasse que o escolhido possui a "notória especialização" definida no § 3º art. 73. Esse entendimento encontra ressonância na orientação jurisprudencial explicitada no acórdão publicado no *Diário de Justiça eletrônico* de 08/05/2020, da Primeira Turma do Superior Tribunal de Justiça, no qual ficou consignado:

> *"É plenamente possível a contratação de advogado particular para a prestação de serviços relativos a patrocínio de causas judiciais ou administrativas sem que para tanto seja realizado procedimento licitatório prévio. Todavia, a **dispensa de licitação** depende da comprovação de notória especialização do prestador de serviço e de **singularidade** dos serviços a serem prestados, de forma a evidenciar que o seu trabalho é o mais adequado para a satisfação do objeto contratado, **sendo inviável a competição** entre outros profissionais"* (Agravo de Instrumento no Recurso Especial nº 1.520.982/SP, relator o Ministro SÉRGIO KUKINA).

As expressões destacadas na transcrição são sintomáticas: a contratação direta, na hipótese, dá-se por **dispensa** da licitação, e não por *inexigibilidade* desse procedimento; e depende: (i) da singularidade do serviço a ser prestado; (ii) da notória especialização do profissional escolhido; e (iii) da inviabilidade de competição entre *outros* profissionais.

Ainda com relação à contratação de serviços de advocacia, cabe advertir que, na vigência da Lei 8.666, o Congresso Nacional aprovou uma alteração do Estatuto da Advocacia, acrescentando à Lei nº 8.906, de 1994 o seguinte artigo:

"Art. 3º-A Os serviços profissionais de advogado são, por sua natureza, técnicos e singulares, quando comprovada sua notória especialização, nos termos da lei.

Parágrafo único. Considera-se notória especialização o profissional ou a sociedade de advogados cujo conceito no campo de sua especialidade, decorrente de desempenho anterior, estudos, experiências, publicações, organização, aparelhamento, equipe técnica ou de outros requisitos relacionados com suas atividades, permita inferir que o seu trabalho é essencial e indiscutivelmente o mais adequado à plena satisfação do objeto do contrato".

A finalidade dessa alteração, evidenciada, inclusive, na justificativa do Projeto de Lei nº 10.980, da Câmara dos Deputados, era assegurar a contratação de serviços de advocacia pela Administração Pública, sem o prévio procedimento licitatório.

De fato, ao se definir, na lei especial, a natura técnica e *singular* dos serviços profissionais de advocacia, o que realmente se buscou foi afastar a objeção da jurisprudência (do Tribunal de Contas e das Cortes do Poder Judiciário) à interpretação aberta que se dava ao texto do inciso II do art. 25 da Lei 8.666, de modo a se considerar a contratação desses serviços como hipótese de inexigibilidade da licitação. É que a jurisprudência se firmou no sentido de que tal contratação somente poderia prescindir da prévia licitação quando demonstrada a *singularidade* do serviço advocatício, a ponto de impossibilitar a comparação entre possíveis competidores.

A proposição legislativa foi vetada pelo Presidente da República, com base em manifestação do Ministro da Justiça e Segurança Pública, segundo a qual tal proposição *"ao considerar que todos os serviços advocatícios (...) são, na essência, técnicos e singulares, viola o princípio constitucional da obrigatoriedade de licitar, nos termos do inciso XXI, do art. 37 da Constituição da República, tendo em vista que a contratação de tais serviços por inexigibilidade de processo licitatório só é possível em situações extraordinárias cujas condições devem ser avaliadas sob a ótica da Administração Pública em cada caso específico, (...)"*. Não obstante, em sessão de 12/08/2020, o Congresso Nacional derrubou o veto presidencial, assim restaurando o texto aprovado, que veio a ser promulgado, transformado na Lei nº 14.039, de 17/08/2020.

Nos parágrafos anteriores este autor deixou clara sua posição sobre essa questão, ao defender que a contratação direta de serviços de advocacia – especialmente os de patrocínio de causas judiciais – deve ser analisada como hipótese de *dispensa* e não de *inexigibilidade* da licitação. Nesse linha de entendimento, a alteração introduzida no Estatuto da Advocacia, pela Lei 14.039, acima referida, em nada modifica a exigência legal do procedimento licitatório para a contratação de serviços de advocacia, a qual somente poderia ser feita de forma direta *"em situações extraordinárias cujas condições devem ser avaliadas (...) em cada caso específico"*, em que a Administração Pública demonstrasse a *"notória especialização"* do profissional escolhido, tal como se exigia no § 1º do art. 25 da Lei 8.666 – e se repetiu (embora com falha redacional) no parágrafo único do art. 3º-A, introduzido no Estatuto da Advocacia.[1]

Assim deverá acontecer sob o regime da nova Lei de Licitações. É importante repetir: o que justifica a contratação direta de serviços advocatícios (e a de quaisquer outros serviços técnicos profissionais especializados) não é apenas a singularidade do trabalho a ser realizado ou a notória especialização do profissional escolhido. Mesmo que a lei especial (no caso dos profissionais de advocacia e de contabilidade – Lei 14.039, de 2020) os tenha considerado *singulares*, somente poderá a Administração Pública contratá-los sem licitação quando demonstrar que (i) pela notória especialização do profissional escolhido, o seu trabalho é o mais adequado para atender à necessidade da Administração e (ii) que não será viável estabelecer competição entre o escolhido e outros profissionais igualmente especializados na atividade.[2]

---

[1] O texto do art. 3º-A, resultante da alteração feita pela Lei 14.039, de 2020, diz que os serviços profissionais de advogado são técnicos e singulares *"quando comprovada sua notória especialização, (...)"*. E, no parágrafo único desse novo artigo, se diz que *"Considera-se notória especialização **o profissional ou a sociedade de advogados**, (...)"*.
São dois os equívocos incorridos nesses textos: o primeiro, ao dizer que a *notória especialização* se refere aos serviços profissionais, quando, em verdade, essa característica diz respeito ao profissional e à sua atuação; o segundo equívoco é de ordem redacional, e resultou da supressão da preposição *"de"*, no começo do parágrafo único do art. 3º-A. Como dito acima, a *notória especialização* diz respeito à *atuação*, e não ao profissional advogado. Assim estava bem esclarecido no § 1º do art. 25 da Lei 8.666: *"Considera-se **de** notória especialização o profissional ou empresa (...)"*.

[2] Em ação direta proposta ainda na vigência da Lei 8.666 (Ação Declaratória de Constitucionalidade n 45), o Conselho Federal da Ordem dos Advogados do Brasil pediu que o Supremo Tribunal Federal declarasse a constitucionalidade dos arts. 13, inciso V, e 25, inciso II, da Lei 8.666, de modo a assegurar a contratação direta de serviços de advocacia. Em voto de relator, declarado na sessão de 16/10/2020, do julgamento virtual iniciado naquela data, o Ministro LUÍS ROBERTO BARROSO, acolhendo parcialmente o pedido da OAB, propôs que o STF fixasse a tese de que *"São constitucionais os arts. 13, V, e 25, II, da Lei nº 8.666/1993, desde que interpretados no sentido de que a contratação direta de serviços advocatícios pela Administração Pública, por inexigibilidade de licitação, além dos critérios já previstos expressamente (necessidade de procedimento administrativo formal; notória especialização profissional; natureza singular do serviço), deve observar: (i) inadequação da prestação o serviço pelos integrantes do Poder Público; e (ii) cobrança de preço compatível com o praticado pelo mercado"*.

8.2.2 Proibição da subcontratação

A proibição é aplicável quando o contratado for pessoa jurídica (empresa), cujos profissionais integrantes de sua equipe técnica não poderão ser substituídos por outros, ainda que de igual especialização. No caso de contratação de pessoa física (profissional), a prestação dos serviços deverá ser, por óbvio, **sempre pessoal**. Nesse ponto, a inovação é positiva.

8.3 CONTRATAÇÃO DIRETA POR DISPENSA DA LICITAÇÃO

As hipóteses de dispensa da licitação estão indicadas, de forma exaustiva, no art. 75 da Lei 14.133/2021. Nesse particular, a disciplina da nova lei contém normas gerais, vinculantes de todos os órgãos públicos, em qualquer esfera de competência ou poder, e, com essa natureza, não permitem a existência de qualquer outro regramento, seja de origem estadual, seja municipal.

Nos 16 incisos do art. 75 estão indicadas as situações que permitem contratação direta mediante dispensa do prévio procedimento licitatório, em sua maioria contemplando hipóteses já existentes na legislação anterior.

O propósito eminentemente prático deste Manual não exige a análise detalhada de cada uma dessas hipóteses, umas porque não apresentam dificuldade para seu entendimento e demonstração, outras porque são restritas a determinados órgãos públicos, não despertando interesse generalizado. De qualquer sorte, cabe fazer ligeiras observações sobre algumas dessas hipóteses, especialmente as que representam inovação em relação à disciplina da legislação revogada.

Contratações de valor reduzido (incisos I e II)

Diferentemente do critério que se continha na Lei 8.666 (que tomava por base percentual do limite estabelecido para determinada modalidade de licitação), a nova lei fixa valores monetários para as contratações consideradas de pequeno valor, que podem ser contratadas sem licitação: R$ 100.000,00 (cem mil reais) – no caso de obras e serviços de engenharia ou de

---

O julgamento foi suspenso em virtude de pedido de vista do Ministro GILMAR MENDES, e, no mesmo dia 19/10/2020, o Conselho Federal da OAB encaminhou aos Ministros do STF Memorial em que questiona a validade dos critérios adicionais propostos pelo Ministro LUÍS ROBERTO BARROSO, com o argumento de que não encontram respaldo na lei.

Quando o STF vier a concluir o julgamento da ADC, provavelmente levará em conta que a natureza singular dos serviços advocatícios (declarada pela Lei nº 14.039, de 17/08/2020, que introduziu no Estatuto da OAB o art. 3º-A) já não faz sentido, diante da disciplina da nova Lei de Licitações, que não mais a contempla, como requisito para a contratação direta desses serviços.

manutenção de veículos automotores; R$ 50.000,00 (cinquenta mil reais) – no caso de outros serviços e de compras. A inclusão dos serviços manutenção de veículos automotores constitui inovação, aparentemente sem razão plausível que a justifique.

Estabelece o § 3º do art. 75 que, nessas situações, as contratações sejam precedidas de *"divulgação em sítio eletrônico oficial, pelo prazo mínimo de 3 (três) dias úteis, de aviso com a especificação do objeto pretendido e com a manifestação de interesse da Administração em obter propostas adicionais de eventuais interessados, devendo ser selecionada a proposta mais vantajosa".* O propósito da disposição é louvável, sem dúvida, mas revela certa incongruência: permite a dispensa da licitação, mas recomenda a divulgação de aviso para obtenção de *"propostas adicionais",* o que caracteriza, em última análise, uma licitação.

Repetição de licitação (inciso III)

O inciso III do art. 75 contempla situações que caracterizam desnecessidade da repetição do procedimento licitatório, ou porque não acorreram interessados em licitação anteriormente aberta, ou porque não foram apresentadas propostas válidas (letra "a" do inciso), ou porque os preços ofertados foram considerados incompatíveis com os valores de mercado e com a estimativa feita para a contratação (letra "b"). Em qualquer dessas situações, a repetição do procedimento seria injustificável, se a Administração puder demonstrar que a adjudicação direta do contrato, nas mesmas condições inicialmente previstas, atenderá aos seus objetivos.

Emergência ou calamidade pública (inciso VIII)

Entre as hipóteses de dispensa do procedimento licitatório esta é, certamente, a mais frequente. Talvez em função do excessivo rigor formal introduzido pela Lei nº 8.666, não era raro encontrar nas páginas dos diários oficiais publicações relativas a contratações diretas feitas sob a invocação de emergência. Entretanto, uma análise acurada dessas contratações certamente evidenciaria o equívoco cometido pelos agentes públicos que as autorizavam, uma vez que a situação de emergência ou urgência alegada, em verdade, quase sempre era provocada pela falta de planejamento ou por outro motivo resultante do descuido do administrador público.

O texto do inciso VIII do art. 75 é reprodução quase literal do que se continha no inciso IV do art. 24 da Lei 8.666, com duas alterações: (i) o prazo que ali era fixado em 180 dias para conclusão das parcelas de obras e serviços, agora passa a ser de um ano; (ii) enquanto na lei anterior ficava vedada apenas a prorrogação do contrato emergencial, agora está veda, também, a recontratação da empresa contratada em caráter emergencial.

A hipótese legal somente se configura quando presentes duas situações: (a) risco de prejuízo ou comprometimento da segurança de pessoas, bens ou serviços, públicos ou particulares, e (b) demonstração de que somente com a imediata contratação será possível evitar esse risco. Essas duas condições, ou requisitos, devem ser concomitantes, porque a ocorrência de apenas um deles não é suficiente para autorizar a dispensa da licitação. Com efeito, é perfeitamente válido supor que, mesmo quando presente situação de risco, a afetação do interesse público possa vir a ser maior com a contratação direta do que se feita a prévia licitação.

Por outro lado, a situação de emergência ou urgência a ser atendida, deve ser efetiva e concreta, não sendo suficiente simples suposição. Em sua experiência de longos anos no trato de assuntos relacionados à licitação e à contratação, este autor deparou-se com inúmeros casos em que o atendimento das situações de emergência invocadas restou protelado por meses a fio, deixando patente terem sido "fabricadas", com a intenção de evitar a licitação. Por isso, considera que, nas situações de "fato consumado", em que a necessidade da contratação se mostre intransponível, o procedimento licitatório poderá ser dispensado, se bem caracterizada a urgência de atendimento, mas não se pode deixar de promover a responsabilização do agente ou do administrador público que foi omisso ou retardou as providências que lhe cabia tomar, para que a obra, o serviço ou a aquisição se fizesse no tempo adequado.

Aqui o Ministério Público poderia, sem alarde, ter uma atuação meritória, cobrando dos administradores públicos, em juízo, o ressarcimento dos custos acrescidos nas contratações realizadas por conta das "urgências" fabricadas. Com efeito, sempre que isso ocorre, a Administração Pública termina suportando acréscimo de custo das obras, serviços e compras, que teriam sido efetuados a preços mais interessantes, se contratados no tempo devido.

Contratação de órgão ou entidade integrante da Administração Pública (inciso IX)

Prevê o inciso IX do art. 75 a possibilidade de dispensa da licitação *"para a aquisição, por pessoa jurídica de direito público interno, de bens produzidos ou serviços prestados por órgão ou entidade que integrem a Administração Pública e que tenham sido criados para esse fim específico, desde que o preço contratado seja compatível com o praticado no mercado".*

Esse inciso substitui o inciso VIII do art. 24 da Lei 8.666, que permitia a contratação direta, por empresa pública ou sociedade de economia mista, de suas respectivas subsidiárias ou controladas, para fornecimento de bens ou prestação de serviços. A respeito daquela hipótese de dispensa de licitação, o autor expressou, na anterior edição deste Manual, a opinião de que ali se estabeleceu *"uma burla escancarada ao princípio constitucional da obrigatoriedade da licitação, favorecendo-se empresas estatais, que poderão, doravante, realizar suas transações, senão todas pelo menos as mais expressivas, exclusivamente com subsidiárias ou controladas criadas especialmente para tal fim. A exigência de que o preço dessas transações esteja 'compatível com o praticado no mercado' não legitima a contratação direta, porque impede a competição da estatal com as empresas privadas que atuem no segmento, às quais é assegurada, pela Constituição (art. 173), primazia no desempenho das atividades econômicas"*.

A observação crítica é inteiramente aplicável à disposição do inciso IX do art. 75 da nova Lei de Licitações.

Contratação de profissionais para compor comissão de avaliação de critérios de técnica (inciso XIII)

O inciso XIII permite a contratação direta *"de profissionais para compor a comissão de avaliação de critérios de técnica, quando se tratar de profissional técnico de notória especialização"*. Esse dispositivo deve ser analisado em confronto com duas outras normas da Lei 14.133/2021: a do § 4º do art. 8º, que permite a contratação de *"empresa ou de profissional especializado para assessorar os agentes públicos responsáveis pela condução da licitação"*; e a do inciso II do § 1º do art. 37, que autoriza a contratação de profissionais com *"conhecimento técnico, experiência ou renome na avaliação dos quesitos especificados em edital"*, para compor banca encarregada do julgamento por melhor técnica ou técnica e preço.

Nada de anormal nessa contratação, tendo em vista a possibilidade de não dispor o órgão ou entidade pública, em seus quadros, de pessoal qualificado para a realização de tarefas especiais vinculadas aos procedimentos licitatórios de obras, serviços ou compras de certa complexidade. Entretanto, não se pode deixar de observar que, nessas disposições, a nova lei consagra verdadeira "reserva de mercado" para determinados "especialistas". O que está previsto como *possibilidade* certamente se tornará *regra*, porque sempre se alegará falta de pessoal qualificado para a tarefa de julgamento das propostas, nas licitações consideradas complexas.

Mas há outro detalhe que precisa ser ressaltado: para a contratação desses "especialistas" o inciso II do § 1º do art. 37 exige, apenas, *"conhecimento técnico, experiência ou renome"*, o que não caracteriza, necessariamente, a *"notória especialização"* conceituada no inciso XIX do art. 6º da Lei 14.133/2021.

Capítulo 9
INSTRUMENTOS AUXILIARES DAS LICITAÇÕES

9.1 NATUREZA E FINALIDADE DOS INSTRUMENTOS AUXILIARES DAS LICITAÇÕES

No último Capítulo (X) do Título II, a Lei 14.133/2021 regula os denominados *"Instrumentos Auxiliares das Licitações"*, listados no art. 78:

I – credenciamento;
II – pré-qualificação;
III – procedimento de manifestação de interesse;
IV – sistema de registro de preços;
V – registro cadastral.

Dessa lista, a pré-qualificação, o sistema de registro de preços e o registro cadastral já constavam na Lei 8.666, embora sem a designação de "instrumentos auxiliares", e o credenciamento vinha sendo adotado com base no art. 25 daquela Lei, como procedimento substitutivo da contratação direta por inexigibilidade da licitação. É interessante observar que a manifestação de interesse e o registro cadastral não têm definição explicitada no art. 6º da Lei 14.133/2021, enquanto os demais estão assim conceituados:

> *"credenciamento: processo administrativo de chamamento público em que a Administração Pública convoca interessados em prestar serviços ou fornecer bens para que, preenchidos os requisitos necessários, credenciem-se no*

órgão ou na entidade para executar o objeto quando convocados" (inciso XLIII do art. 6º);

"pré-qualificação: procedimento seletivo prévio à licitação, convocado por meio de edital, destinado à análise das condições de habilitação, total ou parcial, dos interessados ou do objeto" (inciso XLIV do art. 6º);

"sistema de registro de preços: conjunto de procedimentos para realização, mediante contratação direta ou licitação nas modalidades pregão ou concorrência, de registro formal de preços relativos a prestação de serviços, a obras e a aquisição e locação de bens para contratações futuras" (inciso XLV do art. 6º).

A manifestação de interesse está prevista no art. 81 da Lei 14.133/2021 como *"procedimento aberto"* pelo qual a Administração solicita à iniciativa privada *"a propositura e a realização de estudos, investigações, levantamentos e projetos de soluções inovadoras que contribuam com questões de relevância pública".*

Todos esses *instrumentos auxiliares* são *procedimentos administrativos* que: (i) precedem a um procedimento *licitatório* específico (pré-qualificação e manifestação de interesse); (ii) propiciam dados, informações e subsídios para o julgamento de licitações variadas e para contratações associadas (registro cadastral); ou (iii) substituem o procedimento de licitação (credenciamento).

O regramento estabelecido nas respectivas seções do mencionado Capítulo X não oferece dificuldades para a compreensão da natureza jurídica e da finalidade de cada um desses *instrumentos auxiliares*, e deverá ser complementado por regulamento específico (art. 78, § 1º). Não obstante, cabe fazer algumas observações críticas.

9.2 CREDENCIAMENTO

O credenciamento está disciplina no art. 79, nestes termos:

"Art. 79. O credenciamento poderá ser usado nas seguintes hipóteses de contratação:

I – paralela e não excludente: caso em que é viável e vantajosa para a Administração a realização de contratações simultâneas em condições padronizadas;

II – com seleção a critério de terceiros: caso em que a seleção do contratado está a cargo do beneficiário direto da prestação;

III – em mercados fluidos: caso em que a flutuação constante do valor da prestação e das condições de contratação inviabiliza a seleção de agente por meio de processo de licitação.

Parágrafo único. Os procedimentos de credenciamento serão definidos em regulamento, observadas as seguintes regras:

I – a Administração deverá divulgar e manter à disposição do público, em sítio eletrônico oficial, edital de chamamento de interessados, de modo a permitir o cadastramento permanente de novos interessados;

II – na hipótese do inciso I do caput *deste artigo, quando o objeto não permitir a contratação imediata e simultânea de todos os credenciados, deverão ser adotados critérios objetivos de distribuição da demanda;*

III – o edital de chamamento de interessados deverá prever as condições padronizadas de contratação e, nas hipóteses dos incisos I e II do caput *deste artigo, deverá definir o valor da contratação;*

IV – na hipótese do inciso III do caput *deste artigo, a Administração deverá registrar as cotações de mercado vigentes no momento da contratação;*

V – não será permitido o cometimento a terceiros do objeto contratado sem autorização expressa da Administração;

VI – será admitida a denúncia por qualquer das partes nos prazos fixados no edital.

Pelo teor dessas disposições, resulta evidente que o credenciamento constitui forma de contratação, diferenciando-se do procedimento tradicional de licitação apenas pelo fato de possibilitar a prestação do mesmo tipo de serviço por mais de um interessado credenciado. Deveria, então, o credenciamento integrar o rol das modalidades de licitação, constante do art. 28 da Lei 14.133/2021.

Sob o regime da Lei 8.666, parte da doutrina e da jurisprudência dos tribunais de contas considerava o credenciamento como hipótese de inexigibilidade da licitação, sob o argumento de que *"Se a Administração convoca todos os profissionais de determinado setor, dispondo-se a contratar os que tiverem interesse e que satisfaçam os requisitos estabelecidos, ela própria fixando o valor que se dispõe a pagar, os possíveis licitantes não competirão, no estrito sentido da palavra, inviabilizando a competição, uma vez que a todos foi assegurada a contratação"*.[1] De fato, há situações em que não se busca a escolha de uma pessoa determinada para a realização de certa atividade, mas se abre a possibilidade de serem admitidos a prestá-la tantos quantos sejam considerados qualificados. Assim ocorre, por exemplo, na contratação de profissionais da área de saúde, através de convênios, em que se permite ao usuário interessado escolher, entre os credenciados, o profissional ou a clínica que o atenderá. É evidente que, em tal hipótese, a licitação se torna inexigível, porque os interessados não competem entre si, mas, aderindo ao

---

[1] JORGE ULISSES JACOBY, *in* Coleção de Direito Público, 2008, p. 538).

preço indicado pelo órgão contratante, aceitam a possibilidade de efetivamente prestarem os serviços.

E porque essa era a característica do credenciamento, não se poderia adotá-lo para a contratação de **apenas um**, ou **alguns** dos credenciados, ou para a seleção do prestador de serviço mediante critério de classificação que implicasse a exclusão dos demais credenciados.

Ao sistematizar o credenciamento como forma de contratação direta, a Lei 14.133/2021 parece que encampou o conceito doutrinário desse "instrumento auxiliar", mas o fez deixando aberta a possibilidade de se adotar a sistemática para contratação de apenas alguns dos credenciados. É o que resulta do texto do inciso II do parágrafo único do art. 79, que admite a adoção de *"critérios objetivos de distribuição da demanda" "quando o objeto não permitir a contratação imediata e simultânea de todos os credenciados"*. Ora, se o credenciamento representa modalidade de contratação direta **de todos** os que preencham os requisitos de qualificação, se essa contratação não se mostrar possível o credenciamento não deverá ser adotado, porque estará desatendida a condição, ou pressuposto, que o legitima.

Ademais, a adoção de *"critérios (...) de distribuição da demanda"*, tal como prevê o referido inciso, pode representar quebra do princípio do tratamento isonômico, na medida em que os iguais em qualificação poderão ser diferenciados na escolha para a *"distribuição da demanda"*. Só se pode adotar a sistemática de credenciamento quando não há possibilidade de diferenciar os interessados, pela competição entre eles. Esse aspecto, aliás, sempre foi bem ressaltado pelo Tribunal de Contas da União, como mostra, entre as várias decisões daquela Corte, o acórdão 408/2012, relatado pelo Ministro Valmir Campelo, do qual se extrai o seguinte trecho:

> *"7. Na modalidade de credenciamento, portanto, a avaliação técnica limita-se a verificar se a empresa interessada possui capacidade para executar o serviço. Uma vez preenchidos os critérios mínimos estabelecidos no edital, a empresa será credenciada, podendo ser contratada em igualdade de condições com todas as demais que também forem credenciadas.*
>
> *8. A etapa de avaliação das empresas é, portanto, apenas eliminatória, e não classificatória, já que nessa modalidade não pode haver distinção entre as empresas credenciadas. Inexiste, portanto, a possibilidade de escolha de empresas que mais se destaquem dentre os parâmetros fixados pela entidade, visto que as empresas estariam competindo para constarem como as mais bem pontuadas. O credenciamento não se presta para este fim, uma vez que ele só se justifica em situações onde não se vislumbra possibilidade de competição entre os interessados, (...)".*

Foi precisamente nessa linha de entendimento que o Superior Tribunal de Justiça rejeitou recurso do Banco do Brasil, que pretendia, em credenciamento aberto para contratação de serviços de advocacia, *"classificar os credenciados de acordo com determinados critérios"*.[2]

9.3 PRÉ-QUALIFICAÇÃO

A pré-qualificação é definida no art. 80 da Lei 14.133/2021 como *"o procedimento técnico-administrativo para selecionar previamente: I – licitantes que reúnam condições de habilitação para participar de futura licitação ou de licitação vinculada a programas de obras ou de serviços objetivamente definidos; II – bens que atendam às exigências técnicas ou de qualidade estabelecidas pela Administração"*.

O procedimento de pré-qualificação é aberto com a publicação de edital, no qual deverão constar as informações necessárias para definição do objeto e a indicação da modalidade da futura licitação e os critérios que serão adotados para o julgamento das propostas nela recebidas (§ 3º do art. 80). Quando destinado à pré-qualificação de bens, o edital poderá estabelecer a exigência de comprovação da qualidade (inciso II do § 1º do art. 80), o que é óbvio, pois sem essa comprovação não se terá certeza de que os bens apresentados à pré-qualificação efetivamente atenderão às exigências técnicas estabelecidas pela Administração.

A disciplina da Lei 14.133/2021 para o procedimento de pré-qualificação apresenta duas inovações interessantes em relação à que se continha na Lei 8.666: (i) a possibilidade de também abranger **bens**; e (ii) a possibilidade de se restringir aos licitantes pré-qualificados a participação na licitação que a ela se seguir. Como anotado no Capítulo 3 (item 3.2.1, vii), ao permitir que a licitação subsequente à pré-qualificação seja restrita aos pré-qualificados (§ 10 do art. 80), a nova Lei de Licitações deixou aberta a possibilidade de a Administração adotar esse procedimento como condição para a participação em toda e qualquer licitação, tal como este autor tem sugerido, desde as edições anterior deste Manual.

9.4 MANIFESTAÇÃO DE INTERESSE

Reza o art. 81 da Lei 14.133/2021:

---

[2] Recurso Especial nº 1.747.6636/PR, julgado em 03/12/2019, DJe de 09/12/2019, rel. o Ministro GURGEL DE FARIA.

> "A Administração poderá solicitar à iniciativa privada, mediante procedimento aberto de manifestação de interesse a ser iniciado com a publicação de edital de chamamento público, a propositura e a realização de estudos, investigações, levantamentos e projetos de soluções inovadoras que contribuam com questões de relevância pública, na forma de regulamento".

Esse procedimento auxiliar tem as seguintes características:

i) presta-se a obter de agentes privados sugestões inovadoras para solução de questões de interesse público, a serem enfrentadas pela Administração Pública;

ii) deve preceder, sempre, a abertura de uma licitação específica, da qual o proponente da sugestão poderá participar, sem qualquer vantagem ou preferência (§ 2º, inciso I);

iii) com o recebimento da sugestão, a Administração Pública não se obriga a realizar a licitação para implementá-la, nem assume a obrigação de reembolsar os custos incorridos pelo agente privado, os quais serão ressarcidos, exclusivamente, pelo vencedor da licitação que vier a ser aberta (§ 1º).

Com essas características, a manifestação de interesse constitui, efetivamente, interessante instrumento auxiliar do processo de contratação pública, em especial do procedimento licitatório, mediante a participação da iniciativa privada na formulação de propostas de solução para questões de interesse coletivo. Não obstante, é importante ressaltar que a manifestação de interesse não estabelece qualquer vinculação de natureza contratual entre o órgão público que a promove e os agentes privados que dela participem, não gerando, portanto, para estes, qualquer direito, tampouco obrigação para a Administração Pública. Nesse sentido, são claras as disposições dos incisos I e II do § 2º do art. 81.

O procedimento de manifestação de interesse guarda semelhanças com o "diálogo competitivo", especialmente nos atos da primeira etapa dessa nova modalidade de licitação. Aliás, a própria Lei 14.133/2021 declara que o chamamento feito no edital do diálogo competitivo tem por objetivo imediato a *"manifestação de interesse"* dos agentes privados em participar da licitação (art. 32, inciso I do § 1º). O traço diferenciador desses dois procedimentos consiste no fato de que o diálogo competitivo objetiva, a um só tempo, obter a indicação de alternativa(s) de solução inovadora e identificar os agentes privados qualificados para implementá-la. É um misto de *manifestação de interesse,* de *pré-qualificação* e de *licitação de melhor técnica.*

9.5 SISTEMA DE REGISTRO DE PREÇOS

Na Seção V do Capítulo X do Título II, a Lei 14.133/2021 regula o "Sistema de Registro de Preços", definido no inciso XLV do art. 6º como *"conjunto de procedimentos para realização, mediante contratação direta ou licitação nas modalidades pregão ou concorrência, de registro formal de preços relativos a prestação de serviços, a obras e a aquisição e locação de bens para contratações futuras"*. Ao se referir a *"conjunto de procedimentos"*, o dispositivo legal deixa explícitas as seguintes características do *sistema* de registro de preços:

a) tem por escopo ou objetivo imediato obter e registrar preços de bens e serviços que deverão ser adquiridos ao longo de determinado período;

b) compreende a realização de **duas** licitações específicas (ou de uma licitação e uma contratação direta por dispensa ou inexigibilidade, conforme a situação concreta);

c) não implica obrigação de contratar, por parte da Administração Pública, mas impõe ao ofertante do preço registrado compromisso de fornecer bem ou prestar serviço;

d) permite a utilização dos preços registrados, por parte de outros órgãos públicos, mediante a denominada "carona".

A Lei 14.133/2021 reproduz a disciplina da legislação anterior, inclusive mantendo uma prática que não parece corresponder à exigência do "processo de licitação", fixada no inciso XXI do art. 37 da Constituição Federal. Trata-se da permissão para que outros órgãos públicos "não participantes" do procedimento de registro de preços adiram ao "sistema" e formalizem contratações com base nos preços registrados. Esse tema será retomado adiante.

Mas a disciplina da nova Lei de Licitações apresenta uma inovação importante: a fixação de limites para as contratações realizadas através das "caronas". Além de estabelecer para o órgão ou a entidade pública interessada em "aderir" às atas de registros de preços a obrigação de justificar a vantagem da adesão e demonstrar a compatibilidade dos preços registrados com os praticados no mercado (§ 2º, inciso II, do art. 86), a lei limita as aquisições por carona a *"50% (cinquenta por cento) dos quantitativos dos itens do instrumento convocatório registrados na ata de registro de preços para o órgão gerenciador e para os órgãos participantes"* (§ 4º do art. 86). Nesse ponto a lei atende, em parte, à sugestão formulada no item 9 do tópico 2.6 do Capítulo 2 da edição anterior deste Manual.

9.5.1 Natureza do procedimento

Definido como *conjunto de procedimentos* e classificado como *sistema*, o registro de preços não caracterizaria uma *modalidade* de licitação, tanto que não integra o rol do art. 28 da Lei 14.133/2021, ao contrário, está elencado como *instrumento auxiliar* das licitações (art. 78, inciso IV). Nesse ponto, a Lei 14.133/2021 estaria adotando o entendimento de parte da doutrina e da jurisprudência dos tribunais de contas. Entretanto, ao regular esse *instrumento auxiliar*, na Seção V do Capítulo X do Título II, em mais de uma disposição da Lei 14.133/2021 se refere ao procedimento de registro de preços como **licitação:**

> Art. 82, *caput*: "O edital **de licitação** para registro de preços observará as regras gerais desta Lei (...)."
>
> Art. 82, inciso V: "*o critério de julgamento* **da licitação**, *que será o de menor preço ou o de maior desconto sobre tabela de preços praticada no mercado.*"

Essa forma de designação não deve ser vista como mero equívoco do legislador, ao contrário, autoriza a afirmativa de que o procedimento de registro de preços caracteriza, sim, **licitação**. Não tivesse essa natureza, a Ata de Registro de Preços que os proponentes assinam não se prestaria para autorizar as contratações futuras – o que estaria em desacordo com a exigência do prévio "processo de licitação" a que alude o inciso XXI do art. 37 da Constituição Federal, e somente se legitimaria, em cada operação de compra ou de contratação de serviço, mediante a justificativa da *dispensa* ou da *inexigibilidade* do respectivo procedimento. A afirmativa de que o procedimento de registro de preços não caracteriza licitação torna inócua a disposição do inciso XLVI do art. 6º da Lei 14.133/2021, que define a Ata de Registro de Preços como *"documento vinculativo e obrigacional, com característica de compromisso para futura contratação"*, que impõe ao signatário proponente dos preços registrados *"compromisso de fornecimento nas condições estabelecidas"* (art. 83).

O autor deste Manual filia-se à corrente doutrinária que considera o procedimento de registro de preços como **procedimento licitatório**. Assim o considera, por exemplo, MARÇAL JUSTEN FILHO, ao comentar o art. 15 da Lei 8.666:

> "No sistema de registro de preços, a principal diferença reside no objeto **da licitação**. Usualmente, a licitação destina-se a selecionar um fornecedor e uma proposta para uma **contratação específica** a ser efetivada posteriormente pela Administração. No registro de preços, **a licitação** destina-se a

selecionar fornecedor e proposta para **contratações inespecíficas**, *seriadas, que poderão ser realizadas durante certo período, por repetidas vezes. A proposta selecionada fica à disposição da Administração que, se e quando desejar adquirir, valer-se-á dos preços registrados, tantas vezes quantas o desejar, dentro dos limites estabelecidos no ato convocatório".* [3]

É induvidoso, portanto, que o procedimento de registro de preços caracteriza **licitação diferenciada**, e não simples "instrumento auxiliar" de licitações. E, com essa característica, deveria integrar o elenco das modalidades previsto no art. 28 da Lei 14.133/2021.

9.5.2 A "carona" como burla à obrigação de licitar

A Lei 14.133/2021 reproduz a disciplina da legislação revogada sobre o registro de preços, inclusive mantendo uma prática que não parece compatível com a exigência do prévio "processo de licitação", fixada pela Constituição Federal (art. 37, inciso XXI). Trata-se da denominada *"carona"*,[4] que consiste na permissão para que outros órgãos públicos, até mesmo de entes federativos diversos, *"não participantes"* do procedimento de registro de preços, adiram ao sistema e formalizem contratações com base nos preços registrados no sistema. Em que pesem os argumentos dos que a admitem (até decisões do Tribunal de Contas da União a consideram válida), é evidente que essa prática representa burla ao princípio constitucional da licitação. A obrigação de licitar é indelegável e é imposta pela Constituição Federal a todos os órgãos e entidades da Administração Pública, nas três esferas políticas. Aceitar, por exemplo, que possa um órgão da administração estadual, ou municipal, contratar suas obras, serviços ou compras com base em preços ofertados em licitação realizada por órgão da administração federal, equivale a admitir que também possa contratar um fornecedor, ou prestador de serviço, com base em proposta selecionada em uma licitação realizada por órgão de outro ente federativo. Seria escamotear, acintosamente, a exigência constitucional da Licitação.

Ademais, a prática da "carona" não obedece a controles adequados, o que deixa aberta a possibilidade de favorecimentos que comprometem os princípios da impessoalidade, do tratamento isonômico e da igualdade de

---

[3] COMENTÁRIOS À LEI DE LICITAÇÕES E CONTRATOS ADMINISTRATIVOS, 4ª Ed. 1995, Aide Editora, p. 89.

[4] Com a aprovação da Emenda nº 4 (de Redação), o Plenário do Senado retirou do texto a expressão "Carona", que o relator (Senador Antonio Anastasia) considerou, com razão, "nada técnica". A expressão foi eliminada, mas permaneceu a prática, que é *"nada correta"*.

oportunidades, daí a observação crítica de JOEL DE MENEZES NIEBUHR, ao dizer que *"o representante de dada entidade é quem decide, praticamente de forma livre, se adere à ata de registro de preços de outra entidade ou não e, com isso se beneficia ou não o fornecedor que assinou a aludida ata de registro de preços"*, pelo que conclui o citado autor afirmando que "carona" em ata de registro de preços caracteriza *"atentado veemente aos princípios do direito administrativo"*.[5]

9.6 REGISTRO CADASTRAL

O último dos "instrumentos auxiliares das licitações" é o Registro Cadastral, que está regulado nos arts. 87 e 88 da Seção VI do Capítulo X do Título II da Lei 14.133/2021. Com as características do cadastro que era previsto nos arts. 34 a 37 da Lei 8.666, o registro cadastral integra, agora, o "Portal Nacional de Contratações Públicas (PNCP), criado pela nova lei como *"sítio eletrônico oficial destinado à: I – divulgação centralizada e obrigatória dos atos exigidos por esta Lei; II – realização facultativa das contratações pelos órgãos e entidades dos Poderes Executivo, Legislativo e Judiciário de todos os entes federativos"* (art. 174). Esse novo "registro cadastral unificado", deverá ser regulamentado para atender a toda a Administração Pública, da União, dos Estados, do Distrito Federal e dos Municípios.

A disciplina da Lei 14.133/2021 sobre o registro cadastral unificado apresenta como inovações interessantes:

a) a possibilidade de se restringir a participação nas licitações aos inscritos no cadastro (§ 3º do art. 87), conforme a respectiva classificação e qualificação técnica e econômico-financeira (art. 88, § 1º);

b) a possibilidade de se utilizar as anotações relativas ao desempenho dos contratados (art. 88, § 3º), para efeito de classificação da proposta técnica nas licitações de técnica e preço (art. 36, § 3º) e de desempate em qualquer licitação (art. 60, inciso II).

É inegável que essas duas inovações são positivas, mas deveriam ser ampliadas, para propiciar mais eficácia aos procedimentos licitatórios. A realização de licitação restrita a fornecedores cadastrados deveria ser regra, não apenas "possibilidade", pelas vantagens que proporciona na celeridade e na eficiência da licitação e da contratação direta. Aliás, nesse ponto a Lei

---

[5] Artigo publicado na Revista Zênite de Licitações e Contratos nº 143, janeiro/2006, p. 13.

14.133/2021 revela-se contraditória: permite a realização de licitação restrita aos cadastrados, mas elimina a tomada de preços, que era a modalidade de licitação específica para interessados cadastrados.

Quanto à utilização das anotações cadastrais de desempenho contratual, deveria ser ampliada para permitir a inabilitação de interessados, na fase de julgamento da licitação. Sim, porque se essas anotações apontam falhas de desempenho em contratações anteriores, isso demonstra que o licitante não possui a qualificação técnica requerida, ou não oferece garantia de que, em novo contrato, honrará os compromissos assumidos. Em tal situação, a Administração corre risco de insucesso na realização do objeto a ser contratado.

Anota-se, por fim, como positiva, a disposição do § 6º do art. 88 da Lei 14.133/2021, que assegura ao interessado que requerer inscrição no cadastro *"participar de processo licitatório até a decisão da Administração"*, embora condicionando a celebração do contrato à emissão do certificado do registro.

Capítulo 10
CONTRATOS ADMINISTRATIVOS

10.1 CONCEITO DO CONTRATO ADMINISTRATIVO

O contrato constitui o objetivo de todo procedimento licitatório, ou, como ensina José Afonso da Silva,[1] o objeto mediato da licitação (o objeto imediato da licitação é a escolha da melhor proposta). Como a licitação é pressuposto de todo contrato da Administração Pública (ressalvados os casos especificados na lei – CF, art. 37, inciso XXI), nela deverão estar previstas as condições em que este será celebrado.

O contrato pode ser definido como o acordo de vontades livremente pactuado, que cria direitos e obrigações recíprocos. No campo de direito privado, em que predomina a autonomia da vontade, o contrato fundamenta-se em dois princípios basilares: *é lei entre as partes* – portanto imutável – e *é de observância obrigatória,* vale dizer, deve ser cumprido tal como ajustado. No campo do direito público, entretanto, esses princípios sofrem abrandamento, porque, nessa área, a Administração Pública está sujeita, de um lado, a limitações e, de outro, goza de prerrogativas que a colocam em posição de destaque em relação ao particular. Daí por que o contrato administrativo apresenta peculiaridades que o distinguem do contrato privado, tendo em vista o interesse público que visa a atender.

É clássica a definição de contrato administrativo dada por Hely Lopes Meirelles: *"é o ajuste que a Administração Pública, agindo nessa qualidade, firma com o particular ou com outra entidade administrativa, para consecução*

---

[1] *Finalidades e objeto da licitação e do contrato*, Ed. Cedro, p. 47 ss.

de objetivos de interesse público, nas condições desejadas pela própria Administração". E ele indica as características do contrato administrativo:

> *"É sempre bilateral e, em regra, formal, oneroso, comutativo e realizado* intuitu personae. *Com isso se afirma que é um acordo de vontades (e não um ato unilateral e impositivo da Administração); formal porque se expressa por escrito e com requisitos especiais; é oneroso porque remunerado na forma convencionada; é comutativo porque estabelece compensações recíprocas e equivalentes para as partes; é* intuitu personae *porque exige a pessoa do contratado para a sua execução. Dentro desses princípios o contrato administrativo requer concordância das partes para ser validamente efetivado; remuneração de seu objeto; equivalência nos encargos e vantagens; e cumprimento pessoal da obrigação assumida pelo contratado para com a Administração."*[2]

Portanto, o que distingue o contrato administrativo do contrato privado é a condição de supremacia em que se coloca a Administração Pública, que se corporifica nas chamadas *"cláusulas exorbitantes"*, pelas quais é possível a alteração unilateral do ajuste, sempre que o interesse público o exigir.

A finalidade essencialmente prática deste manual dispensa considerações alongadas a respeito da natureza dos contratos administrativos. As características especialíssimas desses ajustes têm motivado discussões entre os doutrinadores, havendo quem negue, inclusive, o caráter e a natureza contratual dos ajustes celebrados pela Administração Pública, sob o argumento de que, de ordinário, neles só a parte econômica é convencionada.[3]

10.2 PECULIARIDADES DO CONTRATO ADMINISTRATIVO

Registrada essa observação, cabe indicar, agora, as características do contrato administrativo típico, ou seja, aquele em que a Administração figura como Poder Público e, nessa condição, posiciona-se com supremacia diante do particular. Como se disse antes, enquanto o contrato privado é informado pelo princípio da autonomia da vontade e, por isso, tem natureza de *lei entre as partes* e deve ser cumprido *tal como pactuado*, o contrato administrativo

---

[2] Op. cit., p. 173-174.
[3] Celso Antônio Bandeira de Mello afirma que *"o contratual seria apenas o que possa ser objeto de pacto e foi pactuado, a saber: a parte econômica convencionada, logo, só existe contrato em relação a isto. O mais provém de ato unilateral da Administração Pública sob cuja regência coloca-se o particular sujeitando-se a uma situação cambiável"* (Elementos de Direito Administrativo, São Paulo: Malheiros, 1992, p. 219).

tem características muito próprias, que decorrem da necessidade de garantia do interesse público prevalecente, que incumbe à Administração proteger. Essas peculiaridades corporificam-se nas *cláusulas exorbitantes*, assim denominadas porque extrapolam os limites comuns aos ajustes de direito privado, nos quais as partes situam-se em posições equivalentes.

10.2.1 Alteração unilateral do contrato

A primeira dessas cláusulas exorbitantes é a que permite a *alteração unilateral do contrato*. Consoante entendimento uniforme da doutrina, chancelado pela jurisprudência dos tribunais, é inerente a todo contrato administrativo a possibilidade de sua alteração unilateral pela Administração, tendo em vista o interesse público que a ela incumbe proteger. Mas essa alteração impositiva somente pode atingir as chamadas *cláusulas regulamentares*, que são aquelas que dispõem sobre o objeto do contrato e a forma de sua execução. As condições financeiras do ajuste (cláusulas econômicas) são imutáveis, porque visam a garantir ao particular a justa retribuição da sua atividade. No entanto, essa imutabilidade é apenas jurídica, posto que, na prática, é perfeitamente possível que ocorra afetação dessa condição econômica, seja por atos da própria entidade pública contratante, seja por conta de atos administrativos de outra origem ou natureza, seja por fatos estranhos ao controle das partes. No entanto, sempre que isso ocorrer, o contratado terá direito à recomposição financeira correspondente, de modo a que a *equação econômica*, prevista no momento do ajuste, seja restabelecida.

10.2.2 Reequilíbrio econômico-financeiro

Essa é outra peculiaridade do contrato administrativo – a garantia do *reequilíbrio financeiro*, que pode ser definida como o restabelecimento da correlação entre o objeto do ajuste (obrigação do contratado – direito da Administração) e a remuneração correspondente (direito do contratado – obrigação da Administração). O Prof. Caio Tácito explica que o princípio do equilíbrio financeiro dos contratos *"visa, sobretudo, à correlação entre os encargos e a remuneração correspondente, de acordo com o espírito lucrativo que é elementar aos contratos administrativos e, especialmente, à concessão de serviço público"*.[4]

---

[4] *Equilíbrio Financeiro na Concessão de Serviço Público*, Rio de Janeiro, 1960, p. 5 (apud Hely Lopes Meirelles, op. cit., p. 184).

10.2.3 Rescisão unilateral, pela Administração

A par da faculdade de alteração unilateral, ditada pelo interesse público, também é característica do contrato administrativo a possibilidade de sua rescisão pela Administração. Mesmo quando o instrumento contratual fosse omisso a respeito (a indicação dos casos de rescisão deve constar de cláusula específica), nem por isso estaria a Administração impedida de declarar, por ato próprio, o desfazimento do ajuste, sempre que essa providência convenha ao interesse público. Por isso que Hely Lopes Meirelles[5] sustenta que *"nenhum particular ao contratar com a Administração adquire direito à imutabilidade do contrato ou à sua execução integral ou, ainda, às suas vantagens in specie, porque isto equivaleria a subordinar o interesse público ao interesse individual do contratado".*

10.2.4 Controle

O *controle* é outra peculiaridade do contrato administrativo. Significa a faculdade de a Administração *supervisionar, fiscalizar e intervir* na execução do contrato, de modo a garantir a fiel observância das condições prefixadas. É certo que nos contratos de direito privado também pode estar assegurado (e em geral isso ocorre) ao contratante o direito de acompanhar a execução do seu objeto. Mas no contrato administrativo esse acompanhamento é impositivo, para a Administração, daí por que o agente público não pode dele eximir-se, tampouco fica o particular isento de responsabilidades, se ele não ocorrer. A possibilidade de intervir na execução do objeto é componente do poder de controle da Administração, e lhe permite, inclusive, assumir, em certas circunstâncias, a execução direta de atividades de responsabilidade do contratado, para evitar prejuízos maiores e garantir o cumprimento dos prazos e cronogramas preestabelecidos.

10.2.5 Autoexecutoriedade das sanções administrativas

Finalmente, distingue-se o contrato administrativo do ajuste de direito privado pela *efetividade das penalidades*, que decorre da possibilidade de a Administração efetivar, ela própria, as sanções ao contratado, pelo inadimplemento de suas obrigações. Enquanto o contratante particular tem de recorrer à Justiça para ver sancionado o descumprimento de obrigação assumida pela outra parte, a Administração Pública possui a faculdade de sancionar

---

[5] Op. cit., p. 181.

e efetivar a pena aplicada. Isso, porque é inerente aos atos administrativos a *autoexecutoriedade*.

Há quem aponte, ainda, a possibilidade de reajuste e de revisão dos preços como características do contrato administrativo.[6] Mas essas são condições comuns também aos contratos de direito privado, sendo certo que, nos contratos públicos, a obrigatoriedade do reajuste dos preços e de sua revisão é imposta à Administração para garantia da justa remuneração ao contratado, estando, portanto, intimamente vinculada ao princípio do equilíbrio financeiro e do respeito às condições da proposta oferecida pelo particular (CF, art. 37, inciso XXI).

10.3 CLÁUSULAS ESSENCIAIS DO CONTRATO ADMINISTRATIVO

O regramento da Lei 14.133/2021 para os contratos administrativos não difere, em substância, do que se continha na Lei 8.666. Antes de listar essas cláusulas essenciais, cabe referir duas inovações interessantes da nova lei para os contratos administrativos:

i) **Quanto ao valor da contratação**

A nova lei mantém a regra da legislação anterior, para a hipótese de o vencedor, convocado, não comparecer ou recusar-se a assinar o contrato: poderá a Administração convocar os remanescentes, na ordem da classificação, *"para a celebração do contrato nas condições propostas pelo licitante vencedor"* (art. 90, § 2º). Mas inova, positivamente, ao permitir a celebração do contrato fora das condições do vencedor recalcitrante, quando nenhum dos licitantes remanescentes aceitar as condições por aquele oferecidas ou quando frustrada a negociação (§ 4º, inciso II, do art. 90). Em tais hipóteses a Administração poderá aceitar o preço do licitante remanescente convocado (inciso II do § 4º do art. 90), mas ainda assim respeitando o limite estimado para a contratação.

Sem dúvida, a inovação representa avanço em relação ao regramento anterior. Mas seria mais eficaz se a lei determinasse, expressamente, que, na hipótese figurada de recusa em firmar o contrato adjudicado, o licitante vencedor ficaria sujeito a ressarcir à Administração a diferença entre o valor da proposta que ensejou a adjudicação e o preço que veio a ser adotado no

---

[6] Cf. Hely Lopes Meirelles, op. cit., p. 186-188.

contrato formalizado, e não apenas a multa prevista no inciso II do art. 156, no limite fixado no § 3º desse artigo.

ii) **Contratação de remanescente de obra, serviço ou fornecimento**

Prevê o § 7º do art. 90 que poderá a Administração convocar os demais licitantes classificados *"para a contratação de remanescente de obra, de serviço ou de fornecimento em consequência de rescisão contratual, observados os mesmos critérios estabelecidos nos §§ 2º e 4º deste artigo"* (os referidos no item anterior). Na Lei 8.666 essa possibilidade de contratação estava prevista como hipótese de dispensa da licitação, mas deveria ser feita nas *"mesmas condições oferecidas pelo licitante vencedor, inclusive quanto ao preço, devidamente corrigido"* (art. 24, inciso XI).

O art. 92 da Lei 14.133/2021 indica as matérias que devem ser disciplinadas, obrigatoriamente, nas *cláusulas essenciais* dos contratos e, portanto, obrigatórias em todos os contratos administrativos, tais como:

> *O objeto e seus elementos característicos* (inciso I)

Também como no contrato de direito privado, no contrato administrativo deverá estar explicitado e perfeitamente caracterizado, em cláusula própria, o objeto, ou seja, o bem (obra, serviço ou fornecimento) objetivado pela Administração e que o contratado deve realizar. É comum encontrar-se contrato celebrado por órgão público em que o objeto não está indicado de forma direta e precisa. Em casos de compra, por exemplo, não é rara a declaração, pura e simples, de que constitui objeto do ajuste o fornecimento de bens *"correspondentes aos itens [...] da licitação nº [...]"*. Essa imprecisão desatende à exigência legal, até porque dificulta a fiscalização dos órgãos de controle e impede, aos cidadãos, o pleno conhecimento dos negócios da Administração, que é o objetivo visado pelo princípio da publicidade, que informa os atos administrativos (CF, art. 37).

> *A vinculação ao edital de licitação e à proposta do licitante vencedor ao ato que tiver autorizado a contatação direta e à respectiva proposta* (inciso II), *e à legislação aplicável à execução do contrato, inclusive quanto aos casos omissos* (inciso III)

Essa vinculação faz sentido: quanto à vinculação ao edital, porque consistiu um dos princípios norteadores do procedimento licitatório, aplicável, por extensão, ao procedimento de contratação direta; à proposta do contratado, porque é dela que se extraem as condições econômicas do ajuste; e à legislação de regência da execução, em virtude do princípio da legalidade.

O regime de execução ou a forma de fornecimento (inciso IV)

Os regimes de execução dos contratos administrativos estão expressamente indicados no art. 46 da Lei 14.133/2021 (*empreitada por preço unitário; empreitada por preço global; empreitada integral; contratação por tarefa; contratação integrada; contratação semi-integrada; fornecimento e prestação de serviço associado*). No caso de compras, o fornecimento do bem poderá ser feito de imediato, parceladamente, ou sob encomenda. Pois bem, no instrumento do contrato administrativo deverá estar indicado o regime correspondente, com a especificação das condições a ele inerentes.

O preço e as condições de pagamento, os critérios, a data-base e a periodicidade do reajustamento de preços e os critérios de atualização monetária entre a data do adimplemento das obrigações e a do efetivo pagamento (inciso V)

Tal como na lei anterior, a nova lei estabelece, expressamente, a obrigatoriedade de o contrato definir, ao lado das condições de pagamento, os critérios de reajuste dos preços, bem como a forma de compensação financeira pelo eventual descumprimento, pela Administração, das condições e prazos de pagamento. Com efeito, essas são cláusulas que decorrem, naturalmente, das condições da proposta eleita pela Administração, as quais devem ser respeitadas, por força do preceito constitucional (inciso XXI do art. 37).

Os critérios e a periodicidade da medição, quando for o caso, e o prazo para liquidação e para pagamento (inciso VI); *os prazos de início das etapas de execução, conclusão, entrega, observação e recebimento definitivo, quando for o caso* (inciso VII)

O edital também deve indicar o prazo desejado para o recebimento da obra, do serviço ou do bem a ser contratado, bem assim as condições em que se dará a sua aceitação, especificando, inclusive, quando for o caso, os testes que serão aplicados para constatar a qualidade técnica do objeto e a perfeição da sua execução. Essas especificações devem estar indicadas, de forma expressa, no instrumento contratual, cuja minuta, aliás, deve acompanhar, obrigatoriamente, o edital da licitação.

O crédito pelo qual correrá a despesa, com a indicação da classificação funcional programática e da categoria econômica (inciso VIII)

Essa é uma exigência que atende a razões de natureza financeira e contábil e decorre, também, da regra geral que somente permite a contratação de obra, serviço ou fornecimento com a prévia indicação da correspondente fonte de recurso financeiro.

> *A matriz de riscos, quando for o caso* (inciso IX)

Essa *matriz de riscos* constitui inovação da lei, como meio de definir, previamente, os riscos caracterizadores do desequilíbrio econômico-financeiro do contrato e as responsabilidades das partes (art. 6º, inciso XXVII). Essa matéria está disciplinada explicitamente no Capítulo III do Título III da Lei 14.133/2021 (art. 103). A cláusula que define a matriz de risco constitui cláusula econômica, que não pode ser modificada unilateralmente pela Administração (art. 103, § 1º).

> *Os prazos para resposta aos pedidos de repactuação de preços* (inciso X) e de *restabelecimento do equilíbrio econômico-financeiro, quando for o caso* (inciso XI)

A prefixação desse prazo está associada à previsão da matriz de riscos, a que alude o item anterior.

> *As garantias oferecidas para assegurar sua plena execução, quando exigidas, inclusive as que forem oferecidas pelo contratado no caso de antecipação de valores a título de pagamento* (inciso XII) *e o prazo de garantia mínima do objeto, observados os prazos mínimos estabelecidos nesta Lei e nas técnicas aplicáveis, e as condições de manutenção e assistência técnica, quando for o caso* (inciso XIII)

A depender da natureza do contrato e da complexidade do seu objeto, pode a Administração estabelecer, no ato convocatório da respectiva licitação, a exigência de uma garantia, a ser prestada pelo contratado, para assegurar a perfeita execução e o cumprimento integral das obrigações assumidas. Essa garantia poderá ser prestada em qualquer das modalidades previstas nos incisos I, II e III do § 1º do art. 96 da Lei 14.133/2021 ou seja: caução em dinheiro ou em títulos da dívida pública, seguro-garantia ou fiança bancária. A exigência de prestação de garantia fica a critério da autoridade administrativa responsável pela contratação, devendo, porém, tal exigência estar expressamente prevista no ato convocatório da respectiva licitação (art. 96, *caput*). A circunstância de se referir o dispositivo ao ato convocatório da licitação não significa que a exigência não possa ser feita nos casos de dispensa ou inexigibilidade do procedimento licitatório. Nos artigos subsequentes, do Capítulo II do Título III, a lei disciplina a forma, o valor, o prazo de prestação da garantia e de sua devolução. A garanta mínima a que se refere o inciso XIII será exigível nos casos de compras, especialmente de equipamentos sob encomenda

> *Os direitos e as responsabilidades das partes, as penalidades cabíveis e os valores das multas e suas bases de cálculo* (inciso XIV)

Essa é uma cláusula que não pode faltar, nem mesmo nos contratos de direito privado. Nos contratos administrativos, além da explicitação das responsabilidades do contratado, não pode faltar a indicação das penalidades a que estará sujeito em caso de inadimplemento das obrigações assumidas, em especial o prazo para conclusão e entrega do objeto. Recorde-se que, pelo caráter peculiar desse contrato (que permite à Administração efetivar, ela própria, as penalidades impostas ao contratado), a cláusula deve prever o procedimento para a aplicação dessas penalidades, assegurados, obviamente, o contraditório e o direito de ampla defesa, sem o que as sanções perderão legitimidade e poderão ser invalidadas pela Justiça. Admitindo-se, por exemplo, a omissão do contrato quanto às penalidades a que estará sujeito o contratado, em caso de inadimplência, nem por isso estará o administrador público desobrigado de aplicar a punição, porque, nesse campo, não se admite discricionariedade. A Administração não pode deixar de punir, quando o contratado incidir em infração, porque o interesse público, que constitui objetivo final de todo ato administrativo, é indisponível. Mas poderá relevar a penalidade aplicada, se aceitar como válidas as razões apresentadas pela contratada, em recurso.

> *As condições de importação e a data e a taxa de câmbio para coversão, quando for o caso* (inciso XV)

Evidentemente, esta exigência somete terá aplicação nos contratos que tenham por objeto o fornecimento de bem a ser adquirido no mercado externo, caso em que deverão ser observadas as normas da legislação específica.

> *A obrigação do contratado de manter, durante toda a execução do contrato, em compatibilidade com as obrigações por ele assumidas, todas as condições exigidas para a habilitação na licitação, ou para a qualificação, na contratação direta* (inciso XVI)

Qualquer contrato que a Administração celebra com um particular tem como pressuposto a demonstração, por este, de possuir capacidade jurídica e qualificação técnica e econômico-financeira para desempenhar os encargos correspondentes à obra, serviço ou fornecimento objetivado. Essas condições deverão ser mantidas durante todo o período da execução do contato, constituído o desatendimento motivo de rescisão.

A obrigação de o contratado cumprir as exigências de reserva de cargos previstos em lei, bem como em outras normas específicas, para pessoa com deficiência, para reabilitação da Previdência Social e para aprendiz (inciso XVII)

Essa é uma inovação positiva da nova lei de licitações, que nem precisaria constar em cláusula essencial do contrato, posto que é de observância imposta pela lei.

O modelo de gestão do contrato, observados os requisitos definidos em regulamento (inciso XVIII)

O regulamento da nova lei definirá os modelos de gestão aplicáveis a cada tipo de contrato administrativo, o qual deverá ser especificado no respectivo instrumento.

Os casos de extinção (inciso XIX)

Embora o inciso se refira apenas aos casos de extinção, o contrato deverá, também, indicar as hipóteses em que caberá a alteração dos contratos (arts. 124/136) e os casos que podem constituir motivo de extinção do contrato (arts 137/139), bem assim as formas de efetivação desta (rescisão unilateral, amigável ou judicial). Esses casos são taxativos, vale dizer, não admitem ampliação, mas não são impositivos, significando que a Administração tem a liberdade de avaliar, em cada situação, a conveniência de rescindir o contrato ou de aplicar outra penalidade, sempre mediante justificativa e fundamentação da decisão adotada. Tudo isso deverá estar detalhado no instrumento contratual.

O reconhecimento dos direitos da Administração, em caso de rescisão administrativa do contrato

Mesmo que não haja previsão expressa no art. 92 da nova Lei de Licitações, é evidente que o contrato deverá referir os direitos inerentes às denominadas *prerrogativas* da Administração Pública. Advirta-se, porém: o contrato não poderá estabelecer como faculdade da Administração apropriar-se de bens ou direitos do contratado, porque isso extrapola os limites da preservação do interesse público que lhe cabe garantir. Mas será legítimo prever que a Administração poderá apossar-se de instalações do contratado, bem como de equipamentos ou outros bens que sejam necessários para garantir a continuidade dos trabalhos, e pelo tempo de sua realização, conforme, aliás, está previsto no referido art. 139.

10.4 IDIOMA DOS CONTRATOS ADMINISTRATIVOS

A disciplina da Lei 14.133/2021 sobre os contratos apresenta a mesma omissão que se continha na Lei 8.666, quanto ao idioma dos contratos administrativos. Enquanto, de um lado, enumera as cláusulas que diz serem obrigatórias (algumas delas de importância relativa), nada diz quanto à necessidade de serem os contratos redigidos na língua nacional. Talvez porque tenha o legislador entendido ser isso óbvio (a Constituição Federal já determina que *"A língua portuguesa é o idioma oficial da República Federativa do Brasil"* – art. 13). Mas infelizmente não é assim. A cada dia generaliza-se a utilização de línguas estrangeiras nas tratativas comerciais. Por conta disso, até mesmo em documentos oficiais a língua nacional está sendo relegada. É certo que, por conta do fenômeno da globalização, tendem a universalizarem-se determinados idiomas, em especial o inglês, mas isso não justifica a abdicação da língua pátria como elemento da soberania nacional. Ressalvados os ajustes celebrados com organismos internacionais, é inadmissível que contratos administrativos sejam redigidos em outro idioma que não o português.

10.5 FORO DOS CONTRATOS

No § 1º do art. 92 a nova Lei de Licitações determina que os contratos administrativos indiquem o foro da sede do órgão público contratante como o competente para dirimir qualquer questão relacionada com a execução do contrato, ficando dispensada essa exigência apenas nos casos de ajustes internacionais, assim considerados aqueles vinculados a financiamentos concedidos por organismos de que o Brasil seja parte, ou por agência estrangeira de cooperação, ou, ainda, nos contratos de compra de equipamentos fabricados e entregues no estrangeiro, neste caso mediante prévia autorização do Chefe do Poder Executivo (art. 92, § 1º, inciso II).

10.6 PRAZOS DOS CONTRATOS

Os prazos dos contratos são fixados tendo em consideração o objeto (obra. serviço ou fornecimento) e o tempo estimado para sua realização, dados que devem estar indicados nos documentos da licitação ou da contratação direta, nos casos de dispensa ou inexigibilidade da licitação. Cabe, portanto, ao órgão público interessado prefixar o prazo contratual, em cada caso. Em se tratando de obra ou serviço especial, o edital da licitação deverá conter, além da indicação do prazo de conclusão, o cronograma de execução das correspondentes etapas, deixando aos participantes da licitação a liberdade de indicar os prazos parciais de conclusão de cada etapa. Dessa forma, será possível avaliar qual das propostas recebidas melhor atenderá à necessidade da Administração.

Qualquer que seja o objeto do contrato a ser celebrado, a regra básica é a de que deverá o órgão público observar, no momento da celebração do ajuste, a disponibilidade dos créditos orçamentários de cada exercício financeiro e do plano plurianual, conforme o caso (art. 105). É que sem a existência dos recursos financeiros assegurados em orçamento não pode a Administração Pública realizar despesas.

A lei fixa, no Capítulo V do Título III, os seguintes limites máximos de duração dos contratos administrativos:

OBJETO DO CONTRATO	PRAZO MÁXIMO	BASE LEGAL
Serviços e fornecimentos contínuos	5 anos	Art. 106
Bens e serviços de alta complexidade	10 anos	Art. 107
Materiais para uso das Forças Armadas	10 anos	Art. 107
Contratos destinados ao cumprimento da Lei 10.973/2004, que dispõe sobre incentivos à inovação e à pesquisa científica e tecnológica	10 anos	Art. 107
Contratações que possam comprometer a segurança nacional	10 anos	Art. 107
Contratações que envolvam transferência de tecnologia de produtos estratégicos	10 anos	Art. 107
Contratações para aquisição de insumos estratégicos para a saúde	10 anos	Art. 107
Contratos que gerem receita e contratos de eficiência, sem investimento	10 anos	Art. 110, I
Contratos que gerem receita e contratos de eficiência, com investimento	35 anos	Art. 110, II

Estabelece, ainda, a lei as seguintes regras sobre os prazos contratuais:

i) nos casos de serviços e fornecimentos contínuos, poderá a Administração extinguir o contrato, sem ônus, quando não dispuser de créditos orçamentários para atender aos pagamentos correspondentes (art. 106, III);

ii) os prazos dos contratos de serviços e fornecimentos contínuos poderão ser prorrogados sucessivamente, respeitada a vigência máxima de 10 (dez) anos, desde que a autoridade competente ateste que os preços continuam vantajosos para a Administração, permitida a negociação com o contratado ou a extinção do ajuste, sem ônus para qualquer das partes (art. 107);

iii) nos contratos em que a Administração seja usuária de serviço público oferecido sob regime de monopólio, será admitido o prazo indeterminado, desde que comprovada, em cada exercício, a existência de crédito orçamentário (art. 109).

Por fim, cabe advertir que não se deve confundir o prazo de execução (prazo de duração) com o prazo de vigência das obrigações assumidas pelo contratado. O primeiro corresponde ao lapso de tempo ajustado para a conclusão dos trabalhos (execução da obra ou serviço), ou para a entrega do objeto adquirido. O segundo corresponde ao período durante o qual perduram as responsabilidades do contratado, seja quanto à perfeição dos trabalhos executados e correção de eventuais defeitos, seja quanto à qualidade técnica do bem fornecido.

10.7 ALTERAÇÃO DOS CONTRATOS

Os contratos administrativos podem ser alterados de duas maneiras: por iniciativa do órgão público, independentemente de motivo do contratado, ou por acordo das partes. Na primeira hipótese, a alteração pode ocorrer:

a) quando houver modificação do projeto ou das especificações, para melhor adequação técnica a seus objetivos;

b) quando for necessária a modificação do valor contratual em decorrência de acréscimo ou diminuição quantitativa de seu objeto, nos limites permitidos pela lei.

Essas duas situações estão previstas nas alíneas "a" e "b" do inciso I do art. 124, como autorizadoras da alteração unilateral do contrato.

No inciso II desse artigo estão indicadas como situações nas quais, por acordo das partes, poderá ocorrer alteração do ajuste contratual:

a) quando conveniente a substituição da garantia de execução;

b) quando necessária a modificação do regime de execução da obra ou do serviço, bem como do modo de fornecimento, em face de verificação técnica da inaplicabilidade dos termos contratuais originários;

c) quando necessária a modificação da forma de pagamento por imposição de circunstâncias supervenientes, mantido o valor inicial atualizado e vedada a antecipação de pagamento em relação ao cronograma financeiro fixado sem a correspondente contraprestação de fornecimento de bens ou execução de obra ou serviço;

d) para restabelecer o equilíbrio econômico-financeiro inicial do contrato em caso de força maior, caso fortuito ou fato do príncipe ou em decorrência de fatos imprevisíveis ou previsíveis de consequências incalculáveis, que inviabilizem a execução do contrato tal como pactuado, respeitada, em qualquer caso, a repartição objetiva de risco estabelecida no contrato.

A nova Lei de Licitações estabelece algumas diretrizes a serem observadas para efetivação de alterações do contrato administrativo, entre as quais merecem ser destacadas:

i) as alterações determinadas pela Administração fundadas em modificação do projeto ou das especificações do objeto não poderão ultrapassar 25% (vinte e cinco por cento) do valor inicial do contrato, no caso de obras, serviços ou fornecimentos, e 50% (cinquenta por cento) no caso de reforma de edifício ou de equipamento (art. 125);

ii) as alterações unilaterais não poderão transfigurar o objeto do contrato (art. 126);

iii) nas contratações integradas ou semi-integradas não poderá haver alteração dos valores contratuais, salvo nas hipóteses expressamente indicadas nos incisos I a III do art. 133.

10.8 EXECUÇÃO, INEXECUÇÃO E EXTINÇÃO DOS CONTRATOS

Como todo acordo de vontades, o contrato administrativo deve ser executado rigorosamente segundo as condições ajustadas e definidas no respectivo instrumento. Ao contratado cabe executar as atividades e os trabalhos a que se obrigou com observância das especificações e das condições estabelecidas pelo órgão público contratante. A este cabe acompanhar a execução, fiscalizando e orientando as atividades do contratado, de modo a garantir que a obra, o serviço ou o fornecimento seja realizado segundo o que foi estabelecido no ajuste.

O acompanhamento e a fiscalização do órgão público contratante não exime nem diminui a responsabilidade do contratado, que deverá reparar, corrigir, reconstruir ou substituir, por sua conta e nos prazos estabelecidos pelos agentes de fiscalização, as falhas cometidas, permanecendo, sempre, responsável pelos prejuízos e danos decorrentes de sua ação, inclusive perante terceiros.

Concluída a execução dos trabalhos ou o fornecimento, o seu objeto será recebido pelo órgão público contratante. Esse recebimento será feito mediante a assinatura do termo correspondente: (a) em caráter provisório, pelo tempo necessário à verificação, mediante os testes considerados necessários, da conformidade com as especificações bem como da qualidade técnica da execução; (b) definitivamente, após decorrido o tempo de observação adequado, conforme dispuser o contrato.

A lei disciplina os procedimentos relativos ao acompanhamento da execução dos contratos no Capítulo VI do Título III (arts. 115 a 123).

No Capítulo VIII do mesmo Título III são indicadas (art. 137) as hipóteses que ensejarão a extinção dos contratos, que pode ser determinada:

i) por ato unilateral e escrito da Administração (art. 138, inciso I);
ii) por acordo entre as partes, por conciliação, por mediação ou por comitê de resolução de disputas, desde que haja interesse da Administração (art. 138, inciso II);
iii) por decisão arbitral, em decorrência de cláusula compromissória ou compromisso arbitral, ou por decisão judicial (art. 138, inciso III).

Quando determinada por ato unilateral da Administração, poderá esta, sem prejuízo das sanções a que estará sujeito o contratado, assumir o objeto do contrato no estado em que se encontrar e ocupar e utilizar as instalações, os equipamentos e os materiais e utilizar o pessoal empregado na execução, para a conclusão da obra, do serviço ou do fornecimento, além de promover a execução da garantia contratual para os ressarcimentos devidos (art. 139, incisos I, II e III).

Qualquer que seja o motivo ensejador da rescisão, deverá essa ser devidamente justificada no processo respectivo, para esse fim instaurado, assegurando-se ao contratado o contraditório e a ampla defesa.

A rescisão do contrato é faculdade assegurada à Administração, o que significa dizer que o agente público pode deixar de aplicá-la, sempre que a adoção de outras medidas de caráter punitivo (advertência ou multa) for suficiente e eficaz para restabelecer o adequado desenvolvimento da execução do contrato. Mas essa decisão deverá ser convenientemente justificada e fundamentada no processo respectivo e aprovada pela autoridade competente.

Capítulo 11
RECURSOS ADMINISTRATIVOS

11.1 PRESSUPOSTOS DO RECURSO

A licitação é um procedimento administrativo típico, que se desenvolve em fases e etapas distintas e sequenciadas, nas quais são praticados atos que interessam aos participantes do certame. Esses atos podem conferir, negar ou afetar, de qualquer modo, seus direitos. Sempre que isso ocorrer, a parte interessada poderá interpor recurso, que é garantia assegurada pela Constituição *"aos litigantes, em processo judicial ou administrativo"* (art. 5º, inciso LV).

A Lei 14.133/2021 disciplina os recursos administrativos nestes termos:

> "**Art. 165.** *Dos atos da Administração decorrentes da aplicação desta Lei cabe:*
>
> *I – recurso, no prazo de 3 (três) dias úteis, contado da data de intimação ou de lavratura da ata, em face de:*
>
> *a) ato que defira ou indefira pedido de pré-qualificação de interessado ou de inscrição em registro cadastral, sua alteração ou cancelamento;*
>
> *b) julgamento das propostas;*
>
> *c) ato de habilitação ou inabilitação de licitante;*
>
> *d) anulação ou revogação da licitação;*
>
> *e) extinção do contrato, quando determinada por ato unilateral e escrito da Administração;*
>
> *II – pedido de reconsideração, no prazo de 3 (três) dias úteis, contado da data de intimação, relativamente a ato do qual não caiba recurso hierárquico.*
>
> *§ 1º Quanto ao recurso apresentado em virtude do disposto nas alíneas* b e c *do inciso I do* **caput** *deste artigo, serão observadas as seguintes disposições:*

I – a intenção de recorrer deverá ser manifestada imediatamente, sob pena de preclusão, e o prazo para apresentação das razões recursais previsto no inciso I do **caput** *deste artigo será iniciado na data de intimação ou de lavratura da ata de habilitação ou inabilitação ou, na hipótese de adoção de inversão de fases prevista no § 1º do art. 17 desta Lei, da ata de julgamento;*

II – a apreciação dar-se-á em fase única.

§ 2º O recurso de que trata o inciso I do caput deste artigo será dirigido à autoridade que tiver editado o ato ou proferido a decisão recorrida, que, se não reconsiderar o ato ou a decisão no prazo de 3 (três) dias úteis, encaminhará o recurso com a sua motivação à autoridade superior, a qual deverá proferir sua decisão no prazo máximo de 10 (dez) dias úteis, contado do recebimento dos autos.

§ 3º O acolhimento de recurso implicará invalidação apenas de ato insuscetível de aproveitamento.

§ 4º O prazo para apresentação de contrarrazões será o mesmo do recurso e terá início na data de intimação pessoal ou de divulgação da interposição de recurso.

§ 5º Será assegurado ao licitante vista dos elementos indispensáveis à defesa de seus interesses.

Art. 166. Da aplicação das sanções previstas nos incisos I, II e III do **caput** *art. 156 desta Lei, caberá recurso no prazo de 15 (quinze) dias úteis, contado da data de intimação.*

Parágrafo único. O recurso de que trata o **caput** *deste artigo será dirigido à autoridade que tiver proferido a decisão recorrida, que, se não a reconsiderar no prazo de 5 (cinco) dias úteis, encaminhará o recurso com sua motivação à autoridade superior, a qual deverá proferir sua decisão no prazo máximo de 20 (vinte) dias úteis, contado do recebimento dos autos.*

(...)

Art. 167. Da aplicação da sanção prevista no inciso IV do **caput** *do art. 156 desta Lei, caberá apenas pedido de reconsideração, que deverá ser apresentado no prazo de 15 (quinze) dias úteis, contado da datada intimação, e decidido no prazo máximo de 20 (vinte) dias úteis, contado do seu recebimento.*

Art. 168. O recurso e o pedido de reconsideração terão efeito suspensivo do ato ou da decisão recorrida até que sobrevenha decisão final da autoridade competente.

Parágrafo único. Na elaboração de suas decisões, a autoridade competente será auxiliada pelo órgão de assessoramento jurídico, que deverá dirimir dúvidas e subsidiá-la com as informações necessárias".

Uma leitura menos atenta desse dispositivo levaria o leitor a entender que a nova Lei de Licitações adotou, para a disciplina dos recursos, a mesma sistemática procedimental da Lei do Pregão (Lei 10.520, de 2002), que se caracterizava, fundamentalmente, pela concentração, numa fase única, do momento de impugnação das decisões proferidas no procedimento licitatório. Entretanto, há diferenças facilmente perceptíveis:

i) naquela lei se dizia (art. 4º, inciso XVIII)) que o recurso deveria ser manifestado depois de *"declarado o vencedor"*, o que induzia à suposição – equivocada – de que o recurso seria cabível apenas contra tal decisão. Agora, o recurso pode ser dirigido contra *"atos da Administração"* (art. 165, *caput*), portanto, não apenas contra os que forem praticados no procedimento licitatório;

ii) pela Lei 10.520/2002, a falta de manifestação imediata "e motivada" da intenção de recorrer importava *"decadência do direito de recurso"* (inciso XX do art. 4º), o que era duplamente equivocado: (a) porque se confundiam conceitos jurídicos distintos – decadência e preclusão; (b) porque se impunha ao licitante a obrigação de "motivar", desde logo, a manifestação de recorrer, ou seja, indicar as razões, de fato e de direito, da pretensão recursal, o que não tinha cabimento, considerando-se que, nem sempre, o preposto do licitante detinha qualificação técnica para fazê-lo de plano. Por isso, tinha-se como ilegal o procedimento de certos pregoeiros, que, por interpretação equivocada na norma legal, simplesmente indeferiam a *manifestação de recorrer*, quando não indicados, desde logo, os motivos do recurso.[1] Agora, exige-se, apenas, que o interessado registre a intenção de recorrer, e o recurso deverá ser formalizado no prazo que a lei assina: 3 (três) dias úteis. Como se vê, a nova disciplina mostra-se mais adequada à efetividade do direito constitucional de recurso.

---

[1] Nesse sentido decidiu o Tribunal Regional Federal da 4ª Região:
"A lei não impõe a imediata apresentação do recurso, mas apenas da intenção de recorrer, que, devendo ser manifestada de forma imediata e em espaço exíguo, não poderá, obviamente, ser submetida a rígido controle por parte do pregoeiro. Portanto, deve este se limitar a negar seguimento apenas àqueles recursos manifestamente incabíveis, sob pena do juízo de admissibilidade praticado pelo agente público transformar-se em verdadeiro arbítrio" (Reexame Necessário Cível nº 5000815-80.2012.404.7100, Rel. Des. Federal Luis Alberto D'Azevedo Aurvalle, acórdão de 13.11.2012, publicado no *DJe* de 16.11.2012).

Aparentemente, a instituição da "fase recursal" única propicia maior fluidez ao procedimento licitatório, que deixa de sofrer interrupções provocadas por recursos intercorrentes, muitas vezes de propósito emulativo e procrastinatório. Entretanto, a vantagem dessa alteração procedimental é de eficácia aparente, pois, em verdade, apenas se desloca, de um momento intercorrente para o momento final do procedimento licitatório, a interposição dos recursos, os quais continuam implicando a paralisação do processo, pelo efeito suspensivo de que se revestem. Se antes era a conclusão da licitação que podia ser retardada, agora é a formalização do contrato (objetivo final da licitação) que pode ser procrastinada.

Dir-se-á, talvez, que assim não ocorria nas licitações regidas pela Lei do Pregão. É possível que sim, mas não se pode esquecer que, doravante, a nova sistemática será adotada em procedimentos licitatórios complexos, envolvendo interesses de maior expressão econômica, pelos quais os licitantes certamente lutarão com maior afinco, sem deixar passar em branco qualquer oportunidade de defesa que se lhes apresente.

Em confronto com a disciplina da legislação anterior, percebe-se, ainda, que a nova lei substituiu a *representação* pelo *pedido de reconsideração* (art. 165, inciso II), como meio de impugnação das decisões adotadas no procedimento licitatório, conferindo a este (pedido de reconsideração) o efeito suspensivo (cf. art. 168).

Sob o regime da Lei 8.666, costumava-se dizer que a representação não tinha características técnicas de recurso, sendo, tão somente, forma de exercício do "direito de petição", que é assegurado, indistintamente, a todo cidadão, como meio de *"defesa de direitos ou contra ilegalidade ou abuso de poder"* (CF, art. 5º, inciso XXXIV, "a"). Não obstante, era evidente que a representação, tanto quanto o pedido de reconsideração, tinham finalidade e objetivo de recurso, pois, com eles, o que se desejava era, em verdade, que o ato indigitado fosse revisto, isto é, modificado, e é isso que caracteriza o recurso.

A utilização dos recursos está vinculada à existência de determinados pressupostos, que podem ser classificados em *subjetivos* e *objetivos*. Os primeiros, como é óbvio, referem-se à pessoa do interessado; os segundos relacionam-se com o procedimento propriamente dito.

11.1.1 Pressupostos subjetivos

a) *Legitimidade*

Em princípio, somente quem participa de um procedimento licitatório, ou é parte de um contrato administrativo, tem legitimidade para interpor recurso. Entretanto, também está legitimado a recorrer aquele que manifesta interesse em participar do certame, seja para impugnar cláusula do edital, seja para levantar-se contra decisão sobre inscrição cadastral, própria ou de terceiro virtual concorrente (art. 165, I, "a").

O professor Marçal Justen Filho[2], em seus comentários sobre a Lei 8.666, sustenta que não possui legitimidade para recorrer *"o terceiro que não participa da licitação ou não está inscrito em registro cadastral"*, nem *"o terceiro prejudicado"* e que *"também carecem de legitimidade recursal os licitantes inabilitados ou desclassificados, relativamente aos eventos posteriores à sua exclusão"*. Quanto ao terceiro prejudicado, afirma que lhe cabe, apenas, *"exercitar o direito de petição"*.

Em outra parte deste Manual (Capítulo 3, item 3.3.3) este autor sustenta que, não apenas o licitante, mas qualquer pessoa, física ou jurídica, tem legitimidade para impugnar, mediante recurso, atos e decisões praticados em processo administrativo de licitação ou de contratação direta. Esse entendimento encontra respaldo, inclusive, na própria Lei 14.133/2021, que ao dispor sobre o "CONTROLE DAS CONTRATAÇÕES (Capítulo III do Título III), prevê que *"Qualquer licitante, contratado ou pessoa física ou jurídica poderá representar aos órgãos de controle interno ou ao tribunal de contas competente contra irregularidades na aplicação desta lei"* (art. 170, § 4º). Ora, se qualquer pessoa pode representar contra irregularidades verificadas no procedimento licitatório, parece ilógico que não possa intervir no processo, através de recurso para impugnar o cometimento de ilegalidade, independentemente da interposição, ou não, do recurso hierárquico assegurado aos participantes do certame. Mais importante do que *representar* contra um ato ilegal já consumado, é poder impugná-lo, mediante recurso, para evitar que a ilegalidade se consume.

Pela mesma razão, deve-se reconhecer a legitimidade recursal ao Ministério Público, ao qual a ordem constitucional atribui a responsabilidade de defesa dos interesses da sociedade.

b) *Interesse*

O interesse para interpor recurso decorre da lesividade, direta ou indireta, provocada pela decisão administrativa. Se o ato tiver apreciado situação concreta do recorrente, para torná-la mais gravosa, o seu interesse é manifesto, porque *direta* a lesão do direito. Agora, se a decisão favorece a um potencial concorrente (por exemplo, concede o registro, classifica determinada proposta, ou proclama a habilitação), a lesividade é *indireta* e também

---

[2] Op. cit., p. 502.

rende ensejo ao recurso. Teria, portanto, *interesse recursal*, apenas o licitante lesionado pelo ato indigitado. Entretanto, todo e qualquer cidadão detém tal interesse, especialmente quando se caracterizar, no ato indigitado, ilegalidade lesiva aos interesses da Administração, porque, em tal hipótese, a preservação do interesse público, pela observância do princípio da legalidade, constitui *direito subjetivo* de todo cidadão.

11.1.2 Pressupostos objetivos

a) *Existência de ato decisório*

A existência de um ato *decisório* é, sem dúvida, o pressuposto ou requisito objetivo mais importante. Com efeito, se um ato não encerra uma *decisão*, contra ele não pode insurgir-se a parte, porque inexiste afetação de interesse ou direito. Assim, por exemplo, o despacho que apenas determina a autuação, ou a juntada de uma petição ou documento, não encerra, em princípio, comando decisório, por isso contra ele não pode insurgir-se a parte, através de recurso.

A falta de prática de determinado ato administrativo (omissão), em princípio, também não dá lugar a recurso, embora faculte a utilização da via judicial. Entretanto, se a lei, ou o edital, estabelecer que a não manifestação da autoridade administrativa ou da Comissão, num prazo determinado, implica indeferimento de determinado pleito, aí a utilização do recurso tem lugar, porque estará caracterizada a lesividade do direito.

b) *Tempestividade*

O recurso deve ser interposto no prazo fixado pela lei, que é de 3 (três) dias úteis, a contar da intimação da decisão (art. 165, inciso I). Esse mesmo prazo vale para o pedido de reconsideração (inciso II do art. 165), e deve ser contado da *"data de intimação ou de lavratura da ata de habilitação ou inabilitação"* (art. 165, § 1º, inciso I).

c) *Forma de interposição do recurso*

Os recursos devem ser interpostos sempre através de petição formal (portanto, por escrito – art. 12, inciso I), subscrita pelo licitante interessado, ou por procurador devidamente habilitado, dirigida à autoridade que tiver editado o ato ou proferido a decisão impugnada (art. 165, § 2º). Essa forma de recorrer deve ser adotada mesmo quando se tratar de licitação processada por meio eletrônico, hipótese em que a petição deverá ser assinada digitalmente.

d) *Fundamentação – pedido de nova decisão*

Nesse ponto, é válida a lição de Marçal Justen Filho, nos seus *Comentários* já muitas vezes referidos, segundo a qual o recorrente tem o dever de fundamentar sua insatisfação, porque *"o recurso não se constitui em simples forma de acesso à autoridade superior para que ela exerça o controle interno e revise integralmente os atos praticados pelo agente hierarquicamente subordinado"*. Além de fundamentar seu requerimento, o recorrente deve formular, concretamente, o pedido de nova decisão, sob pena de não ver conhecido e apreciado o seu apelo.

11.2 EFEITOS DO RECURSO

De acordo com o disposto no art. 168, além do efeito devolutivo, inerente a todo recurso, judicial ou administrativo, tanto o recurso propriamente dito como o pedido de reconsideração *"terão efeito suspensivo do ato ou da decisão recorrida até que sobrevenha decisão final da autoridade competente"*, o que implica a paralisação do procedimento licitatório até a decisão final sobre o questionamento.

O fundamento do efeito suspensivo dos recursos, extraído da norma do inciso LV da art. 5º da Constituição Federal, residente na garantia de que o ato impugnado somente será eficaz, contra a parte por ele afetada, depois de confirmado pela instância superior. Ora, no procedimento licitatório essa garantia estaria plenamente assegurada na medida em que se determinasse que o licitante inabilitado (ou o indevidamente habilitado), ou a proposta desclassificada (ou indevidamente classificada) somente seriam afastados do certame após a decisão final do recurso. Assim, o efeito suspensivo deveria ser aplicado restritivamente, na forma indicada, de modo a não impedir o andamento do processo. Essa deveria ser a regra.

11.3 AUDIÊNCIA DOS INTERESSADOS

Uma vez apresentadas as *razões* recursais (art. 165, § 1º, inciso I), abre-se aos demais licitantes o prazo de 3 (três) dias úteis para apresentação das contrarrazões.

Esse prazo inicia-se automaticamente, independentemente de nova intimação, tão logo expirado o prazo de apresentação das razões do recorrente.

11.4 DECISÃO DO RECURSO

Ouvidos os interessados, cabe à autoridade responsável pela decisão questionada manifestar-se sobre os aspectos abordados pelo recorrente, sendo-lhe facultado reconsiderar sua decisão (art. 165, § 2º). Caso contrário, deverá encaminhar o processo à autoridade superior, devidamente informado e com as considerações que entender cabíveis para justificar a manutenção do ato atacado.

    A manifestação da autoridade *a quo* sobre o recurso deverá ser, sempre, fundamentada, com a explicitação das razões pelas quais entenda de retificar sua decisão. Vale a regra aplicável a todo ato administrativo: a motivação é condição de validade. Se entender que os argumentos alinhados no recurso não são suficientemente fortes para justificar a reforma da decisão, a autoridade por ela responsável deverá fazer subir o recurso, com o processo respectivo, à apreciação da autoridade superior.

    Na instância superior, cabe à autoridade *ad quem*, no prazo máximo de 10 (dez) dias úteis (art. 165, § 2º), examinar cada uma e todas as questões suscitadas no recurso, sempre – repita-se – motivadamente, podendo, inclusive, ditar nova decisão que agrave a situação do recorrente, porque, ao contrário do que prevalece no campo do processo judicial, a autoridade superior não está limitada aos termos do recurso, podendo – e devendo – examinar aspectos não abordados no apelo, principalmente quando verificar a existência de irregularidades e vícios que reclamem o desfazimento de atos ou a declaração da nulidade do procedimento. De resto, e porque está adstrita aos princípios da legalidade e do autocontrole, é sempre possível à Administração, por seus diversos órgãos, rever suas decisões, quando verificar que não estão conformes com a lei, com o direito ou com a justiça.

Parte II
PRÁTICA DA LICITAÇÃO

ROTEIROS DE PROCEDIMENTO

NOTA PRELIMINAR

Todo processo de contratação desenvolve-se em duas fases: uma no âmbito interno do órgão interessado na realização de uma obra, serviço ou compra; outra em ambiente externo, com a participação dos agentes privados que acorrem à convocação para formular propostas de atendimento à necessidade indicada pela Administração Pública.

Na fase interna, de planejamento, são elaborados os projetos, as especificações técnicas do objeto do futuro contrato e o orçamento estimativo dos custos envolvidos; define-se a modelagem da contratação (regime de execução, prazo de conclusão dos trabalhos, requisitos de capacidade jurídica, qualificação técnica e econômico-financeira e regularidade fiscal a serem atendidos pelos interessados em participar da licitação); elaboram-se as minutas do correspondente contrato e do documento de convocação (edital) que formalizará a abertura da licitação; e designa-se o agente público, ou comissão, que será responsável pelo processamento.

A face externa inicia-se com a divulgação do edital da licitação e se desenvolve em etapas sucessivas: abertura, análise e classificação das propostas, verificação da habilitação dos licitantes, negociação com o vencedor, apresentação do resultado do julgamento, adjudicação do objeto ao vencedor e homologação do procedimento licitatório.

As considerações expendidas nos capítulos anteriores permitem, agora, oferecer orientação prática para o processamento de uma licitação. Como esse é o propósito deste Manual, são apresentados, a seguir – além da descrição da estrutura esquemática do processo de contratação e do procedimento licitatório, com a indicação dos atos a serem praticados nas diversas etapas das fases interna e externa – modelos de edital, de atas de sessões públicas e de relatórios de julgamento de propostas e da habilitação.

Com a apresentação desses modelos, não se pretende coibir a criatividade dos responsáveis pelos processos de licitação. Pelo contrário, objetiva-se compartilhar experiências e proporcionar, principalmente aos iniciantes, facilidades para prevenir equívocos e falhas tão comuns em um campo da atividade pública em que a orientação prática não é tão abundante quanto as considerações teóricas e as censuras de falhas, estas muitas vezes cometidas por desconhecimento da correta forma de licitar.

Conforme ressaltado no Capítulo 5, a nova Lei de Licitações extinguiu o Convite e a Tomada de Preços como modalidades de licitação, restando, assim, a concorrência e o pregão como modalidades *comuns*, aplicáveis às licitações destinadas à contratação de obras, serviços e compras, enquanto a nova modalidade – o diálogo competitivo – terá aplicação restrita a contratações especiais, notadamente as que envolvam inovação tecnológica e técnica.

Este autor explicitou, nos itens 5.4.1 e 5.4 2 do Capítulo 5, as razões pelas quais considera que o diálogo competitivo não configura modalidade de licitação, caracterizando, em verdade, um misto de "manifestação de interesse" e de concorrência. Coerente com esse entendimento, o roteiro que está sugerindo para a estruturação do procedimento licitatório e os modelos de edital oferecidos contemplam, apenas, as licitações das modalidades comuns (concorrência e pregão), a serem processadas na forma presencial, os quais poderão ser adaptados para o diálogo competitivo (caso essa "modalidade" venha a ser, efetivamente, adotada), e deverão ser ajustados quando a licitação for processada na forma eletrônica, que a lei preconiza como a preferencial (art. 17, § 2º).

ESTRUTURA DO PROCESSO DE CONTRATAÇÃO

O processo de contratação compreende um conjunto de atos que se desenvolvem no âmbito interno e externo da Administração Pública, em etapas sucessivas de um dos procedimentos específicos – o da licitação ou o da contratação direta. Nos casos de licitação, o procedimento terá as seguintes etapas:

FASE INTERNA
(Planejamento)

ETAPA I — elaboração e aprovação do estudo preliminar, termo de referência, anteprojeto, projeto executivo, descrição das especificações técnicas dos trabalhos a serem executados, ou a adequada caracterização do bem a ser adquirido, definição

	do regime de contratação e indicação da fonte de recursos necessários ao atendimento das despesas com a contratação;
ETAPA II	definição da modalidade de licitação, elaboração das minutas do edital correspondente e do futuro contrato e indicação dos requisitos de capacidade jurídica, qualificação técnica e econômico-financeira e regularidade fiscal a serem atendidos pelos interessados;
ETAPA III	designação do agente público, ou comissão, responsável pelo procedimento licitatório.

FASE EXTERNA
(Procedimento licitatório)

ETAPA I	expedição do edital pela autoridade competente, ou pelo Agente ou Comissão de Contratação, se houver delegação para tanto;
ETAPA II	divulgação da licitação, mediante disponibilização do edital e anexos no sítio eletrônico oficial e afixação de exemplar no Quadro de Avisos da repartição, para conhecimento do público em geral;
ETAPA III	recebimento e abertura dos envelopes de propostas;
ETAPA IV	análise e classificação das propostas;
ETAPA V	recebimento dos envelopes da documentação de habilitação dos licitantes e abertura e análise dos documentos do ofertante da proposta classificada em primeiro lugar e, sucessivamente, dos que o sucederem na ordem de classificação das propostas, se a documentação do primeiro colocado não atender às exigências de habilitação;
ETAPA VI	julgamento dos recursos eventualmente formulados;
ETAPA VII	negociação com o vencedor, para obtenção de condições mais vantajosas para a Administração;
ETAPA VIII	apresentação do resultado do julgamento;
ETAPA IX	apreciação do resultado da licitação pela autoridade competente – adjudicação do objeto ao vencedor, homologação do julgamento, revogação ou anulação da licitação.

Nota: *Nas licitações em que for adotada a inversão das fases (art. 17, § 1º), as etapas III, IV e V serão invertidas, fazendo-se, primeiramente, a abertura e análise da documentação de habilitação dos licitantes e, após, a abertura dos envelopes de propostas.*

ROTEIRO DO PROCEDIMENTO DA CONCORRÊNCIA E DO PREGÃO

A Lei 14.133/2021 define a concorrência como *"modalidade de licitação para contratação de bens e serviços especiais e de obras e serviços comuns e especiais de engenharia, cujo critério de julgamento poderá ser: a) menor preço; b) melhor técnica ou conteúdo artístico; c) técnica e preço; d) maior retorno econômico; e) maior desconto"* (art. 6º, inciso XXXVIII).

O pregão é conceituado como *"modalidade de licitação obrigatória para aquisição de bens e serviços comuns, cujo critério de julgamento poderá ser o de menor preço ou o de maior desconto"* (inciso XLI do art. 6º). São considerados como *serviços comuns* "aqueles cujos padrões de desempenho e qualidade podem ser objetivamente definidos pelo edital, por meio de especificações usuais de mercado" (inciso XIII do art. 6º), compreendidos nesse conceito também os serviços de engenharia que têm por objeto *"ações, objetivamente padronizáveis em termos de desempenho e qualidade, de manutenção, de adequação e de adaptação de bens móveis e imóveis, com preservação das características originais dos bens"* (inciso XXI, letra "a", do art. 6º).

Tanto para a concorrência como para o pregão, a nova sistemática procedimental caracteriza-se, agora, pela *inversão das fases* (art. 17), isto é, pela antecipação da análise e da classificação das propostas, seguindo-se a verificação dos documentos de habilitação, a começar pelos do ofertante da proposta classificada em primeiro lugar.

Como ressaltado em item específico do Capítulo 7, o fato de se dizer, no inciso II do art. 63, que *"será exigida a apresentação dos documentos de habilitação apenas pelo licitante vencedor"* (art. 63, inciso II) não deve ser interpretado como dispensa da exigência desses documentos por parte de todos os participantes da licitação, e sim que a abertura e análise desses documentos deverá começar pelos do licitante vencedor, e, quanto aos dos demais licitantes, apenas se os do vencedor não atenderem às exigências da habilitação. Portanto, em qualquer licitação deve o edital estabelecer a obrigatoriedade de apresentação dos documentos de habilitação por todos os participantes, em envelope específico, na sessão pública em que for proclamado o resultado do julgamento das propostas.

ATOS DA FASE EXTERNA DO PROCEDIMENTO LICITATÓRIO

Atos da Administração

ATO 1   EXPEDIÇÃO DO EDITAL

Concluída a fase preparatória (planejamento) do processo de contratação, será expedido o edital de convocação da licitação (art. 53, § 3º). Como a lei não é explícita a respeito, o edital poderá ser assinado pela autoridade competente do órgão promotor da licitação, ou pelo agente público, ou presidente da comissão encarregada do procedimento licitatório, quando houver delegação para tanto.

ATO 2   **JUNTADA DO EDITAL E ANEXOS AO PROCESSO DA LICITAÇÃO**

O original do edital, com os respectivos anexos, permanecerá no processo da licitação, extraindo-se as cópias a serem fornecidas aos interessados.

ATO 3   **PUBLICAÇÃO DO AVISO DE CONVOCAÇÃO**

O edital e os documentos que o integram deverão ser disponibilizados no sítio eletrônico oficial (art. 54). Embora a lei não o exija, é recomendável a publicação de aviso resumido do edital em órgãos da imprensa local, para amplitude da publicidade.

ATO 4   **JUNTADA DOS COMPROVANTES DAS PUBLICAÇÕES AO PROCESSO DA LICITAÇÃO**

Os comprovantes das publicações, quando for o caso, devem ser anexados ao processo da licitação, para permitir a fiscalização pelos órgãos de controle.

ATO 5   **AFIXAÇÃO DE CÓPIA DO EDITAL NO QUADRO DE AVISOS DE LICITAÇÕES**

Trata-se de providência que amplia a publicidade da licitação e possibilita o conhecimento do público em geral, para efeito do controle da sociedade.

ATO 6   **FORNECIMENTO DE CÓPIA DO EDITAL E ANEXOS**

O fornecimento de cópias desses documentos é obrigatório, para possibilitar aos interessados a elaboração da proposta. A lei proíbe a exigência de taxas ou emolumentos, mas permite a cobrança do custo de reprodução das cópias dos documentos.

ATOS DA COMISSÃO, AGENTE DE CONTRATAÇÃO OU PREGOEIRO

Recebimento dos Envelopes de Propostas

ATO 1   INSTALAÇÃO DA SESSÃO PÚBLICA

No horário estabelecido no edital, o presidente da Comissão (o Agente de Contratação ou Pregoeiro) instalará a sessão pública, para recebimento dos envelopes de propostas. A observância do horário deve ser rigorosa, porque qualquer tolerância pode dar margem à arguição de quebra do princípio da isonomia, especialmente se algum retardatário vier a ser declarado vencedor.

ATO 2   TOMADA DAS CREDENCIAIS DOS LICITANTES

Declarada aberta a sessão, os interessados assinarão a "Lista de Presenças" e apresentarão suas credenciais, que consistirão em: documento de identidade; estatuto ou contrato social e ata de eleição, que provem a condição de dirigente da empresa, quando este estiver sendo o portador da proposta; procuração ou carta de preposição, quando se tratar de outro preposto ou procurador.

ATO 3   ABERTURA DOS ENVELOPES DAS PROPOSTAS

O presidente da Comissão (o Agente de Contratação ou Pregoeiro) deve exibir aos presentes os envelopes recebidos, para comprovação de que estão intactos e, em seguida, fará a abertura, lendo, então, os valores dos preços de cada proposta, devendo os documentos serem rubricados por todos os presentes.

ANÁLISE E CLASSIFICAÇÃO DAS PROPOSTAS

1ª hipótese

Licitação de menor preço, com julgamento na mesma sessão de abertura das propostas

ATO 1   ANÁLISE DA CONFORMIDADE DAS PROPOSTAS

Imediatamente após a abertura dos envelopes das propostas, o presidente da Comissão (o Agente de Contratação ou Pregoeiro) deve fazer a análise delas, para comprovar se estão conformes com as especificações e demais exigências do edital.

ATO 2 DESCLASSIFICAÇÃO DE PROPOSTAS DESCON-FORMES

Se alguma proposta deixou de atender às exigências do edital, o presidente da Comissão (o Agente de Contratação ou Pregoeiro) declarará sua desclassificação, em decisão fundamentada, que deverá indicar os pontos em que houve desatendimento.

ATO 3 CLASSIFICAÇÃO DAS PROPOSTAS VÁLIDAS

Em seguida, a Comissão (o Agente de Contratação ou Pregoeiro) fará a análise das propostas que atenderam integralmente às especificações técnicas, segundo o critério de julgamento estabelecido no edital, e elaborará a lista de classificação, segundo a ordem crescente dos preços ofertados. Se considerar necessário, fixará prazo para os licitantes apresentarem esclarecimentos complementares e demonstração da compatibilidade dos preços ofertados.

ATO 4 PROCLAMAÇÃO DO RESULTADO DA ANÁLISE

O resultado dessa análise, com a lista da classificação e a proclamação do licitante vencedor, deverá constar da ata da sessão, que será assinada pelos membros da Comissão (pelo Agente de Contratação ou Pregoeiro) e pelos licitantes presentes.

ATO 5 ABERTURA DE PRAZO PARA RECURSO

Se algum licitante manifestar intenção de recorrer contra a classificação ou eventual desclassificação, ou contra o resultado proclamado, será aberto ao interessado o prazo legal de 3 (três) dias úteis para a apresentação das razões recursais (art. 165, inciso I), devendo ser consignada em ata a intimação dos demais licitantes para apresentação das contrarrazões ao recurso, nos 3 (três) dias úteis seguintes ao término do prazo assinado ao recorrente (art. 165, § 4º).

ATO 6 APRECIAÇÃO DOS RECURSOS APRESENTADOS

Em caso de recurso, a Comissão (o Agente de Contratação ou Pregoeiro) deve apreciar as alegações formuladas e decidir, no prazo de três dias úteis, se reconsidera sua decisão.

Se não o fizer, deverá encaminhar o processo à autoridade competente, para decidir sobre o recurso no prazo máximo de 10 (dez) dias úteis (art. 165, § 2º).

Se a decisão for reconsiderada, o processo será, também, encaminhado à autoridade superior para apreciação das contrarrazões formuladas ao recurso, salvo se houver desistência por parte por licitantes interessados.

ATO 7 — NEGOCIAÇÃO COM O LICITANTE VENCEDOR

Não havendo recurso, ou uma vez decididos os que forem formulados, a Comissão (o Agente de Contratação ou Pregoeiro) promoverá negociação com o licitante declarado vencedor, com vistas à obtenção de condições mais vantajosas para a Administração (art. 61), e, em caso de impasse, fará o mesmo com os demais licitantes, sucessivamente e segundo a ordem da classificação. O resultado dessa negociação deverá constar de ata específica, que será divulgada no sítio eletrônico oficial e será anexada ao processo.

ATO 8 — ENCAMINHAMENTO DO PROCESSO À AUTORIDADE COMPETENTE

Quando não houver recurso contra o resultado, ou após apreciado(s) o(s) recurso(s) eventualmente formulado(s), o processo será encaminhado à autoridade competente, para homologação e adjudicação, ou, se for o caso, anulação ou revogação da licitação.

2ª hipótese

Licitação de menor preço, com julgamento em momento posterior à sessão de abertura das propostas

ATO 1 — ENCERRAMENTO DA SESSÃO DE RECEBIMENTO DAS PROPOSTAS E LAVRATURA DA RESPECTIVA ATA

Quando não for possível fazer a análise das propostas imediatamente após sua abertura, a sessão pública será encerrada e lavrada a respectiva ata, que deverá ser assinada por todos os presentes.

ATO 2 — DESCLASSIFICAÇÃO DE PROPOSTAS DESCONFORMES

Se alguma proposta deixou de atender às exigências do edital, o presidente da Comissão (o Agente de Contratação ou Pregoeiro) declarará sua desclassificação, em decisão fundamentada, que deverá indicar os pontos em que houve desatendimento.

ATO 3 ELABORAÇÃO DO RELATÓRIO DE JULGAMENTO

Quando a análise das propostas não for feita na sessão inaugural, o resultado da avaliação com a lista de classificação e a proclamação do vencedor deverá constar do *Relatório de Julgamento*, assinado pelos membros da Comissão (pelo Agente de Contratação ou Pregoeiro).

ATO 4 DIVULGAÇÃO DO RELATÓRIO DE JULGAMENTO

O Relatório de julgamento deverá ser divulgado em sessão pública para a qual deverão ser convocados todos os licitantes. É importante esclarecer: a convocação de todos os licitantes é obrigatória, mas o comparecimento é facultativo, devendo a ata da sessão consignar a(s) eventual(is) ausência(s).

ATO 5 ABERTURA DE PRAZO PARA RECURSO

Se algum licitante manifestar intenção de recorrer contra o resultado proclamado, a Comissão (o Agente de Contratação ou Pregoeiro) abrirá ao interessado o prazo legal (três dias úteis) para apresentação do recurso, e intimará, desde logo, os demais licitantes para apresentação das contrarrazões, nos 3 (três) dias úteis subsequentes ao término do prazo do recorrente.

ATO 6 APRECIAÇÃO DOS RECURSO APRESENTADOS

Em caso de recurso, a Comissão (o Agente de Contratação ou Pregoeiro) deve apreciar as alegações formuladas e decidir, no prazo de 3 (três) dias úteis, se reconsidera sua decisão. Se não o fizer, deverá encaminhar o processo à autoridade competente, para decidir sobre o recurso, no prazo máximo de 10 (dez) dias úteis.

Se a decisão for reconsiderada, o processo será, também, encaminhado à autoridade superior para apreciação das contrarrazões formuladas ao recurso, salvo se houver desistência por parte por licitantes interessados.

ATO 7 NEGOCIAÇÃO COM O LICITANTE VENCEDOR

Não havendo recurso, ou uma vez decididos os que forem formulados, a Comissão (o Agente de Contratação ou

Pregoeiro) promoverá negociação com o licitante declarado vencedor, com vistas à obtenção de condições mais vantajosas para a Administração. O resultado dessa negociação deverá constar de ata específica, que será divulgada no sítio eletrônico oficial e será anexada ao processo.

ATO 8 ENCAMINHAMENTO DO PROCESSO À AUTORIDADE COMPETENTE

Quando não houver recurso contra o resultado, ou após apreciado(s) o(s) recurso(s) eventualmente formulado(s), o processo será encaminhado à autoridade competente, para adjudicação e homologação, ou, se for o caso, anulação ou revogação da licitação.

3ª hipótese
Licitações de melhor técnica e de técnica e preço

ATO 1 ENCERRAMENTO DA SESSÃO E LAVRATURA DA RESPECTIVA ATA

Abertas e lidas as propostas e rubricados todos os documentos que as compõem, a sessão pública será encerrada e lavrada a respectiva ata, na qual deverão ser consignados os registros de eventuais impugnações e manifestações de recorrer, feitos pelos licitantes.

ATO 2 DESCLASSIFICAÇÃO DE PROPOSTAS DESCONFORMES

Se alguma proposta deixou de atender às exigências do edital, a Comissão declarará sua desclassificação, em decisão fundamentada, que deverá indicar os pontos em que houve desatendimento.

ATO 3 ELABORAÇÃO DA LISTA DE CLASSIFICAÇÃO DAS PROPOSTAS VÁLIDAS

A Comissão fará a análise das propostas que atenderam integralmente às especificações técnicas e avaliará cada fator de julgamento, mediante atribuição de notas ou pontos, conforme previsto no edital. Em seguida, elaborará a lista de classificação das propostas, explicitando no correspondente

"Relatório de Avaliação Técnica" as razões e as justificativas das eventuais desclassificações.

ATO 4 **PROCLAMAÇÃO DO RESULTADO DA AVALIAÇÃO TÉCNICA**

O Relatório de Avaliação Técnica, com a lista da classificação das propostas, deverá ser divulgado em sessão pública, para a qual todos os licitantes deverão ser convocados. Se o resultado da avaliação técnica for aceito por todos, com expressa renúncia ao direito de recurso, o presidente da Comissão procederá à abertura das propostas de preços, cujos documentos serão lidos e rubricados pelos todos os presentes. A sessão será, então, encerrada, com a lavratura da respectiva ata, por todos assinada.

ATO 5 **ABERTURA DE PRAZO PARA RECURSO**

Se algum licitante manifestar intenção de recorrer contra o resultado da classificação técnica, o presidente da Comissão consignará em ata o registro da manifestação, abrindo ao interessado o prazo legal de 3 (três) dias úteis para apresentação do recurso, intimando, desde logo, os demais licitantes para apresentação de contrarrazões, nos três dias subsequentes ao término do prazo do recorrente.

ATO 6 **APRECIAÇÃO DOS RECURSOS APRESENTADOS**

Em caso de recurso, a Comissão deve apreciar as alegações formuladas e decidir, no prazo de três dias úteis, se reconsidera sua decisão. Se não o fizer, deverá encaminhar o processo à autoridade competente, para decidir sobre o recurso, no prazo máximo de dez dias úteis.

Se a decisão for reconsiderada, o processo será, também, encaminhado à autoridade superior para apreciação das contrarrazões formuladas ao recurso, salvo se houver desistência por parte por licitantes interessados.

ATO 7 **ABERTURA DAS PROPOSTAS DE PREÇOS**

Não havendo recurso contra a classificação técnica, na mesma sessão de divulgação do resultado da avaliação das propostas técnicas, a Comissão fará a abertura dos envelopes das propostas de preços, cujos documentos serão lidos e rubricados pelos licitantes, de tudo fazendo-se registro em ata da sessão.

ATO 8 ANÁLISE DAS PROPOSTAS DE PREÇOS E CLASSIFICAÇÃO FINAL

A Comissão fará a conferência dos valores indicados nas propostas de preços e elaborará a lista de classificação final segundo o critério de ponderação estabelecido no edital.

ATO 9 DIVULGAÇÃO DA CLASSIFICAÇÃO FINAL DAS PROPOSTAS, RECEBIMENTO DOS ENVELOPES DA DOCUMENTAÇÃO DE HABILITAÇÃO E ANÁLISE DOS DOCUMENTOS DO LICITANTE VENCEDOR

Concluída a classificação final das propostas, a Comissão convocará os licitantes e, em sessão pública, proclamará o resultado do julgamento, com a indicação do licitante vencedor. Se não houver recurso contra o resultado proclamado, na mesma sessão pública o presidente da Comissão procederá à abertura do envelope da documentação de habilitação do ofertante da proposta classificada em primeiro lugar, franqueando aos presentes a leitura dos documentos, os quais serão por todos rubricados.

ATO 10 ABERTURA DE PRAZO PARA RECURSO

Se algum licitante manifestar intenção de recorrer contra o resultado proclamado, a Comissão abrirá ao interessado o prazo legal (três dias úteis) para apresentação do recurso, e intimará, desde logo, os demais licitantes para apresentação das contrarrazões, nos 3 (três) dias úteis subsequentes ao término do prazo do recorrente.

ATO 11 APRECIAÇÃO DOS RECURSOS APRESENTADOS

Em caso de recurso, a Comissão deve apreciar as alegações formuladas e decidir, no prazo de três dias úteis, se reconsidera sua decisão. Se não o fizer, deverá encaminhar o processo à autoridade competente, para decidir sobre o recurso, no prazo máximo de 10 (dez) dias úteis.

Se a decisão for reconsiderada, o processo será, também, encaminhado à autoridade superior para apreciação das contrarrazões formuladas ao recurso, salvo se houver desistência por parte por licitantes interessados.

ATO 12 ANÁLISE DA HABILITAÇÃO DOS LICITANTES

Na sessão pública em que for proclamado o resultado da classificação final das propostas, se não houver recurso, a Comissão receberá os envelopes da documentação de habilitação dos licitantes e fará a abertura e a conferência da documentação do licitante declarado vencedor, para apurar se atende aos requisitos legais de habilitação listados no edital. Se a documentação desse licitante atender, integralmente, às exigências legais, o licitante será confirmado como vencedor. Caso contrário, o presidente da Comissão fará a abertura do envelope da documentação do ofertante da proposta classificada em segundo lugar, e assim sucessivamente, na ordem da classificação, até que seja constatado o pleno atendimento dos requisitos legais de habilitação.

ATO 13 ABERTURA DE PRAZO PARA RECURSO

Concluída a análise da habilitação, se algum licitante manifestar intenção de recorrer contra o resultado proclamado, o presidente da Comissão consignará em ata a manifestação e abrirá ao interessado o prazo legal 3 (três) dias úteis para apresentação do recurso, intimando, desde logo, os demais licitantes para apresentarem, em igual prazo, as contrarrazões que entenderem cabíveis, logo que encerrado o prazo o prazo do recorrente.

ATO 14 APRECIAÇÃO DOS RECURSOS APRESENTADOS

Em caso de recurso, a Comissão deve apreciar as alegações formuladas e decidir, no prazo de três dias úteis, se reconsidera sua decisão. Se não o fizer, deverá encaminhar o processo à autoridade competente, para decidir sobre o recurso, no prazo máximo de dez dias úteis.

Se a decisão for reconsiderada, o processo será, também, encaminhado à autoridade superior para apreciação das contrarrazões formuladas ao recurso, salvo se houver desistência por parte por licitantes interessados.

ATO 15   ELABORAÇÃO DO RELATÓRIO DE JULGAMENTO

O resultado do julgamento, com a lista da classificação final e a indicação do licitante vencedor, deverá ser constar do "Relatório de Julgamento", no qual a Comissão indicará as razões que fundamentaram as eventuais inabilitações de licitantes e as desclassificações de propostas.

ATO 16   NEGOCIAÇÃO COM O VENCEDOR

Decidido o resultado do julgamento e apreciados os recursos eventualmente apresentados, a Comissão de Licitação promoverá negociação com o licitante vencedor, com vistas à obtenção de condições mais vantajosas para a Administração e, em caso de impasse, fará o mesmo com os demais licitantes, sucessivamente e segundo a ordem da classificação. O resultado da negociação, formalizado em ata, será e divulgado a todos os licitantes através do sítio eletrônico oficial e anexado ao processo da licitação.

ATO 17   ENCAMINHAMENTO DO PROCESSO À AUTORIDADE COMPETENTE

Divulgado o Relatório de Julgamento, o processo será encaminhado à autoridade competente, para deliberação sobre adjudicação e homologação e, se for o caso, anulação ou revogação da licitação.

ATOS DA ADMINISTRAÇÃO

Julgamento dos Recursos

ATO 1   APRECIAÇÃO DAS RAZÕES DE RECURSO

Quando a Comissão (ou Agente de Contratação ou o Pregoeiro) mantiver a decisão impugnada por licitante, a autoridade competente apreciará, no prazo máximo de 10 (dez) dias úteis (art. 165, § 2º) a contar do recebimento do processo, as razões do recurso correspondente, para efeito de provimento ou improvimento.

ATO 2   APRECIAÇÃO DAS CONTRARRAZÕES DE RECURSO

Quando a Comissão (o Agente de Contratação ou o Pregoeiro) tiver reconsiderado a decisão impugnada, a autoridade competente apreciará, no mesmo prazo acima referido, as contrarrazões apresentadas pelos demais licitantes, podendo ratificar a decisão impugnada, ou reformá-la.

Apreciação e Homologação do Julgamento

ATO 1   ANÁLISE DO PROCESSO

A autoridade competente fará a análise do processo, para verificar:

a) se o julgamento foi feito de acordo com o critério estabelecido no edital;

b) se não houve falha ou irregularidade no julgamento.

c) se o resultado atende ao interesse da Administração;

ATO 2   DEVOLUÇÃO DO PROCESSO À COMISSÃO OU AO AGENTE PROCESSANTE

Se a autoridade constatar falha ou irregularidade que não implique nulidade, deverá restituir o processo à Comissão (ao Agente de Contratação ou Pregoeiro), para a correção necessária (art. 71, inciso I). É importante ressaltar que a autoridade não pode, por iniciativa própria, corrigir falhas do procedimento, nem modificar o resultado apresentado pela Comissão ou agente processante.

ATO 3   HOMOLOGAÇÃO DO RESULTADO

Se estiverem atendidos os requisitos das letras *a* e *c* do Ato 1, a autoridade proferirá o despacho de adjudicação do objeto ao vencedor e homologação do procedimento (art. 71, inciso IV).

ATO 4   DIVULGAÇÃO DO DESPACHO DE HOMOLOGAÇÃO E ADJUDICAÇÃO

O despacho de homologação do julgamento e adjudicação deverá ser divulgado no sítio eletrônico oficial e afixado no Quadro de Avisos do órgão responsável pela contratação, para ciência dos licitantes e do público em geral.

Anulação da Licitação

ATO 1   ANULAÇÃO DO PROCEDIMENTO

Se constatar ilegalidade no processamento, ou irregularidade que comprometa a validade, parcial ou total, do procedimento, a autoridade competente deverá declarar sua anulação (art. 71, inciso III).

ATO 2 DIVULGAÇÃO DO DESPACHO DE ANULAÇÃO
O despacho de anulação, devidamente fundamentado, será divulgado no sítio eletrônico oficial, para ciência dos licitantes e do público em geral.

ATO 3 ABERTURA DE PRAZO PARA RECURSO
Após a publicação do despacho de anulação, ficará aberto o prazo legal de recurso (3 dias úteis, art. 165, I,).

ATO 4 APRECIAÇÃO DO RECURSO A PRESENTADO
Se houver recurso, a autoridade deverá apreciá-lo no prazo de 10 (dez) dias úteis (art. 165, § 2º).

Revogação da Licitação

ATO 1 DESPACHO DE REVOGAÇÃO
Se houver razão de interesse público, decorrente de fato superveniente à abertura do procedimento, a autoridade poderá revogar a licitação (art. 71, inciso II, e § 2º)

ATO 2 PUBLICAÇÃO DO DESPACHO DE REVOGAÇÃO
O despacho de revogação deverá ser divulgado no sítio eletrônico oficial, para ciência dos licitantes e do público em geral.

Notas:

1. A anulação da licitação também poderá ser determinada em qualquer fase do procedimento, por iniciativa da autoridade (ato de ofício) ou mediante provocação de qualquer interessado, licitante ou não (art. 170, § 4º).

2. Quando a anulação for feita após a celebração do contrato, este ficará automaticamente desfeito, ressalvado ao contratado o direito de indenização do que já tiver executado, bem como de outros prejuízos regularmente comprovados, desde que não tenha contribuído, de alguma forma, para a anulação.

3. No caso de anulação parcial, o procedimento deverá ser repetido, a partir do ato que motivou a medida.

4. Na hipótese de revogação, a autoridade competente poderá autorizar a contratação direta, se demonstrar hipótese de dispensa de licitação (art. 75), ou determinar a abertura de nova licitação.

ATO 3   **ABERTURA DE PRAZO PARA RECURSO**
Após a publicação do despacho de revogação, ficará aberto o prazo legal de recurso (três dias úteis, art. 165, I, "d").

ATO 4   **APRECIAÇÃO DOS RECURSOS APRESENTADOS**
Se houver recurso, a autoridade deverá apreciá-lo no prazo de dez dias úteis (art. 165, § 2º).

---

5. *A decisão de anulação ou de revogação deverá ser fundamentada, assegurando-se aos interessados, em qualquer caso, o contraditório e a ampla defesa.*
Como ressaltado no Capítulo 7 (item 7.9), a Lei 14.133/2021 inova, ao determinar, no § 3º do art. 71, que nos casos de anulação e revogação da licitação deverá ser "assegurada a **prévia** *manifestação dos interessados". A Lei 8.666 previa que, nessas hipóteses, devia se assegurar "o contraditório e a ampla defesa", o que atendia plenamente à exigência do inciso LV do art. 5º da Constituição Federal.*
A exigência da manifestação prévia dos interessados revela-se burocrática, porque não elimina a possibilidade da posterior impugnação da decisão administrativa, mediante o recurso previsto no art. 165, I, "d".
A interpretação da norma do § 3º do art. 71 deve ser feita conforme o comando constitucional, no sentido de que aos licitantes interessados (isto é, aqueles que se considerem afetados pela decisão de anulação ou revogação do procedimento licitatório) se deve assegurar o contraditório e a ampla defesa, mediante o recurso próprio.

MODELOS E FORMULÁRIOS

A seguir, são apresentados modelos e formulários válidos para licitações das modalidades concorrência e pregão do tipo menor preço e concorrência dos tipos melhor técnica e técnica e preço, para contratação de obras e serviços, com "notas" inseridas nos pontos nos quais deverão ser feitos os ajustes e as adaptações, quando o objeto for a aquisição dos bens.

Esses modelos deverão ser adaptados, conforme dispuser o regulamento específico, emitido pelo poder competente, quando as licitações forem processadas na forma eletrônica, e poderão ser ajustados para a hipótese de adoção do diálogo competitivo, se essa modalidade vier a ser, efetivamente, adotada em alguma situação especial.

Nas concorrências mais simples, a Comissão de Contratação poderá ser substituída por *Agente de Contratação* (art. 8º, § 2º, da Lei 14.133/2021) e, no caso de pregão, pelo *pregoeiro* (art. 8º, § 5º).

MODELOS PARA CONCORRÊNCIA E PREGÃO DO TIPO MENOR PREÇO

- Edital
- Carta proposta
- Planilha de Preços para execução de obra ou serviço
- Planilha de Preços para fornecimento de bens
- Ata da sessão de recebimento e abertura das propostas
- Ata da sessão de divulgação da classificação das propostas

- Ata da sessão de divulgação do resultado da negociação com o vencedor
- Relatório de julgamento da licitação

MODELOS PARA CONCORRÊNCIA DOS TIPOS MELHOR TÉCNICA E TÉCNICA E PREÇO

- Edital
- Carta proposta
- Planilha de Preços para execução de obra ou serviço
- Planilha de Preços para fornecimento de bens
- Ata da sessão de recebimento e abertura das propostas
- Relatório da análise e classificação das propostas técnicas
- Ata da sessão de divulgação da classificação das propostas técnicas
- Ata da sessão de divulgação da classificação final das propostas
- Ata da sessão de divulgação do resultado da negociação com o vencedor
- Relatório de Julgamento da licitação

MODELOS PARA LICITAÇÕES DE MENOR PREÇO

EDITAL DA CONCORRÊNCIA/PREGÃO Nº ....

O .... (*nome do órgão promotor da licitação*) torna público, para conhecimento dos interessados, que está aberta a licitação acima indicada, que objetiva a contratação de firma especializada para execução da(o) .... (*indicar a obra, serviço ou fornecimento a ser contratado*). A Licitação será processada na conformidade da Lei nº 14.133, de 1º de abril de 2021, e das condições estabelecidas neste Edital.

O procedimento da licitação será conduzido pela Comissão (*Agente de Contratação ou Pregoeiro, conforme o caso*) designada(o) pelo ato (Decreto, Portaria) nº ....., publicado em .../..../......,

Para obter informações adicionais que considerarem necessárias à elaboração da proposta, os interessados deverão entrar em contato com a Comissão (*Agente de Contração/Pregoeiro, conforme o caso*) no endereço indicado no final deste Edital, no horário de ...... às .... e de .... às ..... horas, de segunda a sexta-feira, inclusive pelo telefone .... ou pelo *e-mail* ....

1. CONDIÇÕES DE PARTICIPAÇÃO NA LICITAÇÃO

1.1 A participação na licitação importa total e irrestrita submissão dos proponentes às prescrições da Lei nº .... e às condições deste Edital.

1.2 As propostas deverão abranger a execução da totalidade dos trabalhos indicados no anexo descritivo das especificações técnicas, admitida a subcontratação, por conta e risco do vencedor da licitação, nas hipóteses e condições previamente autorizadas, conforme previsto na minuta do contrato que acompanha este Edital.

> **Nota:** *Nas licitações de compra, esse subitem deverá ter a seguinte redação:*
>
> *"1.2 As propostas poderão abranger a totalidade dos itens do anexo descritivo das especificações técnicas, ou apenas parte deles, segundo a capacidade de atendimento do licitante, ficando esclarecido que o órgão licitador contratará tantos fornecedores quantos sejam capazes de entregar, no prazo desejado, a totalidade dos materiais/equipamentos a serem adquiridos, observado o critério de julgamento fixado neste edital".*

1.3 Não poderão concorrer, direta ou indiretamente, nem participar da execução dos trabalhos licitados:

a) o autor do anteprojeto, do projeto básico ou do projeto executivo, pessoa física ou jurídica, quando a licitação versar sobre obra, serviços ou fornecimento de bens a ele relacionados;

b) empresa, isoladamente ou em consórcio, responsável pela elaboração do projeto básico ou do projeto executivo ou empresa da qual o autor do projeto seja dirigente, gerente, controlador, acionista ou detentor de mais de 5% (cinco por cento) do capital com direito a voto, responsável técnico ou subcontratado, quando a licitação versar sobre obra, serviços ou fornecimento de bens a ela relacionados;

c) pessoa física ou jurídica que se encontre, ao tempo da licitação, impossibilitada de participar de licitação em decorrência de sanção que lhe tenha sido imposta;

d) aquele que mantiver vínculo de natureza técnica, comercial, econômica, financeira, trabalhista ou civil, ou seja cônjuge, companheiro ou parente em linha reta, colateral ou por afinidade, até o terceiro grau, de dirigente do órgão ou entidade contratante ou agente público que desempenhe função na licitação ou que atue na fiscalização ou na gestão do contrato;

e) empresas controladoras, controladas ou coligadas, nos termos da Lei nº 6.404, de 15 de dezembro de 1976, concorrendo entre si;

f) pessoa física ou jurídica que, nos 5 (cinco) anos anteriores à divulgação do edital, tenha sido condenada judicialmente, com trânsito em julgado, pela exploração de trabalho infantil, submissão de trabalhadores a condições análogas às de escravo ou contratação de adolescentes nos casos vedados pela legislação trabalhista.

g) empresas em estado de falência, de concurso de credores, de dissolução ou de liquidação;

h) empresas que tenham sido declaradas inidôneas por qualquer órgão da Administração Pública, direta ou indireta, federal, estadual ou municipal, bem como as que estejam punidas com suspensão do direito de contratar ou licitar com a Administração Pública;

i) servidor de qualquer órgão ou entidade vinculada ao órgão promotor da licitação, bem assim a empresa da qual tal servidor seja sócio, dirigente ou responsável técnico.

1.4 O impedimento de que trata a alínea "c" será também aplicado ao licitante que esteja atuando em substituição a outra pessoa, física ou jurídica, com o intuito de burlar a efetividade da sanção a essa aplicada, incluindo sua controladora, controlada ou coligada, desde que devidamente comprovado o ilícito ou a utilização fraudulenta da personalidade jurídica do licitante.

1.5 Será admitida a participação de empresas consorciadas, observadas as seguintes condições:

a) as empresas consorciadas deverão apresentar instrumento público ou particular de compromisso de constituição de consórcio, com a indicação das participantes e dos respectivos percentuais na participação, bem como da empresa líder, que será a responsável principal, perante o órgão promotor da licitação, pelos atos praticados pelo consórcio, sem prejuízo da responsabilidade solidária das empresas consorciadas, tanto na fase de licitação quanto na de execução do contrato;

b) cada empresa consorciada deverá apresentar a documentação exigida para a habilitação, conforme indicado neste Edital, admitindo-se, para efeito da qualificação técnica, o somatório dos quantitativos de cada consorciada e, para efeito da qualificação econômico-financeira, o somatório dos valores de cada consorciada, na proporção de sua participação;

c) uma empresa consorciada não poderá participar da licitação, ao mesmo tempo, isoladamente ou através de mais de um consórcio;

d) o consórcio terá, no máximo, ... (*indicar o* número), empresas participantes;

e) se vencedor, o consórcio ficará obrigado a promover, antes da assinatura do Contrato de Empreitada/Prestação de Serviços, a sua constituição definitiva, nos termos do compromisso acima referido e na forma estabelecida pelo art. 279 da Lei nº 6.404, de 15 de dezembro de 1976. A falta de comprovação do registro da constituição aqui referida, no prazo fixado para a assinatura do contrato, implicará o cancelamento da adjudicação, sem direito a qualquer ressarcimento ou indenização, e sem prejuízo das sanções previstas neste edital.

2. REQUISITOS DE HABILITAÇÃO

2.1 Os interessados em participar desta licitação deverão atender aos requisitos legais de habilitação jurídica, técnica, fiscal, social e trabalhista e econômico-financeira, que serão aferidos na fase seguinte à análise e à classificação das propostas de preços, mediante a apresentação da seguinte documentação:

2.1.1 **Habilitação Jurídica**:

a) registro comercial, no caso de empresa individual;

b) ato constitutivo (estatuto ou contrato social), devidamente registrado, atualizado com a indicação dos atuais administradores ou dirigentes;

c) decreto de autorização e ato de registro ou autorização para funcionamento expedido pelo órgão competente, quando se tratar de firma estrangeira em funcionamento no país.

2.1.2 **Qualificação Técnica**:

a) registro no órgão fiscalizador da atividade profissional;

b) indicação das instalações, aparelhamento e pessoal técnico adequados e disponíveis para a realização dos trabalhos a serem contratados;

c) atestados passados por pessoas jurídicas de direito público ou privado, devidamente registrados no órgão fiscalizador competente, que comprovem que a licitante executou ou está executando, a contento, trabalhos de natureza e vulto compatíveis com o objeto desta licitação.

> **Notas:** *1. Nas licitações de compra, as letras deste subitem deverão ter a seguinte redação:*
>
> *"a) indicação das instalações, aparelhamento e pessoal técnico adequados e disponíveis para a prestação da assistência técnica durante o período da garantia dos materiais/ equipamentos ofertados;*
>
> *b) atestados passados por pessoas jurídicas de direito público ou privado para as quais já tenha a licitante fornecido materiais/equipamentos similares aos que estão sendo ofertados nesta licitação, que comprovem a qualidade técnica dos produtos e o bom desempenho da fornecedora na prestação da assistência técnica prestada."*
>
> *2. Quando o fornecimento envolver equipamentos a serem fabricados, deverá ser exigida a prova do registro da licitante no respectivo Conselho Regional de Engenharia, Arquitetura e Agronomia – CREAA".*

2.1.3 **Qualificação Econômico-Financeira**:

a) certidão negativa de pedido de falência ou de recuperação judicial, expedida pelo distribuidor judicial da sede da licitante;

b) balanço patrimonial e demonstrações contábeis do último exercício social, já exigíveis e apresentados na forma da lei, vedada sua substituição por balancetes ou balanços provisórios, podendo ser atualizados por índices oficiais quando encerrados há mais de 3 (três) meses da data de apresentação da proposta, que permitam aferir a condição financeira da empresa.

Nota:

O edital deverá indicar os coeficientes e os índices que serão utilizados para aferir a aptidão econômica dos licitantes.

2.1.4 **Regularidade Fiscal**:

a) inscrição no Cadastro Nacional de Pessoas Jurídicas (CNPJ);

b) inscrição no cadastro de contribuintes estadual e municipal, se houver, relativo à sede da licitante, pertinente ao seu ramo de atividade e compatível com o objeto deste Edital;

c) certificados de regularidade perante a Seguridade Social e o Fundo de Garantia do Tempo de Serviço – FGTS;

d) certidões de regularidade para com a Fazenda Federal, Estadual e Municipal do domicílio ou sede da licitante.

2.2 Os interessados deverão comprovar, ainda, mediante declaração, conforme modelo anexo, na forma da Lei nº 9.854, de 27 de outubro de 1999, o cumprimento do disposto no inciso XXXIII do art. 7º da Constituição Federal.

2.3 Os licitantes que pretenderem subcontratar partes do objeto do futuro contrato deverão apresentar todos os documentos listados nos itens 2.1.1 a 2.1.4, relativos à(s) pessoas que serão subcontratadas.

2.4 Os documentos para habilitação poderão ser apresentados em original ou em cópias autenticadas em cartório ou conferidas e autenticadas pela Comissão, no ato da apresentação, mediante cotejo com os originais.

2.5 A documentação de habilitação poderá ser substituída por Certificado de Registro Cadastral em vigor, emitido por órgão ou entidade da Administração Pública, ficando esclarecido que, antes da assinatura do contrato, o vencedor da licitação deverá apresentar a comprovação de atualização dos documentos de habilitação.

3. **MODO DE DISPUTA E FORMA DE APRESENTAÇÃO DAS PROPOSTAS**

3.1 **O modo de disputa nesta licitação será "misto",** conjugando-se a apresentação de **preços em envelope fechado**, a ser aberto na sessão pública designada para a data e horário indicados no item 5.1 deste edital, e **lances públicos**, a serem formuladas na mesma sessão, conforme disciplinado no item 6.2 deste edital.

3.2 As propostas deverão ser apresentadas em envelope fechado e lacrado, com o seguinte endereçamento, não se admitindo o encaminhamento de propostas por *e-mail*, fax ou via postal:

"À COMISSÃO (AGENTE) DE CONTRATAÇÃO (OU PREGOEIRO) DO .... *(nome do órgão promotor da licitação)*
CONCORRÊNCIA Nº ..../..... – OBJETO:
LICITANTE:
ENVELOPE DE PROPOSTA"

3.3 O portador dos envelopes de propostas deverá estar devidamente credenciado pelo proponente mediante procuração com poderes específicos para prestar os esclarecimentos que forem requisitados pela Comissão (*Agente de Contratação ou Pregoeiro, conforme o caso*), assumir compromissos em nome do proponente, formular e responder a impugnação e praticar os demais atos relacionados com a licitação. Quando o portador da proposta for dirigente da empresa proponente, deverá apresentar cópia do ato constitutivo da empresa e do ato comprobatória da representação legal.

3.4 Após o recebimento dos envelopes, não serão aceitas juntada ou substituição de quaisquer documentos, nem retificação de preços ou condições.

3.5 O recebimento dos envelopes não conferirá aos proponentes qualquer direito contra o órgão promotor da licitação, ressalvada a garantia da análise da proposta de acordo com as regras deste edital e as prescrições da legislação específica.

4. CONTEÚDO DOS ENVELOPES DAS PROPOSTAS

4.1 As propostas deverão ser apresentadas conforme os modelos anexos, compreendendo:

a) a Carta-Proposta, conforme modelo anexo, assinada pelo representante legal ou procurador habilitado do licitante;

b) a descrição detalhada da metodologia e do programa de trabalho a serem contratados, bem como dos materiais a serem empregados, com a indicação de suas especificações e outras características que permitam avaliar a sua qualidade;

c) a relação nominal da equipe técnica, com indicação da qualificação de cada integrante, e descrição e declaração de disponibilidade dos equipamentos e ferramental que serão utilizados na execução dos serviços;

d) o Cronograma Físico, com a indicação dos prazos de início e término de cada etapa e do prazo para conclusão dos trabalhos;

e) os preços, unitários e totais, por item da planilha, e o preço global da proposta, em algarismos e por extenso, com a correspondente composição de custos;

f) o Cronograma de Desembolso Financeiro, com indicação dos faturamentos mensais, associados aos prazos parciais indicados no Cronograma Físico;

g) atestados passados por pessoas jurídicas de direito público ou privado para as quais o licitante tenha prestado serviços similares ao que são objeto desta licitação, que comprovam a qualidade técnica dos serviços e o pleno cumprimento das obrigações contratuais assumidas.

Notas:

1. Nas licitações de compra, as alíneas desse subitem deverão ter a seguinte redação:

"a) ....

b) a descrição detalhada dos materiais/equipamentos ofertados, com a indicação das características técnicas de cada um deles, acompanhada dos catálogos, folhetos, prospectos e demais elementos informativos que permitam avaliar sua qualidade técnica, bem como o prazo e as condições da garantia;

c) indicação das instalações, aparelhamento e pessoal técnico adequados e disponíveis para a prestação da assistência técnica durante o período da garantia dos materiais/equipamentos ofertados;

d) o Cronograma de Entregas, com a indicação dos prazos parciais e final para a conclusão do fornecimento;

e) os preços unitários e totais por item da planilha e o valor global da oferta, em números e por extenso;

f) o Cronograma de Desembolso Financeiro, com indicação dos faturamentos mensais, associados aos quantitativos de execução dos trabalhos, previstos no Cronograma de Entregas;

g) atestados passados por pessoas jurídicas de direito público ou privado para as quais já tenha a licitante fornecido materiais/equipamentos similares aos que estão sendo ofertados nesta licitação, que comprovem a qualidade técnica dos produtos e o bom desempenho da fornecedora na prestação da assistência técnica prestada".

2. Nas licitações em que for exigida a prestação de garantia de proposta, o comprovante de seu recolhimento deverá constar do envelope da proposta, sob pena de exclusão do licitante.

4.2 A proposta deverá estar datilografada com clareza, em .... via(s), sem emendas, rasuras, borrões, acréscimos ou entrelinhas, em papel timbrado da licitante, ou impressa por processo eletrônico, com a indicação do número desta licitação, a identificação e o endereço completo da proponente e a qualificação do signatário.

4.3 Na formulação da proposta, o licitante deverá computar todos os custos relacionados com os trabalhos a serem executados, quer os de materiais, quer os de mão de obra e transporte, bem assim as despesas de natureza tributária, trabalhista e previdenciária, ficando esclarecido que não será admitida qualquer alegação posterior que vise à ressarcimento de custos não considerados nos preços cotados, ressalvadas as hipóteses de criação ou majoração de encargos fiscais.

4.4 Os preços cotados deverão ser referidos à data-limite de recebimento das propostas, considerando-se a condição de pagamento à vista, não devendo, portanto, computar qualquer custo financeiro para o período de processamento das faturas.

4.5 Não serão consideradas propostas com oferta de vantagem não prevista neste Edital, nem preço ou vantagem baseados nas ofertas dos demais licitantes.

5. RECEBIMENTO E ABERTURA DOS ENVELOPES DAS PROPOSTAS

5.1 Os envelopes das propostas serão recebidos pela Comissão (*Agente de Licitação ou Pregoeiro, conforme o caso*) em sessão pública, na data, horário e local seguintes:

Data: ... /... /....

Hora: ....h

Local: ....

5.2 Colhida a assinatura dos representantes dos licitantes na Lista de Presenças, o Presidente da Comissão (*Agente de Contratação ou Pregoeiro, conforme o caso*) encerrará a fase de recebimento dos envelopes.

5.3 Uma vez iniciada a abertura dos envelopes, não será recebida proposta de retardatário e em nenhuma hipótese será concedido prazo para apresentação de documento exigido neste Edital, nem admitida qualquer retificação ou alteração das condições ofertadas.

5.4 Da sessão de recebimento e abertura dos envelopes das propostas será lavrada ata circunstanciada, assinada pelos membros da Comissão (*pelo Agente de Contratação ou Pregoeiro, conforme o caso*) e pelos representantes dos licitantes, na qual serão registradas as observações e as impugnações por estes formuladas e quaisquer outras ocorrências da sessão.

6. JULGAMENTO DAS PROPOSTAS

As propostas serão analisadas exclusivamente com base nos dados dos documentos constantes dos Envelopes, podendo a Comissão (*Agente de Contratação ou Pregoeiro, conforme o caso*), se entender necessário, solicitar aos licitantes esclarecimentos complementares, cujas respostas deverão ser prestadas sempre por escrito e nos prazos fixados, mas não poderão acarretar modificação das condições já indicadas nas propostas.

6.1 Fatores de avaliação

6.1.1 A Comissão (*Agente de Contratação ou Pregoeiro, conforme o caso*) avaliará, especificamente:

i) a adequação da metodologia e do programa de trabalho com as especificações do edital e com as normas técnicas aplicáveis à execução dos trabalhos;

ii) a qualificação da equipe técnica, a adequação dos equipamentos e ferramental disponíveis e o desempenho anterior do licitante na realização de trabalhos similares aos da licitação, comprovado pelos atestados apresentados;

iii) a compatibilidade entre o cronograma de execução e o de desembolsos com o prazo de conclusão dos serviços, fixado no edital;

iv) a compatibilidade dos preços ofertados com os praticados no mercado e com o valor estimado para a contratação.

> **Nota:** *"Nas licitações de compra, esse item terá a seguinte redação:*
>
> *i) a adequação das características dos bens ofertados com as especificações indicadas no edital;*
>
> *ii) a compatibilidade dos preços propostos com os praticados no mercado e com os custos reais estimados para a aquisição;*
>
> *iii) a compatibilidade dos prazos indicados no Cronograma de Entregas com os fixados neste Edital;*
>
> *iv) a amplitude e o prazo da garantia ofertada com o estabelecido nos documentos da licitação".*

6.1.2 Serão desclassificadas as propostas:

a) que contiverem qualquer ressalva ou restrição às regras deste edital;

b) que não atenderem aos requisitos mínimos das especificações do edital;

c) que ofertarem preços irrisórios, manifestamente inexequíveis ou incompatíveis com os valores de mercado;

d) que ofertarem vantagens baseadas nas ofertas de outros licitantes;

e) do licitante que não atender, no prazo assinado pela Comissão, aos pedidos de esclarecimentos considerados necessários para o julgamento, especialmente a demonstração da exequibilidade da proposta;

f) do licitante que se encontre em qualquer das situações indicadas no item 1.3 deste edital.

6.1.3 Serão consideradas inexequíveis as propostas cujos preços sejam inferiores a 75% (setenta e cinco por cento) do valor estimado para a contratação.

6.1.4 A Comissão (*Agente de Contratação ou Pregoeiro, conforme o* caso) fará a conferência dos valores cotados. Na hipótese de divergência entre valores expressos em número e por extenso, prevalecerão, para efeito de classificação, os valores por extenso, ficando esclarecido que a Comissão (*Agente de Contratação dou Pregoeiro, conforme o* caso) fará as correções de soma que se fizerem necessárias e que os valores corrigidos serão os considerados para efeito de classificação das propostas.

6.1.5 Na avaliação das propostas, a Comissão (*Agente de Contratação ou Pregoeiro, conforme o* caso) levará em conta todos os aspectos que influam nos preços, especialmente os prazos de execução e as condições de pagamento. As propostas serão classificadas segundo a ordem crescente dos preços globais propostos, a começar pela de menor valor.

6.2 Formulação de lances públicos

6.2.1 Identificadas as propostas aceitáveis, assim consideradas as que atenderem, integralmente, às especificações técnicas e demais exigências do edital, a Comissão (*Agente de Contratação ou Pregoeiro, conforme o caso*) dará início à **disputa aberta,** facultando aos ofertantes das 3 (três) propostas de menor valor a formulação de lances sucessivos de novos preços globais, os quais poderão ser cobertos por esses licitantes com lances intermediários, ofertados em intervalos de até 00,30s (trinta segundos).

6.2.2 A sessão de disputa aberta terá a duração de ....mm (....minutos), podendo ser prorrogada por mais ....mm (.... minutos), se ao término do período inicial a diferença entre os valores das duas melhores ofertas de preços for de até 5% (cinco por cento), hipótese em que será facultado aos ofertantes dessas propostas mais um lance, que definirá o valor final da proposta, para efeito da classificação.

6.2.3 Encerrada a disputa aberta, a Comissão (*Agente de Contratação ou Pregoeiro, conforme o caso*) proclamará a proposta vencedora, cujo ofertante terá o prazo de ....h (.....) para apresentar nova planilha de quantitativos e de preços unitários adequada ao valor final resultante da disputa aberta, o qual servirá de base para a contratação e eventuais aditivos.

6.3 Critérios de desempate e de preferência para a adjudicação

6.3.1 Em caso de empate de propostas, para efeito de adjudicação serão observados, como critérios de desempate, nessa ordem;

a) **disputa final**, hipótese em que os licitantes empatados poderão apresentar nova proposta, em ato contínuo à classificação;

b) **avaliação de desempenho** dos licitantes em contratos anteriormente celebrados com a Administração Pública, com base nas anotações constantes do Registro Cadastral oficial.

6.3.2 Se não houver desempate, a preferência, para efeito de adjudicação, será assegurada na seguinte ordem, sem prejuízo da aplicação, quando cabível, do disposto no art. 44 da Lei Complementar nº 123, de 14/12/2006:

a) ao licitante estabelecido no território do órgão promotor da licitação;

b) à empresa brasileira, quando concorrer com empresa estrangeira;

c) à empresa que comprove investir em pesquisa e desenvolvimento de tecnologia no Brasil;

d) à empresa que comprove a prática de mitigação, nos termos da Lei nº 12.187, de 29/12/2009.

6.4 Concluída a análise, e constatado o pleno atendimento das especificações técnicas e as condições deste Edital, a Comissão (*Agente de Contratação ou Pregoeiro, conforme o* caso) fará a lista de classificação das propostas, segundo a ordem crescente dos valores globais indicados, e proclamará vencedor da licitação o ofertante da proposta que ofereceu o menor preço global, assim considerado aquele que representar o menor dispêndio final para a Administração.

Notas:

Nas licitações de compra, o subitem acima deverá ser assim redigido:

"6.9 Verificado o atendimento integral das especificações técnicas e as condições deste Edital, será(ão) declarada(s) vencedora(s) a(s) licitante(s) que oferecer(em) o(s) menor(es) preço(s) por item cotado, assim considerado(s) aquele(s) que representar(em) o menor dispêndio final para a Administração".

7. ANÁLISE DA HABILITAÇÃO

7.1 Concluída a análise e a classificação das propostas, a Comissão (*Agente de Contratação ou Pregoeiro, conforme o caso*) convocará os licitantes para a sessão pública a ser realizada no local, data e horário desde logo indicados no aviso de convocação, e divulgará o resultado do julgamento, indicando o ofertante da proposta classificada em primeiro lugar.

7.2 No aviso de convocação a Comissão (*Agente de Contratação ou o Pregoeiro, conforme o caso*) fará constar a obrigação de os licitantes apresentarem, na sessão pública, em envelope fechado e identificado na forma indicada no item 3.1, os documentos de habilitação listados nos itens 2.1 a 2.5 deste edital. Após a entrega dos envelopes de documentação, não será permitida substituição ou complementação de documentos, salvo os destinados à comprovação de fatos supervenientes, ocorridos após a data de divulgação deste edital.

7.3 Na mesma sessão pública, a Comissão (*Agente de Contratação ou Pregoeiro, conforme o* caso) fará a abertura do envelope de documentação do licitante ofertante da proposta classificada em primeiro lugar e procederá à verificação do atendimento das exigências legais de habilitação. Nessa análise, a Comissão (*Agente de Contratação ou Pregoeiro, conforme o caso*) poderá revelar erros ou falhas que não comprometam a substância e a validade dos documentos, consignando em ata as justificativas de sua decisão.

7.4 Se a documentação do ofertante da proposta classificada em primeiro lugar atender aos requisitos da habilitação, será ele confirmado como vencedor da licitação. Se a documentação desse licitante não atender às exigência da habilitação, a Comissão (*Agente de Contratação ou Pregoeiro, conforme o* caso) fará a abertura do envelope de documentação do ofertante da proposta classificada em segundo lugar, e, sucessivamente, dos envelopes dos demais licitantes, segundo a ordem da classificação das propostas, até que seja identificado um que atenda aos requisitos de habilitação, o qual será proclamado vencedor, se declarar, expressamente, que aceita a adjudicação nas mesmas condições da proposta do primeiro classificado.

7.5 Se algum licitante manifestar a intenção de recorrer contra o resultado da classificação das propostas, ou contra a habilitação, a Comissão (*o Agente de Contratação ou Pregoeiro, conforme o caso*) consignará em ata o registro correspondente, advertindo o interessado que deverá apresentar as razões recursais no prazo de 3 (três) dias úteis, a contar da data da sessão, ficando, desde logo, intimados os demais licitantes para apresentar contrarrazões em igual prazo, que se iniciará, independentemente de nova intimação, imediatamente após o término do prazo do recorrente.

8. RECURSOS ADMINISTRATIVOS

8.1 Das decisões proferidas pela Comissão (*pelo Agente de Contratação ou Pregoeiro, conforme o caso*) os interessados poderão interpor recurso para .... (*indicar a autoridade competente para o julgamento dos recursos administrativos*).

8.2 A intenção de recorrer deverá ser manifestada imediatamente à ciência do ato a ser impugnado, sob pena de preclusão, e o recurso deverá ser formulado no prazo de 3 (três) dias úteis, contados da data da comunicação da decisão, em petição escrita, endereçada à Comissão (*Agente de Contratação ou Pregoeiro, conforme o* caso), assinada pelo representante legal da licitante ou por procurador devidamente habilitado.

8.2.1 Quando formulado por meio eletrônico, a petição de recurso deverá ser assinada digitalmente. Interposto o recurso, os demais licitantes terão o prazo de 3 (três) dias úteis para apresentar contrarrazões, o qual se iniciará imediatamente após o término do prazo do recorrente, independentemente de nova intimação.

8.3 Em caso de recurso, a Comissão (Agente de Contratação ou Pregoeiro) deve apreciar as alegações formuladas e decidir, no prazo de 3 (três) dias úteis, se reconsidera sua decisão. Se não o fizer, deverá encaminhar o processo à autoridade competente, para decidir sobre o recurso, no prazo máximo de 10 (dez) dias úteis. Se a decisão for reconsiderada, o processo será, também, encaminhado à autoridade superior para apreciação das contrarrazões formuladas ao recurso, salvo se houver desistência por parte dos interessados.

8.4 Se a Comissão (*Agente de Contratação ou Pregoeiro, conforme o caso*) reconsiderar a decisão recorrida, comunicará aos demais licitantes, os quais poderão pedir que o processo seja encaminhado à autoridade superior, para apreciar as razões apresentadas nas impugnações oferecidas ao recurso.

8.5 Os recursos relativos à classificação de propostas e à habilitação de licitantes terão efeito suspensivo.

8.6 As decisões dos recursos serão divulgadas através do sítio eletrônico oficial e afixadas no Quadro de Avisos do órgão promotor da licitação, para conhecimento geral.

9. NEGOCIAÇÃO COM O VENCEDOR

9.1 Definido o resultado do julgamento das propostas e da habilitação, a Comissão (*Agente de Contratação ou Pregoeiro, conforme o caso*) promoverá negociação com o vencedor, para obtenção de condições de contratação mais vantajosas para a Administração.

9.2 A negociação poderá ser feita com os demais licitantes, segundo a ordem de classificação das propostas, quando o preço da proposta do primeiro colocado, mesmo após a negociação, permanecer acima do preço máximo de contratação, definido pela Administração.

9.3 O resultado da negociação constará de ata específica, assinada pelos membros da Comissão (*pelo Agente de Contratação ou Pregoeiro, conforme o caso*) e pelo vencedor, que será anexada ao processo, e divulgado através do sítio eletrônico oficial e afixado no Quadro de Avisos do órgão promotor da licitação, para conhecimento do público em geral.

10. APRESENTAÇÃO DO RESULTADO DA LICITAÇÃO

10.1 Não havendo recurso, ou decididos os recursos eventualmente formulados, o resultado da licitação, será formalizado em "Relatório de Julgamento" assinado pelos membros da Comissão (*pelo Agente de Contratação ou Pregoeiro, conforme o caso*), e encaminhado à autoridade competente, a qual poderá, em despacho fundamentado:

i) determinar o retorno do processo à Comissão (*ou ao Agente de Contratação ou Pregoeiro, conforme o caso*), para saneamento de eventuais irregularidades;

ii) homologar o julgamento e adjudicar o objeto ao vencedor;

iii) revogar a licitação, por motivo de conveniência e oportunidade, decorrente de fato superveniente devidamente comprovado;

iv) anular a licitação, de ofício ou mediante provocação de terceiros, quando constatada ilegalidade ou irregularidade insanável.

10.2 O despacho de adjudicação e homologação e a decisão a que se referem os incisos iii e iv, supra, serão divulgados no sítio eletrônico oficial e afixados no Quadro de Avisos do órgão promotor da licitação, para conhecimento do público em geral.

10.3 Contra a decisão de anulação ou revogação da licitação, poderão os interessados interpor recurso, no prazo de 3 (três) dias úteis, o qual será apreciado pela autoridade administrativa no prazo de 10 (dez) dias úteis (art. 165, I, "d", e § 2º da Lei 14.133/2021.

11. CONDIÇÕES DA CONTRATAÇÃO – GARANTIAS E PENALIDADES

11.1 Homologado o resultado da licitação, o vencedor terá o prazo de ...... (.....) dias úteis, a contar do recebimento da comunicação específica, para assinar o contrato respectivo, que obedecerá às condições indicadas na minuta que acompanha o edital, na qual estão definidas as condições da execução dos serviços e do pagamento dos preços, as obrigações da firma contratada e as penalidades a que estará sujeita pela eventual inobservância das condições ajustadas.

11.2 O prazo para assinatura do contrato poderá ser prorrogado, por uma vez, quando a adjudicatária comprovar ter ocorrido justo impedimento por motivo de força maior.

11.3 O contratado executará os serviços com observância rigorosa das especificações técnicas e demais condições deste Edital e de sua proposta, **devendo concluí-los integralmente no prazo máximo de ..... (...........) dias corridos**, de acordo com o Cronograma Físico apresentado.

11.4 No interesse da Administração, o valor do contrato decorrente desta licitação poderá ser acrescido ou reduzido em até 25% (vinte e cinco por cento), com o aumento ou a supressão dos serviços correspondentes, sem que disso resulte para a contratada direito a qualquer reclamação ou indenização.

11.5   Para garantia do integral cumprimento das obrigações assumidas, o contratado deverá prestar garantia, no valor correspondente a 5% (cinco por cento) do valor total do contrato, até .... (.....) dias após a assinatura do respectivo instrumento, em uma das modalidades abaixo relacionadas:

a) caução em dinheiro ou títulos da dívida pública;

b) fiança bancária;

c) seguro-garantia.

11.5.1 Em caso de caução em dinheiro, o depósito deverá ser feito em conta de poupança, em qualquer agência da rede bancária em nome do órgão promotor da licitação.

11.5.2 No caso da utilização da garantia, para cobrança de débitos da contratada, esta deverá providenciar a correspondente reposição, no prazo máximo de 5 (cinco) dias úteis, a contar da data em que for notificada.

11.5.3 Quando a garantia for prestada sob a forma de fiança bancária, a Carta de Fiança deverá ter validade mínima igual ao prazo inicial do contrato, com declaração expressa de renúncia do fiador aos benefícios do art. 827 do Código Civil brasileiro, bem assim conter cláusula de prorrogação automática, até que o órgão contratante confirme o cumprimento integral das obrigações da contratada. Quando o adjudicatário optar pelo seguro-garantia, deverá observar o disposto no art. 97 da Lei nº 14.133/2021.

11.5.4 O valor da garantia somente será liberado após o cumprimento integral das obrigações da contratada e desde que não haja pendências para com o órgão contratante.

11.6   A recusa do adjudicatário em assinar o contrato no prazo fixado na convocação específica caracterizará inadimplência das obrigações decorrentes desta licitação, sujeitando-a às penalidades previstas neste Edital (e seus anexos) e na legislação vigente.

11.6.1 Ocorrendo essa hipótese, o órgão promotor da licitação declarará cancelada a adjudicação e convocará os licitantes remanescentes, seguindo a ordem de classificação, para assinar o contrato, nas mesmas condições da vencedora.

11.7   O vencedor que se recusar a assinar o contrato estará sujeita às seguintes penalidades:

a) suspensão temporária do direito de licitar e contratar com o Poder Público;

b) multa equivalente a ......% (........ por cento) do valor da adjudicação; ou

c) ressarcimento, ao órgão promotor da licitação, do valor correspondente à diferença entre o preço da adjudicação recusada e o valor da contratação que vier a ser feita para a execução dos trabalhos licitados.

11.8   O valor da multa de que trata a letra "b" do subitem anterior deverá ser recolhido à conta-corrente nº ...., agência .... do Banco ...., em nome do órgão promotor da licitação, no prazo de até 5 (cinco) dias úteis, a partir de sua intimação por ofício, sujeita à atualização monetária, com base no mesmo índice aplicável aos créditos da Fazenda Pública, quando recolhida após esse prazo.

11.9   As penalidades serão aplicadas mediante procedimento administrativo específico, que assegurará o contraditório e a ampla defesa.

12. DOTAÇÃO ORÇAMENTÁRIA

As despesas decorrentes desta licitação correrão à conta das dotações orçamentárias específicas do(a) ...., consignadas no Orçamento para o exercício de ...., elemento de despesa ....

13. DISPOSIÇÕES FINAIS

13.1   O órgão promotor da licitação reserva-se o direito de:

a) revogá-la, no todo ou em parte, sempre que forem verificadas razões de interesse público decorrente de fato superveniente, ou anular o procedimento, quando constatada ilegalidade no seu processamento;

b) alterar as condições deste Edital, reabrindo o prazo para apresentação de propostas, na forma da legislação, salvo quando a alteração não afetar a formulação das ofertas;

c) adiar o recebimento das propostas, divulgando, mediante aviso público, a nova data.

13.2   Até a assinatura do contrato, a autoridade competente para aprovar o procedimento poderá inabilitar o licitante vencedor, mediante despacho fundamentado, e sem prejuízo de outras sanções cabíveis, assegurados o contraditório e a ampla defesa, caso tenha conhecimento de qualquer circunstância anterior ou posterior ao julgamento da licitação, que desabone a idoneidade financeira, técnica ou administrativa do licitante.

13.3   O órgão promotor da licitação poderá cancelar, de pleno direito, a Nota de Empenho que vier a ser emitida em decorrência desta licitação e rescindir o contrato, independentemente de interpelação judicial ou extrajudicial, sem que assista ao contratado qualquer espécie de direito, quando:

a) for requerida ou decretada a falência ou liquidação do contratado, ou quando ele entrar em recuperação judicial ou for atingido por execução judicial, ou outros fatos que comprometam a sua capacidade econômico-financeira;

b) o contratado for declarado inidôneo ou punido com proibição de licitar ou contratar com qualquer órgão integrante da Administração Pública;

c) em cumprimento de determinação administrativa ou judicial, que declare a nulidade da adjudicação.

13.4   Em caso de recuperação judicial do contratado, o contrato poderá ser mantido, se ele oferecer garantias que sejam consideradas adequadas e suficientes para o satisfatório cumprimento das obrigações por ele assumidas.

13.5   A Comissão (*o Agente de Contratação ou Pregoeiro, conforme o caso*) ou a autoridade superior poderão, em qualquer fase da licitação, promover as diligências que considerarem necessárias, para esclarecer ou complementar a instrução do processo licitatório.

13.6   Pedidos de esclarecimento ou eventuais impugnações contra este edital deverão ser formuladas perante a Comissão (*o Agente de Contração ou o Pregoeiro, conforme o caso*) de Licitação, no prazo de até 3 (três) dias úteis antes da data prevista para o recebimento dos envelopes das propostas.

13.7   A resposta da Comissão (*do Agente de Contratação ou do Pregoeiro, conforme o caso*) será comunicada ao interessado, por meio eletrônico, e divulgada no sítio eletrônico oficial e afixada no Quadro de Avisos do órgão promotor da licitação.

13.8   Quando o questionamento implicar alteração de condição básica da licitação, o Edital será revisto e o prazo de apresentação das propostas será reaberto.

14 ANEXOS DO EDITAL

Integram este edital os seguintes anexos:

- Especificações Técnicas dos Trabalhos (*ou dos Materiais/Equipamentos, no caso de compra*)
- Modelos da Carta-proposta e da Planilha de Preços
- Minuta do Contrato

(*local e data, nome e assinatura*)

Endereço da Comissão:

CARTA-PROPOSTA

(dirigida à Comissão, Agente de Contratação ou Pregoeiro, conforme o caso)

Referência: CONCORRÊNCIA (PREGÃO) nº ..../......

Apresentamos nossa proposta para execução dos serviços (*ou do fornecimento, conforme o caso*) objeto da Licitação acima referida, cujos preços estão discriminados na Planilha anexa, parte integrante desta proposta.

Declaramos que:

a) concordamos, sem qualquer restrição, com as condições da licitação estabelecidas neste Edital e seus anexos;

b) recebemos todas as informações e os documentos necessários à elaboração da proposta;

c) temos conhecimento do local e das condições de execução dos serviços objeto da licitação;

d) nesta data, atendemos a todas as exigências legais de habilitação e apresentaremos, no momento indicado no edital, a documentação comprobatória correspondente, comprometendo-nos a comunicar a esse órgão a eventual superveniência de fato que implique alteração das condições de habilitação e qualificação para a satisfatória execução dos serviços licitados;

e) esta empresa cumpre o disposto no inciso XXXIII do art. 7º da Constituição Federal e não possui, em seu quadro de pessoal, menores de dezoito anos, salvo na condição de aprendiz, nem trabalhando em horário noturno, em atividade insalubre ou perigosa;

f) esta empresa cumpre as exigências legais de reserva de cargos para pessoas com deficiência e para reabilitação da Previdência Social;

f) os preços na proposta contemplam todos os custos e as despesas incidentes sobre os serviços (*ou sobre o fornecimento, conforme o caso*), inclusive os destinados ao atendimento dos direitos trabalhistas assegurados pela legislação em vigor, pelas convenções e acordos coletivos e termos de ajustamento de conduta assinados;

b) estamos cientes de que os pagamentos serão efetuados após a aprovação das faturas correspondentes, mediante o atendimento das exigências legais e contratuais para esse recebimento;

Esta proposta é válida pelo prazo mínimo de ..... (.............) dias, a contar da data da sua entrega, comprometendo-nos, entretanto, a prorrogar tal prazo, se necessário para assegurar a conclusão do procedimento licitatório.

........................, ... de ....de ....
(assinatura do representante legal da Proponente)
Nome:
Cargo:

PLANILHA DE PREÇOS PARA EXECUÇÃO DE OBRA/SERVIÇO

Licitação nº _____ OBJETO: Execução de: _____
PROPONENTE: _____
CNPJ/CPF: _____
Endereço: _____

ITEM	DESCRIÇÃO DA ATIVIDADE	QUANTITATIVO	PREÇO UNITÁRIO (*)	PREÇO TOTAL

(*) Anexar a composição de custos, inclusive tributários, de cada valor cotado

Local e data: _____/_____/_____/_____
_____
Assinatura do proponente (ou de seu representante legal)

PLANILHA DE PREÇOS PARA FORNECIMENTO DE BENS (*)

Licitação nº _____ OBJETO: Fornecimento de: _____
PROPONENTE: _____
CNPJ/CPF: _____
Endereço: _____

ITEM	DESCRIÇÃO DO BEM	PREÇO UNITÁRIO	FRETE/ SEGURO	IPI	ICMS	PREÇO TOTAL

Local e data: _____/_____/_____/_____

_____
Assinatura do proponente (ou de seu representante legal)

(*) Para as licitações de compras

ATA DA SESSÃO PÚBLICA DE RECEBIMENTO
DOS ENVELOPES DE PROPOSTAS

CONCORRÊNCIA (PREGÃO) Nº ....

Às ....horas do dia ......de ....de ...., no (endereço do órgão promotor da licitação), nesta cidade de ...., perante a Comissão (*Agente de Contratação ou Pregoeiro, conforme o caso*) designada(o) pela Portaria nº ......, de .... de ....de ...., compareceram os senhores (*indicar os nomes dos representantes e das empresas representadas*), interessadas na licitação acima indicada, que tem por objeto a contratação de ... (*referir a obra, o serviço ou o fornecimento a ser contratado*). Após assinarem a Lista de Presenças e devidamente identificados, os representantes das empresas nomeadas apresentaram os envelopes de suas propostas. Verificada a inviolabilidade dos invólucros, o presidente da Comissão (*o Agente de Contratação ou Pregoeiro, conforme o caso*) fez a abertura dos envelopes e leu em voz alta os valores totais de cada proposta, os quais são os seguintes:

PROPONENTE	VALOR GLOBAL DA PROPOSTA – R$

Os documentos das propostas foram, então, rubricados pelos membros da Comissão (*pelo Agente de Contratação ou Pregoeiro, conforme o caso*) e pelos licitantes. Em seguida, foi franqueada a palavra para as observações que os licitantes entendessem cabíveis, não tendo havido qualquer pedido de registro (*se houver alguma manifestação, a ata deverá consignar o registro correspondente*). O presidente (*o Agente de Contratação ou Pregoeiro, conforme o caso*) informou que será feita a análise e a classificação das propostas e convocará, em seguida, nova sessão pública para divulgar o resultado do julgamento e determinou a lavratura desta ata, que foi lida, achada conforme e vai assinada pelos presentes.

(seguem-se as assinaturas)

Nota:

Nas licitações mais simples, em que for possível analisar e classificar as propostas imediatamente, o resultado do julgamento constará da ata da sessão inaugural.

ATA DA SESSÃO PÚBLICA DE DIVULGAÇÃO DA CLASSIFICAÇÃO DAS PROPOSTAS

Concorrência (PREGÃO) n° ..../......

Às ....horas do dia ....de ....de ...., no (endereço do órgão promotor da licitação), nesta cidade de ...., reuniu-se a Comissão de Contratação (*Agente de Contratação ou Pregoeiro, conforme o caso*) responsável pelo processamento da licitação acima referenciada, para divulgar o resultado da análise e classificação das propostas das empresas participantes da licitação. A Lista de Presenças que acompanha esta ata registra os licitantes, ou seus representes, que atenderam à convocação. O presidente da Comissão (*o Agente de Contratação ou Pregoeiro, conforme o caso*) leu o relatório da análise das propostas, que acompanha e integra esta ata, com base no qual foi elaborada a seguinte lista de classificação, com base nos valores globais indicados:

PROPONENTE	VALOR GLOBAL DA PROPOSTA – R$

(*se alguma proposta tiver sido desclassificada, deverá constar a ata o motivo e justificativa da desclassificação*). Franqueada a palavra aos presentes, para os comentários ou impugnações que entendessem cabíveis, todos declararam que aceitavam o resultado apresentado e renunciavam ao direito de recurso (1). O presidente (*o Agente de Contratação ou Pregoeiro, conforme o caso*) informou que o resultado da licitação será encaminhado à autoridade competente, para homologação e adjudicação. Nada mais havendo a tratar, o presidente determinou a lavratura desta ata, que foi lida e aprovada por todos os licitantes, que a assinam, juntamente com os membros da Comissão.

(assinaturas dos presentes)

Nota:

1. Se algum licitante manifestar a intenção de recorrer, o presidente da Comissão (o Agente de Contratação ou Pregoeiro, conforme o caso) informará ao interessado que o prazo de recurso é de 3 (três dias) úteis, contados da data da sessão, e que os demais licitantes terão igual prazo para contrarrazões, a contar do término do prazo do recorrente

ATA DE DIVULGAÇÃO DA NEGOCIAÇÃO COM O LICITANTE VENCEDOR
CONCORRÊNCIA/PREGÃO Nº ....

O presidente da Comissão (*Agente de Contratação ou Pregoeiro, conforme o caso*) do (*nome do órgão promotor da licitação*) divulga, para conhecimento dos participantes da licitação acima referenciada e do público em geral, que, na conformidade do que estabelecem a Lei nº ...., de .../.../..... e o edital respectivo, promoveu negociação com a empresa ....(*nomear*) declarada vencedora da licitação acima referenciada, com vistas à obtenção de condições mais vantajosas para a Administração, tendo a mesma concordado em conceder um desconto da ordem de .....% (......) sobre o preço global indicado na proposta de ..../..../......, cujo valor final ficou fixado em R$ ....(.. ....), considerado satisfatório para a realização do objeto da licitação, mantidas inalteradas as demais condições da proposta e do edital de .../.../.... Em consequência desse resultado, a Comissão (*o Agente de Contratação ou Pregoeiro, conforme o caso*) recomendará, no Relatório de Julgamento da licitação, a adjudicação do objeto à empresa (*nomear*), para que com ela seja celebrado o correspondente contrato, nas condições estabelecidas na minuta que acompanhou o edital da licitação, pelo preço global resultante da negociação acima referida.

(local, data e assinaturas do Presidente da Comissão (ou Agente de Contratação ou Pregoeiro, conforme o caso)

e do representante legal da empresa licitante vencedora)

RELATÓRIO DE JULGAMENTO
CONCORRÊNCIA/PREGÃO Nº ....

1. OBJETO DA LICITAÇÃO

A licitação referenciada tem por objeto a execução de ... (*indicar a obra, o serviço ou o fornecimento que está sendo licitado*).

2. CONVOCAÇÃO

A licitação foi convocada pelo edital divulgado no sítio eletrônico oficial no dia ../../....., cuja cópia foi afixada no quadro de avisos do órgão promotor da licitação, conforme determina o art. 54 da Lei nº 14.133/2021.

3. EMPRESAS PARTICIPANTES

Conforme registram a lista de presenças e a ata da sessão pública realizada em .../.../......, constantes do processo respectivo, atenderam à convocação e compareceram para apresentar proposta as seguintes empresas:

4. ANÁLISE E CLASSIFICAÇÃO DAS PROPOSTAS

As propostas dos licitantes, recebidas em envelopes fechados, tiveram seus valores lidos pelo presidente da Comissão (*pelo Agente de Contratação ou Pregoeiro, conforme o caso*) e os documentos que as integram foram rubricados por todos os presentes à sessão pública de abertura.

Todas as propostas atenderam às exigências das especificações técnicas e demais condições do edital (1) e indicaram os seguintes valores globais:

Licitante	Preço – R$

As propostas não apresentaram erros materiais ou qualquer irregularidade na sua formulação e os preços cotados foram considerados compatíveis com os praticados no mercado, dentro dos limites de aceitabilidade e compatíveis com o valor estimado para a contratação, com demonstrativos de custos adequados às normas legais específicas.

Notas:

1. Se alguma proposta deixou de atender a alguma exigência do edital, o relatório deverá indicar a exigência desatendida.

2. O relatório deverá indicar qual(ais) a(s) proposta(s) considerada(s) inexequível(eis) e justificar a(s) eventual(ais) desclassificação(ões).

3. O relatório deve referir cada um dos fatores de avaliação analisados, com a justificativa das observações da análise que, porventura, tenham determinado eventual(ais) desclassificação(ões).

4. Se tiver havido recurso contra a classificação, o relatório deverá consignar o fato e o resultado da análise do recurso.

5. RESULTADO DO JULGAMENTO

Na conformidade do critério de julgamento estabelecido no Edital, foi classificada em primeiro lugar a proposta da empresa ....(*indicar o nome da firma ofertante da proposta que obteve a melhor classificação*), que apresentou as condições mais vantajosas, com o menor preço final (unitário, mensal ou global, conforme o caso), adequado às disponibilidades orçamentárias da Administração, à estimativa de contratação e ao cronograma físico (*ou de entregas, no caso de compras*) compatível com o prazo fixado para a conclusão dos trabalhos (*ou do fornecimento*). O resultado do julgamento foi comunicado aos licitantes em sessão pública, cuja ata acompanha esse relatório.

Nota:

Nas licitações de compra, com cotação por item, deverá acompanhar o Relatório de Julgamento o quadro dos preços unitários e totais de cada item cotado, uma vez que a adjudicação será feita com base no menor valor final de cada item.

6. NEGOCIAÇÃO COM A LICITANTE VENCEDORA

Conforme previsto no edital, a Comissão (*o Agente de Contratação ou Pregoeiro, conforme o caso*) promoveu negociação com a empresa ofertante da proposta classificada em primeiro lugar, com vistas à obtenção de condições mais vantajosas para a Administração. A negociação foi realizada com obediência à diretriz fixada no art. 61 da Lei 14.133/2021, tendo propiciado uma redução de ...% (....) do preço final da proposta, que ficou estabelecido em R$ .... (.................). O resultado da negociação foi divulgado no sítio eletrônico oficial no dia ..../..../.... e está expresso em ata assinada que integra este Relatório.

7. **RECOMENDAÇÃO DA COMISSÃO**
   (Do Agente de Contratação ou Pregoeiro, conforme o caso)

Em face desse resultado, a Comissão de Contratação (*Agente de Contratação ou Pregoeiro, conforme o caso*) encaminha o processo com o presente Relatório à autoridade superior, para adjudicação do objeto da licitação à licitante .... (*indicar a licitante vencedora*), recomendando que com ela seja celebrado contrato correspondente, nos termos da minuta que acompanhou o edital, pelo valor de R$ ...., resultante da negociação realizada na forma acima descrita, com a subsequente homologação do procedimento licitatório.(4)

........................., ...de ....de ....
(assinaturas dos membros da Comissão de Licitação)

MODELOS PARA LICITAÇÕES DE MELHOR TÉCNICA E DE TÉCNICA E PREÇO

EDITAL DA CONCORRÊNCIA Nº ..../........

O .... (*nome do órgão promotor da licitação*) torna público, para conhecimento das empresas interessadas, que está aberta a licitação acima indicada, que objetiva a contratação de firma especializada para execução da(o) .... (*indicar a obra, serviço ou fornecimento a ser contratado*). A Licitação será processada na conformidade da Lei nº 14.133, de 1º de abril de 2021, e das condições estabelecidas neste Edital.

O procedimento da licitação será conduzido pela Comissão de Contratação designada pelo ato (Decreto, Portaria) nº ....., publicado em .../..../......,

Para obter informações adicionais que considerarem necessárias à elaboração da proposta, os interessados deverão entrar em contato com a Comissão de Contratação no endereço indicado no final deste Edital, no horário de ...... às .... e de .... às ..... horas, de segunda a sexta-feira, inclusive pelo telefone .... ou pelo *e-mail* ....

1. CONDIÇÕES DE PARTICIPAÇÃO NA LICITAÇÃO

1.1 A participação na licitação importa total e irrestrita submissão dos proponentes às prescrições da Lei nº 14.133/2021 e às condições deste Edital.

1.2 As propostas deverão abranger a execução da totalidade dos trabalhos indicados nas especificações que acompanham este edital, admitida a subcontratação, por conta e risco do vencedor da licitação, nas hipóteses e condições previamente autorizadas, conforme previsto na minuta do contrato que acompanha este Edital.

> **Nota:** *Nas licitações de compra, esse subitem deverá ter a seguinte redação:*
>
> *"1.2 As propostas poderão abranger a totalidade dos itens do anexo das especificações, ou apenas parte deles, segundo a capacidade de atendimento da licitante, ficando esclarecido que o órgão licitador contratará tantos fornecedores quantos sejam capazes de entregar, no prazo desejado, a totalidade dos materiais/equipamentos a serem adquiridos, observado o critério de julgamento fixado neste edital".*

1.3 Não poderão concorrer, direta ou indiretamente, nem participar da execução dos trabalhos licitados:

a) o autor do anteprojeto, do projeto básico ou do projeto executivo, pessoa física ou jurídica, quando a licitação versar sobre obra, serviços ou fornecimento de bens a ele relacionados;

b) empresa, isoladamente ou em consórcio, responsável pela elaboração do projeto básico ou do projeto executivo ou empresa da qual o autor do projeto seja dirigente, gerente, controlador, acionista ou detentor de mais de 5% (cinco por cento) do capital com direito a voto, responsável técnico ou subcontratado, quando a licitação versar sobre obra, serviços ou fornecimento de bens a ela necessários;

c) pessoa física ou jurídica que se encontre, ao tempo da licitação, impossibilitada de participar da licitação em decorrência de sanção que lhe tenha sido imposta;

d) aquele que mantiver vínculo de natureza técnica, comercial, econômica, financeira, trabalhista ou civil, ou seja cônjuge, companheiro ou parente em linha reta, colateral ou por afinidade, até o terceiro grau, de dirigente do órgão ou entidade contratante ou agente público que desempenhe função na licitação ou que atue na fiscalização ou na gestão do contrato;

e) empresas controladoras, controladas ou coligadas, nos termos da Lei nº 6.404, de 15 de dezembro de 1976, concorrendo entre si;

f) pessoa física ou jurídica que, nos 5 (cinco) anos anteriores divulgação do edital, tenha sido condenada judicialmente, com trânsito em julgado, pela exploração de trabalho infantil, submissão de trabalhadores a condições análogas às de escravo ou contratação de adolescentes nos casos vedados pela legislação trabalhista.

g) empresas em estado de falência, de concurso de credores, de dissolução ou de liquidação;

h) empresas que tenham sido declaradas inidôneas por qualquer órgão da Administração Pública, direta ou indireta, federal, estadual ou municipal, bem como as que estejam punidas com suspensão do direito de contratar ou licitar com a Administração Pública;

i) servidor de qualquer órgão ou entidade vinculada ao órgão promotor da licitação, bem assim a empresa da qual tal servidor seja sócio, dirigente ou responsável técnico.

1.4 O impedimento de que trata a alínea "c" será também aplicado ao licitante que esteja atuando em substituição a outra pessoa, física ou jurídica, com o intuito de burlar a efetividade da sanção a essa aplicada, incluindo sua controladora, controlada ou coligada, desde que devidamente comprovado o ilícito ou a utilização fraudulenta da personalidade jurídica do licitante.

1.5 Será admitida a participação de empresas consorciadas, observadas as seguintes condições:

a) as empresas consorciadas deverão apresentar instrumento público ou particular de compromisso de constituição de consórcio, com a indicação das participantes e respectivos percentuais na participação, bem como da empresa líder, que será a responsável principal, perante o órgão promotor da licitação, pelos atos praticados pelo consórcio, sem prejuízo da responsabilidade solidária das empresas consorciadas, tanto na fase de licitação quanto na de execução do contrato;

b) cada empresa consorciada deverá apresentar a documentação exigida para a habilitação, conforme indicado neste Edital, admitindo-se, para efeito da qualificação técnica, o somatório dos quantitativos de cada consorciada e, para efeito da qualificação econômico-financeira, o somatório dos valores de cada consorciada, na proporção de sua participação;

c) uma empresa consorciada não poderá participar da licitação, ao mesmo tempo, isoladamente ou através de mais de um consórcio;

d) o consórcio terá, no máximo, ... (*indicar o* número) empresas participantes;

e) se vencedor, o consórcio ficará obrigado a promover, antes da assinatura do Contrato de Empreitada/Prestação de Serviços, a sua constituição definitiva, nos termos do compromisso acima referido e na forma estabelecida pelo art. 279 da Lei nº 6.404, de 15 de dezembro de 1976. A falta de comprovação do registro da constituição aqui referida, no prazo fixado para a assinatura do contrato, implicará o cancelamento da adjudicação, sem direito a qualquer ressarcimento ou indenização, e sem prejuízo das sanções previstas neste edital.

2. REQUISITOS DE HABILITAÇÃO

2.1 Os interessados em participar desta licitação deverão atender aos requisitos legais de habilitação jurídica, técnica, fiscal, social e trabalhista e econômico-financeira, os quais serão aferidos na fase seguinte à análise e classificação das propostas de preços, mediante a apresentação da seguinte documentação:

2.1.1 **Habilitação Jurídica**:

a) registro comercial, no caso de empresa individual;

b) ato constitutivo (estatuto ou contrato social), devidamente registrado, atualizado com a indicação dos atuais administradores ou dirigentes;

c) decreto de autorização e ato de registro ou autorização para funcionamento expedido pelo órgão competente, quando se tratar de firma estrangeira em funcionamento no país.

2.1.2 **Qualificação Técnica**:

a) registro no órgão fiscalizador da atividade profissional;

b) indicação das instalações, aparelhamento e pessoal técnico adequados e disponíveis para a realização dos trabalhos a serem contratados;

c) atestados passados por pessoas jurídicas de direito público ou privado, devidamente registrados no órgão fiscalizador competente, que comprovem que a licitante executou ou está executando, a contento, trabalhos de natureza e vulto compatíveis com o objeto desta licitação.

> **Notas:** *1. Nas licitações de compra, as alíneas "b" e "c" deste subitem deverão ter a seguinte redação:*
>
> *"b) indicação das instalações, aparelhamento e pessoal técnico adequados e disponíveis para a prestação da assistência técnica durante o período da garantia dos materiais/equipamentos ofertados;*
>
> *c) atestados passados por pessoas jurídicas de direito público ou privado para as quais já tenha a licitante fornecido materiais/equipamentos similares aos que estão sendo ofertados nesta licitação, que comprovem a qualidade técnica dos produtos e o bom desempenho da fornecedora na prestação da assistência técnica prestada."*
>
> *2. Quando o fornecimento envolver equipamentos a serem fabricados, deverá ser exigida a prova do registro da licitante no respectivo Conselho Regional de Engenharia, Arquitetura e Agronomia – CREAA.*

2.1.3 Qualificação Econômico-Financeira:

a) certidão negativa de pedido de falência ou de recuperação judicial, expedida pelo distribuidor judicial da sede da licitante;

b) balanço patrimonial e demonstrações contábeis do último exercício social, já exigíveis e apresentados na forma da lei, vedada sua substituição por balancetes ou balanços provisórios, podendo ser atualizados por índices oficiais quando encerrados há mais de 3 (três) meses da data de apresentação da proposta, que permitam aferir a condição financeira da empresa.

> **Nota:**
>
> *O edital deverá indicar os coeficientes e os índices que serão utilizados para aferir a aptidão econômica dos licitantes.*

2.1.4 Regularidade Fiscal:

a) inscrição no Cadastro Nacional de Pessoas Jurídicas (CNPJ);

b) inscrição no cadastro de contribuintes estadual e municipal, relativo à sede da licitante, pertinente ao seu ramo de atividade e compatível com o objeto deste Edital;

c) certificados de regularidade perante a Seguridade Social e o Fundo de Garantia do Tempo de Serviço – FGTS;

d) certidões de regularidade para com a Fazenda Federal, Estadual e Municipal do domicílio ou sede da licitante.

2.2 Os interessados deverão comprovar, ainda, mediante declaração, conforme modelo anexo, na forma da Lei nº 9.854, de 27 de outubro de 1999, o cumprimento do disposto no inciso XXXIII do art. 7º da Constituição Federal.

2.3 Os licitantes que pretenderem subcontratar partes do objeto do futuro contrato deverão apresentar todos os documentos listados nos itens 2.1.2 a 2.1.4, relativos à(s) empresa(s) que será(ão) subcontratada(s).

2.4 Os documentos para habilitação poderão ser apresentados em original, cópias autenticadas em cartório ou conferidas e autenticadas pela Comissão, no ato da apresentação, mediante cotejo com os originais.

2.5 A documentação de habilitação poderá ser substituída por Certificado de Registro Cadastral em vigor, emitido por órgão ou entidade da Administração Pública, ficando esclarecido que, antes da assinatura do contrato, o vencedor da licitação deverá apresentar a comprovação de atualização dos documentos de habilitação.

3. FORMA DE APRESENTAÇÃO DAS PROPOSTAS

3.1 **O modo de disputa nesta licitação será o "fechado"** e as propostas deverão ser apresentadas **em 2 (dois) envelopes distintos**, fechados e lacrados, como seguinte endereçamento:

"À COMISSÃO DE CONTRATAÇÃO DO .... (nome do órgão promotor da licitação)

CONCORRÊNCIA Nº ..../..... – OBJETO:

LICITANTE:

ENVELOPE 1 – PROPOSTA TÉCNICA"

"À COMISSÃO DE CONTRATAÇÃO DO .... (nome do órgão promotor da licitação)

CONCORRÊNCIA Nº ..../..... – OBJETO:

LICITANTE:

ENVELOPE 2 – PROPOSTA DE PREÇOS"

3.2 Não será admitido o encaminhamento de propostas por *e-mail*, por fax ou via postal.

3.3 O portador dos envelopes de propostas deverá estar devidamente credenciado pelo proponente mediante procuração com poderes específicos para prestar os esclarecimentos que forem requisitados pela Comissão, assumir compromissos em nome do proponente, formular e responder a impugnação e praticar os demais atos relacionados com a licitação. Quando o portador da proposta for dirigente da empresa proponente, deverá apresentar cópia do ato constitutivo da empresa e do ato comprobatória da representação legal.

3.4 Após o recebimento dos envelopes, não serão aceitas juntada ou substituição de quaisquer documentos, nem retificação de preços ou condições.

3.5 O recebimento dos envelopes não conferirá aos proponentes qualquer direito contra o órgão promotor da licitação, observadas as prescrições da legislação específica.

4. CONTEÚDO DOS ENVELOPES DAS PROPOSTAS

4.1 As propostas deverão ser apresentadas em 2 (dois) envelopes distintos, compreendendo:

Envelope 1 – Proposta Técnica

O licitante deverá apresentar, no **Envelope 1**, em originais devidamente assinados por seu representante legal, os seguintes elementos:

a) a Carta-Proposta, conforme modelo anexo, assinada pelo representante legal ou procurador habilitado do licitante;

b) a descrição da metodologia e do programa de trabalho, com o detalhamento de cada etapa de desenvolvimento das atividades listadas no anexo das especificações técnicas dos serviços e indicação da tecnologia e dos recursos materiais que serão empregados na realização dos serviços;

c) a designação dos integrantes das equipes técnicas indicadas para a execução dos trabalhos e a descrição das atribuições de cada membro e atestados comprobatórios da experiência de cada integrante das equipes, devidamente registrados no órgão fiscalizados da atividade profissional;

d) a relação e declaração de disponibilidade dos equipamentos e ferramental que serão utilizados na execução dos serviços;

e) o Cronograma Físico discriminativo dos prazos de início e término de cada etapa dos serviços a serem executados, respeitado o prazo máximo de conclusão fixado no edital;

f) atestados passados por pessoas jurídicas de direito público ou privado, para as quais já tenha o proponente executado obras ou serviços similares aos que são objeto desta licitação, nos quais se confirme a qualidade técnica dos serviços e o correto cumprimento das condições dos respectivos contratos;

g) a relação dos compromissos assumidos (obras e serviços em execução), com declaração dos contratantes que ateste o cumprimento dos prazos e demais obrigações contratuais.

Notas:

1. Nas licitações de compra, as alíneas desse subitem deverão ter a seguinte redação:

"a) a Carta-Proposta, conforme modelo anexo, assinada pelo representante legal ou procurador habilitado do licitante;

b) a descrição detalhada dos materiais/equipamentos ofertados, com a indicação das características técnicas de cada um deles, acompanhada dos catálogos, folhetos, prospectos e demais elementos informativos que permitam avaliar sua qualidade técnica, bem como o prazo e as condições da garantia;

c) a descrição da estrutura organizacional e técnica, com descrição das instalações e a indicação da equipe que serão utilizadas para o atendimento da assistência técnica no período da garantia dos materiais/equipamentos indicada na proposta;

d) o Cronograma de Entregas, com a indicação dos prazos parciais e final para a conclusão do fornecimento;

e) atestados passados por pessoas jurídicas de direito púbico ou privado, para as quais já tenha a proponente fornecido bens e equipamentos similares aos que são objeto desta licitação, em que se confirme a qualidade técnica dos produtos e o bom desempenho da licitante no cumprimento dos respectivos contratos e na prestação da assistência técnica".

2. Nas licitações em que for exigida a prestação de garantia de proposta, o comprovante de seu recolhimento deverá constar do Envelope 1, sob pena de exclusão do licitante

Envelope 2 – Proposta de Preços

A proposta de preços deverá ser apresentada em original, conforme os modelos anexos, e conter, obrigatoriamente:

a) os preços unitários e totais, para cada item da planilha;

b) o preço global da proposta, em algarismos e por extenso;

c) a composição de custos dos preços ofertados para cada item da planilha, com a discriminação dos tributos incidentes;

d) o Cronograma de Desembolso Financeiro, com indicação dos faturamentos mensais, associados aos prazos parciais de conclusão dos trabalhos indicados no Cronograma de Entregas

Nas licitações de compra as letras supra deverão ter a seguinte redação:

a) os preços unitários e totais de cada item cotado;

b) a discriminação das parcelas referentes a frete (carga e descarga), seguro e impostos incidentes;

c) os preços unitários e totais, por item da planilha (Anexo 03) e o valor global da proposta, em números e por extenso;

d) o Cronograma de Desembolso Financeiro, com indicação dos faturamentos mensais, associados aos prazos parciais de entrega indicados no Cronograma de Entregas.

4.2 A proposta deverá estar datilografada com clareza, em .... via(s), sem emendas, rasuras, borrões, acréscimos ou entrelinhas, em papel timbrado da licitante, ou impressa por processo eletrônico, com a indicação do número desta licitação, a identificação e endereço completo da proponente e a qualificação do signatário.

4.3 Na formulação da proposta, o licitante deverá computar todos os custos relacionados com os trabalhos a serem executados, quer os de materiais, quer os de mão de obra e transporte, bem assim as despesas de natureza tributária, trabalhista e previdenciária, ficando esclarecido que não será admitida qualquer alegação posterior que vise à ressarcimento de custos não considerados nos preços cotados, ressalvadas as hipóteses de criação ou majoração de encargos fiscais.

4.4 Os preços cotados deverão ser referidos à data-limite de recebimento das propostas, considerando-se a condição de pagamento à vista, não devendo, portanto, computar qualquer custo financeiro para o período de processamento das faturas.

4.5 Não serão consideradas propostas com oferta de vantagem não prevista neste Edital, nem preço ou vantagem baseados nas ofertas dos demais licitantes.

5. RECEBIMENTO E ABERTURA DOS ENVELOPES DAS PROPOSTAS

5.1 Os envelopes das propostas serão recebidos pela Comissão de Contratação em sessão pública, na data, horário e local seguintes:

Data: ... /... /....

Hora: ....h

Local: ....

5.2 Colhida a assinatura dos representantes das licitantes na Lista de Presenças, o Presidente da Comissão encerrará a fase de recebimento dos envelopes.

5.3 Uma vez iniciada a abertura dos envelopes, não será recebida proposta de retardatário e em nenhuma hipótese será concedido prazo para apresentação de documento exigido neste Edital, nem admitida qualquer retificação ou alteração das condições ofertadas.

5.4 Da sessão de recebimento e abertura dos envelopes das propostas será lavrada ata circunstanciada, assinada pelos membros da Comissão e pelos representantes dos licitantes, na qual serão registradas as observações e as impugnações por estes formuladas e quaisquer outras ocorrências da sessão.

6. JULGAMENTO DAS PROPOSTAS

As propostas serão analisadas exclusivamente com base nos dados dos documentos constantes dos Envelopes 1 e 2, conforme a seguir indicado.

6.1 AVALIAÇÃO DAS PROPOSTAS TÉCNICAS

Fatores de avaliação

6.1.1 A Comissão analisará as propostas técnicas com base nas informações e nos dados constantes dos documentos dos envelopes 1, sendo-lhe facultado, se entender necessário, solicitar esclarecimentos complementares aos licitantes. As respostas e informações complementares dos licitantes deverão ser prestadas sempre por escrito, nos prazos fixados pela Comissão, mas não poderão acarretar modificação das condições já indicadas nas propostas.

6.1.2 A avaliação das propostas será feita mediante a atribuição de pontos e pesos aos seguintes fatores:

FATOR	PONTUAÇÃO (01 a 100)	PESO
Metodologia e programa de trabalho		
Qualificação e experiência das equipes técnicas indicadas		
Descrição dos equipamentos e ferramental		
Desempenho do licitante em contratações anteriores		
Cronograma físico		

Notas:

Se outros fatores tiverem sido previstos, em função da natureza e da complexidade dos serviços a serem executados, o edital deverá indicar a pontuação e os pesos correspondentes, para efeito de avaliação e classificação.

Os valores dos pesos dos fatores são meramente sugestivos.

Nas licitações de compra, os fatores de avaliação serão:

"Especificações e características técnicas dos materiais/equipamentos ofertados;

Prazo e condições de garantia e instalações, aparelhamento e pessoal técnico disponíveis para assistência técnica no período da garantia;

Cronograma de Entregas;

Desempenho do licitante em fornecimentos anteriores;

Desempenho de qualidade dos materiais/equipamentos ofertados".

6.1.3 A metodologia e o programa de trabalho serão analisados com vistas a verificar se guardam conformidade e coerência com as normas técnicas aplicáveis ao tipo da obra ou serviço a ser contratado. Para a metodologia considerada a mais adequada às normas técnicas será atribuída a pontuação máxima (100 pontos), e pontuação decrescente para as demais propostas, proporcionalmente às incompatibilidades ou às incongruências eventualmente detectadas.

6.1.4 A qualificação da equipe técnica será aferida em função dos títulos de formação de cada integrante e da efetiva participação em trabalhos similares aos da licitação, comprovada pelos atestados devidamente certificados pelo respectivo órgão fiscalizador da atividade profissional. Para cada título de formação serão atribuídos 10 (dez) pontos, até o máximo de 100 (cem) pontos; para cada efetiva participação comprovada por atestado certificado serão atribuídos 10 (dez) pontos, até o máximo de 100 (cem) pontos.

6.1.5 A Comissão avaliará a relação dos equipamentos e ferramental indicados pela licitante como disponíveis para a realização dos trabalhos, considerando: (i) as características técnicas desses equipamentos e sua adequação para a satisfatória execução dos trabalhos; (ii) o quantitativo desses equipamentos. A pontuação será atribuída proporcionalmente ao quantitativo e à adequação dos equipamentos indicados na proposta.

6.1.6 O cronograma de execução será analisado a partir da compatibilidade dos prazos parciais e do prazo final indicado para a conclusão dos trabalhos. Será atribuída a pontuação, ou nota, máxima ao cronograma que indicar o menor prazo, e os demais terão notas inversamente proporcionais.

6.1.7 A experiência da licitante e seu desempenho em contratações anteriores serão avaliados com base nos atestados emitidos pelas entidades para as quais já tenha o licitante executado obras ou serviços similares aos que são objeto da licitação. Para cada obra/serviço comprovado por atestado certificado serão atribuídos 10 (dez) pontos, até o máximo de 100 (cem) pontos.

Nota: *Nas licitações de compra, a avaliação incidirá sobre os fatores correspondentes, listados nas alíneas "b" a "f" da* **Nota 1 do item 4.1.**

6.1.8 A classificação das propostas técnicas será feita pela média ponderada dos pontos atribuídos a cada um dos fatores acima referidos, pelos pesos correspondentes.

6.1.9 Serão desclassificadas as propostas:

a) que contiverem qualquer ressalva ou restrição às regras deste edital;

b) que não contiverem todos os dados exigidos para o Envelope 1;

c) que obtiverem pontuação ou nota média técnica inferior a 5 (cinco);

d) do licitante que não atender, no prazo fixado pela Comissão, aos pedidos de esclarecimentos considerados necessários para o julgamento;

e) do licitante ou da empresa que se encontrar em qualquer das situações indicadas no item 1.3 deste edital.

6.1.10 O resultado da avaliação das propostas técnicas constará de "Relatório Técnico", em que a Comissão justificará a pontuação atribuída a cada fator de julgamento e indicará a ordem de classificação das propostas.

6.1.11 Concluída a análise e a avaliação das propostas técnicas, a Comissão convocará os licitantes e, em sessão pública, comunicará o resultado da classificação, prestando aos interessados os esclarecimentos que forem solicitados. Se o resultado proclamado for aceito e todos os licitantes declararem, expressamente, renúncia ao direito de recurso, a Comissão procederá, de imediato, à abertura dos Envelopes 2, das propostas de preços.

6.1.12 Se algum licitante manifestar a intenção de recorrer, a Comissão consignará na ata o registro correspondente, advertindo o interessado de que o recurso deverá ser formulado no prazo de 3 (três) dias úteis, e que os demais licitantes terão igual prazo para apresentar contrarrazões, contado a partir do término do prazo do recorrente.

6.1.13 Se houver recurso contra a classificação das propostas técnicas, os envelopes 2 – dos preços permanecerão fechados, em poder da Comissão, e somente serão abertos após a decisão final do(s) recurso(s).

6.2 ANÁLISE DAS PROPOSTAS DE PREÇOS

6.2.1 As propostas de preços serão avaliadas e classificadas a partir da análise dos valores indicados para cada atividade ou etapa a ser executada.

6.2.2 A Comissão fará a conferência dos valores cotados. Na hipótese de divergência entre valores expressos em número e por extenso, prevalecerão, para efeito de classificação, os valores por extenso, ficando esclarecido que a Comissão fará as correções de soma que se fizerem necessárias e que os valores corrigidos serão os considerados para efeito de classificação das propostas.

6.2.3 Na avaliação das propostas, a Comissão levará em conta todos os aspectos que influam nos preços, especialmente os prazos de execução e as condições de pagamento. As propostas serão classificadas segundo a ordem crescente dos preços globais propostos, a começar pela de menor valor.

6.2.4 Serão desclassificadas as propostas:

a) que ofertarem preços irrisórios, manifestamente inexequíveis, ou incompatíveis com os valores de mercado;

b) que ofertarem vantagens baseadas nas ofertas de outros licitantes;

c) que indicarem preço global inferior a 75% (setenta e cinco por cento) do valor estimado para a contratação;

d) da licitante que não atender, no prazo assinado pela Comissão, aos pedidos de esclarecimentos considerados necessários para o julgamento das propostas, especialmente a demonstração da exequibilidade da proposta.

6.2.5 Serão consideradas inexequíveis as propostas cujos preços sejam inferiores a 75% (setenta e cinco) do valor estimado para a contratação.

6.2.6 As propostas de preços serão classificadas segundo a ordem crescente dos valores globais, cabendo o primeiro lugar da lista à proposta de menor valor global, e a classificação final será feita pela medida ponderada das propostas técnicas e de preços, com base nos seguintes pesos:

proposta técnica .... Peso 7

proposta de preços .... Peso 3

6.2.7 Será declarado vencedor da Concorrência o licitante que obtiver a melhor média ponderada final.

Nota:

Nas licitações de melhor técnica será declarado vencedor o licitante cuja proposta técnica tiver obtido a melhor nota ou pontuação, ficando esclarecido, entretanto, que a adjudicação estará condicionada ao resultado da negociação a ser feita conforme indicado no item 9 deste edital.

6.3 Critérios de desempate e de preferência para a adjudicação

6.3.1 Em caso de empate de propostas, para efeito de adjudicação serão observados, como critérios de desempate, nessa ordem:

a) **disputa** final, hipótese em que os licitantes empatados poderão apresentar nova proposta de preços, em ato contínuo à classificação;

b) **avaliação de desempenho** dos licitantes em contratos anteriormente celebrados com a Administração Pública, com base nas anotações constantes do Registro Cadastral oficial.

6.3.2 Se não houver desempate, a preferência, para efeito de adjudicação, será assegurada na seguinte ordem, sem prejuízo da aplicação, quando cabível, do disposto no art. 44 da Lei Complementar nº 123, de 14/12/2006:

a) ao licitante estabelecido no território do órgão promotor da licitação;

b) à empresa brasileira, quando concorrer com empresa estrangeira;

c) à empresa que comprove investir em pesquisa e desenvolvimento de tecnologia no Brasil;

d) à empresa que comprove a prática de mitigação, nos termos da Lei nº 12.187, de 29/12/2009.

7. ANÁLISE DA HABILITAÇÃO

7.1 Concluída a análise e classificação das propostas, a Comissão convocará os licitantes para a sessão pública a ser realizada no local, data e horário desde logo indicados no aviso de convocação, na qual será divulgada a lista da classificação final e declarado o ofertante da proposta classificada em primeiro lugar.

7.2 No aviso de convocação dessa sessão pública, a Comissão fará constar a obrigação de os licitantes apresentarem, na sessão pública, em envelope fechado e identificado, os documentos de habilitação listados nos itens 2.1 a 2.5 deste edital. Após a entrega dos envelopes de documentação, não será permitida substituição ou complementação de documentos, salvo os destinados à comprovação de fatos supervenientes, ocorridos após a data de divulgação deste edital.

7.3 Na mesma sessão pública, a Comissão fará a abertura do envelope de documentação do ofertante da proposta que obteve a melhor média de classificação final, e procederá à verificação do atendimento das exigências legais de habilitação. Nessa análise, a Comissão poderá revelar erros ou falhas que não comprometam a substância e a validade dos documentos, consignando em ata as justificativas de sua decisão.

7.4 Se a documentação desse licitante atender aos requisitos da habilitação, será ele confirmado como vencedor da licitação. Se a documentação do ofertante da proposta classificada em primeiro lugar não atender às exigência da habilitação, a Comissão fará a abertura do envelope de documentação do ofertante da proposta classificada em segundo lugar, e, sucessivamente, dos envelopes dos demais licitantes, segundo a ordem da classificação das propostas, até que seja identificado um que atenda aos requisitos de habilitação, o qual será proclamado vencedor, se declarar, expressamente, que aceita a adjudicação nas mesmas condições da proposta do primeiro classificado.

7.5 Se algum licitante manifestar a intenção de recorrer com o resultado da classificação final das propostas, ou contra a habilitação, a Comissão consignará em ata o registro correspondente, advertindo o interessado que deverá apresentar as razões recursais no prazo de 3 (três) dias úteis, a contar da data da sessão, ficando, desde logo, intimados os demais licitantes para apresentar contrarrazões em igual prazo, que se iniciará, independentemente de nova intimação, imediatamente após o término do prazo do recorrente.

8. RECURSOS ADMINISTRATIVOS

8.1 Das decisões proferidas pela Comissão os interessados poderão interpor recurso para ....(*indicar a autoridade competente para o julgamento dos recursos administrativos*).

8.2 A intenção de recorrer deverá ser manifestada imediatamente à ciência do ato a ser impugnado, sob pena de preclusão, e o recurso deverá ser formulado no prazo de 3 (três) dias úteis, contados da data da comunicação da decisão, em petição escrita, endereçada à Comissão, assinada pelo representante legal da licitante ou por procurador devidamente habilitado. Quando formulado por meio eletrônico, a petição de recurso deverá ser assinada digitalmente.

8.3 Em caso de recurso, a Comissão deve apreciar as alegações formuladas e decidir, no prazo de 3 (três) dias úteis, se reconsidera sua decisão. Se não o fizer, deverá encaminhar o processo à autoridade competente, para decidir sobre o recurso, no prazo máximo de 10 (dez) dias úteis.

8.4 Se a Comissão reconsiderar a decisão recorrida, comunicará aos demais licitantes, os quais poderão pedir que o processo seja encaminhado à autoridade superior, para apreciar as razões apresentadas nas impugnações oferecidas ao recurso.

8.5 Os recursos relativos à classificação de propostas e à habilitação de licitantes terão efeito suspensivo.

8.6 As decisões dos recursos serão divulgadas através do sítio eletrônico oficial e afixadas no Quadro de Avisos do órgão promotor da licitação, para conhecimento geral.

9. NEGOCIAÇÃO COM O VENCEDOR

9.1 Definido o resultado do julgamento das propostas e da habilitação, a Comissão promoverá negociação com o vencedor, para obtenção de condições de contratação mais vantajosas para a Administração.

9.2 A negociação poderá ser feita com os demais licitantes, segundo a ordem de classificação das propostas, quando o preço da proposta do primeiro colocado, mesmo após a negociação, permanecer acima do preço máximo de contratação, definido pela Administração.

9.3 O resultado da negociação constará de ata específica, assinada pelos membros da Comissão e pelo licitante vencedor, e será divulgado através do sítio eletrônico oficial e afixado no Quadro de Avisos do órgão promotor da licitação, para conhecimento do público em geral.

10. APRESENTAÇÃO DO RESULTADO DA LICITAÇÃO

10.1 Não havendo recurso, ou decididos os recursos eventualmente formulados, o resultado da licitação será formalizado em "Relatório de Julgamento" assinado pelos membros da Comissão e encaminhado à autoridade competente, a qual poderá, em despacho fundamentado:

i) determinar o retorno do processo à Comissão para saneamento de eventuais irregularidades;

ii) revogar a licitação, por motivo de conveniência e oportunidade, decorrente de fato superveniente devidamente comprovado;

iii) anular a licitação, de ofício ou mediante provocação de terceiros, quando constatada ilegalidade insanável;

homologar o julgamento e adjudicar o objeto ao vencedor.

10.2 O despacho de adjudicação e homologação e a decisão a que se referem os incisos ii e iii, supra, serão divulgados no sítio eletrônico oficial e afixados no Quadro de Avisos do órgão promotor da licitação, para conhecimento do público em geral.

10.3 Contra a decisão de anulação ou revogação da licitação poderão os interessados interpor, no prazo de 3 (três) dias úteis, o qual será apreciado pela autoridade administrativa no prazo de 10 (dez) dias úteis (art. 165, I, "d", e § 2º, da Lei nº 14.133/2021).

11. CONDIÇÕES DA CONTRATAÇÃO – GARANTIAS E PENALIDADES

11.1 Homologado o resultado da licitação, o vencedor terá o prazo de ......(.........) dias úteis, a contar do recebimento da comunicação específica, para assinar o contrato respectivo, que obedecerá às condições indicadas na minuta que acompanha este edital, na qual estão definidas as condições da execução dos serviços e do pagamento dos preços, as obrigações da firma contratada e as penalidades a que estará sujeita pela eventual inobservância das condições ajustadas.

11.2 O prazo para assinatura do contrato poderá ser prorrogado, por uma vez, quando a adjudicatária comprovar ter ocorrido justo impedimento por motivo de força maior.

11.3 O contratado executará os serviços com observância rigorosa das especificações técnicas e demais condições deste Edital, e de sua proposta, **devendo concluí-los integralmente no prazo máximo de ..... (...........) dias**

corridos, de acordo com o Cronograma Físico (*ou de Entregas, no caso de compras*) apresentado.

11.4 No interesse da Administração, o valor do contrato decorrente desta licitação poderá ser acrescido ou reduzido em até 25% (vinte e cinco por cento), com o aumento ou supressão dos serviços correspondentes, sem que disso resulte para a contratada direito a qualquer reclamação ou indenização.

11.5 Para garantia do integral cumprimento das obrigações assumidas, o contratado deverá prestar garantia, no valor correspondente a 5% (cinco por cento) do valor total do contrato, até 10 (dez) dias após a assinatura do respectivo instrumento, em uma das modalidades abaixo relacionadas:

a) caução em dinheiro ou títulos da dívida pública;

b) fiança bancária;

c) seguro-garantia.

11.5.1 Em caso de caução em dinheiro, o depósito deverá ser feito em conta de poupança, em qualquer agência da rede bancária em nome do órgão promotor da licitação.

11.5.2 No caso da utilização da garantia, para cobrança de débitos da contratada, esta deverá providenciar a correspondente reposição, no prazo máximo de 5 (cinco) dias úteis, a contar da data em que for notificada.

11.5.3 Quando a garantia for prestada sob a forma de fiança bancária, a Carta de Fiança deverá ter validade mínima igual ao prazo inicial do contrato, com declaração expressa de renúncia do fiador aos benefícios do art. 827 do Código Civil brasileiro, bem assim conter cláusula de prorrogação automática, até que o órgão contratante confirme o cumprimento integral das obrigações da contratada. Quando o adjudicatário optar pelo seguro-garantia, deverá observar o disposto no art. 97 da Lei nº 14.133/2021.

11.5.4 O valor da garantia somente será liberado após o cumprimento integral das obrigações da contratada e desde que não haja pendências para com o órgão contratante.

11.6 A recusa do adjudicatário em assinar o contrato no prazo fixado na convocação específica caracterizará inadimplência das obrigações decorrentes desta licitação, sujeitando-a às penalidades previstas neste Edital (e seus anexos) e na legislação vigente.

11.6.1 Ocorrendo essa hipótese, o órgão promotor da licitação declarará cancelada a adjudicação e convocará os licitantes remanescentes, seguindo a ordem de classificação, para assinar o contrato, nas mesmas condições da vencedora.

11.7 O vencedor que se recusar a assinar o contrato estará sujeita às seguintes penalidades:

a) suspensão temporária;

b) multa equivalente a ......% (...... por cento) do valor da adjudicação; ou

c) ressarcimento, ao órgão promotor da licitação, do valor correspondente à diferença entre o preço da adjudicação recusada e o valor da contratação que vier a ser feita para a execução dos trabalhos licitados.

11.8   O valor da multa de que trata a letra "b" do subitem anterior deverá ser recolhido à conta-corrente nº ...., agência .... do Banco ...., em nome do órgão promotor da licitação, no prazo de até 5 (cinco) dias úteis, a partir de sua intimação por ofício, sujeita à atualização monetária, com base no mesmo índice aplicável aos créditos da Fazenda Pública, quando recolhida após esse prazo.

11.9   As penalidades serão aplicadas mediante procedimento administrativo específico, que assegurará o contraditório e a ampla defesa.

12. DOTAÇÃO ORÇAMENTÁRIA

As despesas decorrentes desta licitação correrão à conta das dotações orçamentárias específicas do(a) ...., consignadas no Orçamento para o exercício de ...., elemento de despesa ....

13. DISPOSIÇÕES FINAIS

13.1   O órgão promotor da licitação reserva-se o direito de:

a) revogá-la, no todo ou em parte, sempre que forem verificadas razões de interesse público decorrente de fato superveniente, ou quando resultar sem êxito a negociação prevista no item 9 deste edital, bem como anular o procedimento, quando constatada ilegalidade no seu processamento;

b) alterar as condições deste Edital, reabrindo o prazo para apresentação de propostas, na forma da legislação, salvo quando a alteração não afetar a formulação das ofertas;

c) adiar o recebimento das propostas, divulgando, mediante aviso público, a nova data.

13.2   Até a assinatura do contrato, a autoridade competente para aprovar o procedimento poderá inabilitar o licitante vencedor, mediante despacho fundamentado, e sem prejuízo de outras sanções cabíveis, assegurados o contraditório e a ampla defesa, caso tenha conhecimento de qualquer circunstância anterior ou posterior ao julgamento da licitação, que desabone a idoneidade financeira, técnica ou administrativa da licitante.

13.3   O órgão promotor da licitação poderá cancelar, de pleno direito, a Nota de Empenho que vier a ser emitida em decorrência desta licitação e rescindir o contrato, independentemente de interpelação judicial ou extrajudicial, sem que assista à contratada qualquer espécie de direito, quando:

a) for requerida ou decretada a falência ou a liquidação do contratado, ou quando ele entrar em recuperação judicial ou for atingido por execução judicial, ou outros fatos que comprometam a sua capacidade econômico-financeira;

b) o contratado for declarado inidôneo ou punido com proibição de licitar ou contratar com qualquer órgão integrante da Administração Pública;

c) em cumprimento de determinação administrativa ou judicial, que declare a nulidade da adjudicação.

13.4 Em caso de recuperação judicial do contratado, o contrato poderá ser mantido, se ele oferecer garantias que sejam consideradas adequadas e suficientes para o satisfatório cumprimento das obrigações por ele assumidas.

13.5 A Comissão de Contratação ou a autoridade superior poderão, em qualquer fase da licitação, promover as diligências que considerarem necessárias, para esclarecer ou complementar a instrução do processo licitatório.

13.6 Pedidos de esclarecimento ou eventuais impugnações contra este edital deverão ser formuladas perante a Comissão de Contratação, no prazo de até 3 (três) dias úteis antes da data prevista para o recebimento dos envelopes das propostas.

13.7 A resposta da Comissão será comunicada ao interessado, por meio eletrônico, e divulgada no sítio eletrônico oficial e afixada no Quadro de Avisos do órgão promotor da licitação.

13.8 Quando o questionamento implicar alteração de condição básica da licitação, o Edital será revisto e o prazo de apresentação das propostas será reaberto.

14. ANEXOS DO EDITAL

Integram este edital os seguintes anexos:

- Especificações Técnicas dos Trabalhos (*ou dos Materiais/Equipamentos, no caso de compra*)
- Modelos da Carta-proposta e da Planilha de Preços
- Minuta do Contrato

(*local, data e assinatura e endereço da Comissão*)

CARTA PROPOSTA

(dirigida à Comissão de Contratação)

Referência: CONCORRÊNCIA nº ..../......

Apresentamos nossa proposta para execução dos serviços (*ou do fornecimento, conforme o caso*) objeto da Licitação acima referida, cujos preços estão discriminados na Planilha anexa, parte integrante desta proposta.

Declaramos que:

a) concordamos, sem qualquer restrição, com as condições da licitação estabelecidas neste Edital e seus anexos;

b) recebemos todas as informações e os documentos necessários à elaboração da proposta;

c) temos conhecimento do local e das condições de execução dos serviços objeto da licitação;

d) nesta data, atendemos a todas as exigências legais de habilitação e apresentaremos, no momento indicado no edital, a documentação comprobatória correspondente, comprometendo-nos a comunicar a esse órgão a eventual superveniência de fato que implique alteração das condições de habilitação e qualificação para a satisfatória execução dos serviços licitados;

e) esta empresa cumpre o disposto no inciso XXXIII do art. 7º da Constituição Federal e não possui, em seu quadro de pessoal, menores de dezoito anos, salvo na condição de aprendiz, nem trabalhando em horário noturno, em atividade insalubre ou perigosa;

f) esta empresa cumpre as exigências legais de reserva de cargos para pessoas com deficiência e para reabilitação da Previdência Social;

g) os preços na proposta contemplam todos os custos e despesas incidentes sobre os serviços (*ou sobre o fornecimento, conforme o caso*), inclusive os destinados ao atendimento dos direitos trabalhistas assegurados pela legislação em vigor, pelas convenções e acordos coletivos e termos de ajustamento de conduta assinados;

h) estamos cientes de que os pagamentos serão efetuados após a aprovação das faturas correspondentes, mediante o atendimento das exigências legais e contratuais para esse recebimento;

A nossa proposta é válida pelo prazo mínimo de ..... (............) dias, a contar da data da sua entrega, comprometendo-nos, entretanto, a prorrogar tal prazo, se necessário para assegurar a conclusão do procedimento licitatório.

..................., ... de ....de ....
(assinatura do representante legal da Proponente)
Nome:
Cargo:

PLANILHA DE PREÇOS PARA EXECUÇÃO DE OBRA/SERVIÇO

Licitação n° _____ OBJETO: Execução de: _____
PROPONENTE: _____
CNPJ/CPF: _____
Endereço: _____

ITEM	DESCRIÇÃO DA ATIVIDADE	QUANTITATIVO	PREÇO UNITÁRIO (*)	PREÇO TOTAL

(*) Anexar a composição de custos, inclusive tributários, de cada valor cotado

Local e data: _____ /_____/_____/_____

_____
Assinatura do proponente (ou de seu representante legal)

PLANILHA DE PREÇOS PARA FORNECIMENTO DE BENS (*)

Licitação nº_____ OBJETO: Fornecimento de:_____
PROPONENTE:_____
CNPJ/CPF:_____
Endereço:_____

ITEM	DESCRIÇÃO DO BEM	PREÇO UNITÁRIO	FRETE/ SEGURO	IPI	ICMS	PREÇO TOTAL

Local e data:_____/_____/_____/_____

_____
Assinatura do proponente (ou de seu representante legal)

(*) Para licitações de compras

ATA DA SESSÃO PÚBLICA DE RECEBIMENTO DOS ENVELOPES DE PROPOSTAS

CONCORRÊNCIA Nº ....

Às ....horas do dia ....de ....de ...., no (*endereço do órgão promotor da licitação*), nesta cidade de ...., perante a Comissão de Contratação designada pela Portaria nº ...., de .... de ....de ...., compareceram os senhores (nomear os representantes e as respectivas empresas representadas), interessadas na licitação acima indicada, que tem por objeto a contratação dos serviços de ....(*indicar os serviços a serem contratados*). Após assinarem a Lista de Presenças e devidamente identificados, os representantes das empresas nomeadas apresentaram os envelopes identificados sob nºs 1 – Proposta Técnica e 2 – Proposta de Preços. Constatada a inviolabilidade dos invólucros, o presidente da Comissão procedeu à abertura dos Envelopes 1, das Propostas Técnicas, cujos documentos foram rubricados pelos membros da Comissão e pelos licitantes. Os envelopes 2, das propostas de preços, foram rubricados pelos membros da Comissão e pelos licitantes e permanecerão sob a guarda da Comissão até a divulgação do resultado da análise das propostas técnicas, quando serão abertos em sessão pública, com a presença dos interessados. O presidente informou que a Comissão procederá à análise e à classificação das propostas técnicas, cujo resultado será anunciado em sessão pública para a qual serão todos os licitantes convocados, e divulgado no sítio eletrônico oficial do órgão promotor da licitação. Em seguida, franqueou a palavra aos licitantes, para as observações, impugnações ou protestos que entendessem cabíveis sobre os documentos das propostas técnicas abertas, não tendo sido feito qualquer registro a respeito (1). E determinou a lavratura desta ata, que foi lida e aprovada por todos os licitantes, que a assinam, juntamente com os membros da Comissão.

(assinaturas dos membros da Comissão e dos licitantes)

Nota:

1. Se algum licitante manifestar a intenção de impugnação contra alguma proposta, o presidente da Comissão fará consignar em ata o registro correspondente, e esclarecerá ao interessado que o eventual recurso deverá ser interposto no prazo de 3 (três) dias úteis, contados a partir da data da sessão pública, e que os demais licitantes terão igual prazo para contrarrazões, o qual se iniciará imediatamente após o término do prazo do recorrente.

RELATÓRIO DE AVALIAÇÃO DAS PROPOSTAS TÉCNICAS
CONCORRÊNCIA Nº ....

1. OBJETO DA ANÁLISE

Este Relatório apresenta o resultado da análise e da classificação das propostas técnicas apresentadas na licitação acima referenciada, que objetiva a contratação de empresa especializada para execução dos trabalhos de .... (*indicar o objeto da licitação*) e contém as justificativas das classificações (*e/ou desclassificações, quando for o caso*).

2. PROPOSTAS ANALISADAS

Foram analisadas as propostas técnicas das seguintes licitantes:
(relacionar)

3. FATORES DA AVALIAÇÃO

Conforme estabelecido no edital de ___/___/____, foram objeto da análise técnica os seguintes fatores:
- Metodologia e programa de trabalho;
- Qualificação e experiência das equipes técnicas;
- Equipamentos e ferramental disponíveis para realizados trabalhos;
- Experiência e desempenho da licitante em contratações anteriores;
- Cronograma de execução.

4. CRITÉRIOS DE AVALIAÇÃO

Para efeito de classificação, a Comissão analisou cada um dos fatores acima indicados com base nos elementos contidos nas propostas, mediante a atribuição de pontos, conforme a seguir indicado:

METODOLOGIA E PROGRAMA DE TRABALHO

A metodologia indicada pela licitante foi analisada tomando como referência as normas técnicas aplicáveis ao tipo dos serviços a serem realizados e a adequação e a compatibilidade com o programa de trabalho proposto. Para a metodologia considerada mais compatível com as normas técnicas foi atribuída a pontuação máxima prevista no edital (100 pontos), e pontuação decrescente para as demais propostas, proporcional às incompatibilidades ou às incongruências técnicas detectadas, conforme justificativa constante do parecer técnico que acompanha e integra este relatório.

QUALIFICAÇÃO E EXPERIÊNCIA DA EQUIPE TÉCNICA

A qualificação das equipes técnicas indicadas pelas licitantes foi avaliada com base nos títulos de formação de cada integrante e de sua efetiva participação em trabalhos similares aos que são objeto da licitação, comprovada por atestados devidamente certificados pelo respectivo órgão fiscalizador da atividade profissional. Para cada participação do integrante da equipe, efetivamente comprovada, foram atribuídos 10 (dez) pontos, até o máximo de 100 (cem) pontos, calculando-se a nota da proposta pela média aritmética dos pontos obtidos pelos integrantes da sua equipe.

EQUIPAMENTOS E FERRAMENTAL

A Comissão avaliou esse fator considerando: (i) o quantitativo dos equipamentos indicados como disponíveis para a execução dos trabalhos; (ii) as características técnicas desses equipamentos e sua adequação para a realização dos trabalhos a serem executados. A pontuação para esse fator foi atribuída proporcionalmente ao quantitativo dos equipamentos e sua adequação para a realização dos trabalhos, conforme justificativa constante do parecer técnico anexo.

DESEMPENHO DA LICITANTE EM CONTRATAÇÕES ANTERIORES

Na avaliação do desempenho dos licitantes foram levados em consideração os atestados, devidamente certificados pelos fiscalizadores da atividade profissional (CREAA, CRA e outros assemelhados), fornecidos pelas entidades para as quais os licitantes já realizaram obras ou serviços similares aos que são objeto da licitação. Para cada obra/serviço comprovado em atestado certificado foram atribuídos 10 (dez) pontos, até o máximo de 100 (cem) pontos, calculando-se a nota do fator pela média aritmética dos pontos obtidos.

CRONOGRAMA FÍSICO

Tomando por base o prazo máximo previsto para a conclusão dos serviços a serem contratados, a Comissão analisou os cronogramas físicos, para avaliar a compatibilidade dos prazos de início e término de cada etapa dos trabalhos.

A pontuação (ou notas) foi atribuída de forma inversamente proporcional aos prazos indicados, recebendo a maior pontuação (ou nota) a proposta que indicou o menor prazo.

4. RESULTADO DA ANÁLISE TÉCNICA

O resultado da análise das propostas técnicas está resumido no quadro que acompanha o parecer técnico da equipe de apoio, no qual está exposta a justificativa da pontuação atribuída aos fatores de avaliação e da nota de cada proposta (e, se for o caso, da(s) eventual(ais) desclassificação(ões)).

Em face desse resultado, é a seguinte a ordem de classificação das propostas técnicas:

Nº de ordem Licitante Nota técnica

(*relacionar*)

_____, ___/___/_____

Local, data

A Comissão:

_____ _____

Nome: Assinatura

_____ _____

Nome: Assinatura

_____ _____

Notas:

1. A atribuição de notas deve ser objetivamente justificada, inclusive para prevenir alegação de subjetividade na avaliação.

2. As eventuais desclassificações de propostas deve ser justificada, com a indicação precisa dos pontos considerados deficientes e em desacordo com as especificações técnicas do edital.

ATA DA SESSÃO PÚBLICA DE DIVULGAÇÃO DO RESULTADO DA AVALIAÇÃO TÉCNICA

CONCORRÊNCIA Nº ..../......

Às ....horas do dia ....de ....de ...., no (*endereço do órgão promotor da licitação*), nesta cidade de ...., reuniu-se a Comissão de Contratação responsável pelo processamento da concorrência acima referenciada, para divulgar o resultado da avaliação das propostas técnicas das empresas participantes da licitação. Conforme consta da Lista de Presenças que acompanha esta ata, atenderam à convocação específica e compareceram à sessão os representantes das seguintes licitantes: (*nomear os representantes das licitantes presentes*). O presidente da Comissão leu o Relatório de Avaliação Técnica, que acompanha e integra esta ata, com base no qual foi elaborada a lista das propostas técnicas classificadas: (*relacionar os nomes das licitantes e as notas das correspondentes propostas*), tendo sido desclassificada(s) a(s) proposta(s) do(s) seguinte(s) licitante(s): (*relacionar os nomes dos licitantes cujas propostas técnicas não tenham obtido a nota mínima para classificação*). Franqueada a palavra aos presentes, para os comentários ou as impugnações que entendessem cabíveis, todos declararam que aceitavam o resultado apresentado e renunciavam ao direito de recurso (1). Em seguida, o presidente procedeu à abertura dos envelopes de preços das licitantes que obtiveram a classificação técnica, cujos valores foram lidos e rubricados os documentos pelos membros da Comissão e pelos licitantes presentes. Os envelopes de preços dos licitantes que não obtiveram a classificação técnica foram restituídos, fechados, aos respectivos prepostos (2). Nada mais havendo a tratar, o presidente determinou a lavratura desta ata, que foi lida e aprovada por todos os licitantes, que a assinam, juntamente com os membros da Comissão.

(assinaturas dos membros da Comissão e dos licitantes)

Notas:

1. Se algum licitante declarar a intenção de recorrer, será consignado em ata o registro correspondente e o presidente da Comissão advertirá o interessado de que o prazo de recurso é de 3 (três) dias úteis, e que os demais licitantes terão igual prazo para apresentar contrarrazões, o qual se iniciará imediatamente após o término do prazo do recorrente, independentemente de nova intimação.

2. Se a intenção de recorrer for manifestada por ofertante de proposta desclassificada, o respectivo envelope de preços deverá permanecer em poder da Comissão, até a decisão final do recurso. Em caso de recurso contra a classificação técnica, os envelopes das propostas de preços permanecerão fechados, em poder da Comissão, e somente serão abertos após a decisão final dos recursos.

ATA DA SESSÃO PÚBLICA DE DIVULGAÇÃO DA CLASSIFICAÇÃO FINAL DAS PROPOSTAS

CONCORRÊNCIA Nº ..../......

Às ....horas do dia ....de ....de ...., no (*endereço do órgão promotor da licitação*), nesta cidade de ...., reuniu-se a Comissão de Contratação responsável pelo processamento da licitação acima referenciada, para divulgar o resultado da classificação final das propostas das empresas participantes da licitação acima referida. Conforme consta da Lista de Presenças que acompanha esta ata, atenderam à convocação específica e compareceram à sessão os representantes das seguintes licitantes: (*nomear os representantes das licitantes presentes*). O presidente da Comissão leu o relatório da análise das propostas, que acompanha e integra esta ata, com base no qual foi elaborada a lista de classificação final das propostas, tendo sido classificada em primeiro lugar a proposta da licitante (*indicar o nome da ofertante da proposta classificada em primeiro lugar; se alguma proposta tiver sido desclassificada, deverá constar a ata o motivo e justificativa da desclassificação*). Franqueada a palavra aos presentes, para os comentários ou as impugnações que entendessem cabíveis, todos declararam que aceitavam o resultado apresentado e renunciavam ao direito de recurso (1). O presidente da Comissão informou que o resultado da licitação será encaminhado à autoridade competente, para homologação e adjudicação. Nada mais havendo a tratar, o presidente determinou a lavratura desta ata, que foi lida e aprovada por todos os licitantes, que a assinam, juntamente com os membros da Comissão.

(*assinaturas dos membros da Comissão e dos licitantes presentes*)

Nota:

1. *Se algum licitante manifestar a intenção de recorrer, o presidente da Comissão fará constar da ata o registro correspondente e informará ao interessado que o prazo de recurso é de 3 (três dias) úteis, contados da data da sessão, e que os demais licitantes terão igual prazo, a contar do término do prazo do recorrente, para contrarrazões.*

ATA DE DIVULGAÇÃO DA NEGOCIAÇÃO COM O LICITANTE VENCEDOR

CONCORRÊNCIA Nº ....

O presidente da Comissão de Contratação do ....(*nome do órgão promotor da licitação*) divulga, para conhecimento dos participantes da licitação acima referenciada e do público em geral, que, na conformidade do que estabelecem a Lei nº ...., de .../.../..... e o edital respectivo, promoveu negociação com a empresa ....(*nomear*) declarada vencedora da licitação, com vistas à obtenção de condições mais vantajosas para a Administração, tendo a mesma concordado em conceder um desconto da ordem de .....% (......) sobre o preço global indicado na proposta de ..../..../......, cujo valor final ficou fixado em R$ ....(........................), considerado satisfatório para a realização do objeto da licitação, mantidas inalteradas as demais condições da propostas e do edital de .../.../.... Em consequência desse resultado, a Comissão recomendará, no Relatório de Julgamento da licitação, a adjudicação do objeto à empresa (*nomear*), para que com ela seja celebrado o correspondente contrato, nas condições estabelecidas na minuta que acompanhou o edital da licitação, pelo preço resultante da negociação acima referida.

(local, data e assinaturas
do Presidente da Comissão
e do representante legal da empresa licitante vencedora)

RELATÓRIO DE JULGAMENTO
CONCORRÊNCIA Nº ....../.....

1. OBJETO DA LICITAÇÃO

A licitação referenciada tem por objeto a execução dos trabalhos de (indicar o tipo de serviço que está sendo licitado).

2. CONVOCAÇÃO

A licitação foi convocada pelo Edital divulgado no sítio eletrônico oficial no dia ...../..../....., cuja cópia foi afixada no Quadro de Avisos do órgão promotor da licitação, para conhecimento geral.

3. FIRMAS PARTICIPANTES

Conforme registra a Lista de Presenças constante do processo respectivo, atenderam à convocação e compareceram para apresentar proposta as seguintes firmas:

4. ANÁLISE E CLASSIFICAÇÃO DAS PROPOSTAS TÉCNICAS

As propostas técnicas foram analisadas de acordo com o critério estabelecido no edital. No anexo Relatório de Avaliação Técnica está indicada a pontuação atribuída a cada um dos fatores da análise técnica, com a classificação das propostas, devidamente justificada (1).

O resultado da avaliação técnica foi divulgado em sessão pública realizada no dia ..../......./......, cuja ata consta do processo, certificando que não houve registro de impugnação ou recurso (2).

5. ANÁLISE E CLASSIFICAÇÃO DAS PROPOSTAS DE PREÇOS

As propostas financeiras das licitantes classificadas tecnicamente indicaram os seguintes valores globais:

Licitante	Preço – R$

A Comissão não encontrou erros materiais ou qualquer irregularidade na formulação das propostas. Os preços cotados estão dentro dos limites de aceitabilidade e compatíveis com os parâmetros do mercado e a estimativa feita para a contratação e os demonstrativos de cálculos apresentados foram considerados adequados às normas legais específicas (3).

Feita a ponderação da pontuação atribuída às propostas técnicas e de preços, a classificação final das licitantes ficou sendo a seguinte:

Nota: *Nas licitações de melhor técnica esse tópico deverá ter a seguinte redação: "A classificação final das propostas de preços ficou sendo, então, a seguinte:*

Licitante	Preço – R$

6. ANÁLISE DA HABILITAÇÃO

A Ata que consta do processo certifica que todas as licitantes foram consideradas qualificadas, uma vez que apresentaram a comprovação dos requisitos de capacidade jurídica, de qualificação técnica e econômico-financeira, de regularidade fiscal estabelecidos no Edital (4).

7. RESULTADO DO JULGAMENTO

Na conformidade do critério de julgamento estabelecido no edital, a Comissão proclama vencedora da licitação a firma .... (indicar o nome completo da licitante vencedora), cuja proposta obteve a melhor nota de classificação final, com o preço global de R$ .... (......................................), considerado compatível com a estimativa feita para a contratação (6).

Nota: No caso de licitações de melhor técnica, esse parágrafo deverá ter a seguinte redação:

"..., que obteve a melhor classificação técnica e negociou as melhores condições financeiras, com preço final de R$ .... (.................), dentro do limite admitido para a contratação."

O resultado do julgamento, com a classificação final das propostas e a indicação do vencedor da licitação, foi divulgado em sessão pública realizada no dia .../.../...., conforme ata que integra o processo, tendo sido aceito por todos os licitantes, que declararam formalmente a desistência de qualquer recurso (*se tiver havido recurso, o relatório deverá referir*).

8. NEGOCIAÇÃO COM A LICITANTE VENCEDORA

Conforme previsto no edital, a Comissão (o Agente de Contratação ou Pregoeiro, conforme o caso) promoveu negociação com a empresa ofertante da proposta classificada em primeiro lugar, com vistas à obtenção de condições mais vantajosas para a Administração. A negociação foi realizada com obediência à diretriz fixada no art. 61 da Lei 14.133/2021, tendo propiciado uma redução de ...% (....) do preço final da proposta, que ficou estabelecido em R$ .... (..................). O resultado da negociação foi divulgado no sítio eletrônico oficial no dia ..../.../.... e está expresso em ata assinada que integra este Relatório. (6)

9. RECOMENDAÇÃO DA COMISSÃO

Em face desse resultado, a Comissão de Contratação encaminha o processo com o presente Relatório à autoridade superior, para adjudicação do objeto da licitação à licitante .... (*indicar a licitante vencedora*), recomendando que com ela seja celebrado contrato correspondente, nos termos da minuta de contrato que acompanhou o edital, pelo valor de R$ ...., resultante da negociação realizada na forma acima descrita, com a subsequente homologação do procedimento licitatório.

(*data e assinaturas dos membros da Comissão de Contratação*)

Notas:

1. *Sendo constatada falha, omissão ou imprecisão técnica de alguma proposta, indicar e justificar a eventual desclassificação.*

2. Se tiver havido impugnação ou recurso contra a classificação técnica, referir e indicar a decisão da Comissão.

3. Indicar eventuais erros verificados, as correções efetuadas e demonstrar a adequação ou inadequação dos preços ofertados.

4. Na hipótese de ter havido inabilitação de alguma licitante, referir e justificar, inclusive as impugnações e recursos porventura manifestados.

5. Nos casos de compra, em que for admitida a adjudicação por item da planilha, o valor a ser considerado para contratação deve ser o menor custo final de cada item.

6. O novo valor resultante da negociação deve estar expresso em documento formal, que ficará integrando a proposta.

PARTE III
APÊNDICE
LEGISLAÇÃO

LEI Nº 14.133, DE 1º DE ABRIL DE 2021

Lei de Licitações e Contratos Administrativos

O PRESIDENTE DA REPÚBLICA Faço saber que o Congresso Nacional decreta e eu sanciono a seguinte Lei:

TÍTULO I
DISPOSIÇÕES PRELIMINARES

CAPÍTULO I
DO ÂMBITO DE APLICAÇÃO DESTA LEI

Art. 1º Esta Lei estabelece normas gerais de licitação e contratação para as Administrações Públicas diretas, autárquicas e fundacionais da União, dos Estados, do Distrito Federal e dos Municípios, e abrange:

I – os órgãos dos Poderes Legislativo e Judiciário da União, dos Estados e do Distrito Federal e os órgãos do Poder Legislativo dos Municípios, quando no desempenho de função administrativa;

II – os fundos especiais e as demais entidades controladas direta ou indiretamente pela Administração Pública.

§ 1º Não são abrangidas por esta Lei as empresas públicas, as sociedades de economia mista e as suas subsidiárias, regidas pela Lei nº 13.303, de 30 de junho de 2016, ressalvado o disposto no art. 178 desta Lei.

§ 2º As contratações realizadas no âmbito das repartições públicas sediadas no exterior obedecerão às peculiaridades locais e aos princípios básicos estabelecidos nesta Lei, na forma de regulamentação específica a ser editada por ministro de Estado.

§ 3º Nas licitações e contratações que envolvam recursos provenientes de empréstimo ou doação oriundos de agência oficial de cooperação estrangeira ou de organismo financeiro de que o Brasil seja parte, podem ser admitidas:

I – condições decorrentes de acordos internacionais aprovados pelo Congresso Nacional e ratificados pelo Presidente da República;

II – condições peculiares à seleção e à contratação constantes de normas e procedimentos das agências ou dos organismos, desde que:

a) sejam exigidas para a obtenção do empréstimo ou doação;

b) não conflitem com os princípios constitucionais em vigor;

c) sejam indicadas no respectivo contrato de empréstimo ou doação e tenham sido objeto de parecer favorável do órgão jurídico do contratante do financiamento previamente à celebração do referido contrato;

d) (VETADO)

Texto vetado:

"sejam objeto de despacho motivado pela autoridade superior da administração do financiamento.

Razões do veto:

"A propositura legislativa estabelece que nas licitações e contratações que envolvam recursos provenientes de empréstimo ou doação oriundos de agência oficial de cooperação estrangeira ou de organismo financeiro da qual o Brasil seja parte poderão ser admitidas condições peculiares à seleção e à contratação constantes de normas e procedimentos das agências ou dos organismos, desde que, dentre outras condições, haja despacho motivado pela autorizada superior da administração do financiamento.

Todavia, e em que pese a boa intenção do legislador, a medida contraria o interesse público, uma vez que a exigência do despacho motivado deve ser da autoridade superior do órgão executor do programa ou projeto e não do órgão que representa o mutuário tão somente para fins do contrato financeiro externo".

§ 4º A documentação encaminhada ao Senado Federal para autorização do empréstimo de que trata o § 3º deste artigo deverá fazer referência às condições contratuais que incidam na hipótese do referido parágrafo.

§ 5º As contratações relativas à gestão, direta e indireta, das reservas internacionais do País, inclusive as de serviços conexos ou acessórios a essa atividade, serão disciplinadas em ato normativo próprio do Banco Central do Brasil, assegurada a observância dos princípios estabelecidos no **caput** do art. 37 da Constituição Federal.

Art. 2º Esta Lei aplica-se a:

I – alienação e concessão de direito real de uso de bens;

II – compra, inclusive por encomenda;

III – locação;

IV – concessão e permissão de uso de bens públicos;

V – prestação de serviços, inclusive os técnico-profissionais especializados;

VI – obras e serviços de arquitetura e engenharia;

VII – contratações de tecnologia da informação e de comunicação.

Art. 3º Não se subordinam ao regime desta Lei:

I – contratos que tenham por objeto operação de crédito, interno ou externo, e gestão de dívida pública, incluídas as contratações de agente financeiro e a concessão de garantia relacionadas a esses contratos;

II – contratações sujeitas a normas previstas em legislação própria.

Art. 4º Aplicam-se às licitações e contratos disciplinados por esta Lei as disposições constantes dos arts. 42 a 49 da Lei Complementar nº 123, de 14 de dezembro de 2006.

§ 1º As disposições a que se refere o **caput** deste artigo não são aplicadas:

I – no caso de licitação para aquisição de bens ou contratação de serviços em geral, ao item cujo valor estimado for superior à receita bruta máxima admitida para fins de enquadramento como empresa de pequeno porte;

II – no caso de contratação de obras e serviços de engenharia, às licitações cujo valor estimado for superior à receita bruta máxima admitida para fins de enquadramento como empresa de pequeno porte.

§ 2º A obtenção de benefícios a que se refere o **caput** deste artigo fica limitada às microempresas e às empresas de pequeno porte que, no ano-calendário de realização da licitação, ainda não tenham celebrado contratos com a Administração Pública cujos valores somados extrapolem a receita bruta máxima admitida para fins de enquadramento como empresa de pequeno porte, devendo o órgão ou entidade exigir do licitante declaração de observância desse limite na licitação.

§ 3º Nas contratações com prazo de vigência superior a 1 (um) ano, será considerado o valor anual do contrato na aplicação dos limites previstos nos §§ 1º e 2º deste artigo.

CAPÍTULO II
DOS PRINCÍPIOS

Art. 5º Na aplicação desta Lei, serão observados os princípios da legalidade, da impessoalidade, da moralidade, da publicidade, da eficiência, do interesse público, da probidade administrativa, da igualdade, do planejamento, da transparência, da eficácia, da segregação de funções, da motivação, da vinculação ao edital, do julgamento objetivo, da segurança jurídica, da razoabilidade, da competitividade, da proporcionalidade, da celeridade, da economicidade e do desenvolvimento nacional sustentável, assim como as disposições do Decreto-Lei nº 4.657, de 4 de setembro de 1942 (Lei de Introdução às Normas do Direito Brasileiro).

CAPÍTULO III
DAS DEFINIÇÕES

Art. 6º Para os fins desta Lei, consideram-se:

I – órgão: unidade de atuação integrante da estrutura da Administração Pública;

II – entidade: unidade de atuação dotada de personalidade jurídica;

III – Administração Pública: administração direta e indireta da União, dos Estados, do Distrito Federal e dos Municípios, inclusive as entidades com personalidade jurídica de direito privado sob controle do poder público e as fundações por ele instituídas ou mantidas;

IV – Administração: órgão ou entidade por meio do qual a Administração Pública atua;

V – agente público: indivíduo que, em virtude de eleição, nomeação, designação, contratação ou qualquer outra forma de investidura ou vínculo, exerce mandato, cargo, emprego ou função em pessoa jurídica integrante da Administração Pública;

VI – autoridade: agente público dotado de poder de decisão;

VII – contratante: pessoa jurídica integrante da Administração Pública responsável pela contratação;

VIII – contratado: pessoa física ou jurídica, ou consórcio de pessoas jurídicas, signatária de contrato com a Administração;

IX – licitante: pessoa física ou jurídica, ou consórcio de pessoas jurídicas, que participa ou manifesta a intenção de participar de processo licitatório, sendo-lhe equiparável, para os fins desta Lei, o fornecedor ou o prestador de serviço que, em atendimento à solicitação da Administração, oferece proposta;

X – compra: aquisição remunerada de bens para fornecimento de uma só vez ou parceladamente, considerada imediata aquela com prazo de entrega de até 30 (trinta) dias da ordem de fornecimento;

XI – serviço: atividade ou conjunto de atividades destinadas a obter determinada utilidade, intelectual ou material, de interesse da Administração;

XII – obra: toda atividade estabelecida, por força de lei, como privativa das profissões de arquiteto e engenheiro que implica intervenção no meio ambiente por meio de um conjunto harmônico de ações que, agregadas, formam um todo que inova o espaço físico da natureza ou acarreta alteração substancial das características originais de bem imóvel;

XIII – bens e serviços comuns: aqueles cujos padrões de desempenho e qualidade podem ser objetivamente definidos pelo edital, por meio de especificações usuais de mercado;

XIV – bens e serviços especiais: aqueles que, por sua alta heterogeneidade ou complexidade, não podem ser descritos na forma do inciso XIII do **caput** deste artigo, exigida justificativa prévia do contratante;

XV – serviços e fornecimentos contínuos: serviços contratados e compras realizadas pela Administração Pública para a manutenção da atividade administrativa, decorrentes de necessidades permanentes ou prolongadas;

XVI – serviços contínuos com regime de dedicação exclusiva de mão de obra: aqueles cujo modelo de execução contratual exige, entre outros requisitos, que:

a) os empregados do contratado fiquem à disposição nas dependências do contratante para a prestação dos serviços;

b) o contratado não compartilhe os recursos humanos e materiais disponíveis de uma contratação para execução simultânea de outros contratos;

c) o contratado possibilite a fiscalização pelo contratante quanto à distribuição, controle e supervisão dos recursos humanos alocados aos seus contratos;

XVII – serviços não contínuos ou contratados por escopo: aqueles que impõem ao contratado o dever de realizar a prestação de um serviço específico em período predeterminado, podendo ser prorrogado, desde que justificadamente, pelo prazo necessário à conclusão do objeto;

XVIII – serviços técnicos especializados de natureza predominantemente intelectual: aqueles realizados em trabalhos relativos a:

a) estudos técnicos, planejamentos, projetos básicos e projetos executivos;

b) pareceres, perícias e avaliações em geral;

c) assessorias e consultorias técnicas e auditorias financeiras e tributárias;
d) fiscalização, supervisão e gerenciamento de obras e serviços;
e) patrocínio ou defesa de causas judiciais e administrativas;
f) treinamento e aperfeiçoamento de pessoal;
g) restauração de obras de arte e de bens de valor histórico;

h) controles de qualidade e tecnológico, análises, testes e ensaios de campo e laboratoriais, instrumentação e monitoramento de parâmetros específicos de obras e do meio ambiente e demais serviços de engenharia que se enquadrem na definição deste inciso;

XIX – notória especialização: qualidade de profissional ou de empresa cujo conceito, no campo de sua especialidade, decorrente de desempenho anterior, estudos, experiência, publicações, organização, aparelhamento, equipe técnica ou outros requisitos relacionados com suas atividades, permite inferir que o seu trabalho é essencial e reconhecidamente adequado à plena satisfação do objeto do contrato;

XX – estudo técnico preliminar: documento constitutivo da primeira etapa do planejamento de uma contratação que caracteriza o interesse público envolvido 6 *ã* sua melhor solução e dá base ao anteprojeto, ao termo de referência ou ao projeto básico a serem elaborados caso se conclua pela viabilidade da contratação;

XXI – serviço de engenharia: toda atividade ou conjunto de atividades destinadas a obter determinada utilidade, intelectual ou material, de interesse para a Administração e que, não enquadradas no conceito de obra a que se refere o inciso XII do **caput** deste artigo, são estabelecidas, por força de lei, como privativas das profissões de arquiteto e engenheiro ou de técnicos especializados, que compreendem:

a) serviço comum de engenharia: todo serviço de engenharia que tem por objeto ações, objetivamente padronizáveis em termos de desempenho e qualidade, de manutenção, de adequação e de adaptação de bens móveis e imóveis, com preservação das características originais dos bens;

b) serviço especial de engenharia: aquele que, por sua alta heterogeneidade ou complexidade, não pode se enquadrar na definição constante da alínea "a" deste inciso;

XXII – obras, serviços e fornecimentos de grande vulto: aqueles cujo valor estimado supera R$ 200.000.000,00 (duzentos milhões de reais);

XXIII – termo de referência: documento necessário para a contratação de bens e serviços, que deve conter os seguintes parâmetros e elementos descritivos:

a) definição do objeto, incluídos sua natureza, os quantitativos, o prazo do contrato e, se for o caso, a possibilidade de sua prorrogação;

b) fundamentação da contratação, que consiste na referência aos estudos técnicos preliminares correspondentes ou, quando não for possível divulgar esses estudos, no extrato das partes que não contiverem informações sigilosas;

c) descrição da solução como um todo, considerado todo o ciclo de vida do objeto;

d) requisitos da contratação;

e) modelo de execução do objeto, que consiste na definição de como o contrato deverá produzir os resultados pretendidos desde o seu início até o seu encerramento;

f) modelo de gestão do contrato, que descreve como a execução do objeto será acompanhada e fiscalizada pelo órgão ou entidade;

g) critérios de medição e de pagamento;

h) forma e critérios de seleção do fornecedor;

i) estimativas do valor da contratação, acompanhadas dos preços unitários referenciais, das memórias de cálculo e dos documentos que lhe dão suporte, com os parâmetros utilizados para a obtenção dos preços e para os respectivos cálculos, que devem constar de documento separado e classificado;

j) adequação orçamentária;

XXIV – anteprojeto: peça técnica com todos os subsídios necessários à elaboração do projeto básico, que deve conter, no mínimo, os seguintes elementos:

a) demonstração e justificativa do programa de necessidades, avaliação de demanda do público-alvo, motivação técnico-econômico-social do empreendimento, visão global dos investimentos e definições relacionadas ao nível de serviço desejado;

b) condições de solidez, de segurança e de durabilidade;

c) prazo de entrega;

d) estética do projeto arquitetônico, traçado geométrico e/ou projeto da área de influência, quando cabível;

e) parâmetros de adequação ao interesse público, de economia na utilização, de facilidade na execução, de impacto ambiental e de acessibilidade;

f) proposta de concepção da obra ou do serviço de engenharia;

g) projetos anteriores ou estudos preliminares que embasaram a concepção proposta;

h) levantamento topográfico e cadastral;

i) pareceres de sondagem;

j) memorial descritivo dos elementos da edificação, dos componentes construtivos e dos materiais de construção, de forma a estabelecer padrões mínimos para a contratação;

XXV – projeto básico: conjunto de elementos necessários e suficientes, com nível de precisão adequado para definir e dimensionar a obra ou o serviço, ou o complexo de obras ou de serviços objeto da licitação, elaborado com base nas indicações dos estudos técnicos preliminares, que assegure a viabilidade técnica e o adequado tratamento do impacto ambiental do empreendimento e que possibilite a avaliação do custo da obra e a definição dos métodos e do prazo de execução, devendo conter os seguintes elementos:

a) levantamentos topográficos e cadastrais, sondagens e ensaios geotécnicos, ensaios e análises laboratoriais, estudos socioambientais e demais dados e levantamentos necessários para execução da solução escolhida;

b) soluções técnicas globais e localizadas, suficientemente detalhadas, de forma a evitar, por ocasião da elaboração do projeto executivo e da realização das obras e montagem, a necessidade de reformulações ou variantes quanto à qualidade, ao preço e ao prazo inicialmente definidos;

c) identificação dos tipos de serviços a executar e dos materiais e equipamentos a incorporar à obra, bem como das suas especificações, de modo a assegurar os melhores resultados para o empreendimento e a segurança executiva na utilização do objeto, para os fins a que se destina, considerados os riscos e os perigos identificáveis, sem frustrar o caráter competitivo para a sua execução;

d) informações que possibilitem o estudo e a definição de métodos construtivos, de instalações provisórias e de condições organizacionais para a obra, sem frustrar o caráter competitivo para a sua execução;

e) subsídios para montagem do plano de licitação e gestão da obra, compreendidos a sua programação, a estratégia de suprimentos, as normas de fiscalização e outros dados necessários em cada caso;

f) orçamento detalhado do custo global da obra, fundamentado em quantitativos de serviços e fornecimentos propriamente avaliados, obrigatório exclusivamente para os regimes de execução previstos nos incisos I, II, III, IV e VII do **caput** do art. 46 desta Lei;

XXVI – projeto executivo: conjunto de elementos necessários e suficientes à execução completa da obra, com o detalhamento das soluções previstas no projeto básico, a identificação de serviços, de materiais e de equipamentos a serem incorporados à obra, bem como suas especificações técnicas, de acordo com as normas técnicas pertinentes;

XXVII – matriz de riscos: cláusula contratual definidora de riscos e de responsabilidades entre as partes e caracterizadora do equilíbrio econômico-financeiro inicial do contrato, em termos de ônus financeiro decorrente de eventos supervenientes à contratação, contendo, no mínimo, as seguintes informações:

a) listagem de possíveis eventos supervenientes à assinatura do contrato que possam causar impacto em seu equilíbrio econômico-financeiro e previsão de eventual necessidade de prolação de termo aditivo por ocasião de sua ocorrência;

b) no caso de obrigações de resultado, estabelecimento das frações do objeto com relação às quais haverá liberdade para os contratados inovarem em soluções metodológicas ou tecnológicas, em termos de modificação das soluções previamente delineadas no anteprojeto ou no projeto básico;

c) no caso de obrigações de meio, estabelecimento preciso das frações do objeto com relação às quais não haverá liberdade para os contratados inovarem em soluções metodológicas ou tecnológicas, devendo haver obrigação de aderência entre a execução e a solução predefinida no anteprojeto ou no projeto básico, consideradas as características do regime de execução no caso de obras e serviços de engenharia;

XXVIII – empreitada por preço unitário: contratação da execução da obra ou do serviço por preço certo de unidades determinadas;

XXIX – empreitada por preço global: contratação da execução da obra ou do serviço por preço certo e total;

XXX – empreitada integral: contratação de empreendimento em sua integralidade, compreendida a totalidade das etapas de obras, serviços e instalações necessárias, sob inteira responsabilidade do contratado até sua entrega ao contratante em condições de entrada em operação, com características adequadas às finalidades para as quais foi contratado e atendidos os requisitos técnicos e legais para sua utilização com segurança estrutural e operacional;

XXXI – contratação por tarefa: regime de contratação de mão de obra para pequenos trabalhos por preço certo, com ou sem fornecimento de materiais;

XXXII – contratação integrada: regime de contratação de obras e serviços de engenharia em que o contratado é responsável por elaborar e desenvolver os projetos básico e executivo, executar obras e serviços de engenharia, fornecer bens ou prestar serviços especiais e realizar montagem, teste, pré-operação e as demais operações necessárias e suficientes para a entrega final do objeto;

XXXIII – contratação semi-integrada: regime de contratação de obras e serviços de engenharia em que o contratado é responsável por elaborar e desenvolver o projeto executivo, executar obras e serviços de engenharia, fornecer bens ou prestar serviços especiais e realizar montagem, teste, pré-operação e as demais operações necessárias e suficientes para a entrega final do objeto;

XXXIV – fornecimento e prestação de serviço associado: regime de contratação em que, além do fornecimento do objeto, o contratado responsabiliza-se por sua operação, manutenção ou ambas, por tempo determinado;

XXXV – licitação internacional: licitação processada em território nacional na qual é admitida a participação de licitantes estrangeiros, com a possibilidade de cotação de preços em moeda estrangeira, ou licitação na qual o objeto contratual pode ou deve ser executado no todo ou em parte em território estrangeiro;

XXXVI – serviço nacional: serviço prestado em território nacional, nas condições estabelecidas pelo Poder Executivo federal;

XXXVII – produto manufaturado nacional: produto manufaturado produzido no território nacional de acordo com o processo produtivo básico ou com as regras de origem estabelecidas pelo Poder Executivo federal;

XXXVIII – concorrência: modalidade de licitação para contratação de bens e serviços especiais e de obras e serviços comuns e especiais de engenharia, cujo critério de julgamento poderá ser:

a) menor preço;

b) melhor técnica ou conteúdo artístico;

c) técnica e preço;

d) maior retomo econômico;

e) maior desconto;

XXXIX – concurso: modalidade de licitação para escolha de trabalho técnico, científico ou artístico, cujo critério de julgamento será o de melhor técnica ou conteúdo artístico, e para concessão de prêmio ou remuneração ao vencedor;

XL – leilão: modalidade de licitação para alienação de bens imóveis ou de bens móveis inservíveis ou legalmente apreendidos a quem oferecer o maior lance;

XLI – pregão: modalidade de licitação obrigatória para aquisição de bens e serviços comuns, cujo critério de julgamento poderá ser o de menor preço ou o de maior desconto;

XLII – diálogo competitivo: modalidade de licitação para contratação de obras, serviços e compras em que a Administração Pública realiza diálogos com licitantes previamente selecionados mediante critérios objetivos, com o intuito de desenvolver uma ou mais alternativas capazes de atender às suas necessidades, devendo os licitantes apresentar proposta final após o encerramento dos diálogos;

XLIII – credenciamento: processo administrativo de chamamento público em que a Administração Pública convoca interessados em prestar serviços ou fornecer bens para que, preenchidos os requisitos necessários, se credenciem no órgão ou na entidade para executar o objeto quando convocados;

XLIV – pré-qualificação: procedimento seletivo prévio à licitação, convocado por meio de edital, destinado à análise das condições de habilitação, total ou parcial, dos interessados ou do objeto;

XLV – sistema de registro de preços: conjunto de procedimentos para realização, mediante contratação direta ou licitação nas modalidades pregão ou concorrência, de registro formal de preços relativos a prestação de serviços, a obras e a aquisição e locação de bens para contratações futuras;

XLVI – ata de registro de preços: documento vinculativo e obrigacional, com característica de compromisso para futura contratação, no qual são registrados o objeto, os preços, os fornecedores, os órgãos participantes e as condições a serem praticadas, conforme as disposições contidas no edital da licitação, no aviso ou instrumento de contratação direta e nas propostas apresentadas;

XLVII – órgão ou entidade gerenciadora: órgão ou entidade da Administração Pública responsável pela condução do conjunto de procedimentos para registro de preços e pelo gerenciamento da ata de registro de preços dele decorrente;

XLVIII – órgão ou entidade participante: órgão ou entidade da Administração Pública que participa dos procedimentos iniciais da contratação para registro de preços e integra a ata de registro de preços;

XLIX – órgão ou entidade não participante: órgão ou entidade da Administração Pública que não participa dos procedimentos iniciais da licitação para registro de preços e não integra a ata de registro de preços;

L – comissão de contratação: conjunto de agentes públicos indicados pela Administração, em caráter permanente ou especial, com a função de receber, examinar e julgar documentos relativos às licitações e aos procedimentos auxiliares;

LI – catálogo eletrônico de padronização de compras, serviços e obras: sistema informatizado, de gerenciamento centralizado e com indicação de preços, destinado a permitir a padronização de itens a serem adquiridos pela Administração Pública e que estarão disponíveis para a licitação;

LII – sítio eletrônico oficial: sítio da internet, certificado digitalmente por autoridade certificadora, no qual o ente federativo divulga de forma centralizada as informações e os serviços de governo digital dos seus órgãos e entidades;

LIII – contrato de eficiência: contrato cujo objeto é a prestação de serviços, que pode incluir a realização de obras e o fornecimento de bens, com o objetivo de proporcionar economia ao contratante, na forma de redução de despesas correntes, remunerado o contratado com base em percentual da economia gerada;

LIV – seguro-garantia: seguro que garante o fiel cumprimento das obrigações assumidas pelo contratado;

LV – produtos para pesquisa e desenvolvimento: bens, insumos, serviços e obras necessários para atividade de pesquisa científica e tecnológica, desenvolvimento de tecnologia ou inovação tecnológica, discriminados em projeto de pesquisa;

LVI – sobrepreço: preço orçado para licitação ou contratado em valor expressivamente superior aos preços referenciais de mercado, seja de apenas 1 (um) item, se a licitação ou a contratação for por preços unitários de serviço, seja do valor global do objeto, se a licitação ou a contratação for por tarefa, empreitada por preço global ou empreitada integral, semi-integrada ou integrada;

LVII – superfaturamento: dano provocado ao patrimônio da Administração, caracterizado, entre outras situações, por:

a) medição de quantidades superiores às efetivamente executadas ou fornecidas;

b) deficiência na execução de obras e de serviços de engenharia que resulte em diminuição da sua qualidade, vida útil ou segurança;

c) alterações no orçamento de obras e de serviços de engenharia que causem desequilíbrio econômico-financeiro do contrato em favor do contratado;

d) outras alterações de cláusulas financeiras que gerem recebimentos contratuais antecipados, distorção do cronograma físico-financeiro, prorrogação injustificada do prazo contratual com custos adicionais para a Administração ou reajuste irregular de preços;

LVIII – reajustamento em sentido estrito: forma de manutenção do equilíbrio econômico-financeiro de contrato consistente na aplicação do índice de correção monetária previsto no contrato, que deve retratar a variação efetiva do custo de produção, admitida a adoção de índices específicos ou setoriais;

LIX – repactuação: forma de manutenção do equilíbrio econômico-financeiro de contrato utilizada para serviços contínuos com regime de dedicação exclusiva de mão de obra ou predominância de mão de obra, por meio da análise da variação dos custos contratuais, devendo estar prevista no edital com data vinculada à apresentação das propostas, para os custos decorrentes do mercado, e com data vinculada ao acordo, à convenção coletiva ou ao dissídio coletivo ao qual o orçamento esteja vinculado, para os custos decorrentes da mão de obra;

LX – agente de contratação: pessoa designada pela autoridade competente, entre servidores efetivos ou empregados públicos dos quadros permanentes da Administração Pública, para tomar decisões, acompanhar o trâmite da licitação, dar impulso ao procedimento licitatório e executar quaisquer outras atividades necessárias ao bom andamento do certame até a homologação.

CAPÍTULO IV
DOS AGENTES PÚBLICOS

Art. 7º Caberá à autoridade máxima do órgão ou da entidade, ou a quem as normas de organização administrativa indicarem, promover gestão por competências e designar agentes públicos para o desempenho das funções essenciais à execução desta Lei que preencham os seguintes requisitos:

I – sejam, preferencialmente, servidor efetivo ou empregado público dos quadros permanentes da Administração Pública;

II – tenham atribuições relacionadas a licitações e contratos ou possuam formação compatível ou qualificação atestada por certificação profissional emitida por escola de governo criada e mantida pelo poder público; e

III – não sejam cônjuge ou companheiro de licitantes ou contratados habituais da Administração nem tenham com eles vínculo de parentesco, colateral ou por afinidade, até o terceiro grau, ou de natureza técnica, comercial, econômica, financeira, trabalhista e civil.

§ 1º A autoridade referida no **caput** deste artigo deverá observar o princípio da segregação de funções, vedada a designação do mesmo agente público para atuação simultânea em funções mais suscetíveis a riscos, de modo a reduzir a possibilidade de ocultação de erros e de ocorrência de fraudes na respectiva contratação.

§ 2º O disposto no **caput** e no § 1º deste artigo, inclusive os requisitos estabelecidos, também se aplica aos órgãos de assessoramento jurídico e de controle interno da Administração.

Art. 8º A licitação será conduzida por agente de contratação, pessoa designada pela autoridade competente, entre servidores efetivos ou empregados públicos dos quadros permanentes da Administração Pública, para tomar decisões, acompanhar o trâmite da licitação, dar impulso ao procedimento licitatório e executar quaisquer outras atividades necessárias ao bom andamento do certame até a homologação.

§ 1º O agente de contratação será auxiliado por equipe de apoio e responderá individualmente pelos atos que praticar, salvo quando induzido a erro pela atuação da equipe.

§ 2º Em licitação que envolva bens ou serviços especiais, desde que observados os requisitos estabelecidos no art. 7º desta Lei, o agente de contratação poderá ser substituído por comissão de contratação formada por, no mínimo, 3 (três) membros, que responderão solidariamente por todos os atos praticados pela comissão, ressalvado o membro que expressar posição individual divergente fundamentada e registrada em ata lavrada na reunião em que houver sido tomada a decisão.

§ 3º As regras relativas à atuação do agente de contratação e da equipe de apoio, ao funcionamento da comissão de contratação e à atuação de fiscais e gestores de contratos de que trata esta Lei serão estabelecidas em regulamento, e deverá ser prevista a possibilidade de eles contarem com o apoio dos órgãos de assessoramento jurídico e de controle interno para o desempenho das funções essenciais à execução do disposto nesta Lei.

§ 4º Em licitação que envolva bens ou serviços especiais cujo objeto não seja rotineiramente contratado pela Administração, poderá ser contratado, por prazo determinado, serviço de empresa ou de profissional especializado para assessorar os agentes públicos responsáveis pela condução da licitação.

§ 5º Em licitação na modalidade pregão, o agente responsável pela condução do certame será designado pregoeiro.

Art. 9º É vedado ao agente público designado para atuar na área de licitações e contratos, ressalvados os casos previstos em lei:

I – admitir, prever, incluir ou tolerar, nos atos que praticar, situações que:

a) comprometam, restrinjam ou frustrem o caráter competitivo do processo licitatório, inclusive nos casos de participação de sociedades cooperativas;

b) estabeleçam preferências ou distinções em razão da naturalidade, da sede ou do domicílio dos licitantes;

c) sejam impertinentes ou irrelevantes para o objeto específico do contrato;

II – estabelecer tratamento diferenciado de natureza comercial, legal, trabalhista, previdenciária ou qualquer outra entre empresas brasileiras e estrangeiras, inclusive no que se refere a moeda, modalidade e local de pagamento, mesmo quando envolvido financiamento de agência internacional;

III – opor resistência injustificada ao andamento dos processos e, indevidamente, retardar ou deixar de praticar ato de ofício, ou praticá-lo contra disposição expressa em lei.

§ 1º Não poderá participar, direta ou indiretamente, da licitação ou da execução do contrato agente público de órgão ou entidade licitante ou contratante, devendo ser observadas as situações que possam configurar conflito de interesses no exercício ou **após** o exercício do cargo ou emprego, nos termos da legislação que disciplina a matéria.

§ 2º As vedações de que trata este artigo estendem-se a terceiro que auxilie a condução da contratação na qualidade de integrante de equipe de apoio, profissional especializado ou funcionário ou representante de empresa que preste assessoria técnica.

Art. 10. Se as autoridades competentes e os servidores públicos que tiverem participado dos procedimentos relacionados às licitações e aos contratos de que trata esta Lei precisarem defender-se nas esferas administrativa, controladora ou judicial em razão de ato praticado com estrita observância de orientação constante em parecer jurídico elaborado na forma do § 1º do art. 53 desta Lei, a advocacia pública promoverá, a critério do agente público, sua representação judicial ou extrajudicial.

§ 1º Não se aplica o disposto no **caput** deste artigo quando:

I – (VETADO)

Texto vetado:

"o responsável pela elaboração do parecer jurídico não pertencer aos quadros permanentes da Administração;"

Razões do veto:

"A propositura legislativa dispõe que se as autoridades competentes e os servidores e empregados públicos que tiverem participado dos procedimentos relacionados às licitações e aos contratos de que trata esta lei precisarem defender-se nas esferas administrativa, controladora ou judicial em razão de ato praticado com estrita observância de orientação constante em parecer jurídico elaborado na forma do § 1º do art. 52 desta lei, a advocacia pública promoverá, a critério do agente público, sua representação

judicial ou extrajudicial, o que não se aplica quando o responsável pela elaboração do parecer jurídico não pertencer aos quadros permanentes da Administração.

Entretanto, e em que pese a boa intenção do legislador, o dispositivo contraria o interesse público uma vez que faz referência ao art. 52, § 1º o qual trata da elaboração do parecer 'por órgão de assessoramento jurídico da Administração', de modo que independentemente de o parecerista em si ser servidor público permanente ou eventualmente um comissionado (nos caos de Municípios, por exemplo), o parecer é originário do órgão e tem caráter público, inclusive em razão das providências de aprovação a que usualmente tais opinativos se submetem.

Ademais, a redação é ambígua, permitindo que se leia tanto a inaplicação do **caput** *quando o parecerista originariamente não pertence aos quadros da Administração; quanto no caso de ele não mais pertencer aos quadros da Administração (no caso de exoneração, por exemplo) e a ausência de defesa neste segundo caso nos aparenta ser indesejável".*

II – provas da prática de atos ilícitos dolosos constarem nos autos do processo administrativo ou judicial.

§ 2º Aplica-se o disposto no **caput** deste artigo inclusive na hipótese de o agente público não mais ocupar o cargo, emprego ou função em que foi praticado o ato questionado.

TÍTULO II
DAS LICITAÇÕES

CAPÍTULO I
DO PROCESSO LICITATÓRIO

Art. 11. O processo licitatório tem por objetivos:

I – assegurar a seleção da proposta apta a gerar o resultado de contratação mais vantajoso para a Administração Pública, inclusive no que se refere ao ciclo de vida do objeto;

II – assegurar tratamento isonômico entre os licitantes, bem como a justa competição;

III – evitar contratações com sobrepreço ou com preços manifestamente inexequíveis e superfaturamento na execução dos contratos;

IV – incentivar a inovação e o desenvolvimento nacional sustentável.

Parágrafo único. A alta administração do órgão ou entidade é responsável pela governança das contratações e deve implementar processos e estruturas, inclusive de gestão de riscos e controles internos, para avaliar, direcionar e monitorar os processos licitatórios e os respectivos contratos, com o intuito de alcançar os objetivos estabelecidos no **caput** deste artigo, promover um ambiente íntegro e confiável, assegurar o alinhamento das contratações ao planejamento estratégico e às leis orçamentárias e promover eficiência, efetividade e eficácia em suas contratações.

Art. 12. No processo licitatório, observar-se-á o seguinte:

I – os documentos serão produzidos por escrito, com data e local de sua realização e assinatura dos responsáveis;

II – os valores, os preços e os custos utilizados terão como expressão monetária a moeda corrente nacional, ressalvado o disposto no art. 51 desta Lei;

III – o desatendimento de exigências meramente formais que não comprometam a aferição da qualificação do licitante ou a compreensão do conteúdo de sua proposta não importará seu afastamento da licitação ou a invalidação do processo;

IV – a prova de autenticidade de cópia de documento público ou particular poderá ser feita perante agente da Administração, mediante apresentação de original ou de declaração de autenticidade por advogado, sob sua responsabilidade pessoal;

V – o reconhecimento de firma somente será exigido quando houver dúvida de autenticidade, salvo imposição legal;

VI – os atos serão preferencialmente digitais, de forma a permitir que sejam produzidos, comunicados, armazenados e validados por meio eletrônico;

VII – a partir de documentos de formalização de demandas, os órgãos responsáveis pelo planejamento de cada ente federativo poderão, na forma de regulamento, elaborar plano de contratações anual, com o objetivo de racionalizar as contratações dos órgãos e entidades sob sua competência, garantir o alinhamento com o seu planejamento estratégico e subsidiar a elaboração das respectivas leis orçamentárias.

§ 1º O plano de contratações anual de que trata o inciso VII do **caput** deste artigo deverá ser divulgado e mantido à disposição do público em sítio eletrônico oficial e será observado pelo ente federativo na realização de licitações e na execução dos contratos.

§ 2º É permitida a identificação e assinatura digital por pessoa física ou jurídica em meio eletrônico, mediante certificado digital emitido em âmbito da Infraestrutura de Chaves Públicas Brasileira (ICP-Brasil).

Art. 13. Os atos praticados no processo licitatório são públicos, ressalvadas as hipóteses de informações cujo sigilo seja imprescindível à segurança da sociedade e do Estado, na forma da lei.

Parágrafo único. A publicidade será diferida:

I – quanto ao conteúdo das propostas, até a respectiva abertura;

II – quanto ao orçamento da Administração, nos termos do art. 24 desta Lei.

Art. 14. Não poderão disputar licitação ou participar da execução de contrato, direta ou indiretamente:

I – autor do anteprojeto, do projeto básico ou do projeto executivo, pessoa física ou jurídica, quando a licitação versar sobre obra, serviços ou fornecimento de bens a ele relacionados;

II – empresa, isoladamente ou em consórcio, responsável pela elaboração do projeto básico ou do projeto executivo, ou empresa da qual o autor do projeto seja dirigente, gerente, controlador, acionista ou detentor de mais de 5% (cinco por cento) do capital com direito a voto, responsável técnico ou subcontratado, quando a licitação versar sobre obra, serviços ou fornecimento de bens a ela necessários;

III – pessoa física ou jurídica que se encontre, ao tempo da licitação, impossibilitada de participar da licitação em decorrência de sanção que lhe foi imposta;

IV – aquele que mantenha vínculo de natureza técnica, comercial, econômica, financeira, trabalhista ou civil com dirigente do órgão ou entidade contratante ou com agente público que desempenhe função na licitação ou atue na fiscalização ou na gestão do contrato, ou que deles seja cônjuge, companheiro ou parente em linha reta, colateral ou por afinidade, até o terceiro grau, devendo essa proibição constar expressamente do edital de licitação;

V – empresas controladoras, controladas ou coligadas, nos termos da Lei nº 6.404, de 15 de dezembro de 1976, concorrendo entre si;

VI – pessoa física ou jurídica que, nos 5 (cinco) anos anteriores à divulgação do edital, tenha sido condenada judicialmente, com trânsito em julgado, por exploração de trabalho infantil, por submissão de trabalhadores a condições análogas às de escravo ou por contratação de adolescentes nos casos vedados pela legislação trabalhista.

§ 1º O impedimento de que trata o inciso III do **caput** deste artigo será também aplicado ao licitante que atue em substituição a outra pessoa, física ou jurídica, com o intuito de burlar a efetividade da sanção a ela aplicada, inclusive a sua controladora, controlada ou coligada, desde que devidamente comprovado o ilícito ou a utilização fraudulenta da personalidade jurídica do licitante.

§ 2º A critério da Administração e exclusivamente a seu serviço, o autor dos projetos e a empresa a que se referem os incisos I e II do **caput** deste artigo poderão participar no apoio das atividades de planejamento da contratação, de execução da licitação ou de gestão do contrato, desde que sob supervisão exclusiva de agentes públicos do órgão ou entidade.

§ 3º Equiparam-se aos autores do projeto as empresas integrantes do mesmo grupo econômico.

§ 4º O disposto neste artigo não impede a licitação ou a contratação de obra ou serviço que inclua como encargo do contratado a elaboração do projeto básico e do projeto executivo, nas contratações integradas, e do projeto executivo, nos demais regimes de execução.

§ 5º Em licitações e contratações realizadas no âmbito de projetos e programas parcialmente financiados por agência oficial de cooperação estrangeira ou por organismo financeiro internacional com recursos do financiamento ou da contrapartida nacional, não poderá participar pessoa física ou jurídica que integre o rol de pessoas sancionadas por essas entidades ou que seja declarada inidônea nos termos desta Lei.

Art. 15. Salvo vedação devidamente justificada no processo licitatório, pessoa jurídica poderá participar de licitação em consórcio, observadas as seguintes normas:

I – comprovação de compromisso público ou particular de constituição de consórcio, subscrito pelos consorciados;

II – indicação da empresa líder do consórcio, que será responsável por sua representação perante a Administração;

III – admissão, para efeito de habilitação técnica, do somatório dos quantitativos de cada consorciado e, para efeito de habilitação econômico-financeira, do somatório dos valores de cada consorciado;

IV – impedimento de a empresa consorciada participar, na mesma licitação, de mais de um consórcio ou de forma isolada;

V – responsabilidade solidária dos integrantes pelos atos praticados em consórcio, tanto na fase de licitação quanto na de execução do contrato.

§ 1º O edital deverá estabelecer para o consórcio acréscimo de 10% (dez por cento) a 30% (trinta por cento) sobre o valor exigido de licitante individual para a habilitação econômico-financeira, salvo justificação.

§ 2º O acréscimo previsto no § 1º deste artigo não se aplica aos consórcios compostos, em sua totalidade, de microempresas e pequenas empresas, assim definidas em lei.

§ 3° O licitante vencedor é obrigado a promover, antes da celebração do contrato, a constituição e o registro do consórcio, nos termos do compromisso referido no inciso I do **caput** deste artigo.

§ 4° Desde que haja justificativa técnica aprovada pela autoridade competente, o edital de licitação poderá estabelecer limite máximo para o número de empresas consorciadas.

§ 5° A substituição de consorciado deverá ser expressamente autorizada pelo órgão ou entidade contratante e condicionada à comprovação de que a nova empresa do consórcio possui, no mínimo, os mesmos quantitativos para efeito de habilitação técnica e os mesmos valores para efeito de qualificação econômico-financeira apresentados pela empresa substituída para fins de habilitação do consórcio no processo licitatório que originou o contrato.

Art. 16. Os profissionais organizados sob a forma de cooperativa poderão participar de licitação quando:

I – a constituição e o funcionamento da cooperativa observarem as regras estabelecidas na legislação aplicável, em especial a Lei n° 5.764, de 16 de dezembro de 1971, a Lei n° 12.690, de 19 de julho de 2012, e a Lei Complementar n° 130, de 17 de abril de 2009;

II – a cooperativa apresentar demonstrativo de atuação em regime cooperado, com repartição de receitas e despesas entre os cooperados;

III – qualquer cooperado, com igual qualificação, for capaz de executar o objeto contratado, vedado à Administração indicar nominalmente pessoas;

IV – o objeto da licitação referir-se, em se tratando de cooperativas enquadradas na Lei n° 12.690, de 19 de julho de 2012, a serviços especializados constantes do objeto social da cooperativa, a serem executados de forma complementar à sua atuação.

Art. 17. O processo de licitação observará as seguintes fases, em sequência:

I – preparatória;

II – de divulgação do edital de licitação;

III – de apresentação de propostas e lances, quando for o caso;

IV – de julgamento;

V – de habilitação;

VI – recursal;

VII – de homologação.

§ 1° A fase referida no inciso V do **caput** deste artigo poderá, mediante ato motivado com explicitação dos benefícios decorrentes, anteceder as fases referidas nos incisos III e IV do **caput** deste artigo, desde que expressamente previsto no edital de licitação.

§ 2º As licitações serão realizadas preferencialmente sob a forma eletrônica, admitida a utilização da forma presencial, desde que motivada, devendo a sessão pública ser registrada em ata e gravada em áudio e vídeo.

§ 3º Desde que previsto no edital, na fase a que se refere o inciso IV do **caput** deste artigo, o órgão ou entidade licitante poderá, em relação ao licitante provisoriamente vencedor, realizar análise e avaliação da conformidade da proposta, mediante homologação de amostras, exame de conformidade e prova de conceito, entre outros testes de interesse da Administração, de modo a comprovar sua aderência às especificações definidas no termo de referência ou no projeto básico.

§ 4º Nos procedimentos realizados por meio eletrônico, a Administração poderá determinar, como condição de validade e eficácia, que os licitantes pratiquem seus atos em formato eletrônico.

§ 5º Na hipótese excepcional de licitação sob a forma presencial a que refere o § 2º deste artigo, a sessão pública de apresentação de propostas deverá ser gravada em áudio e vídeo, e a gravação será juntada aos autos do processo licitatório depois de seu encerramento.

§ 6º A Administração poderá exigir certificação por organização independente acreditada pelo Instituto Nacional de Metrologia, Qualidade e Tecnologia (Inmetro) como condição para aceitação de:

I – estudos, anteprojetos, projetos básicos e projetos executivos;

II – conclusão de fases ou de objetos de contratos;

III – material e corpo técnico apresentados por empresa para fins de habilitação.

CAPÍTULO II
DA FASE PREPARATÓRIA
Seção I
Da Instrução do Processo Licitatório

Art. 18. A fase preparatória do processo licitatório é caracterizada pelo planejamento e deve compatibilizar-se com o plano de contratações anual de que trata o inciso VII do **caput** do art. 12 desta Lei, sempre que elaborado, e com as leis orçamentárias, bem como abordar todas as considerações técnicas, mercadológicas e de gestão que podem interferir na contratação, compreendidos:

I – a descrição da necessidade da contratação fundamentada em estudo técnico preliminar que caracterize o interesse público envolvido;

II – a definição do objeto para o atendimento da necessidade, por meio de termo de referência, anteprojeto, projeto básico ou projeto executivo, conforme o caso;

III – a definição das condições de execução e pagamento, das garantias exigidas e ofertadas e das condições de recebimento;

IV – o orçamento estimado, com as composições dos preços utilizados para sua formação;

V – a elaboração do edital de licitação;

VI – a elaboração de minuta de contrato, quando necessária, que constará obrigatoriamente como anexo do edital de licitação;

VII – o regime de fornecimento de bens, de prestação de serviços ou de execução de obras e serviços de engenharia, observados os potenciais de economia de escala;

VIII – a modalidade de licitação, o critério de julgamento, o modo de disputa e a adequação e eficiência da forma de combinação desses parâmetros, para os fins de seleção da proposta apta a gerar o resultado de contratação mais vantajoso para a Administração Pública, considerado todo o ciclo de vida do objeto;

IX – a motivação circunstanciada das condições do edital, tais como justificativa de exigências de qualificação técnica, mediante indicação das parcelas de maior relevância técnica ou valor significativo do objeto, e de qualificação econômico-financeira, justificativa dos critérios de pontuação e julgamento das propostas técnicas, nas licitações com julgamento por melhor técnica ou técnica e preço, e justificativa das regras pertinentes à participação de empresas em consórcio;

X – a análise dos riscos que possam comprometer o sucesso da licitação e a boa execução contratual;

XI – a motivação sobre o momento da divulgação do orçamento da licitação, observado o art. 24 desta Lei.

§ 1º O estudo técnico preliminar a que se refere o inciso I do **caput** deste artigo deverá evidenciar o problema a ser resolvido e a sua melhor solução, de modo a permitir a avaliação da viabilidade técnica e econômica da contratação, e conterá os seguintes elementos:

I – descrição da necessidade da contratação, considerado o problema a ser resolvido sob a perspectiva do interesse público;

II – demonstração da previsão da contratação no plano de contratações anual, sempre que elaborado, de modo a indicar o seu alinhamento com o planejamento da Administração;

III – requisitos da contratação;

IV – estimativas das quantidades para a contratação, acompanhadas das memórias de cálculo e dos documentos que lhes dão suporte, que considerem interdependências com outras contratações, de modo a possibilitar economia de escala;

V – levantamento de mercado, que consiste na análise das alternativas possíveis, e justificativa técnica e econômica da escolha do tipo de solução a contratar;

VI – estimativa do valor da contratação, acompanhada dos preços unitários referenciais, das memórias de cálculo e dos documentos que lhe dão suporte, que poderão constar de anexo classificado, se a Administração optar por preservar o seu sigilo até a conclusão da licitação;

VII – descrição da solução como um todo, inclusive das exigências relacionadas à manutenção e à assistência técnica, quando for o caso;

VIII – justificativas para o parcelamento ou não da contratação;

IX – demonstrativo dos resultados pretendidos em termos de economicidade e de melhor aproveitamento dos recursos humanos, materiais e financeiros disponíveis;

X – providências a serem adotadas pela Administração previamente à celebração do contrato, inclusive quanto à capacitação de servidores ou de empregados para fiscalização e gestão contratual;

XI – contratações correlatas e/ou interdependentes;

XII – descrição de possíveis impactos ambientais e respectivas medidas mitigadoras, incluídos requisitos de baixo consumo de energia e de outros recursos, bem como logística reversa para desfazimento e reciclagem de bens e refugos, quando aplicável;

XIII – posicionamento conclusivo sobre a adequação da contratação para o atendimento da necessidade a que se destina.

§ 2º O estudo técnico preliminar deverá conter ao menos os elementos previstos nos incisos I, IV, VI, VIII e XIII do § 1º deste artigo e, quando não contemplar os demais elementos previstos no referido parágrafo, apresentar as devidas justificativas.

§ 3º Em se tratando de estudo técnico preliminar para contratação de obras e serviços comuns de engenharia, se demonstrada a inexistência de prejuízo para a aferição dos padrões de desempenho e qualidade almejados, a especificação do objeto poderá ser realizada apenas em termo de referência ou em projeto básico, dispensada a elaboração de projetos.

Art. 19. Os órgãos da Administração com competências regulamentares relativas às atividades de administração de materiais, de obras e serviços e de licitações e contratos deverão:

I – instituir instrumentos que permitam, preferencialmente, a centralização dos procedimentos de aquisição e contratação de bens e serviços;

II – criar catálogo eletrônico de padronização de compras, serviços e obras, admitida a adoção do catálogo do Poder Executivo federal por todos os entes federativos;

III – instituir sistema informatizado de acompanhamento de obras, inclusive com recursos de imagem e vídeo;

IV – instituir, com auxílio dos órgãos de assessoramento jurídico e de controle interno, modelos de minutas de editais, de termos de referência, de contratos padronizados e de outros documentos, admitida a adoção das minutas do Poder Executivo federal por todos os entes federativos;

V – promover a adoção gradativa de tecnologias e processos integrados que permitam a criação, a utilização e a atualização de modelos digitais de obras e serviços de engenharia.

§ 1º O catálogo referido no inciso II do **caput** deste artigo poderá ser utilizado em licitações cujo critério de julgamento seja o de menor preço ou o de maior desconto e conterá toda a documentação e os procedimentos próprios da fase interna de licitações, assim como as especificações dos respectivos objetos, conforme disposto em regulamento.

§ 2º A não utilização do catálogo eletrônico de padronização de que trata o inciso II do **caput** ou dos modelos de minutas de que trata o inciso IV do **caput** deste artigo deverá ser justificada por escrito e anexada ao respectivo processo licitatório.

§ 3º Nas licitações de obras e serviços de engenharia e arquitetura, sempre que adequada ao objeto da licitação, será preferencialmente adotada a Modelagem da Informação da Construção (**Building Information Modelling - BIM**) ou tecnologias e processos integrados similares ou mais avançados que venham a substituí-la.

Art. 20. Os itens de consumo adquiridos para suprir as demandas das estruturas da Administração Pública deverão ser de qualidade comum, não superior à necessária para cumprir as finalidades às quais se destinam, vedada a aquisição de artigos de luxo.

§ 1º Os Poderes Executivo, Legislativo e Judiciário definirão em regulamento os limites para o enquadramento dos bens de consumo nas categorias comum e luxo.

§ 2º A partir de 180 (cento e oitenta) dias contados da promulgação desta Lei, novas compras de bens de consumo só poderão ser efetivadas com a edição, pela autoridade competente, do regulamento a que se refere o § 1º deste artigo.

§ 3º (VETADO)

Texto vetado:

"Os valores de referência dos três Poderes nas esferas federal, estadual, distrital e municipal não poderão ser superiores aos valores de referência do Poder Executivo federal".

Razões do veto:

" A propositura legislativa dispõe que os valores de referência dos três Poderes nas esferas federal, estadual, distrital e municipal, dos itens de consumo adquiridos para suprir as demandas das estruturas da Administração Pública, não poderão ser superiores aos valores de referência do Poder Executivo.

Entretanto, e em que pese a boa intenção do legislador, o dispositivo, ao limitar a organização administrativa e as peculiaridades dos demais poderes e entes federativos, viola o princípio da separação dos poderes, nos termos o art. 2º da Constituição da República, e do pacto federativo, inscrito no art. 18 da Carta Magna".

Art. 21. A Administração poderá convocar, com antecedência mínima de 8 (oito) dias úteis, audiência pública, presencial ou a distância, na forma eletrônica, sobre licitação que pretenda realizar, com disponibilização prévia de informações pertinentes, inclusive de estudo técnico preliminar e elementos do edital de licitação, e com possibilidade de manifestação de todos os interessados.

Parágrafo único. A Administração também poderá submeter a licitação a prévia consulta pública, mediante a disponibilização de seus elementos a todos os interessados, que poderão formular sugestões no prazo fixado.

Art. 22. O edital poderá contemplar matriz de alocação de riscos entre o contratante e o contratado, hipótese em que o cálculo do valor estimado da contratação poderá considerar taxa de risco compatível com o objeto da licitação e com os riscos atribuídos ao contratado, de acordo com metodologia predefinida pelo ente federativo.

§ 1º A matriz de que trata o **caput** deste artigo deverá promover a alocação eficiente dos riscos de cada contrato e estabelecer a responsabilidade que caiba a cada parte contratante, bem como os mecanismos que afastem a ocorrência do sinistro e mitiguem os seus efeitos, caso este ocorra durante a execução contratual.

§ 2º O contrato deverá refletir a alocação realizada pela matriz de riscos, especialmente quanto:

I – às hipóteses de alteração para o restabelecimento da equação econômico- financeira do contrato nos casos em que o sinistro seja considerado na matriz de riscos como causa de desequilíbrio não suportada pela parte que pretenda o restabelecimento;

II – à possibilidade de resolução quando o sinistro majorar excessivamente ou impedir a continuidade da execução contratual;

III – à contratação de seguros obrigatórios previamente definidos no contrato, integrado o custo de contratação ao preço ofertado.

§ 3º Quando a contratação se referir a obras e serviços de grande vulto ou forem adotados os regimes de contratação integrada e semi-integrada, o edital obrigatoriamente contemplará matriz de alocação de riscos entre o contratante e o contratado.

§ 4º Nas contratações integradas ou semi-integradas, os riscos decorrentes de fatos supervenientes à contratação associados à escolha da solução de projeto básico pelo contratado deverão ser alocados como de sua responsabilidade na matriz de riscos.

Art. 23. O valor previamente estimado da contratação deverá ser compatível com os valores praticados pelo mercado, considerados os preços constantes de bancos de dados públicos e as quantidades a serem contratadas, observadas a potencial economia de escala e as peculiaridades do local de execução do objeto.

§ 1º No processo licitatório para aquisição de bens e contratação de serviços em geral, conforme regulamento, o valor estimado será definido com base no melhor preço aferido por meio da utilização dos seguintes parâmetros, adotados de forma combinada ou não:

I – composição de custos unitários menores ou iguais à mediana do item correspondente no painel para consulta de preços ou no banco de preços em saúde disponíveis no Portal Nacional de Contratações Públicas (PNCP);

II – contratações similares feitas pela Administração Pública, em execução ou concluídas no período de 1 (um) ano anterior à data da pesquisa de preços, inclusive mediante sistema de registro de preços, observado o índice de atualização de preços correspondente;

III – utilização de dados de pesquisa publicada em mídia especializada, de tabela de referência formalmente aprovada pelo Poder Executivo federal e de sítios eletrônicos especializados ou de domínio amplo, desde que contenham a data e hora de acesso;

IV – pesquisa direta com no mínimo 3 (três) fornecedores, mediante solicitação formal de cotação, desde que seja apresentada justificativa da escolha desses fornecedores e que não tenham sido obtidos os orçamentos com mais de 6 (seis) meses de antecedência da data de divulgação do edital;

V – pesquisa na base nacional de notas fiscais eletrônicas, na forma de regulamento.

§ 2º No processo licitatório para contratação de obras e serviços de engenharia, conforme regulamento, o valor estimado, acrescido do percentual de Benefícios e Despesas Indiretas (BDI) de referência e dos Encargos Sociais (ES) cabíveis, será definido por meio da utilização de parâmetros na seguinte ordem:

I – composição de custos unitários menores ou iguais à mediana do item correspondente do Sistema de Custos Referenciais de Obras (Sicro), para serviços e obras de infraestrutura de transportes, ou do Sistema Nacional de Pesquisa de Custos e Índices de Construção Civil (Sinapi), para as demais obras e serviços de engenharia;

II – utilização de dados de pesquisa publicada em mídia especializada, de tabela de referência formalmente aprovada pelo Poder Executivo federal e de sítios eletrônicos especializados ou de domínio amplo, desde que contenham a data e a hora de acesso;

III – contratações similares feitas pela Administração Pública, em execução ou concluídas no período de 1 (um) ano anterior à data da pesquisa de preços, observado o índice de atualização de preços correspondente;

IV – pesquisa na base nacional de notas fiscais eletrônicas, na forma de regulamento.

§ 3º Nas contratações realizadas por Municípios, Estados e Distrito Federal, desde que não envolvam recursos da União, o valor previamente estimado da contratação, a que se refere o **caput** deste artigo, poderá ser definido por meio da utilização de outros sistemas de custos adotados pelo respectivo ente federativo.

§ 4º Nas contratações diretas por inexigibilidade ou por dispensa, quando não for possível estimar o valor do objeto na forma estabelecida nos §§ 1º, 2º e 3º deste artigo, o contratado deverá comprovar previamente que os preços estão em conformidade com os praticados em contratações semelhantes de objetos de mesma natureza, por meio da apresentação de notas fiscais emitidas para outros contratantes no período de até 1 (um) ano anterior à data da contratação pela Administração, ou por outro meio idôneo.

§ 5º No processo licitatório para contratação de obras e serviços de engenharia sob os regimes de contratação integrada ou semi-integrada, o valor estimado da contratação será calculado nos termos do § 2º deste artigo, acrescido ou não de parcela referente à remuneração do risco, e, sempre que necessário e o anteprojeto o permitir, a estimativa de preço será baseada em orçamento sintético, balizado em sistema de custo definido no inciso I do § 2º deste artigo, devendo a utilização de metodologia expedita ou paramétrica e de avaliação aproximada baseada em outras contratações similares ser reservada às frações do empreendimento não suficientemente detalhadas no anteprojeto.

§ 6º Na hipótese do § 5º deste artigo, será exigido dos licitantes ou contratados, no orçamento que compuser suas respectivas propostas, no mínimo, o mesmo nível de detalhamento do orçamento sintético referido no mencionado parágrafo.

Art. 24. Desde que justificado, o orçamento estimado da contratação poderá ter caráter sigiloso, sem prejuízo da divulgação do detalhamento dos quantitativos e das demais informações necessárias para a elaboração das propostas, e, nesse caso:

I – o sigilo não prevalecerá para os órgãos de controle interno e externo;
II – (VETADO)

Texto vetado:

"o orçamento será tornado público apenas e imediatamente após a fase de julgamento de propostas".

Razões do veto:

"A propositura legislativa estabelece que o orçamento será tornado público apenas e imediatamente após a fase de julgamento de propostas.

Entretanto, e embora a boa intenção do legislador, a medida contraria o interesse público, tendo em vista que estabelece de maneira rígida que o orçamento deve ser tornado público após o julgamento das propostas e resulta na impossibilidade, por exemplo, que seja utilizado na fase de negociação, fase essa posterior a de julgamento e estratégica para a definição da contratação".

Parágrafo único. Na hipótese de licitação em que for adotado o critério de julgamento por maior desconto, o preço estimado ou o máximo aceitável constará do edital da licitação.

Art. 25. O edital deverá conter o objeto da licitação e as regras relativas à convocação, ao julgamento, à habilitação, aos recursos e às penalidades da licitação, à fiscalização e à gestão do contrato, à entrega do objeto e às condições de pagamento.

§ 1º Sempre que o objeto permitir, a Administração adotará minutas padronizadas de edital e de contrato com cláusulas uniformes.

§ 2º Desde que, conforme demonstrado em estudo técnico preliminar, não sejam causados prejuízos à competitividade do processo licitatório e à eficiência do respectivo contrato, o edital poderá prever a utilização de mão de obra, materiais, tecnologias e matérias-primas existentes no local da execução, conservação e operação do bem, serviço ou obra.

§ 3º Todos os elementos do edital, incluídos minuta de contrato, termos de referência, anteprojeto, projetos e outros anexos, deverão ser divulgados em sítio eletrônico oficial na mesma data de divulgação do edital, sem necessidade de registro ou de identificação para acesso.

§ 4º Nas contratações de obras, serviços e fornecimentos de grande vulto, o edital deverá prever a obrigatoriedade de implantação de programa de integridade pelo licitante vencedor, no prazo de 6 (seis) meses, contado da celebração do contrato, conforme regulamento que disporá sobre as medidas a serem adotadas, a forma de comprovação e as penalidades pelo seu descumprimento.

§ 5º O edital poderá prever a responsabilidade do contratado pela:

I – obtenção do licenciamento ambiental;

II – realização da desapropriação autorizada pelo poder público.

§ 6º Os licenciamentos ambientais de obras e serviços de engenharia licitados e contratados nos termos desta Lei terão prioridade de tramitação nos órgãos e entidades integrantes do Sistema Nacional do Meio Ambiente (Sisnama) e deverão ser orientados pelos princípios da celeridade, da cooperação, da economicidade e da eficiência.

§ 7º Independentemente do prazo de duração do contrato, será obrigatória a previsão no edital de índice de reajustamento de preço, com data-base vinculada à data do orçamento estimado e com a possibilidade de ser estabelecido mais de um índice específico ou setorial, em conformidade com a realidade de mercado dos respectivos insumos.

§ 8º Nas licitações de serviços contínuos, observado o interregno mínimo de 1 (um) ano, o critério de reajustamento será por:

I – reajustamento em sentido estrito, quando não houver regime de dedicação exclusiva de mão de obra ou predominância de mão de obra, mediante previsão de índices específicos ou setoriais;

II – repactuação, quando houver regime de dedicação exclusiva de mão de obra ou predominância de mão de obra, mediante demonstração analítica da variação dos custos.

§ 9° O edital poderá, na forma disposta em regulamento, exigir que percentual mínimo da mão de obra responsável pela execução do objeto da contratação seja constituído por:

I – mulheres vítimas de violência doméstica;

II – oriundos ou egressos do sistema prisional.

Art. 26. No processo de licitação, poderá ser estabelecida margem de preferência para:

I – bens manufaturados e serviços nacionais que atendam a normas técnicas brasileiras;

II – bens reciclados, recicláveis ou biodegradáveis, conforme regulamento.

§ 1° A margem de preferência de que trata o **caput** deste artigo:

I – será definida em decisão fundamentada do Poder Executivo federal, no caso do inciso I do **caput** deste artigo;

II – poderá ser de até 10% (dez por cento) sobre o preço dos bens e serviços que não se enquadrem no disposto nos incisos I ou II do **caput** deste artigo;

III – poderá ser estendida a bens manufaturados e serviços originários de Estados Partes do Mercado Comum do Sul (Mercosul), desde que haja reciprocidade com o País prevista em acordo internacional aprovado pelo Congresso Nacional e ratificado pelo Presidente da República.

§ 2° Para os bens manufaturados nacionais e serviços nacionais resultantes de desenvolvimento e inovação tecnológica no País, definidos conforme regulamento do Poder Executivo federal, a margem de preferência a que se refere o **caput** deste artigo poderá ser de até 20% (vinte por cento).

§ 3° (VETADO)

§ 4° (VETADO)

Textos vetados:

"Os Estados e o Distrito Federal poderão estabelecer margem de preferência de até 10% (dez por cento) para bens manufaturados nacionais produzidos em seus territórios, e os Municípios poderão estabelecer margem de preferência de até 10% (dez por cento) para bens manufaturados nacionais produzidos nos Estados em que estejam situados".

"Os Municípios com até 50.000 (cinquenta mil) habitantes poderão estabelecer margem de preferência de até 10% (dez por cento) para empresas neles sediadas".

Razões dos vetos:

"A propositura legislativa estabelece a possibilidade dos estados e municípios criarem margem de preferência para produtos produzidos em seu território. Entretanto, viola a vedação de criação de distinção entre brasileiros ou preferências entre si, consoantes art. 19, III, da Constituição da República. Ademais, o dispositivo cotraria o interesse público ao trazer percentual da margem de preferência a fornecedores sediados no Estado, Distrito Federal ou Município sendo um forte limitador da concorrência, em especial nas contratações de infraestrutura".

§ 5º A margem de preferência não se aplica aos bens manufaturados nacionais e aos serviços nacionais se a capacidade de produção desses bens ou de prestação desses serviços no País for inferior:

I – à quantidade a ser adquirida ou contratada; ou

II – aos quantitativos fixados em razão do parcelamento do objeto, quando for o caso.

§ 6º Os editais de licitação para a contratação de bens, serviços e obras poderão, mediante prévia justificativa da autoridade competente, exigir que o contratado promova, em favor de órgão ou entidade integrante da Administração Pública ou daqueles por ela indicados a partir de processo isonômico, medidas de compensação comercial, industrial ou tecnológica ou acesso a condições vantajosas de financiamento, cumulativamente ou não, na forma estabelecida pelo Poder Executivo federal.

§ 7º Nas contratações destinadas à implantação, à manutenção e ao aperfeiçoamento dos sistemas de tecnologia de informação e comunicação considerados estratégicos em ato do Poder Executivo federal, a licitação poderá ser restrita a bens e serviços com tecnologia desenvolvida no País produzidos de acordo com o processo produtivo básico de que trata a Lei nº 10.176, de 11 de janeiro de 2001.

Art. 27. Será divulgada, em sítio eletrônico oficial, a cada exercício financeiro, a relação de empresas favorecidas em decorrência do disposto no art. 26 desta Lei, com indicação do volume de recursos destinados a cada uma delas.

Seção II
Das Modalidades de Licitação

Art. 28. São modalidades de licitação:

I – pregão;

II – concorrência;

III – concurso;

IV – leilão;

V – diálogo competitivo.

§ 1º Além das modalidades referidas no **caput** deste artigo, a Administração pode servir-se dos procedimentos auxiliares previstos no art. 78 desta Lei.

§ 2º E vedada a criação de outras modalidades de licitação ou, ainda, a combinação daquelas referidas no **caput** deste artigo.

Art. 29. A concorrência e o pregão seguem o rito procedimental comum a que se refere o art. 17 desta Lei, adotando-se o pregão sempre que o objeto possuir padrões de desempenho e qualidade que possam ser objetivamente definidos pelo edital, por meio de especificações usuais de mercado.

Parágrafo único. O pregão não se aplica às contratações de serviços técnicos especializados de natureza predominantemente intelectual e de obras e serviços de engenharia, exceto os serviços de engenharia de que trata a alínea "a" do inciso XXI do **caput** do art. 6º desta Lei.

Art. 30. O concurso observará as regras e condições previstas em edital, que indicará:

I – a qualificação exigida dos participantes;

II – as diretrizes e formas de apresentação do trabalho;

III – as condições de realização e o prêmio ou remuneração a ser concedida ao vencedor.

Parágrafo único. Nos concursos destinados à elaboração de projeto, o vencedor deverá ceder à Administração Pública, nos termos do art. 93 desta Lei, todos os direitos patrimoniais relativos ao projeto e autorizar sua execução conforme juízo de conveniência e oportunidade das autoridades competentes.

Art. 31. O leilão poderá ser cometido a leiloeiro oficial ou a servidor designado pela autoridade competente da Administração, e regulamento deverá dispor sobre seus procedimentos operacionais.

§ 1º Se optar pela realização de leilão por intermédio de leiloeiro oficial, a Administração deverá selecioná-lo mediante credenciamento ou licitação na modalidade pregão e adotar o critério de julgamento de maior desconto para as comissões a serem cobradas, utilizados como parâmetro máximo os percentuais definidos na lei que regula a referida profissão e observados os valores dos bens a serem leiloados.

§ 2º O leilão será precedido da divulgação do edital em sítio eletrônico oficial, que conterá:

I – a descrição do bem, com suas características, e, no caso de imóvel, sua situação e suas divisas, com remissão à matrícula e aos registros;

II – o valor pelo qual o bem foi avaliado, o preço mínimo pelo qual poderá ser alienado, as condições de pagamento e, se for o caso, a comissão do leiloeiro designado;

III – a indicação do lugar onde estiverem os móveis, os veículos e os semoventes;

IV – o sítio da internet e o período em que ocorrerá o leilão, salvo se excepcionalmente for realizado sob a forma presencial por comprovada inviabilidade técnica ou desvantagem para a Administração, hipótese em que serão indicados o local, o dia e a hora de sua realização;

V – a especificação de eventuais ônus, gravames ou pendências existentes sobre os bens a serem leiloados.

§ 3º Além da divulgação no sítio eletrônico oficial, o edital do leilão será afixado em local de ampla circulação de pessoas na sede da Administração e poderá, ainda, ser divulgado por outros meios necessários para ampliar a publicidade e a competitividade da licitação.

§ 4º O leilão não exigirá registro cadastral prévio, não terá fase de habilitação e deverá ser homologado assim que concluída a fase de lances, superada a fase recursal e efetivado o pagamento pelo licitante vencedor, na forma definida no edital.

Art. 32. A modalidade diálogo competitivo é restrita a contratações em que a Administração:

I – vise a contratar objeto que envolva as seguintes condições:

a) inovação tecnológica ou técnica;

b) impossibilidade de o órgão ou entidade ter sua necessidade satisfeita sem a adaptação de soluções disponíveis no mercado; e

c) impossibilidade de as especificações técnicas serem definidas com precisão suficiente pela Administração;

II – verifique a necessidade de definir e identificar os meios e as alternativas que possam satisfazer suas necessidades, com destaque para os seguintes aspectos:

a) a solução técnica mais adequada;

b) os requisitos técnicos aptos a concretizar a solução já definida;

c) a estrutura jurídica ou financeira do contrato;

III – (VETADO)

Texto vetado:

"considere que os modos de disputa aberto e fechado não permitem apreciação adequada das variações entre propostas".

Razões do veto:

"A propositura legislativa vincula a reserva da modalidade Diálogo Competitivo aos modos de disputa aberta e fechado previsto na Lei, como condição para utilização desta modalidade.

Todavia, e embora a boa intenção do legislador, a medida contraria o interesse público, pois não é adequado vincular o Diálogo Competitivo ao modo de disputa para a apreciação adequada das variações entre propostas, tampouco à solução de eventuais deficiências com modos de disputa. O Diálogo Competitivo requer avanço com licitantes selecionados para que a Administração identifique a melhor solução existentes para atender a necessidade pública".

§ 1º Na modalidade diálogo competitivo, serão observadas as seguintes disposições:

I – a Administração apresentará, por ocasião da divulgação do edital em sítio eletrônico oficial, suas necessidades e as exigências já definidas e estabelecerá prazo mínimo de 25 (vinte e cinco) dias úteis para manifestação de interesse na participação da licitação;

II – os critérios empregados para pré-seleção dos licitantes deverão ser previstos em edital, e serão admitidos todos os interessados que preencherem os requisitos objetivos estabelecidos;

III – a divulgação de informações de modo discriminatório que possa implicar vantagem para algum licitante será vedada;

IV – a Administração não poderá revelar a outros licitantes as soluções propostas ou as informações sigilosas comunicadas por um licitante sem o seu consentimento;

V – a fase de diálogo poderá ser mantida até que a Administração, em decisão fundamentada, identifique a solução ou as soluções que atendam às suas necessidades;

VI – as reuniões com os licitantes pré-selecionados serão registradas em ata e gravadas mediante utilização de recursos tecnológicos de áudio e vídeo;

VII – o edital poderá prever a realização de fases sucessivas, caso em que cada fase poderá restringir as soluções ou as propostas a serem discutidas;

VIII – a Administração deverá, ao declarar que o diálogo foi concluído, juntar aos autos do processo licitatório os registros e as gravações da fase de diálogo, iniciar a fase competitiva com a divulgação de edital contendo a especificação da solução que atenda às suas necessidades e os critérios objetivos a serem utilizados para seleção da proposta mais vantajosa e abrir prazo, não inferior a 60 (sessenta) dias úteis, para todos os licitantes pré-selecionados na forma do inciso II deste parágrafo apresentarem suas propostas, que deverão conter os elementos necessários para a realização do projeto;

IX – a Administração poderá solicitar esclarecimentos ou ajustes às propostas apresentadas, desde que não impliquem discriminação nem distorçam a concorrência entre as propostas;

X – a Administração definirá a proposta vencedora de acordo com critérios divulgados no início da fase competitiva, assegurada a contratação mais vantajosa como resultado;

XI – o diálogo competitivo será conduzido por comissão de contratação composta de pelo menos 3 (três) servidores efetivos ou empregados públicos pertencentes aos quadros permanentes da Administração, admitida a contratação de profissionais para assessoramento técnico da comissão;

XII (VETADO)

Texto vetado:

"órgão de controle externo poderá acompanhar e monitorar os diálogos competitivos, opinando, no prazo máximo de 40 (quarenta) dias úteis, sobre a legalidade, a legitimidade e a economicidade da licitação, antes da celebração do contrato".

Razões do veto:

"A propositura legislativa dispõe que o órgão de controle externo poderá acompanhar e monitorar os diálogos competitivos, opinando, no prazo máximo de 40 (quarenta) dias úteis, sobre a legalidade, a legitimidade e a economicidade da licitação, antes da celebração do contrato.

Entretanto, e em que pese o mérito da propositura, a medida, ao atribuir aos Tribunais de Contas o controle da legalidade sobre atos internos da Administração dos três poderes da República, extrapola as competências a eles conferidas pelo constituinte, por intermédio do art. 71 da Carta Magna, e também viola o princípio da separação dos poderes, inscrito no art. 2º da Constituição Federal".

§ 2º Os profissionais contratados para os fins do inciso XI do § 1º deste artigo assinarão termo de confidencialidade e abster-se-ão de atividades que possam configurar conflito de interesses.

Seção III
Dos Critérios de Julgamento

Art. 33. O julgamento das propostas será realizado de acordo com os seguintes critérios:

I – menor preço;

II – maior desconto;

III – melhor técnica ou conteúdo artístico;

IV – técnica e preço;

V – maior lance, no caso de leilão;

VI – maior retorno econômico.

Art. 34. O julgamento por menor preço ou maior desconto e, quando couber, por técnica e preço considerará o menor dispêndio para a Administração, atendidos os parâmetros mínimos de qualidade definidos no edital de licitação.

§ 1º Os custos indiretos, relacionados com as despesas de manutenção, utilização, reposição, depreciação e impacto ambiental do objeto licitado, entre outros fatores vinculados ao seu ciclo de vida, poderão ser considerados para a definição do menor dispêndio, sempre que objetivamente mensuráveis, conforme disposto em regulamento.

§ 2º O julgamento por maior desconto terá como referência o preço global fixado no edital de licitação, e o desconto será estendido aos eventuais termos aditivos.

Art. 35. O julgamento por melhor técnica ou conteúdo artístico considerará exclusivamente as propostas técnicas ou artísticas apresentadas pelos licitantes, e o edital deverá definir o prêmio ou a remuneração que será atribuída aos vencedores.

Parágrafo único. O critério de julgamento de que trata o **caput** deste artigo poderá ser utilizado para a contratação de projetos e trabalhos de natureza técnica, científica ou artística.

Art. 36. O julgamento por técnica e preço considerará a maior pontuação obtida a partir da ponderação, segundo fatores objetivos previstos no edital, das notas atribuídas aos aspectos de técnica e de preço da proposta.

§ 1º O critério de julgamento de que trata o **caput** deste artigo será escolhido quando estudo técnico preliminar demonstrar que a avaliação e a ponderação da qualidade técnica das propostas que superarem os requisitos mínimos estabelecidos no edital forem relevantes aos fins pretendidos pela Administração nas licitações para contratação de:

I – serviços técnicos especializados de natureza predominantemente intelectual, caso em que o critério de julgamento de técnica e preço deverá ser preferencialmente empregado;

II – serviços majoritariamente dependentes de tecnologia sofisticada e de domínio restrito, conforme atestado por autoridades técnicas de reconhecida qualificação;

III – bens e serviços especiais de tecnologia da informação e de comunicação;

IV – obras e serviços especiais de engenharia;

V – objetos que admitam soluções específicas e alternativas e variações de execução, com repercussões significativas e concretamente mensuráveis sobre sua qualidade, produtividade, rendimento e durabilidade, quando essas soluções e variações puderem ser adotadas à livre escolha dos licitantes, conforme critérios objetivamente definidos no edital de licitação.

§ 2º No julgamento por técnica e preço, deverão ser avaliadas e ponderadas as propostas técnicas e, em seguida, as propostas de preço apresentadas pelos licitantes, na proporção máxima de 70% (setenta por cento) de valoração para a proposta técnica.

§ 3º O desempenho pretérito na execução de contratos com a Administração Pública deverá ser considerado na pontuação técnica, observado o disposto nos §§ 3º e 4º do art. 88 desta Lei e em regulamento.

Art. 37. O julgamento por melhor técnica ou por técnica e preço deverá ser realizado por:

I – verificação da capacitação e da experiência do licitante, comprovadas por meio da apresentação de atestados de obras, produtos ou serviços previamente realizados;

II – atribuição de notas a quesitos de natureza qualitativa por banca designada para esse fim, de acordo com orientações e limites definidos em edital, considerados a demonstração de conhecimento do objeto, a metodologia e o programa de trabalho, a qualificação das equipes técnicas e a relação dos produtos que serão entregues;

III – atribuição de notas por desempenho do licitante **em** contratações anteriores aferida nos documentos comprobatórios de que trata o § 3º do art. 88 desta Lei e em registro cadastral unificado disponível no Portal Nacional de Contratações Públicas (PNCP).

§ 1º A banca referida no inciso II do **caput** deste artigo terá no mínimo 3 (três) membros e poderá ser composta de:

I – servidores efetivos ou empregados públicos pertencentes aos quadros permanentes da Administração Pública;

II – profissionais contratados por conhecimento técnico, experiência ou renome na avaliação dos quesitos especificados em edital, desde que seus trabalhos sejam supervisionados por profissionais designados conforme o disposto no art. 7º desta Lei.

§ 2º (VETADO)

Texto vetado:

*"Ressalvados os casos de inexigibilidade de licitação, na licitação para contratação dos serviços técnicos especializados de natureza predominantemente intelectual previstos nas alíneas "a", "d" e "h" do inciso XVIII do **caput** do art. 6º desta Lei cujo valor estimado da contratação seja superior a R$ 300.000,00 (trezentos mil reais), o julgamento será por:*

I – melhor técnica; ou

II – técnica e preço, na proporção de 70% (setenta por cento) de valoração da proposta técnica".

Razões do veto:

*"A propositura legislativa prevê a obrigatoriedade de julgamento por melhor técnica e técnica e preço nos serviços técnicos especializados de natureza predominantemente intelectual previstos nas alínea 'a', 'd' e 'h' do inciso XVII do **caput** do art. 6º desta Lei cujo valor estimado da contratação seja superior a R$ 300.000,00 (trezentos mil reais).*

Entretanto, e embora a boa intenção do legislador, a medida contraria o interesse público, já que cabe ao gestor, analisando caso a caso, vocacionado no poder discricionário e com base na Lei, decidir, a depender do objeto a adoção do critério de julgamento.

Ademais, essa imposição, vinculada - critério de julgamento com base na melhor técnica ou técnica e preço -, não se mostra a mais adequada e fere o interesse público, tendo em vista que não se opera para todos os casos possíveis de contratação, ao contrário, poderá haver um descompasso entre a complexidade/rigor da forma de julgamento versus objeto de pouca complexidade que prescindem de valoração por técnica e preço".

Art. 38. No julgamento por melhor técnica ou por técnica e preço, a obtenção de pontuação devido à capacitação técnico-profissional exigirá que a execução do respectivo contrato tenha participação direta e pessoal do profissional correspondente.

Art. 39. O julgamento por maior retorno econômico, utilizado exclusivamente para a celebração de contrato de eficiência, considerará a maior economia para a Administração, e a remuneração deverá ser fixada em percentual que incidirá de forma proporcional à economia efetivamente obtida na execução do contrato.

§ 1º Nas licitações que adotarem o critério de julgamento de que trata o **caput** deste artigo, os licitantes apresentarão:

I – proposta de trabalho, que deverá contemplar:

a) as obras, os serviços ou os bens, com os respectivos prazos de realização ou fornecimento;

b) a economia que se estima gerar, expressa em unidade de medida associada à obra, ao bem ou ao serviço e em unidade monetária;

II – proposta de preço, que corresponderá a percentual sobre a economia que se estima gerar durante determinado período, expressa em unidade monetária.

§ 2º O edital de licitação deverá prever parâmetros objetivos de mensuração da economia gerada com a execução do contrato, que servirá de base de cálculo para a remuneração devida ao contratado.

§ 3º Para efeito de julgamento da proposta, o retorno econômico será o resultado da economia que se estima gerar com a execução da proposta de trabalho, deduzida a proposta de preço.

§ 4º Nos casos em que não for gerada a economia prevista no contrato de eficiência:

I – a diferença entre a economia contratada e a efetivamente obtida será descontada da remuneração do contratado;

II – se a diferença entre a economia contratada e a efetivamente obtida for superior ao limite máximo estabelecido no contrato, o contratado sujeitar-se-á, ainda, a outras sanções cabíveis.

Seção IV
Disposições Setoriais
Subseção I
Das Compras

Art. 40. O planejamento de compras deverá considerar a expectativa de consumo anual e observar o seguinte:

I – condições de aquisição e pagamento semelhantes às do setor privado;

II – processamento por meio de sistema de registro de preços, quando pertinente;

III – determinação de unidades e quantidades a serem adquiridas em função de consumo e utilização prováveis, cuja estimativa será obtida, sempre que possível, mediante adequadas técnicas quantitativas, admitido o fornecimento contínuo;

IV – condições de guarda e armazenamento que não permitam a deterioração do material;

V – atendimento aos princípios:

a) da padronização, considerada a compatibilidade de especificações estéticas, técnicas ou de desempenho;

b) do parcelamento, quando for tecnicamente viável e economicamente vantajoso;

c) da responsabilidade fiscal, mediante a comparação da despesa estimada com a prevista no orçamento.

§ 1º O termo de referência deverá conter os elementos previstos no inciso XXIII do **caput** do art. 6º desta Lei, além das seguintes informações:

I – especificação do produto, preferencialmente conforme catálogo eletrônico de padronização, observados os requisitos de qualidade, rendimento, compatibilidade, durabilidade e segurança;

II – indicação dos locais de entrega dos produtos e das regras para recebimentos provisório e definitivo, quando for o caso;

III – especificação da garantia exigida e das condições de manutenção e assistência técnica, quando for o caso.

§ 2º Na aplicação do princípio do parcelamento, referente às compras, deverão ser considerados:

I – a viabilidade da divisão do objeto em lotes;

II – o aproveitamento das peculiaridades do mercado local, com vistas à economicidade, sempre que possível, desde que atendidos os parâmetros de qualidade; e

III – o dever de buscar a ampliação da competição e de evitar a concentração de mercado.

§ 3º O parcelamento não será adotado quando:

I – a economia de escala, a redução de custos de gestão de contratos ou a maior vantagem na contratação recomendar a compra do item do mesmo fornecedor;

II – o objeto a ser contratado configurar sistema único e integrado e houver a possibilidade de risco ao conjunto do objeto pretendido;

III – o processo de padronização ou de escolha de marca levar a fornecedor exclusivo.

§ 4º Em relação à informação de que trata o inciso III do § 1º deste artigo, desde que fundamentada em estudo técnico preliminar, a Administração poderá exigir que os serviços de manutenção e assistência técnica sejam prestados mediante deslocamento de técnico ou disponibilizados em unidade de prestação de serviços localizada em distância compatível com suas necessidades.

Art. 41. No caso de licitação que envolva o fornecimento de bens, a Administração poderá excepcionalmente:

I – indicar uma ou mais marcas ou modelos, desde que formalmente justificado, nas seguintes hipóteses:

a) em decorrência da necessidade de padronização do objeto;

b) em decorrência da necessidade de manter a compatibilidade com plataformas e padrões já adotados pela Administração;

c) quando determinada marca ou modelo comercializados por mais de um fornecedor forem os únicos capazes de atender às necessidades do contratante;

d) quando a descrição do objeto a ser licitado puder ser mais bem compreendida pela identificação de determinada marca ou determinado modelo aptos a servir apenas como referência;

II – exigir amostra ou prova de conceito do bem no procedimento de pré- qualificação permanente, na fase de julgamento das propostas ou de lances, ou no período de vigência do contrato ou da ata de registro de preços, desde que previsto no edital da licitação e justificada a necessidade de sua apresentação;

III – vedar a contratação de marca ou produto, quando, mediante processo administrativo, restar comprovado que produtos adquiridos e utilizados anteriormente pela Administração não atendem a requisitos indispensáveis ao pleno adimplemento da obrigação contratual;

IV – solicitar, motivadamente, carta de solidariedade emitida pelo fabricante, que assegure a execução do contrato, no caso de licitante revendedor ou distribuidor.

Parágrafo único. A exigência prevista no inciso II do **caput** deste artigo restringir-se-á ao licitante provisoriamente vencedor quando realizada na fase de julgamento das propostas ou de lances.

Art. 42. A prova de qualidade de produto apresentado pelos proponentes como similar ao das marcas eventualmente indicadas no edital será admitida por qualquer um dos seguintes meios:

I – comprovação de que o produto está de acordo com as normas técnicas determinadas pelos órgãos oficiais competentes, pela Associação Brasileira de Normas Técnicas (ABNT) ou por outra entidade credenciada pelo Inmetro;

II – declaração de atendimento satisfatório emitida por outro órgão ou entidade de nível federativo equivalente ou superior que tenha adquirido o produto;

III – certificação, certificado, laudo laboratorial ou documento similar que possibilite a aferição da qualidade e da conformidade do produto ou do processo de fabricação, inclusive sob o aspecto ambiental, emitido por instituição oficial competente ou por entidade credenciada.

§ 1º O edital poderá exigir, como condição de aceitabilidade da proposta, certificação de qualidade do produto por instituição credenciada pelo Conselho Nacional de Metrologia, Normalização e Qualidade Industrial (Conmetro).

§ 2º A Administração poderá, nos termos do edital de licitação, oferecer protótipo do objeto pretendido e exigir, na fase de julgamento das propostas, amostras do licitante provisoriamente vencedor, para atender a diligência ou, após o julgamento, como condição para firmar contrato.

§ 3º No interesse da Administração, as amostras a que se refere o § 2º deste artigo poderão ser examinadas por instituição com reputação ético-profissional na especialidade do objeto, previamente indicada no edital.

Art. 43. O processo de padronização deverá conter:

I – parecer técnico sobre o produto, considerados especificações técnicas e estéticas, desempenho, análise de contratações anteriores, custo e condições de manutenção e garantia;

II – despacho motivado da autoridade superior, com a adoção do padrão;

III – síntese da justificativa e descrição sucinta do padrão definido, divulgadas em sítio eletrônico oficial.

§ 1º É permitida a padronização com base em processo de outro órgão ou entidade de nível federativo igual ou superior ao do órgão adquirente, devendo o ato que decidir pela adesão a outra padronização ser devidamente motivado, com indicação da necessidade da Administração e dos riscos decorrentes dessa decisão, e divulgado em sítio eletrônico oficial.

§ 2º As contratações de soluções baseadas em **software** de uso disseminado serão disciplinadas em regulamento que defina processo de gestão estratégica das contratações desse tipo de solução.

Art. 44. Quando houver a possibilidade de compra ou de locação de bens, o estudo técnico preliminar deverá considerar os custos e os benefícios de cada opção, com indicação da alternativa mais vantajosa.

Subseção II
Das Obras e Serviços de Engenharia

Art. 45. As licitações de obras e serviços de engenharia devem respeitar, especialmente, as normas relativas a:

I – disposição final ambientalmente adequada dos resíduos sólidos gerados pelas obras contratadas;

II – mitigação por condicionantes e compensação ambiental, que serão definidas no procedimento de licenciamento ambiental;

III – utilização de produtos, de equipamentos e de serviços que, comprovadamente, favoreçam a redução do consumo de energia e de recursos naturais;

IV – avaliação de impacto de vizinhança, na forma da legislação urbanística;

V – proteção do patrimônio histórico, cultural, arqueológico e imaterial, inclusive por meio da avaliação do impacto direto ou indireto causado pelas obras contratadas;

VI – acessibilidade para pessoas com deficiência ou com mobilidade reduzida.

Art. 46. Na execução indireta de obras e serviços de engenharia, são admitidos os seguintes regimes:

I – empreitada por preço unitário;

II – empreitada por preço global;

III – empreitada integral;

IV – contratação por tarefa;

V – contratação integrada;

VI – contratação semi-integrada;

VII – fornecimento e prestação de serviço associado.

§ 1º É vedada a realização de obras e serviços de engenharia sem projeto executivo, ressalvada a hipótese prevista no § 3º do art. 18 desta Lei.

§ 2º A Administração é dispensada da elaboração de projeto básico nos casos de contratação integrada, hipótese em que deverá ser elaborado anteprojeto de acordo com metodologia definida em ato do órgão competente, observados os requisitos estabelecidos no inciso XXIV do art. 6º desta Lei.

§ 3º Na contratação integrada, após a elaboração do projeto básico pelo contratado, o conjunto de desenhos, especificações, memoriais e cronograma físico-financeiro deverá ser submetido à aprovação da Administração, que avaliará sua adequação em relação aos parâmetros definidos no edital e conformidade com as normas técnicas, vedadas alterações que reduzam a qualidade ou a vida útil do empreendimento e mantida a responsabilidade integral do contratado pelos riscos associados ao projeto básico.

§ 4º Nos regimes de contratação integrada e semi-integrada, o edital e o contrato, sempre que for o caso, deverão prever as providências necessárias para a efetivação de desapropriação autorizada pelo poder público, bem como:

I – o responsável por cada fase do procedimento expropriatório;

II – a responsabilidade pelo pagamento das indenizações devidas;

III – a estimativa do valor a ser pago a título de indenização pelos bens expropriados, inclusive de custos correlatos;

IV – a distribuição objetiva de riscos entre as partes, incluído o risco pela diferença entre o custo da desapropriação e a estimativa de valor e pelos eventuais danos e prejuízos ocasionados por atraso na disponibilização dos bens expropriados;

V – em nome de quem deverá ser promovido o registro de imissão provisória na posse e o registro de propriedade dos bens a serem desapropriados.

§ 5º Na contratação semi-integrada, mediante prévia autorização da Administração, o projeto básico poderá ser alterado, desde que demonstrada a superioridade das inovações propostas pelo contratado em termos de redução de custos, de aumento da qualidade, de redução do prazo de execução ou de facilidade de manutenção ou operação, assumindo o contratado a responsabilidade integral pelos riscos associados à alteração do projeto básico.

§ 6º A execução de cada etapa será obrigatoriamente precedida da conclusão e da aprovação, pela autoridade competente, dos trabalhos relativos às etapas anteriores".

§ 7º (VETADO)

§ 8º (VETADO)

Textos vetados:

"Os regimes de contratação integrada e semi-integrada somente poderão ser aplicados nas licitações para a contratação de obras, serviços e fornecimentos cujos valores superem aquele previsto para os contratos de que trata a Lei nº 11.079, de 30 de dezembro de 2004".

"O limite de que trata o § 7º deste artigo não se aplicará à contratação integrada ou semi-integrada destinada a viabilizar projetos de ciência, tecnologia e inovação e de ensino técnico ou superior".

Razões dos vetos:

"A propositura legislativa estabelece que os regimes de contratação integrada e semi-integrada somente poderão ser aplicados nas licitações para a contratação de obras, serviços e fornecimentos cujos valores superem aquele previsto para os contratos de que trata a Lei nº 11.079, de 30 de dezembro de 2004.

Entretanto, e em que pese o mérito da proposta, a medida contaria o interesse público na medida que restringe a utilização dos regimes de contratação integrada e semi-integrada para obras, serviços e fornecimentos de pequeno e médio valor, em prejuízo à eficiência na Administração, além do potencial aumento de custos com a realização de posteriores aditivos contratuais.

Outrossim, considerando o conceito estabelecido no art. 6º, incisos XXXII e XXXIII, do Projeto de Lei, para os regimes de execução em questão vê-se o risco de que tecnologias diferenciadas fiquem impossibilitadas de serem internalizadas em obras de médio e menor porte, tais como: obras de estabelecimentos penais e de unidades de atendimento socioeducativos, no âmbito da segurança pública, melhorias na mobilidade urbana ou ampliação de infraestrutura logística, SUS e PAC.

Por fim, tem-se que o dispositivo impacta negativamente em diversas políticas públicas sociais que hoje utilizam a contratação integrada como meio mais efetivo para a realização dos fins traçados no planejamento estatal".

§ 9º Os regimes de execução a que se referem os incisos II, III, IV, V e VI do **caput** deste artigo serão licitados por preço global e adotarão sistemática de medição e pagamento associada à execução de etapas do cronograma físico-financeiro vinculadas ao cumprimento de metas de resultado, vedada a adoção de sistemática de remuneração orientada por preços unitários ou referenciada pela execução de quantidades de itens unitários.

Subseção III
Dos Serviços em Geral

Art. 47. As licitações de serviços atenderão aos princípios:

I – da padronização, considerada a compatibilidade de especificações estéticas, técnicas ou de desempenho;

II – do parcelamento, quando for tecnicamente viável e economicamente vantajoso.

§ 1º Na aplicação do princípio do parcelamento deverão ser considerados:

I – a responsabilidade técnica;

II – o custo para a Administração de vários contratos frente às vantagens da redução de custos, com divisão do objeto em itens;

III – o dever de buscar a ampliação da competição e de evitar a concentração de mercado.

§ 2º Na licitação de serviços de manutenção e assistência técnica, o edital deverá definir o local de realização dos serviços, admitida a exigência de deslocamento de técnico ao local da repartição ou a exigência de que o contratado tenha unidade de prestação de serviços em distância compatível com as necessidades da Administração.

Art. 48. Poderão ser objeto de execução por terceiros as atividades materiais acessórias, instrumentais ou complementares aos assuntos que constituam área de competência legal do órgão ou da entidade, vedado à Administração ou a seus agentes, na contratação do serviço terceirizado:

I – indicar pessoas expressamente nominadas para executar direta ou indiretamente o objeto contratado;

II – fixar salário inferior ao definido em lei ou em ato normativo a ser pago pelo contratado;

III – estabelecer vínculo de subordinação com funcionário de empresa prestadora de serviço terceirizado;

IV – definir forma de pagamento mediante exclusivo reembolso dos salários pagos;

V – demandar a funcionário de empresa prestadora de serviço terceirizado a execução de tarefas fora do escopo do objeto da contratação;

VI – prever em edital exigências que constituam intervenção indevida da Administração na gestão interna do contratado.

Parágrafo único. Durante a vigência do contrato, é vedado ao contratado contratar cônjuge, companheiro ou parente em linha reta, colateral ou por afinidade, até o terceiro grau, de dirigente do órgão ou entidade contratante ou de agente público que desempenhe função na licitação ou atue na fiscalização ou na gestão do contrato, devendo essa proibição constar expressamente do edital de licitação.

Art. 49. A Administração poderá, mediante justificativa expressa, contratar mais de uma empresa ou instituição para executar o mesmo serviço, desde que essa contratação não implique perda de economia de escala, quando:

I – o objeto da contratação puder ser executado de forma concorrente e simultânea por mais de um contratado; e

II – a múltipla execução for conveniente para atender à Administração.

Parágrafo único. Na hipótese prevista no **caput** deste artigo, a Administração deverá manter o controle individualizado da execução do objeto contratual relativamente a cada um dos contratados.

Art. 50. Nas contratações de serviços com regime de dedicação exclusiva de mão de obra, o contratado deverá apresentar, quando solicitado pela Administração, sob pena de multa, comprovação do cumprimento das obrigações trabalhistas e com o Fundo de Garantia do Tempo de Serviço

(FGTS) em relação aos empregados diretamente envolvidos na execução do contrato, em especial quanto ao:

I – registro de ponto;

II – recibo de pagamento de salários, adicionais, horas extras, repouso semanal remunerado e décimo terceiro salário;

III – comprovante de depósito do FGTS;

IV – recibo de concessão e pagamento de férias e do respectivo adicional;

V – recibo de quitação de obrigações trabalhistas e previdenciárias dos empregados dispensados até a data da extinção do contrato;

VI – recibo de pagamento de vale-transporte e vale-alimentação, na forma prevista em norma coletiva.

Subseção IV
Da Locação de Imóveis

Art. 51. Ressalvado o disposto no inciso V do **caput** do art. 74 desta Lei, a locação de imóveis deverá ser precedida de licitação e avaliação prévia do bem, do seu estado de conservação, dos custos de adaptações e do prazo de amortização dos investimentos necessários.

Subseção V
Das Licitações Internacionais

Art. 52. Nas licitações de âmbito internacional, o edital deverá ajustar-se às diretrizes da política monetária e do comércio exterior e atender às exigências dos órgãos competentes.

§ 1º Quando for permitido ao licitante estrangeiro cotar preço em moeda estrangeira, o licitante brasileiro igualmente poderá fazê-lo.

§ 2º O pagamento feito ao licitante brasileiro eventualmente contratado em virtude de licitação nas condições de que trata o § 1º deste artigo será efetuado em moeda corrente nacional.

§ 3º As garantias de pagamento ao licitante brasileiro serão equivalentes àquelas oferecidas ao licitante estrangeiro.

§ 4º Os gravames incidentes sobre os preços constarão do edital e serão definidos a partir de estimativas ou médias dos tributos.

§ 5º As propostas de todos os licitantes estarão sujeitas às mesmas regras e condições, na forma estabelecida no edital.

§ 6º Observados os termos desta Lei, o edital não poderá prever condições de habilitação, classificação e julgamento que constituam barreiras de acesso ao licitante estrangeiro, admitida a previsão de margem de preferência para bens produzidos no País e serviços nacionais que atendam às normas técnicas brasileiras, na forma definida no art. 26 desta Lei.

CAPÍTULO III
DA DIVULGAÇÃO DO EDITAL DE LICITAÇÃO

Art. 53. Ao final da fase preparatória, o processo licitatório seguirá para o órgão de assessoramento jurídico da Administração, que realizará controle prévio de legalidade mediante análise jurídica da contratação.

§ 1º Na elaboração do parecer jurídico, o órgão de assessoramento jurídico da Administração deverá:

I – apreciar o processo licitatório conforme critérios objetivos prévios de atribuição de prioridade;

II – redigir sua manifestação em linguagem simples e compreensível e de forma clara e objetiva, com apreciação de todos os elementos indispensáveis à contratação e com exposição dos pressupostos de fato e de direito levados em consideração na análise jurídica;

III – (VETADO)

Texto vetado:

"dar especial atenção à conclusão, que deverá ser apartada da fundamentação, ter uniformidade com os seus entendimentos prévios, ser apresentada em tópicos, com orientações específicas para cada recomendação, a fim de permitir à autoridade consulente sua fácil compreensão e atendimento, e, se constatada ilegalidade, apresentar posicionamento conclusivo quanto à impossibilidade de continuidade da contratação nos termos analisados, com sugestão de medidas que possam ser adotadas para adequá-la à legislação aplicável".

Razões do veto:

"A propositura legislativa estabelece regras e parâmetros para a elaboração dos pareceres jurídicos, além de tratar sobre o fluxo processual interno na Administração.

Todavia, e embora se reconheça o mérito da propositura, a medida, ao dispor sobre organização administrativa e procedimento interno na Administração dos demais poderes da República e dos entes federativos, viola o princípio da separação dos poderes, nos termos do art. 2º da Constituição Federal, e do pacto federativo, inscrito no art. 18 da Carta Magna".

§ 2º (VETADO)

Texto vetado:

"O parecer jurídico que desaprovar a continuidade da contratação, no todo ou em parte, poderá ser motivadamente rejeitado pela autoridade máxima do órgão ou entidade, hipótese em que esta passará a responder pessoal e exclusivamente pelas irregularidades que, em razão desse fato, lhe forem eventualmente imputadas".

Razões do veto:

"A propositura legislativa estabelece que o parecer jurídico que desaprovar a continuidade da contratação, no todo ou em parte, poderá ser motivadamente rejeitado pela autoridade máxima do órgão ou entidade, hipótese em que esta passará a responder pessoal e exclusivamente pelas irregularidades que, em razão desse fato, lhe forem eventualmente imputadas.

No entanto, a interpretação do dispositivo pode levar a crer que o parecerista é co-responsável pelo ato de gestão, contrariando a posição tradicional da jurisprudência pátria e trazendo insegurança a atividade de assessoramento jurídico.

Ademais, o dispositivo desestimula o gestor a tomar medidas não chanceladas pela assessoria jurídica, mesmo que convicto da correção e melhor eficiência dessas medidas, o que pode coibir avanços e inovações".

§ 3º Encerrada a instrução do processo sob os aspectos técnico e jurídico, a autoridade determinará a divulgação do edital de licitação conforme disposto no art. 54.

§ 4º Na forma deste artigo, o órgão de assessoramento jurídico da Administração também realizará controle prévio de legalidade de contratações diretas, acordos, termos de cooperação, convênios, ajustes, adesões a atas de registro de preços, outros instrumentos congêneres e de seus termos aditivos.

§ 5º É dispensável a análise jurídica nas hipóteses previamente definidas em ato da autoridade jurídica máxima competente, que deverá considerar o baixo valor, a baixa complexidade da contratação, a entrega imediata do bem ou a utilização de minutas de editais e instrumentos de contrato, convênio ou outros ajustes previamente padronizados pelo órgão de assessoramento jurídico.

§ 6º (VETADO)

Texto vetado:

"O membro da advocacia pública será civil e regressivamente responsável quando agir com dolo ou fraude na elaboração do parecer jurídico de que trata este artigo".

Razões do veto:

"A propositura dispõe que o membro da advocacia pública será civil e regressivamente responsável quando agir com dolo ou fraude na elaboração do parecer jurídico de que trata este artigo.

Todavia, em que pese a boa intenção a do legislador, no objeto específico deste artigo, o advogado, público ou privado, já conta cm diversas outras disposições sobre a sua responsabilização profissional (Lei nº 8.906, de 1994; art. 184 do CPC; e, para os profissionais da Advocacia Geral da União, também na Lei nº 13.327, de 2016), as quais não estão sendo revogadas e nem harmonizadas com essa propositura.

Ademais, o artigo não faz referência a eventual responsabilização administrativa ou mesmo penal daquele advogado, o que pode causar incerteza jurídica quanto à eventual instituição de responsabilidade "cível" (excludente das possíveis responsabilidades administrativa e/ou penal, em indevido recrudescimento do sistema atualmente vigente).

Por fim, o dispositivo parece potencializar a geração de celeuma acerca do nível de responsabilização dos pareceristas jurídicos junto aos procedimentos licitatórios, razões todas essas que justificariam o seu veto por contrariedade ao interesse público".

Art. 54. A publicidade do edital de licitação será realizada mediante divulgação e manutenção do inteiro teor do ato convocatório e de seus anexos no Portal Nacional de Contratações Públicas (PNCP).

§ 1º (vetado)

Texto vetado:

*"Sem prejuízo do disposto no **caput**, é obrigatória a publicação de extrato do edital no Diário Oficial da União, do Estado, do Distrito Federal ou do Município, ou, no caso de consórcio público, do ente de maior nível entre eles, bem como em jornal diário de grande circulação".*

Razões do veto:

"A propositura legislativa dispõe que, sem prejuízo da divulgação e manutenção do inteiro teor do ato convocatório e de seus anexos no Portal Nacional de Contratações Públicas (PNCP) é obrigatória a publicação de extrato do edital no Diário Oficial da União, do Estado, do Distrito Federal ou do Município, ou, no caso de consórcio público, do ente de maior nível entre eles, bem como em jornal diário de grande circulação.

Todavia, e embora se reconheça o mérito da proposta, a determinação de publicação em jornal de grande circulação contraria o interesse público por ser uma medida desnecessária e antieconômica, tendo em vista que a divulgação em 'sítio eletrônico oficial' atende ao princípio constitucional da publicidade.

Além disso, tem-se que o princípio da publicidade, disposto no art. 37 **caput** *da Constituição da República, já seria devidamente observado com a previsão contida no* **caput** *do art. 54, que prevê a divulgação dos instrumentos de contratação no Portal Nacional de Contratações Públicas (PNCP), o qual passará a centralizar a publicidade dos atos relativos às contratações públicas".*

§ 2º É facultada a divulgação adicional e a manutenção do inteiro teor do edital e de seus anexos em sítio eletrônico oficial do ente federativo do órgão ou entidade responsável pela licitação ou, no caso de consórcio público, do ente de maior nível entre eles, admitida, ainda, a divulgação direta a interessados devidamente cadastrados para esse fim.

§ 3º Após a homologação do processo licitatório, serão disponibilizados no Portal Nacional de Contratações Públicas (PNCP) e, se o órgão ou entidade responsável pela licitação entender cabível, também no sítio referido no § 2º deste artigo, os documentos elaborados na fase preparatória que porventura não tenham integrado o edital e seus anexos.

CAPÍTULO IV
DA APRESENTAÇÃO DE PROPOSTAS E LANCES

Art. 55. Os prazos mínimos para apresentação de propostas e lances, contados a partir da data de divulgação do edital de licitação, são de:

I – para aquisição de bens:

a) 8 (oito) dias úteis, quando adotados os critérios de julgamento de menor preço ou de maior desconto;

b) 15 (quinze) dias úteis, nas hipóteses não abrangidas pela alínea "a" deste inciso;

II – no caso de serviços e obras:

a) 10 (dez) dias úteis, quando adotados os critérios de julgamento de menor preço ou de maior desconto, no caso de serviços comuns e de obras e serviços comuns de engenharia;

b) 25 (vinte e cinco) dias úteis, quando adotados os critérios de julgamento de menor preço ou de maior desconto, no caso de serviços especiais e de obras e serviços especiais de engenharia;

c) 60 (sessenta) dias úteis, quando o regime de execução for de contratação integrada;

d) 35 (trinta e cinco) dias úteis, quando o regime de execução for o de contratação semi-integrada ou nas hipóteses não abrangidas pelas alíneas "a", "b" e "c" deste inciso;

III – para licitação em que se adote o critério de julgamento de maior lance, 15 (quinze) dias úteis;

IV – para licitação em que se adote o critério de julgamento de técnica e preço ou de melhor técnica ou conteúdo artístico, 35 (trinta e cinco) dias úteis.

§ 1º Eventuais modificações no edital implicarão nova divulgação na mesma forma de sua divulgação inicial, além do cumprimento dos mesmos prazos dos atos e procedimentos originais, exceto quando a alteração não comprometer a formulação das propostas.

§ 2º Os prazos previstos neste artigo poderão, mediante decisão fundamentada, ser reduzidos até a metade nas licitações realizadas pelo Ministério da Saúde, no âmbito do Sistema Único de Saúde (SUS).

Art. 56. O modo de disputa poderá ser, isolada ou conjuntamente:

I – aberto, hipótese em que os licitantes apresentarão suas propostas por meio de lances públicos e sucessivos, crescentes ou decrescentes;

II – fechado, hipótese em que as propostas permanecerão em sigilo até a data e hora designadas para sua divulgação.

§ 1º A utilização isolada do modo de disputa fechado será vedada quando adotados os critérios de julgamento de menor preço ou de maior desconto.

§ 2º A utilização do modo de disputa aberto será vedada quando adotado o critério de julgamento de técnica e preço.

§ 3º Serão considerados intermediários os lances:

I – iguais ou inferiores ao maior já ofertado, quando adotado o critério de julgamento de maior lance;

II – iguais ou superiores ao menor já ofertado, quando adotados os demais critérios de julgamento.

§ 4º Após a definição da melhor proposta, se a diferença em relação à proposta classificada em segundo lugar for de pelo menos 5% (cinco por cento), a Administração poderá admitir o reinicio da disputa aberta, nos termos estabelecidos no instrumento convocatório, para a definição das demais colocações.

§ 5º Nas licitações de obras ou serviços de engenharia, após o julgamento, o licitante vencedor deverá reelaborar e apresentar à Administração, por meio eletrônico, as planilhas com indicação dos quantitativos e dos custos unitários, bem como com detalhamento das Bonificações e Despesas Indiretas (BDI) e dos Encargos Sociais (ES), com os respectivos valores adequados ao valor final da proposta vencedora, admitida a utilização dos preços unitários, no caso de empreitada por preço global, empreitada integral, contratação semi-integrada e contratação integrada, exclusivamente para eventuais adequações indispensáveis no cronograma físico-financeiro e para balizar excepcional aditamento posterior do contrato.

Art. 57. O edital de licitação poderá estabelecer intervalo mínimo de diferença de valores entre os lances, que incidirá tanto em relação aos lances intermediários quanto em relação à proposta que cobrir a melhor oferta.

Art. 58. Poderá ser exigida, no momento da apresentação da proposta, a comprovação do recolhimento de quantia a título de garantia de proposta, como requisito de pré-habilitação.

§ 1º A garantia de proposta não poderá ser superior a 1% (um por cento) do valor estimado para a contratação.

§ 2º A garantia de proposta será devolvida aos licitantes no prazo de 10 (dez) dias úteis, contado da assinatura do contrato ou da data em que for declarada fracassada a licitação.

§ 3º Implicará execução do valor integral da garantia de proposta a recusa em assinar o contrato ou a não apresentação dos documentos para a contratação.

§ 4º A garantia de proposta poderá ser prestada nas modalidades de que trata o § 1º do art. 96 desta Lei.

CAPÍTULO V
DO JULGAMENTO

Art. 59. Serão desclassificadas as propostas que:

I – contiverem vícios insanáveis;

II – não obedecerem às especificações técnicas pormenorizadas no edital;

III – apresentarem preços inexequíveis ou permanecerem acima do orçamento estimado para a contratação;

IV – não tiverem sua exequibilidade demonstrada, quando exigido pela Administração;

V – apresentarem desconformidade com quaisquer outras exigências do edital, desde que insanável.

§ 1º A verificação da conformidade das propostas poderá ser feita exclusivamente em relação à proposta mais bem classificada.

§ 2º A Administração poderá realizar diligências para aferir a exequibilidade das propostas ou exigir dos licitantes que ela seja demonstrada, conforme disposto no inciso IV do **caput** deste artigo.

§ 3º No caso de obras e serviços de engenharia e arquitetura, para efeito de avaliação da exequibilidade e de sobrepreço, serão considerados o preço global, os quantitativos e os preços unitários tidos como relevantes, observado o critério de aceitabilidade de preços unitário e global a ser fixado no edital, conforme as especificidades do mercado correspondente.

§ 4º No caso de obras e serviços de engenharia, serão consideradas inexequíveis as propostas cujos valores forem inferiores a 75% (setenta e cinco por cento) do valor orçado pela Administração.

§ 5º Nas contratações de obras e serviços de engenharia, será exigida garantia adicional do licitante vencedor cuja proposta for inferior a 85% (oitenta e cinco por cento) do valor orçado pela Administração, equivalente à diferença entre este último e o valor da proposta, sem prejuízo das demais garantias exigíveis de acordo com esta Lei.

Art. 60. Em caso de empate entre duas ou mais propostas, serão utilizados os seguintes critérios de desempate, nesta ordem:

I – disputa final, hipótese em que os licitantes empatados poderão apresentar nova proposta em ato contínuo à classificação;

II – avaliação do desempenho contratual prévio dos licitantes, para a qual deverão preferencialmente ser utilizados registros cadastrais para efeito de atesto de cumprimento de obrigações previstos nesta Lei;

III – desenvolvimento pelo licitante de ações de equidade entre homens e mulheres no ambiente de trabalho, conforme regulamento;

IV – desenvolvimento pelo licitante de programa de integridade, conforme orientações dos órgãos de controle.

§ 1º Em igualdade de condições, se não houver desempate, será assegurada preferência, sucessivamente, aos bens e serviços produzidos ou prestados por:

I – empresas estabelecidas no território do Estado ou do Distrito Federal do órgão ou entidade da Administração Pública estadual ou distrital licitante ou, no caso de licitação realizada por órgão ou entidade de Município, no território do Estado em que este se localize;

II – empresas brasileiras;

III – empresas que invistam em pesquisa e no desenvolvimento de tecnologia no País;

IV – empresas que comprovem a prática de mitigação, nos termos da Lei nº 12.187, de 29 de dezembro de 2009.

§ 2º As regras previstas no **caput** deste artigo não prejudicarão a aplicação do disposto no art. 44 da Lei Complementar nº 123, de 14 de dezembro de 2006.

Art. 61. Definido o resultado do julgamento, a Administração poderá negociar condições mais vantajosas com o primeiro colocado.

§ 1º A negociação poderá ser feita com os demais licitantes, segundo a ordem de classificação inicialmente estabelecida, quando o primeiro colocado, mesmo após a negociação, for desclassificado em razão de sua proposta permanecer acima do preço máximo definido pela Administração.

§ 2º A negociação será conduzida por agente de contratação ou comissão de contratação, na forma de regulamento, e, depois de concluída, terá seu resultado divulgado a todos os licitantes e anexado aos autos do processo licitatório.

CAPÍTULO VI
DA HABILITAÇÃO

Art. 62. A habilitação é a fase da licitação em que se verifica o conjunto de informações e documentos necessários e suficientes para demonstrar a capacidade do licitante de realizar o objeto da licitação, dividindo-se em:

I – jurídica;

II – técnica;

III – fiscal, social e trabalhista;

IV – econômico-financeira.

Art. 63. Na fase de habilitação das licitações serão observadas as seguintes disposições:

I – poderá ser exigida dos licitantes a declaração de que atendem aos requisitos de habilitação, e o declarante responderá pela veracidade das informações prestadas, na forma da lei;

II – será exigida a apresentação dos documentos de habilitação apenas pelo licitante vencedor, exceto quando a fase de habilitação anteceder a de julgamento;

III – serão exigidos os documentos relativos à regularidade fiscal, em qualquer caso, somente em momento posterior ao julgamento das propostas, e apenas do licitante mais bem classificado;

IV – será exigida do licitante declaração de que cumpre as exigências de reserva de cargos para pessoa com deficiência e para reabilitado da Previdência Social, previstas em lei e em outras normas específicas.

§ 1º Constará do edital de licitação cláusula que exija dos licitantes, sob pena de desclassificação, declaração de que suas propostas econômicas compreendem a integralidade dos custos para atendimento dos direitos trabalhistas assegurados na Constituição Federal, nas leis trabalhistas, nas normas infralegais, nas convenções coletivas de trabalho e nos termos de ajustamento de conduta vigentes na data de entrega das propostas.

§ 2º Quando a avaliação prévia do local de execução for imprescindível para o conhecimento pleno das condições e peculiaridades do objeto a ser contratado, o edital de licitação poderá prever, sob pena de inabilitação, a necessidade de o licitante atestar que conhece o local e as condições de realização da obra ou serviço, assegurado a ele o direito de realização de vistoria prévia.

§ 3º Para os fins previstos no § 2º deste artigo, o edital de licitação sempre deverá prever a possibilidade de substituição da vistoria por declaração formal assinada pelo responsável técnico do licitante acerca do conhecimento pleno das condições e peculiaridades da contratação.

§ 4º Para os fins previstos no § 2º deste artigo, se os licitantes optarem por realizar vistoria prévia, a Administração deverá disponibilizar data e horário diferentes para os eventuais interessados.

Art. 64. Após a entrega dos documentos para habilitação, não será permitida a substituição ou a apresentação de novos documentos, salvo em sede de diligência, para:

I – complementação de informações acerca dos documentos já apresentados pelos licitantes e desde que necessária para apurar fatos existentes à época da abertura do certame;

II – atualização de documentos cuja validade tenha expirado após a data de recebimento das propostas.

§ 1º Na análise dos documentos de habilitação, a comissão de licitação poderá sanar erros ou falhas que não alterem a substância dos documentos e sua validade jurídica, mediante despacho fundamentado registrado e acessível a todos, atribuindo-lhes eficácia para fins de habilitação e classificação.

§ 2º Quando a fase de habilitação anteceder a de julgamento e já tiver sido encerrada, não caberá exclusão de licitante por motivo relacionado à habilitação, salvo em razão de fatos supervenientes ou só conhecidos após o julgamento.

Art. 65. As condições de habilitação serão definidas no edital.

§ 1º As empresas criadas no exercício financeiro da licitação deverão atender a todas as exigências da habilitação e ficarão autorizadas a substituir os demonstrativos contábeis pelo balanço de abertura.

§ 2º A habilitação poderá ser realizada por processo eletrônico de comunicação a distância, nos termos dispostos em regulamento.

Art. 66. A habilitação jurídica visa a demonstrar a capacidade de o licitante exercer direitos e assumir obrigações, e a documentação a ser apresentada por ele limita-se à comprovação de existência jurídica da pessoa e, quando cabível, de autorização para o exercício da atividade a ser contratada.

Art. 67. A documentação relativa à qualificação técnico-profissional e técnico- operacional será restrita a:

I – apresentação de profissional, devidamente registrado no conselho profissional competente, quando for o caso, detentor de atestado de responsabilidade técnica por execução de obra ou serviço de características semelhantes, para fins de contratação;

II – certidões ou atestados, regularmente emitidos pelo conselho profissional competente, quando for o caso, que demonstrem capacidade operacional na execução de serviços similares de complexidade tecnológica e operacional equivalente ou superior, bem como documentos comprobatórios emitidos na forma do § 3º do art. 88 desta Lei;

III – indicação do pessoal técnico, das instalações e do aparelhamento adequados e disponíveis para a realização do objeto da licitação, bem como **da qualificação de cada** membro da equipe técnica que se responsabilizará pelos trabalhos;

IV – prova do atendimento de requisitos previstos em lei especial, quando for o caso;

V – registro ou inscrição na entidade profissional competente, quando for o caso;

VI – declaração de que o licitante tomou conhecimento de todas as informações e das condições locais para o cumprimento das obrigações objeto da licitação.

§ 1º A exigência de atestados será restrita às parcelas de maior relevância ou valor significativo do objeto da licitação, assim consideradas as que tenham valor individual igual ou superior a 4% (quatro por cento) do valor total estimado da contratação.

§ 2º Observado o disposto no **caput** e no § 1º deste artigo, será admitida a exigência de atestados com quantidades mínimas de até 50% (cinquenta por cento) das parcelas de que trata o referido parágrafo, vedadas limitações de tempo e de locais específicos relativas aos atestados.

§ 3º Salvo na contratação de obras e serviços de engenharia, as exigências a que se referem os incisos I e II do **caput** deste artigo, a critério da

Administração, poderão ser substituídas por outra prova de que o profissional ou a empresa possui conhecimento técnico e experiência prática na execução de serviço de características semelhantes, hipótese em que as provas alternativas aceitáveis deverão ser previstas em regulamento.

§ 4º Serão aceitos atestados ou outros documentos hábeis emitidos por entidades estrangeiras quando acompanhados de tradução para o português, salvo se comprovada a inidoneidade da entidade emissora.

§ 5º Em se tratando de serviços contínuos, o edital poderá exigir certidão ou atestado que demonstre que o licitante tenha executado serviços similares ao objeto da licitação, em períodos sucessivos ou não, por um prazo mínimo, que não poderá ser superior a 3 (três) anos.

§ 6º Os profissionais indicados pelo licitante na forma dos incisos I e III do **caput** deste artigo deverão participar da obra ou serviço objeto da licitação, e será admitida a sua substituição por profissionais de experiência equivalente ou superior, desde que aprovada pela Administração.

§ 7º Sociedades empresárias estrangeiras atenderão à exigência prevista no inciso V do **caput** deste artigo por meio da apresentação, no momento da assinatura do contrato, da solicitação de registro perante a entidade profissional competente no Brasil.

§ 8º Será admitida a exigência da relação dos compromissos assumidos pelo licitante que importem em diminuição da disponibilidade do pessoal técnico referido nos incisos I e III do **caput** deste artigo.

§ 9º O edital poderá prever, para aspectos técnicos específicos, que a qualificação técnica seja demonstrada por meio de atestados relativos a potencial subcontratado, limitado a 25% (vinte e cinco por cento) do objeto a ser licitado, hipótese em que mais de um licitante poderá apresentar atestado relativo ao mesmo potencial subcontratado.

§ 10. Em caso de apresentação por licitante de atestado de desempenho anterior emitido em favor de consórcio do qual tenha feito parte, se o atestado ou o contrato de constituição do consórcio não identificar a atividade desempenhada por cada consorciado individualmente, serão adotados os seguintes critérios na avaliação de sua qualificação técnica:

I – caso o atestado tenha sido emitido em favor de consórcio homogêneo, as experiências atestadas deverão ser reconhecidas para cada empresa consorciada na proporção quantitativa de sua participação no consórcio, salvo nas licitações para contratação de serviços técnicos especializados de natureza predominantemente intelectual, em que todas as experiências atestadas deverão ser reconhecidas para cada uma das empresas consorciadas;

II – caso o atestado tenha sido emitido em favor de consórcio heterogêneo, as experiências atestadas deverão ser reconhecidas para cada consorciado de acordo com os respectivos campos de atuação, inclusive nas licitações para contratação de serviços técnicos especializados de natureza predominantemente intelectual.

§ 11. Na hipótese do § 10 deste artigo, para fins de comprovação do percentual de participação do consorciado, caso este não conste expressamente do atestado ou da certidão, deverá ser juntada ao atestado ou à certidão cópia do instrumento de constituição do consórcio.

§ 12. Na documentação de que trata o inciso I do **caput** deste artigo, não serão admitidos atestados de responsabilidade técnica de profissionais que, na forma de regulamento, tenham dado causa à aplicação das sanções previstas nos incisos III e IV do **caput** do art. 156 desta Lei em decorrência de orientação proposta, de prescrição técnica ou de qualquer ato profissional de sua responsabilidade.

Art. 68. As habilitações fiscal, social e trabalhista serão aferidas mediante a verificação dos seguintes requisitos:

I – a inscrição no Cadastro de Pessoas Físicas (CPF) ou no Cadastro Nacional da Pessoa Jurídica (CNPJ);

II – a inscrição no cadastro de contribuintes estadual e/ou municipal, se houver, relativo ao domicílio ou sede do licitante, pertinente ao seu ramo de atividade e compatível com o objeto contratual;

III – a regularidade perante a Fazenda federal, estadual e/ou municipal do domicílio ou sede do licitante, ou outra equivalente, na forma da lei;

IV – a regularidade relativa à Seguridade Social e ao FGTS, que demonstre cumprimento dos encargos sociais instituídos por lei;

V – a regularidade perante a Justiça do Trabalho;

VI – o cumprimento do disposto no inciso XXXIII do art. 7º da Constituição Federal.

§ 1º Os documentos referidos nos incisos do **caput** deste artigo poderão ser substituídos ou supridos, no todo ou em parte, por outros meios hábeis a comprovar a regularidade do licitante, inclusive por meio eletrônico.

§ 2º A comprovação de atendimento do disposto nos incisos III, IV e V do **caput** deste artigo deverá ser feita na forma da legislação específica.

Art. 69. A habilitação econômico-financeira visa a demonstrar a aptidão econômica do licitante para cumprir as obrigações decorrentes do futuro contrato, devendo ser comprovada de forma objetiva, por coeficientes e índices econômicos previstos no editai, devidamente justificados no processo licitatório, e será restrita à apresentação da seguinte documentação:

I – balanço patrimonial, demonstração de resultado de exercício e demais demonstrações contábeis dos 2 (dois) últimos exercícios sociais;

II – certidão negativa de feitos sobre falência expedida pelo distribuidor da sede do licitante.

§ 1º A critério da Administração, poderá ser exigida declaração, assinada por profissional habilitado da área contábil, que ateste o atendimento pelo licitante dos índices econômicos previstos no edital.

§ 2º Para o atendimento do disposto no **caput** deste artigo, é vedada a exigência de valores mínimos de faturamento anterior e de índices de rentabilidade ou lucratividade.

§ 3º E admitida a exigência da relação dos compromissos assumidos pelo licitante que importem em diminuição de sua capacidade econômico-financeira, excluídas parcelas já executadas de contratos firmados.

§ 4º A Administração, nas compras para entrega futura e na execução de obras e serviços, poderá estabelecer no edital a exigência de capital mínimo ou de patrimônio líquido mínimo equivalente a até 10% (dez por cento) do valor estimado da contratação.

§ 5º E vedada a exigência de índices e valores não usualmente adotados para a avaliação de situação econômico-financeira suficiente para o cumprimento das obrigações decorrentes da licitação.

§ 6º Os documentos referidos no inciso I do **caput** deste artigo limitar-se-ão ao último exercício no caso de a pessoa jurídica ter sido constituída há menos de 2 (dois) anos.

Art. 70. A documentação referida neste Capítulo poderá ser:

I – apresentada em original, por cópia ou por qualquer outro meio expressamente admitido pela Administração;

II – substituída por registro cadastral emitido por órgão ou entidade pública, desde que previsto no edital e que o registro tenha sido feito em obediência ao disposto nesta Lei;

III – dispensada, total ou parcialmente, nas contratações para entrega imediata, nas contratações em valores inferiores a 1/4 (um quarto) do limite para dispensa de licitação para compras em geral e nas contratações de produto para pesquisa e desenvolvimento até o valor de R$ 300.000,00 (trezentos mil reais).

Parágrafo único. As empresas estrangeiras que não funcionem no País deverão apresentar documentos equivalentes, na forma de regulamento emitido pelo Poder Executivo federal.

CAPÍTULO VII
DO ENCERRAMENTO DA LICITAÇÃO

Art. 71. Encerradas as fases de julgamento e habilitação, e exauridos os recursos administrativos, o processo licitatório será encaminhado à autoridade superior, que poderá:

I – determinar o retorno dos autos para saneamento de irregularidades;

II – revogar a licitação por motivo de conveniência e oportunidade;

III – proceder à anulação da licitação, de ofício ou mediante provocação de terceiros, sempre que presente ilegalidade insanável;

IV – adjudicar o objeto e homologar a licitação.

§ 1º Ao pronunciar a nulidade, a autoridade indicará expressamente os atos com vícios insanáveis, tornando sem efeito todos os subsequentes que deles dependam, e dará ensejo à apuração de responsabilidade de quem lhes tenha dado causa.

§ 2º O motivo determinante para a revogação do processo licitatório deverá ser resultante de fato superveniente devidamente comprovado.

§ 3º Nos casos de anulação e revogação, deverá ser assegurada a prévia manifestação dos interessados.

§ 4º O disposto neste artigo será aplicado, no que couber, à contratação direta e aos procedimentos auxiliares da licitação.

CAPÍTULO VIII
DA CONTRATAÇÃO DIRETA
Seção I
Do Processo de Contratação Direta

Art. 72. O processo de contratação direta, que compreende os casos de inexigibilidade e de dispensa de licitação, deverá ser instruído com os seguintes documentos:

I – documento de formalização de demanda e, se for o caso, estudo técnico preliminar, análise de riscos, termo de referência, projeto básico ou projeto executivo;

II – estimativa de despesa, que deverá ser calculada na forma estabelecida no art. 23 desta Lei;

III – parecer jurídico e pareceres técnicos, se for o caso, que demonstrem o atendimento dos requisitos exigidos;

IV – demonstração da compatibilidade da previsão de recursos orçamentários com o compromisso a ser assumido;

V – comprovação de que o contratado preenche os requisitos de habilitação e qualificação mínima necessária;

VI – razão da escolha do contratado;

VII – justificativa de preço;

VIII – autorização da autoridade competente.

Parágrafo único. O ato que autoriza a contratação direta ou o extrato decorrente do contrato deverá ser divulgado e mantido à disposição do público em sítio eletrônico oficial.

Art. 73. Na hipótese de contratação direta indevida ocorrida com dolo, fraude ou erro grosseiro, o contratado e o agente público responsável responderão solidariamente pelo dano causado ao erário, sem prejuízo de outras sanções legais cabíveis.

Seção II
Da Inexigibilidade de Licitação

Art. 74. É inexigível a licitação quando inviável a competição, em especial nos casos de:

I – aquisição de materiais, de equipamentos ou de gêneros ou contratação de serviços que só possam ser fornecidos por produtor, empresa ou representante comercial exclusivos;

II – contratação de profissional do setor artístico, diretamente ou por meio de empresário exclusivo, desde que consagrado pela crítica especializada ou pela opinião pública;

III – contratação dos seguintes serviços técnicos especializados de natureza predominantemente intelectual com profissionais ou empresas de notória especialização, vedada a inexigibilidade para serviços de publicidade e divulgação:

a) estudos técnicos, planejamentos, projetos básicos ou projetos executivos;

b) pareceres, perícias e avaliações em geral;

c) assessorias ou consultorias técnicas e auditorias financeiras ou tributárias;

d) fiscalização, supervisão ou gerenciamento de obras ou serviços;

e) patrocínio ou defesa de causas judiciais ou administrativas;

f) treinamento e aperfeiçoamento de pessoal;

g) restauração de obras de arte e de bens de valor histórico;

h) controles de qualidade e tecnológico, análises, testes e ensaios de campo e laboratoriais, instrumentação e monitoramento de parâmetros específicos de obras e do meio ambiente e demais serviços de engenharia que se enquadrem no disposto neste inciso;

IV – objetos que devam ou possam ser contratados por meio de credenciamento;

V – aquisição ou locação de imóvel cujas características de instalações e de localização tornem necessária sua escolha.

§ 1º Para fins do disposto no inciso I do **caput** deste artigo, a Administração deverá demonstrar a inviabilidade de competição mediante atestado de exclusividade, contrato de exclusividade, declaração do fabricante ou outro documento idôneo capaz de comprovar que o objeto é fornecido ou prestado por produtor, empresa ou representante comercial exclusivos, vedada a preferência por marca específica.

§ 2º Para fins do disposto no inciso II do **caput** deste artigo, considera-se empresário exclusivo a pessoa física ou jurídica que possua contrato, declaração, carta ou outro documento que ateste a exclusividade permanente e contínua de representação, no País ou em Estado específico, do profissional do setor artístico, afastada a possibilidade de contratação direta por inexigibilidade por meio de empresário com representação restrita a evento ou local específico.

§ 3º Para fins do disposto no inciso III do **caput** deste artigo, considera-se de notória especialização o profissional ou a empresa cujo conceito no campo de sua especialidade, decorrente de desempenho anterior, estudos, experiência, publicações, organização, aparelhamento, equipe técnica ou outros requisitos relacionados com suas atividades, permita inferir que o seu trabalho é essencial e reconhecidamente adequado à plena satisfação do objeto do contrato.

§ 4º Nas contratações com fundamento no inciso III do **caput** deste artigo, é vedada a subcontratação de empresas ou a atuação de profissionais distintos daqueles que tenham justificado a inexigibilidade.

§ 5º Nas contratações com fundamento no inciso V do **caput** deste artigo, devem ser observados os seguintes requisitos:

I – avaliação prévia do bem, do seu estado de conservação, dos custos de adaptações, quando imprescindíveis às necessidades de utilização, e do prazo de amortização dos investimentos;

II – certificação da inexistência de imóveis públicos vagos e disponíveis que atendam ao objeto;

III – justificativas que demonstrem a singularidade do imóvel a ser comprado ou locado pela Administração e que evidenciem vantagem para ela.

Seção III
Da Dispensa de Licitação

Art. 75. E dispensável a licitação:

I – para contratação que envolva valores inferiores a R$ 100.000,00 (cem mil reais), no caso de obras e serviços de engenharia ou de serviços de manutenção de veículos automotores;

II – para contratação que envolva valores inferiores a R$ 50.000,00 (cinquenta mil reais), no caso de outros serviços e compras;

III – para contratação que mantenha todas as condições definidas em edital de licitação realizada há menos de 1 (um) ano, quando se verificar que naquela licitação:

a) não surgiram licitantes interessados ou não foram apresentadas propostas válidas;

b) as propostas apresentadas consignaram preços manifestamente superiores aos praticados no mercado ou incompatíveis com os fixados pelos órgãos oficiais competentes;

IV – para contratação que tenha por objeto:

a) bens, componentes ou peças de origem nacional ou estrangeira necessários à manutenção de equipamentos, a serem adquiridos do fornecedor original desses equipamentos durante o período de garantia técnica, quando essa condição de exclusividade for indispensável para a vigência da garantia;

b) bens, serviços, alienações ou obras, nos termos de acordo internacional específico aprovado pelo Congresso Nacional, quando as condições ofertadas forem manifestamente vantajosas para a Administração;

c) produtos para pesquisa e desenvolvimento, limitada a contratação, no caso de obras e serviços de engenharia, ao valor de R$ 300.000,00 (trezentos mil reais);

d) transferência de tecnologia ou licenciamento de direito de uso ou de exploração de criação protegida, nas contratações realizadas por instituição científica, tecnológica e de inovação (ICT) pública ou por agência de fomento, desde que demonstrada vantagem para a Administração;

e) hortifrutigranjeiros, pães e outros gêneros perecíveis, no período necessário para a realização dos processos licitatórios correspondentes, hipótese em que a contratação será realizada diretamente com base no preço do dia;

f) bens ou serviços produzidos ou prestados no País que envolvam, cumulativamente, alta complexidade tecnológica e defesa nacional;

g) materiais de uso das Forças Armadas, com exceção de materiais de uso pessoal e administrativo, quando houver necessidade de manter a padronização requerida pela estrutura de apoio logístico dos meios navais, aéreos e terrestres, mediante autorização por ato do comandante da força militar;

h) bens e serviços para atendimento dos contingentes militares das forças singulares brasileiras empregadas em operações de paz no exterior, hipótese em que a contratação deverá ser justificada quanto ao preço e à escolha do fornecedor ou executante e ratificada pelo comandante da força militar;

i) abastecimento ou suprimento de efetivos militares em estada eventual de curta duração em portos, aeroportos ou localidades diferentes de suas sedes, por motivo de movimentação operacional ou de adestramento;

j) coleta, processamento e comercialização de resíduos sólidos urbanos recicláveis ou reutilizáveis, em áreas com sistema de coleta seletiva de lixo, realizados por associações ou cooperativas formadas exclusivamente de pessoas físicas de baixa renda reconhecidas pelo poder público como catadores de materiais recicláveis, com o uso de equipamentos compatíveis com as normas técnicas, ambientais e de saúde pública;

k) aquisição ou restauração de obras de arte e objetos históricos, de autenticidade certificada, desde que inerente às finalidades do órgão ou com elas compatível;

l) serviços especializados ou aquisição ou locação de equipamentos destinados ao rastreamento e à obtenção de provas previstas nos incisos II e V do **caput** do art. 3º da Lei nº 12.850, de 2 de agosto de 2013, quando houver necessidade justificada de manutenção de sigilo sobre a investigação;

m) aquisição de medicamentos destinados exclusivamente ao tratamento de doenças raras definidas pelo Ministério da Saúde;

V – para contratação com vistas ao cumprimento do disposto nos arts. 3º, 3º-A, 4º, 5º e 20 da Lei nº 10.973, de 2 de dezembro de 2004, observados os princípios gerais de contratação constantes da referida Lei;

VI – para contratação que possa acarretar comprometimento da segurança nacional, nos casos estabelecidos pelo Ministro de Estado da Defesa, mediante demanda dos comandos das Forças Armadas ou dos demais ministérios;

VII – nos casos de guerra, estado de defesa, estado de sítio, intervenção federal ou de grave perturbação da ordem;

VIII – nos casos de emergência ou de calamidade pública, quando caracterizada urgência de atendimento de situação que possa ocasionar prejuízo ou comprometer a continuidade dos serviços públicos ou a segurança de pessoas, obras, serviços equipamentos e outros bens, públicos ou particulares, e somente para aquisição dos bens necessários ao atendimento da situação emergencial ou calamitosa e para as parcelas de obras e serviços que possam ser concluídas no prazo máximo de 1 (um) ano, contado da data de ocorrência da emergência ou da calamidade, vedadas a prorrogação dos respectivos contratos e a recontratação de empresa já contratada com base no disposto neste inciso;

IX – para a aquisição, por pessoa jurídica de direito público interno, de bens produzidos ou serviços prestados por órgão ou entidade que integrem a Administração Pública e que tenham sido criados para esse fim específico, desde que o preço contratado seja compatível com o praticado no mercado;

X – quando a União tiver que intervir no domínio econômico para regular preços ou normalizar o abastecimento;

XI – para celebração de contrato de programa com ente federativo ou com entidade de sua Administração Pública indireta que envolva prestação de serviços públicos de forma associada nos termos autorizados em contrato de consórcio público ou em convênio de cooperação;

XII – para contratação em que houver transferência de tecnologia de produtos estratégicos para o Sistema Único de Saúde (SUS), conforme elencados em ato da direção nacional do SUS, inclusive por ocasião da aquisição desses produtos durante as etapas de absorção tecnológica, e em valores compatíveis com aqueles definidos no instrumento firmado para a transferência de tecnologia;

XIII – para contratação de profissionais para compor a comissão de avaliação de critérios de técnica, quando se tratar de profissional técnico de notória especialização;

XIV – para contratação de associação de pessoas com deficiência, sem fins lucrativos e de comprovada idoneidade, por órgão ou entidade da Administração Pública, para a prestação de serviços, desde que o preço contratado seja compatível com o praticado no mercado e os serviços contratados sejam prestados exclusivamente por pessoas com deficiência;

XV – para contratação de instituição brasileira que tenha por finalidade estatutária apoiar, captar e executar atividades de ensino, pesquisa, extensão, desenvolvimento institucional, científico e tecnológico e estímulo à inovação, inclusive para gerir administrativa e financeiramente essas atividades, ou para contratação de instituição dedicada à recuperação social da pessoa presa, desde que o contratado tenha inquestionável reputação ética e profissional e não tenha fins lucrativos;

XVI – para aquisição, por pessoa jurídica de direito público interno, de insumos estratégicos para a saúde produzidos por fundação que, regimental ou estatutariamente, tenha por finalidade apoiar órgão da Administração Pública direta, sua autarquia ou fundação em projetos de ensino, pesquisa, extensão, desenvolvimento institucional, científico e tecnológico e de estímulo à inovação, inclusive na gestão administrativa e financeira necessária à execução desses projetos, ou em parcerias que envolvam transferência de tecnologia de produtos estratégicos para o SUS, nos termos do inciso XII do **caput** deste artigo, e que tenha sido criada para esse fim específico em data anterior à entrada em vigor desta Lei, desde que o preço contratado seja compatível com o praticado no mercado.

§ 1º Para fins de aferição dos valores que atendam aos limites referidos nos incisos I e II do **caput** deste artigo, deverão ser observados:

I – o somatório do que for despendido no exercício financeiro pela respectiva unidade gestora;

II – o somatório da despesa realizada com objetos de mesma natureza, entendidos como tais aqueles relativos a contratações no mesmo ramo de atividade.

§ 2º Os valores referidos nos incisos I e II do **caput** deste artigo serão duplicados para compras, obras e serviços contratados por consórcio público ou por autarquia ou fundação qualificadas como agências executivas na forma da lei.

§ 3º As contratações de que tratam os incisos I e II do **caput** deste artigo serão preferencialmente precedidas de divulgação de aviso em sítio eletrônico oficial, pelo prazo mínimo de 3 (três) dias úteis, com a especificação do objeto pretendido e com a manifestação de interesse da Administração em obter propostas adicionais de eventuais interessados, devendo ser selecionada a proposta mais vantajosa.

§ 4º As contratações de que tratam os incisos I e II do **caput** deste artigo serão preferencialmente pagas por meio de cartão de pagamento, cujo extrato deverá ser divulgado e mantido à disposição do público no Portal Nacional de Contratações Públicas (PNCP).

§ 5º A dispensa prevista na alínea "c" do inciso IV do **caput** deste artigo, quando aplicada a obras e serviços de engenharia, seguirá procedimentos especiais instituídos em regulamentação específica.

§ 6º Para os fins do inciso VIII do **caput** deste artigo, considera-se emergencial a contratação por dispensa com objetivo de manter a continuidade do serviço público, e deverão ser observados os valores praticados pelo mercado na forma do art. 23 desta Lei e adotadas as providências necessárias para a conclusão do processo licitatório, sem prejuízo de apuração de responsabilidade dos agentes públicos que deram causa à situação emergencial.

§ 7º Não se aplica o disposto no § 1º deste artigo às contratações de até R$ 8.000,00 (oito mil reais) de serviços de manutenção de veículos automotores de propriedade do órgão ou entidade contratante, incluído o fornecimento de peças.

CAPÍTULO IX
DAS ALIENAÇÕES

Art. 76. A alienação de bens da Administração Pública, subordinada à existência de interesse público devidamente justificado, será precedida de avaliação e obedecerá às seguintes normas:

I – tratando-se de bens imóveis, inclusive os pertencentes às autarquias e às fundações, exigirá autorização legislativa e dependerá de licitação na modalidade leilão, dispensada a realização de licitação nos casos de:

a) dação em pagamento;

b) doação, permitida exclusivamente para outro órgão ou entidade da Administração Pública, de qualquer esfera de governo, ressalvado o disposto nas alíneas "f", "g" e "h" deste inciso;

c) permuta por outros imóveis que atendam aos requisitos relacionados às finalidades precípuas da Administração, desde que a diferença apurada não ultrapasse a metade do valor do imóvel que será ofertado pela União, segundo avaliação prévia, e ocorra a torna de valores, sempre que for o caso;

d) investidura;

e) venda a outro órgão ou entidade da Administração Pública de qualquer esfera de governo;

f) alienação gratuita ou onerosa, aforamento, concessão de direito real de uso, locação e permissão de uso de bens imóveis residenciais construídos, destinados ou efetivamente usados em programas de habitação ou de regularização fundiária de interesse social desenvolvidos por órgão ou entidade da Administração Pública;

g) alienação gratuita ou onerosa, aforamento, concessão de direito real de uso, locação e permissão de uso de bens imóveis comerciais de âmbito local, com área de até 250 m² (duzentos e cinquenta metros quadrados) e destinados a programas de regularização fundiária de interesse social desenvolvidos por órgão ou entidade da Administração Pública;

h) alienação e concessão de direito real de uso, gratuita ou onerosa, de terras públicas rurais da União e do Instituto Nacional de Colonização e Reforma Agrária (Incra) onde incidam ocupações até o limite de que trata o § 1º do art. 6º da Lei nº 11.952, de 25 de junho de 2009, para fins de regularização fundiária, atendidos os requisitos legais;

i) legitimação de posse de que trata o art. 29 da Lei nº 6.383, de 7 de dezembro de 1976, mediante iniciativa e deliberação dos órgãos da Administração Pública competentes;

j) legitimação fundiária e legitimação de posse de que trata a Lei nº 13.465, de 11 de julho de 2017;

II – tratando-se de bens móveis, dependerá de licitação na modalidade leilão, dispensada a realização de licitação nos casos de:

a) doação, permitida exclusivamente para fins e uso de interesse social, após avaliação de oportunidade e conveniência socioeconômica em relação à escolha de outra forma de alienação;

b) permuta, permitida exclusivamente entre órgãos ou entidades da Administração Pública;

c) venda de ações, que poderão ser negociadas em bolsa, observada a legislação específica;

d) venda de títulos, observada a legislação pertinente;

e) venda de bens produzidos ou comercializados por entidades da Administração Pública, em virtude de suas finalidades;

f) venda de materiais e equipamentos sem utilização previsível por quem deles dispõe para outros órgãos ou entidades da Administração Pública.

§ 1º A alienação de bens imóveis da Administração Pública cuja aquisição tenha sido derivada de procedimentos judiciais ou de dação em pagamento dispensará autorização legislativa e exigirá apenas avaliação prévia e licitação na modalidade leilão.

§ 2º Os imóveis doados com base na alínea "b" do inciso I do **caput** deste artigo, cessadas as razões que justificaram sua doação, serão revertidos ao patrimônio da pessoa jurídica doadora, vedada sua alienação pelo beneficiário.

§ 3º A Administração poderá conceder título de propriedade ou de direito real de uso de imóvel, admitida a dispensa de licitação, quando o uso destinar-se a:

I – outro órgão ou entidade da Administração Pública, qualquer que seja a localização do imóvel;

II – pessoa natural que, nos termos de lei, regulamento ou ato normativo do órgão competente, haja implementado os requisitos mínimos de cultura, de ocupação mansa e pacífica e de exploração direta sobre área rural, observado o limite de que trata o § 1º do art. 6º da Lei nº 11.952, de 25 de junho de 2009.

§ 4º A aplicação do disposto no inciso II do § 3º deste artigo será dispensada de autorização legislativa e submeter-se-á aos seguintes condicionamentos:

I – aplicação exclusiva às áreas em que a detenção por particular seja comprovadamente anterior a 1º de dezembro de 2004;

II – submissão aos demais requisitos e impedimentos do regime legal e administrativo de destinação e de regularização fundiária de terras públicas;

III – vedação de concessão para exploração não contemplada na lei agrária, nas leis de destinação de terras públicas ou nas normas legais ou administrativas de zoneamento ecológico-econômico;

IV – previsão de extinção automática da concessão, dispensada notificação, em caso de declaração de utilidade pública, de necessidade pública ou de interesse social;

V – aplicação exclusiva a imóvel situado em zona rural e não sujeito a vedação, impedimento ou inconveniente à exploração mediante atividade agropecuária;

VI – limitação a áreas de que trata o § 1º do art. 6º da Lei nº 11.952, de 25 de junho de 2009, vedada a dispensa de licitação para áreas superiores;

VII – acúmulo com o quantitativo de área decorrente do caso previsto na alínea "i" do inciso I do **caput** deste artigo até o limite previsto no inciso VI deste parágrafo.

§ 5º Entende-se por investidura, para os fins desta Lei, a:

I – alienação, ao proprietário de imóvel lindeiro, de área remanescente ou resultante de obra pública que se tornar inaproveitável isoladamente, por preço que não seja inferior ao da avaliação nem superior a 50% (cinquenta por cento) do valor máximo permitido para dispensa de licitação de bens e serviços previsto nesta Lei;

II – alienação, ao legítimo possuidor direto ou, na falta dele, ao poder público, de imóvel para fins residenciais construído em núcleo urbano anexo a usina hidrelétrica, desde que considerado dispensável na fase de operação da usina e que não integre a categoria de bens reversíveis ao final da concessão.

§ 6º A doação com encargo será licitada e de seu instrumento constarão, obrigatoriamente, os encargos, o prazo de seu cumprimento e a cláusula de reversão, sob pena de nulidade do ato, dispensada a licitação em caso de interesse público devidamente justificado.

§ 7º Na hipótese do § 6º deste artigo, caso o donatário necessite oferecer o imóvel em garantia de financiamento, a cláusula de reversão e as demais obrigações serão garantidas por hipoteca em segundo grau em favor do doador.

Art. 77. Para a venda de bens imóveis, será concedido direito de preferência ao licitante que, submetendo-se a todas as regras do edital, comprove a ocupação do imóvel objeto da licitação.

CAPÍTULO X
DOS INSTRUMENTOS AUXILIARES
Seção I
Dos Procedimentos Auxiliares

Art. 78. São procedimentos auxiliares das licitações e das contratações regidas por esta Lei:

I – credenciamento;

II – pré-qualificação;

III – procedimento de manifestação de interesse;

IV – sistema de registro de preços;

V – registro cadastral.

§ 1º Os procedimentos auxiliares de que trata o **caput** deste artigo obedecerão a critérios claros e objetivos definidos em regulamento.

§ 2º O julgamento que decorrer dos procedimentos auxiliares das licitações previstos nos incisos II e III do **caput** deste artigo seguirá o mesmo procedimento das licitações.

Seção II
Do Credenciamento

Art. 79. O credenciamento poderá ser usado nas seguintes hipóteses de contratação:

I – paralela e não excludente: caso em que é viável e vantajosa para a Administração a realização de contratações simultâneas em condições padronizadas;

II – com seleção a critério de terceiros: caso em que a seleção do contratado está a cargo do beneficiário direto da prestação;

III – em mercados fluidos: caso em que a flutuação constante do valor da prestação e das condições de contratação inviabiliza a seleção de agente por meio de processo de licitação.

Parágrafo único. Os procedimentos de credenciamento serão definidos em regulamento, observadas as seguintes regras:

I – a Administração deverá divulgar e manter à disposição do público, em sítio eletrônico oficial, edital de chamamento de interessados, de modo a permitir o cadastramento permanente de novos interessados;

II – na hipótese do inciso I do **caput** deste artigo, quando o objeto não permitir a contratação imediata e simultânea de todos os credenciados, deverão ser adotados critérios objetivos de distribuição da demanda;

III – o edital de chamamento de interessados deverá prever as condições padronizadas de contratação e, nas hipóteses dos incisos I e II do **caput** deste artigo, deverá definir o valor da contratação;

IV – na hipótese do inciso III do **caput** deste artigo, a Administração deverá registrar as cotações de mercado vigentes no momento da contratação;

V – não será permitido o cometimento a terceiros do objeto contratado sem autorização expressa da Administração;

VI – será admitida a denúncia por qualquer das partes nos prazos fixados no edital.

Seção III
Da Pré-Qualificação

Art. 80. A pré-qualificação é o procedimento técnico-administrativo para selecionar previamente:

I – licitantes que reúnam condições de habilitação para participar de futura licitação ou de licitação vinculada a programas de obras ou de serviços objetivamente definidos;

II – bens que atendam às exigências técnicas ou de qualidade estabelecidas pela Administração.

§ 1º Na pré-qualificação observar-se-á o seguinte:

I – quando aberta a licitantes, poderão ser dispensados os documentos que já constarem do registro cadastral;

II – quando aberta a bens, poderá ser exigida a comprovação de qualidade.

§ 2º O procedimento de pré-qualificação ficará permanentemente aberto para a inscrição de interessados.

§ 3º Quanto ao procedimento de pré-qualificação, constarão do edital:

I – as informações mínimas necessárias para definição do objeto;

II – a modalidade, a forma da futura licitação e os critérios de julgamento.

§ 4º A apresentação de documentos far-se-á perante órgão ou comissão indicada pela Administração, que deverá examiná-los no prazo máximo de 10 (dez) dias úteis e determinar correção ou reapresentação de documentos, quando for o caso, com vistas à ampliação da competição.

§ 5º Os bens e os serviços pré-qualificados deverão integrar o catálogo de bens e serviços da Administração.

§ 6º A pré-qualificação poderá ser realizada em grupos ou segmentos, segundo as especialidades dos fornecedores.

§ 7º A pré-qualificação poderá ser parcial ou total, com alguns ou todos os requisitos técnicos ou de habilitação necessários à contratação, assegurada, em qualquer hipótese, a igualdade de condições entre os concorrentes.

§ 8º Quanto ao prazo, a pré-qualificação terá validade:

I – de 1 (um) ano, no máximo, e poderá ser atualizada a qualquer tempo;

II – não superior ao prazo de validade dos documentos apresentados pelos interessados.

§ 9º Os licitantes e os bens pré-qualificados serão obrigatoriamente divulgados e mantidos à disposição do público.

§ 10. A licitação que se seguir ao procedimento da pré-qualificação poderá ser restrita a licitantes ou bens pré-qualificados.

Seção IV
Do Procedimento de Manifestação de Interesse

Art. 81. A Administração poderá solicitar à iniciativa privada, mediante procedimento aberto de manifestação de interesse a ser iniciado com a publicação de edital de chamamento público, a propositura e a realização de estudos, investigações, levantamentos e projetos de soluções inovadoras que contribuam com questões de relevância pública, na forma de regulamento.

§ 1º Os estudos, as investigações, os levantamentos e os projetos vinculados à contratação e de utilidade para a licitação, realizados pela Administração ou com a sua autorização, estarão à disposição dos interessados, e o vencedor da licitação deverá ressarcir os dispêndios correspondentes, conforme especificado no edital.

§ 2º A realização, pela iniciativa privada, de estudos, investigações, levantamentos e projetos em decorrência do procedimento de manifestação de interesse previsto no **caput** deste artigo:

I – não atribuirá ao realizador direito de preferência no processo licitatório;

II – não obrigará o poder público a realizar licitação;

III – não implicará, por si só, direito a ressarcimento de valores envolvidos em sua elaboração;

IV – será remunerada somente pelo vencedor da licitação, vedada, em qualquer hipótese, a cobrança de valores do poder público.

§ 3º Para aceitação dos produtos e serviços de que trata o **caput** deste artigo, a Administração deverá elaborar parecer fundamentado com a demonstração de que o produto ou serviço entregue é adequado e suficiente à compreensão do objeto, de que as premissas adotadas são compatíveis com as reais necessidades do órgão e de que a metodologia proposta é a que propicia maior economia e vantagem entre as demais possíveis.

§ 4º O procedimento previsto no **caput** deste artigo poderá ser restrito a **startups,** assim considerados os microempreendedores individuais, as microempresas e as empresas de pequeno porte, de natureza emergente e com grande potencial, que se dediquem à pesquisa, ao desenvolvimento e à implementação de novos produtos ou serviços baseados em soluções tecnológicas inovadoras que possam causar alto impacto, exigida, na seleção definitiva da inovação, validação prévia fundamentada em métricas objetivas, de modo a demonstrar o atendimento das necessidades da Administração.

Seção V
Do Sistema de Registro de Preços

Art. 82. O edital de licitação para registro de preços observará as regras gerais desta Lei e deverá dispor sobre:

I – as especificidades da licitação e de seu objeto, inclusive a quantidade máxima de cada item que poderá ser adquirida;

II – a quantidade mínima a ser cotada de unidades de bens ou, no caso de serviços, de unidades de medida;

III – a possibilidade de prever preços diferentes:

a) quando o objeto for realizado ou entregue em locais diferentes;

b) em razão da forma e do local de acondicionamento;

c) quando admitida cotação variável em razão do tamanho do lote;

d) por outros motivos justificados no processo;

IV – a possibilidade de o licitante oferecer ou não proposta em quantitativo inferior ao máximo previsto no edital, obrigando-se nos limites dela;

V – o critério de julgamento da licitação, que será o de menor preço ou o de maior desconto sobre tabela de preços praticada no mercado;

VI – as condições para alteração de preços registrados;

VII – o registro de mais de um fornecedor ou prestador de serviço, desde que aceitem cotar o objeto em preço igual ao do licitante vencedor, assegurada a preferência de contratação de acordo com a ordem de classificação;

VIII – a vedação à participação do órgão ou entidade em mais de uma ata de registro de preços com o mesmo objeto no prazo de validade daquela de que já tiver participado, salvo na ocorrência de ata que tenha registrado quantitativo inferior ao máximo previsto no edital;

IX – as hipóteses de cancelamento da ata de registro de preços e suas consequências.

§ 1º O critério de julgamento de menor preço por grupo de itens somente poderá ser adotado quando for demonstrada a inviabilidade de se promover a adjudicação por item e for evidenciada a sua vantagem técnica e econômica, e o critério de aceitabilidade de preços unitários máximos deverá ser indicado no edital.

§ 2º Na hipótese de que trata o § 1º deste artigo, observados os parâmetros estabelecidos nos §§ 1º, 2º e 3º do art. 23 desta Lei, a contratação posterior de item específico constante de grupo de itens exigirá prévia pesquisa de mercado e demonstração de sua vantagem para o órgão ou entidade.

§ 3º É permitido registro de preços com indicação limitada a unidades de contratação, sem indicação do total a ser adquirido, apenas nas seguintes situações:

I – quando for a primeira licitação para o objeto e o órgão ou entidade não tiver registro de demandas anteriores;

II – no caso de alimento perecível;

III – no caso em que o serviço estiver integrado ao fornecimento de bens.

§ 4º Nas situações referidas no § 3º deste artigo, é obrigatória a indicação do valor máximo da despesa e é vedada a participação de outro órgão ou entidade na ata.

§ 5º O sistema de registro de preços poderá ser usado para a contratação de bens e serviços, inclusive de obras e serviços de engenharia, observadas as seguintes condições:

I – realização prévia de ampla pesquisa de mercado;

II – seleção de acordo com os procedimentos previstos em regulamento;

III – desenvolvimento obrigatório de rotina de controle;

IV – atualização periódica dos preços registrados;

V – definição do período de validade do registro de preços;

VI – inclusão, em ata de registro de preços, do licitante que aceitar cotar os bens ou serviços em preços iguais aos do licitante vencedor na sequência de classificação da licitação e inclusão do licitante que mantiver sua proposta original.

§ 6º O sistema de registro de preços poderá, na forma de regulamento, ser utilizado nas hipóteses de inexigibilidade e de dispensa de licitação para a aquisição de bens ou para a contratação de serviços por mais de um órgão ou entidade.

Art. 83. A existência de preços registrados implicará compromisso de fornecimento nas condições estabelecidas, mas não obrigará a Administração a contratar, facultada a realização de licitação específica para a aquisição pretendida, desde que devidamente motivada.

Art. 84. O prazo de vigência da ata de registro de preços será de 1 (um) ano e poderá ser prorrogado, por igual período, desde que comprovado o preço vantajoso.

Parágrafo único. O contrato decorrente da ata de registro de preços terá sua vigência estabelecida em conformidade com as disposições nela contidas.

Art. 85. A Administração poderá contratar a execução de obras e serviços de engenharia pelo sistema de registro de preços, desde que atendidos os seguintes requisitos:

I – existência de projeto padronizado, sem complexidade técnica e operacional;

II – necessidade permanente ou frequente de obra ou serviço a ser contratado.

Art. 86. O órgão ou entidade gerenciadora deverá, na fase preparatória do processo licitatório, para fins de registro de preços, realizar procedimento público de intenção de registro de preços para, nos termos de regulamento, possibilitar, pelo prazo mínimo de 8 (oito) dias úteis, a participação de outros órgãos ou entidades na respectiva ata e determinar a estimativa total de quantidades da contratação.

§ 1º O procedimento previsto no **caput** deste artigo será dispensável quando o órgão ou entidade gerenciadora for o único contratante.

§ 2º Se não participarem do procedimento previsto no **caput** deste artigo, os órgãos e entidades poderão aderir à ata de registro de preços na condição de não participantes, observados os seguintes requisitos:

I – apresentação de justificativa da vantagem da adesão, inclusive em situações de provável desabastecimento ou descontinuidade de serviço público;

II – demonstração de que os valores registrados estão compatíveis com os valores praticados pelo mercado na forma do art. 23 desta Lei;

III – prévias consulta e aceitação do órgão ou entidade gerenciadora e do fornecedor.

§ 3º A faculdade conferida pelo § 2º deste artigo estará limitada a órgãos e entidades da Administração Pública federal, estadual, distrital e municipal que, na condição de não participantes, desejarem aderir à ata de registro de preços de órgão ou entidade gerenciadora federal, estadual ou distrital.

§ 4º As aquisições ou as contratações adicionais a que se refere o § 2º deste artigo não poderão exceder, por órgão ou entidade, a 50% (cinquenta por cento) dos quantitativos dos itens do instrumento convocatório registrados na ata de registro de preços para o órgão gerenciador e para os órgãos participantes.

§ 5º O quantitativo decorrente das adesões à ata de registro de preços a que se refere o § 2º deste artigo não poderá exceder, na totalidade, ao dobro do quantitativo de cada item registrado na ata de registro de preços para o órgão gerenciador e órgãos participantes, independentemente do número de órgãos não participantes que aderirem.

§ 6º A adesão à ata de registro de preços de órgão ou entidade gerenciadora do Poder Executivo federal por órgãos e entidades da Administração Pública estadual, distrital e municipal poderá ser exigida para fins de transferências voluntárias, não ficando sujeita ao limite de que trata o § 5º deste artigo se destinada à execução descentralizada de programa ou projeto federal e comprovada a compatibilidade dos preços registrados com os valores praticados no mercado na forma do art. 23 desta Lei.

§ 7º Para aquisição emergencial de medicamentos e material de consumo médico-hospitalar por órgãos e entidades da Administração Pública federal, estadual, distrital e municipal, a adesão à ata de registro de preços gerenciada pelo Ministério da Saúde não estará sujeita ao limite de que trata o § 5º deste artigo.

§ 8º Será vedada aos órgãos e entidades da Administração Pública federal a adesão à ata de registro de preços gerenciada por órgão ou entidade estadual, distrital ou municipal.

Seção VI
Do Registro Cadastral

Art. 87. Para os fins desta Lei, os órgãos e entidades da Administração Pública deverão utilizar o sistema de registro cadastral unificado disponível no Portal Nacional de Contratações Públicas (PNCP), para efeito de cadastro unificado de licitantes, na forma disposta em regulamento.

§ 1º O sistema de registro cadastral unificado será público e deverá ser amplamente divulgado e estar permanentemente aberto aos interessados, e será obrigatória a realização de chamamento público pela internet, no mínimo anualmente, para atualização dos registros existentes e para ingresso de novos interessados.

§ 2º É proibida a exigência, pelo órgão ou entidade licitante, de registro cadastral complementar para acesso a edital e anexos.

§ 3º A Administração poderá realizar licitação restrita a fornecedores cadastrados, atendidos os critérios, as condições e os limites estabelecidos em regulamento, bem como a ampla publicidade dos procedimentos para o cadastramento.

§ 4º Na hipótese a que se refere o § 3º deste artigo, será admitido fornecedor que realize seu cadastro dentro do prazo previsto no edital para apresentação de propostas.

Art. 88. Ao requerer, a qualquer tempo, inscrição no cadastro ou a sua atualização, o interessado fornecerá os elementos necessários exigidos para habilitação previstos nesta Lei.

§ 1º O inscrito, considerada sua área de atuação, será classificado por categorias, subdivididas em grupos, segundo a qualificação técnica e econômico-financeira avaliada, de acordo com regras objetivas divulgadas em sítio eletrônico oficial.

§ 2º Ao inscrito será fornecido certificado, renovável sempre que atualizar o registro.

§ 3º A atuação do contratado no cumprimento de obrigações assumidas será avaliada pelo contratante, que emitirá documento comprobatório da avaliação realizada, com menção ao seu desempenho na execução contratual, baseado em indicadores objetivamente definidos e aferidos, e a eventuais penalidades aplicadas, o que constará do registro cadastral em que a inscrição for realizada.

§ 4º A anotação do cumprimento de obrigações pelo contratado, de que trata o § 3º deste artigo, será condicionada à implantação e à regulamentação do cadastro de atesto de cumprimento de obrigações, apto à realização do registro de forma objetiva, em atendimento aos princípios da impessoalidade, da igualdade, da isonomia, da publicidade e da transparência, de modo a possibilitar a implementação de medidas de incentivo aos licitantes que possuírem ótimo desempenho anotado em seu registro cadastral.

§ 5º A qualquer tempo poderá ser alterado, suspenso ou cancelado o registro de inscrito que deixar de satisfazer exigências determinadas por esta Lei ou por regulamento.

§ 6º O interessado que requerer o cadastro na forma do **caput** deste artigo poderá participar de processo licitatório até a decisão da Administração, e a celebração do contrato ficará condicionada à emissão do certificado referido no § 2º deste artigo.

TÍTULO III
DOS CONTRATOS ADMINISTRATIVOS
CAPÍTULO I
DA FORMALIZAÇÃO DOS CONTRATOS

Art. 89. Os contratos de que trata esta Lei regular-se-ão pelas suas cláusulas e pelos preceitos de direito público, e a eles serão aplicados, supletivamente, os princípios da teoria geral dos contratos e as disposições de direito privado.

§ 1º Todo contrato deverá mencionar os nomes das partes e os de seus representantes, a finalidade, o ato que autorizou sua lavratura, o número do processo da licitação ou da contratação direta e a sujeição dos contratantes às normas desta Lei e às cláusulas contratuais.

§ 2º Os contratos deverão estabelecer com clareza e precisão as condições para sua execução, expressas em cláusulas que definam os direitos, as obrigações e as responsabilidades das partes, em conformidade com os termos do edital de licitação e os da proposta vencedora ou com os termos do ato que autorizou a contratação direta e os da respectiva proposta.

Art. 90. A Administração convocará regularmente o licitante vencedor para assinar o termo de contrato ou para aceitar ou retirar o instrumento equivalente, dentro do prazo e nas condições estabelecidas no edital de licitação, sob pena de decair o direito à contratação, sem prejuízo das sanções previstas nesta Lei.

§ 1º O prazo de convocação poderá ser prorrogado 1 (uma) vez, por igual período, mediante solicitação da parte durante seu transcurso, devidamente justificada, e desde que o motivo apresentado seja aceito pela Administração.

§ 2º Será facultado à Administração, quando o convocado não assinar o termo de contrato ou não aceitar ou não retirar o instrumento equivalente no prazo e nas condições estabelecidas, convocar os licitantes remanescentes, na ordem de classificação, para a celebração do contrato nas condições propostas pelo licitante vencedor.

§ 3º Decorrido o prazo de validade da proposta indicado no edital sem convocação para a contratação, ficarão os licitantes liberados dos compromissos assumidos.

§ 4º Na hipótese de nenhum dos licitantes aceitar a contratação nos termos do § 2º deste artigo, a Administração, observados o valor estimado e sua eventual atualização nos termos do edital, poderá:

I – convocar os licitantes remanescentes para negociação, na ordem de classificação, com vistas à obtenção de preço melhor, mesmo que acima do preço do adjudicatário;

II – adjudicar e celebrar o contrato nas condições ofertadas pelos licitantes remanescentes, atendida a ordem classificatória, quando frustrada a negociação de melhor condição.

§ 5º A recusa injustificada do adjudicatário em assinar o contrato ou em aceitar ou retirar o instrumento equivalente no prazo estabelecido pela Administração caracterizará o descumprimento total da obrigação assumida e o sujeitará às penalidades legalmente estabelecidas e à imediata perda da garantia de proposta em favor do órgão ou entidade licitante.

§ 6º A regra do § 5º não se aplicará aos licitantes remanescentes convocados na forma do inciso I do § 4º deste artigo.

§ 7º Será facultada à Administração a convocação dos demais licitantes classificados para a contratação de remanescente de obra, de serviço ou de fornecimento em consequência de rescisão contratual, observados os mesmos critérios estabelecidos nos §§ 2º e 4º deste artigo.

Art. 91. Os contratos e seus aditamentos terão forma escrita e serão juntados ao processo que tiver dado origem à contratação, divulgados e mantidos à disposição do público em sítio eletrônico oficial.

§ 1º Será admitida a manutenção em sigilo de contratos e de termos aditivos quando imprescindível à segurança da sociedade e do Estado, nos termos da legislação que regula o acesso à informação.

§ 2º Contratos relativos a direitos reais sobre imóveis serão formalizados por escritura pública lavrada em notas de tabelião, cujo teor deverá ser divulgado e mantido à disposição do público em sítio eletrônico oficial.

§ 3º Será admitida a forma eletrônica na celebração de contratos e de termos aditivos, atendidas as exigências previstas em regulamento.

§ 4º Antes de formalizar ou prorrogar o prazo de vigência do contrato, a Administração deverá verificar a regularidade fiscal do contratado, consultar o Cadastro Nacional de Empresas Inidôneas e Suspensas (Ceis) e o Cadastro Nacional de Empresas Punidas (Cnep), emitir as certidões negativas de inidoneidade, de impedimento e de débitos trabalhistas e juntá-las ao respectivo processo.

Art. 92. São necessárias em todo contrato cláusulas que estabeleçam:

I – o objeto e seus elementos característicos;

II – a vinculação ao edital de licitação e à proposta do licitante vencedor ou ao ato que tiver autorizado a contratação direta e à respectiva proposta;

III – a legislação aplicável à execução do contrato, inclusive quanto aos casos omissos;

IV – o regime de execução ou a forma de fornecimento;

V – o preço e as condições de pagamento, os critérios, a data-base e a periodicidade do reajustamento de preços e os critérios de atualização monetária entre a data do adimplemento das obrigações e a do efetivo pagamento;

VI – os critérios e a periodicidade da medição, quando for o caso, e o prazo para liquidação e para pagamento;

VII – os prazos de início das etapas de execução, conclusão, entrega, observação e recebimento definitivo, quando for o caso;

VIII – o crédito pelo qual correrá a despesa, com a indicação da classificação funcional programática e da categoria econômica;

IX – a matriz de risco, quando for o caso;

X – o prazo para resposta ao pedido de repactuação de preços, quando for o caso;

XI – o prazo para resposta ao pedido de restabelecimento do equilíbrio econômico-financeiro, quando for o caso;

XII – as garantias oferecidas para assegurar sua plena execução, quando exigidas, inclusive as que forem oferecidas pelo contratado no caso de antecipação de valores a título de pagamento;

XIII – o prazo de garantia mínima do objeto, observados os prazos mínimos estabelecidos nesta Lei e nas normas técnicas aplicáveis, e as condições de manutenção e assistência técnica, quando for o caso;

XIV – os direitos e as responsabilidades das partes, as penalidades cabíveis e os valores das multas e suas bases de cálculo;

XV – as condições de importação e a data e a taxa de câmbio para conversão, quando for o caso;

XVI – a obrigação do contratado de manter, durante toda a execução do contrato, em compatibilidade com as obrigações por ele assumidas, todas as condições exigidas para a habilitação na licitação, ou para a qualificação, na contratação direta;

XVII – a obrigação de o contratado cumprir as exigências de reserva de cargos prevista em lei, bem como em outras normas específicas, para pessoa com deficiência, para reabilitado da Previdência Social e para aprendiz;

XVIII – o modelo de gestão do contrato, observados os requisitos definidos em regulamento;

XIX – os casos de extinção.

§ 1º Os contratos celebrados pela Administração Pública com pessoas físicas ou jurídicas, inclusive as domiciliadas no exterior, deverão conter cláusula que declare competente o foro da sede da Administração para dirimir qualquer questão contratual, ressalvadas as seguintes hipóteses:

I – licitação internacional para a aquisição de bens e serviços cujo pagamento seja feito com o produto de financiamento concedido por organismo financeiro internacional de que o Brasil faça parte ou por agência estrangeira de cooperação;

II – contratação com empresa estrangeira para a compra de equipamentos fabricados e entregues no exterior precedida de autorização do Chefe do Poder Executivo;

III – aquisição de bens e serviços realizada por unidades administrativas com sede no exterior.

§ 2º De acordo com as peculiaridades de seu objeto e de seu regime de execução, o contrato conterá cláusula que preveja período antecedente à expedição da ordem de serviço para verificação de pendências, liberação de áreas ou adoção de outras providências cabíveis para a regularidade do início de sua execução.

§ 3º Independentemente do prazo de duração, o contrato deverá conter cláusula que estabeleça o índice de reajustamento de preço, com data-base vinculada à data do orçamento estimado, e poderá ser estabelecido mais de um índice específico ou setorial, em conformidade com a realidade de mercado dos respectivos insumos.

§ 4º Nos contratos de serviços contínuos, observado o interregno mínimo de 1 (um) ano, o critério de reajustamento de preços será por:

I – reajustamento em sentido estrito, quando não houver regime de dedicação exclusiva de mão de obra ou predominância de mão de obra, mediante previsão de índices específicos ou setoriais;

II – repactuação, quando houver regime de dedicação exclusiva de mão de obra ou predominância de mão de obra, mediante demonstração analítica da variação dos custos.

§ 5º Nos contratos de obras e serviços de engenharia, sempre que compatível com o regime de execução, a medição será mensal.

§ 6º Nos contratos para serviços contínuos com regime de dedicação exclusiva de mão de obra ou com predominância de mão de obra, o prazo para resposta ao pedido de repactuação de preços será preferencialmente de 1 (um) mês, contado da data do fornecimento da documentação prevista no § 6º do art. 135 desta Lei.

Art. 93. Nas contratações de projetos ou de serviços técnicos especializados, inclusive daqueles que contemplem o desenvolvimento de programas e aplicações de internet para computadores, máquinas, equipamentos e dispositivos de tratamento e de comunicação da informação (**software**) – e a respectiva documentação técnica associada –, o autor deverá ceder todos os direitos patrimoniais a eles relativos para a Administração Pública, hipótese em que poderão ser livremente utilizados e alterados por ela em outras ocasiões, sem necessidade de nova autorização de seu autor.

§ 1º Quando o projeto se referir a obra imaterial de caráter tecnológico, insuscetível de privilégio, a cessão dos direitos a que se refere o **caput** deste artigo incluirá o fornecimento de todos os dados, documentos e elementos de informação pertinentes à tecnologia de concepção, desenvolvimento, fixação em suporte físico de qualquer natureza e aplicação da obra.

§ 2º É facultado à Administração Pública deixar de exigir a cessão de direitos a que se refere o **caput** deste artigo quando o objeto da contratação envolver atividade de pesquisa e desenvolvimento de caráter científico, tecnológico ou de inovação, considerados os princípios e os mecanismos instituídos pela Lei nº 10.973, de 2 de dezembro de 2004.

§ 3º Na hipótese de posterior alteração do projeto pela Administração Pública, o autor deverá ser comunicado, e os registros serão promovidos nos órgãos ou entidades competentes.

Art. 94. A divulgação no Portal Nacional de Contratações Públicas (PNCP) é condição indispensável para a eficácia do contrato e de seus aditamentos e deverá ocorrer nos seguintes prazos, contados da data de sua assinatura:

I – 20 (vinte) dias úteis, no caso de licitação;

II – 10 (dez) dias úteis, no caso de contratação direta.

§ 1º Os contratos celebrados em caso de urgência terão eficácia a partir de sua assinatura e deverão ser publicados nos prazos previstos nos incisos I e II do **caput** deste artigo, sob pena de nulidade.

§ 2º A divulgação de que trata o **caput** deste artigo, quando referente à contratação de profissional do setor artístico por inexigibilidade, deverá identificar os custos do cachê do artista, dos músicos ou da banda, quando houver, do transporte, da hospedagem, da infraestrutura, da logística do evento e das demais despesas específicas.

§ 3º No caso de obras, a Administração divulgará em sítio eletrônico oficial, em até 25 (vinte e cinco) dias úteis após a assinatura do contrato, os quantitativos e os preços unitários e totais que contratar e, em até 45 (quarenta e cinco) dias úteis após a conclusão do contrato, os quantitativos executados e os preços praticados.

§ 4º (VETADO)

§ 5º (VETADO)

Textos vetados:

*"A contratada deverá divulgar em seu sítio eletrônico e manter à disposição do público, no prazo previsto nos incisos I e II do **caput** deste artigo, o inteiro teor dos contratos de que trata esta Lei e de seus aditamentos".*

"Não se aplica o disposto no § 4° deste artigo às microempresas e às empresas de pequeno porte, a que se refere a Lei Complementar n° 123, de 14 de dezembro de 2006".

Razões dos vetos:

*"A propositura legislativa estabelece que a contratada deverá divulgar em seu sítio eletrônico e manter à disposição do público, nos prazos previstos no **caput** desse artigo, o inteiro teor dos contratos de que trata esta Lei e de seus aditamentos.*

*Entretanto, e embora a boa intenção do legislador, a medida contraria o interesse público por trazer um ônus financeiro adicional e desnecessário ao particular, tendo em vista que a divulgação em 'sítio eletrônico oficial', por meio do Portal Nacional de Contratações Públicas (PNCP), prevista no **caput** desse dispositivo, atende ao princípio constitucional da publicidade e garante a transparência dos atos e documentos produzidos nos procedimentos de contratação pública.*

Ademais, tal obrigatoriedade poderá resultar em aumento dos custos dos contratos a serem, firmados com a Administração Pública, uma vez que as empresas terão que ter profissionais especializados para a execução da demanda, especialmente, no caso de empresas de pequeno porte, as quais, muitas vezes, sequer dispõem de sítio eletrônico".

Art. 95. O instrumento de contrato é obrigatório, salvo nas seguintes hipóteses, em que a Administração poderá substituí-lo por outro instrumento hábil, como carta-contrato, nota de empenho de despesa, autorização de compra ou ordem de execução de serviço:

I – dispensa de licitação em razão de valor;

II – compras com entrega imediata e integral dos bens adquiridos e dos quais não resultem obrigações futuras, inclusive quanto a assistência técnica, independentemente de seu valor.

§ 1° Às hipóteses de substituição do instrumento de contrato, aplica-se, no que couber, o disposto no art. 92 desta Lei.

§ 2° É nulo e de nenhum efeito o contrato verbal com a Administração, salvo o de pequenas compras ou o de prestação de serviços de pronto pagamento, assim entendidos aqueles de valor não superior a R$ 10.000,00 (dez mil reais).

CAPÍTULO II
DAS GARANTIAS

Art. 96. A critério da autoridade competente, em cada caso, poderá ser exigida, mediante previsão no edital, prestação de garantia nas contratações de obras, serviços e fornecimentos.

§ 1º Caberá ao contratado optar por uma das seguintes modalidades de garantia:

I – caução em dinheiro ou em títulos da dívida pública emitidos sob a forma escriturai, mediante registro em sistema centralizado de liquidação e de custódia autorizado pelo Banco Central do Brasil, e avaliados por seus valores econômicos, conforme definido pelo Ministério da Economia;

II – seguro-garantia;

III – fiança bancária emitida por banco ou instituição financeira devidamente autorizada a operar no País pelo Banco Central do Brasil.

§ 2º Na hipótese de suspensão do contrato por ordem ou inadimplemento da Administração, o contratado ficará desobrigado de renovar a garantia ou de endossar a apólice de seguro até a ordem de reinicio da execução ou o adimplemento pela Administração.

§ 3º O edital fixará prazo mínimo de 1 (um) mês, contado da data de homologação da licitação e anterior à assinatura do contrato, para a prestação da garantia pelo contratado quando optar pela modalidade prevista no inciso II do § 1º deste artigo.

Art. 97. O seguro-garantia tem por objetivo garantir o fiel cumprimento das obrigações assumidas pelo contratado perante à Administração, inclusive as multas, os prejuízos e as indenizações decorrentes de inadimplemento, observadas as seguintes regras nas contratações regidas por esta Lei:

I – o prazo de vigência da apólice será igual ou superior ao prazo estabelecido no contrato principal e deverá acompanhar as modificações referentes à vigência deste mediante a emissão do respectivo endosso pela seguradora;

II – o seguro-garantia continuará em vigor mesmo se o contratado não tiver pago o prêmio nas datas convencionadas.

Parágrafo único. Nos contratos de execução continuada ou de fornecimento contínuo de bens e serviços, será permitida a substituição da apólice de seguro-garantia na data de renovação ou de aniversário, desde que mantidas as mesmas condições e coberturas da apólice vigente e desde que nenhum período fique descoberto, ressalvado o disposto no § 2º do art. 96 desta Lei.

Art. 98. Nas contratações de obras, serviços e fornecimentos, a garantia poderá ser de até 5% (cinco por cento) do valor inicial do contrato, autorizada a majoração desse percentual para até 10% (dez por cento), desde que justificada mediante análise da complexidade técnica e dos riscos envolvidos.

Parágrafo único. Nas contratações de serviços e fornecimentos contínuos com vigência superior a 1 (um) ano, assim como nas subsequentes prorrogações, será utilizado o valor anual do contrato para definição e aplicação dos percentuais previstos no **caput** deste artigo.

Art. 99. Nas contratações de obras e serviços de engenharia de grande vulto, poderá ser exigida a prestação de garantia, na modalidade seguro-garantia, com cláusula de retomada prevista no art. 102 desta Lei, em percentual equivalente a até 30% (trinta por cento) do valor inicial do contrato.

Art. 100. A garantia prestada pelo contratado será liberada ou restituída após a fiel execução do contrato ou após a sua extinção por culpa exclusiva da Administração e, quando em dinheiro, atualizada monetariamente.

Art. 101. Nos casos de contratos que impliquem a entrega de bens pela Administração, dos quais o contratado ficará depositário, o valor desses bens deverá ser acrescido ao valor da garantia.

Art. 102. Na contratação de obras e serviços de engenharia, o edital poderá exigir a prestação da garantia na modalidade seguro-garantia e prever a obrigação de a seguradora, em caso de inadimplemento pelo contratado, assumir a execução e concluir o objeto do contrato, hipótese em que:

I – a seguradora deverá firmar o contrato, inclusive os aditivos, como interveniente anuente e poderá:

a) ter livre acesso às instalações em que for executado o contrato principal;

b) acompanhar a execução do contrato principal;

c) ter acesso a auditoria técnica e contábil;

d) requerer esclarecimentos ao responsável técnico pela obra ou pelo fornecimento;

II – a emissão de empenho em nome da seguradora, ou a quem ela indicar para a conclusão do contrato, será autorizada desde que demonstrada sua regularidade fiscal;

III – a seguradora poderá subcontratar a conclusão do contrato, total ou parcialmente.

Parágrafo único. Na hipótese de inadimplemento do contratado, serão observadas as seguintes disposições:

I – caso a seguradora execute e conclua o objeto do contrato, estará isenta da obrigação de pagar a importância segurada indicada na apólice;

II – caso a seguradora não assuma a execução do contrato, pagará a integralidade da importância segurada indicada na apólice.

CAPÍTULO III
DA ALOCAÇÃO DE RISCOS

Art. 103. O contrato poderá identificar os riscos contratuais previstos e presumíveis e prever matriz de alocação de riscos, alocando-os entre contratante e contratado, mediante indicação daqueles a serem assumidos pelo setor público ou pelo setor privado ou daqueles a serem compartilhados.

§ 1º A alocação de riscos de que trata o **caput** deste artigo considerará, em compatibilidade com as obrigações e os encargos atribuídos às partes no contrato, a natureza do risco, o beneficiário das prestações a que se vincula e a capacidade de cada setor para melhor gerenciá-lo.

§ 2º Os riscos que tenham cobertura oferecida por seguradoras serão preferencialmente transferidos ao contratado.

§ 3º A alocação dos riscos contratuais será quantificada para fins de projeção dos reflexos de seus custos no valor estimado da contratação.

§ 4º A matriz de alocação de riscos definirá o equilíbrio econômico-financeiro inicial do contrato em relação a eventos supervenientes e deverá ser observada na solução de eventuais pleitos das partes.

§ 5º Sempre que atendidas as condições do contrato e da matriz de alocação de riscos, será considerado mantido o equilíbrio econômico-financeiro, renunciando as partes aos pedidos de restabelecimento do equilíbrio relacionados aos riscos assumidos, exceto no que se refere:

I – às alterações unilaterais determinadas pela Administração, nas hipóteses do inciso I do **caput** do art. 124 desta Lei;

II – ao aumento ou à redução, por legislação superveniente, dos tributos diretamente pagos pelo contratado em decorrência do contrato.

§ 6º Na alocação de que trata o **caput** deste artigo, poderão ser adotados métodos e padrões usualmente utilizados por entidades públicas e privadas, e os ministérios e secretarias supervisores dos órgãos e das entidades da Administração Pública poderão definir os parâmetros e o detalhamento dos procedimentos necessários a sua identificação, alocação e quantificação financeira.

CAPÍTULO IV
DAS PRERROGATIVAS DA ADMINISTRAÇÃO

Art. 104. O regime jurídico dos contratos instituído por esta Lei confere à Administração, em relação a eles, as prerrogativas de:

I – modificá-los, unilateralmente, para melhor adequação às finalidades de interesse público, respeitados os direitos do contratado;

II – extingui-los, unilateralmente, nos casos especificados nesta Lei;

III – fiscalizar sua execução;

IV – aplicar sanções motivadas pela inexecução total ou parcial do ajuste;

V – ocupar provisoriamente bens móveis e imóveis e utilizar pessoal e serviços vinculados ao objeto do contrato nas hipóteses de:

a) risco à prestação de serviços essenciais;

b) necessidade de acautelar apuração administrativa de faltas contratuais pelo contratado, inclusive após extinção do contrato.

§ 1º As cláusulas econômico-financeiras e monetárias dos contratos não poderão ser alteradas sem prévia concordância do contratado.

§ 2º Na hipótese prevista no inciso I do **caput** deste artigo, as cláusulas econômico-financeiras do contrato deverão ser revistas para que se mantenha o equilíbrio contratual.

CAPÍTULO V
DA DURAÇÃO DOS CONTRATOS

Art. 105. A duração dos contratos regidos por esta Lei será a prevista em edital, e deverão ser observadas, no momento da contratação e a cada exercício financeiro, a disponibilidade de créditos orçamentários, bem como a previsão no plano plurianual, quando ultrapassar 1 (um) exercício financeiro.

Art. 106. A Administração poderá celebrar contratos com prazo de até 5 (cinco) anos nas hipóteses de serviços e fornecimentos contínuos, observadas as seguintes diretrizes:

I – a autoridade competente do órgão ou entidade contratante deverá atestar a maior vantagem econômica vislumbrada em razão da contratação plurianual;

II – a Administração deverá atestar, no início da contratação e de cada exercício, a existência de créditos orçamentários vinculados à contratação e a vantagem em sua manutenção;

III – a Administração terá a opção de extinguir o contrato, sem ônus, quando não dispuser de créditos orçamentários para sua continuidade ou quando entender que o contrato não mais lhe oferece vantagem.

§ 1º A extinção mencionada no inciso III do **caput** deste artigo ocorrerá apenas na próxima data de aniversário do contrato e não poderá ocorrer em prazo inferior a 2 (dois) meses, contado da referida data.

§ 2º Aplica-se o disposto neste artigo ao aluguel de equipamentos e à utilização de programas de informática.

Art. 107. Os contratos de serviços e fornecimentos contínuos poderão ser prorrogados sucessivamente, respeitada a vigência máxima decenal, desde que haja previsão em edital e que a autoridade competente ateste que as condições e os preços permanecem vantajosos para a Administração, permitida a negociação com o contratado ou a extinção contratual sem ônus para qualquer das partes.

Art. 108. A Administração poderá celebrar contratos com prazo de até 10 (dez) anos nas hipóteses previstas nas alíneas "f" e "g" do inciso IV e nos incisos V, VI, XII e XVI do **caput** do art. 75 desta Lei.

Art. 109. A Administração poderá estabelecer a vigência por prazo indeterminado nos contratos em que seja usuária de serviço público oferecido em regime de monopólio, desde que comprovada, a cada exercício financeiro, a existência de créditos orçamentários vinculados à contratação.

Art. 110. Na contratação que gere receita e no contrato de eficiência que gere economia para a Administração, os prazos serão de:

I – até 10 (dez) anos, nos contratos sem investimento;

II – até 35 (trinta e cinco) anos, nos contratos com investimento, assim considerados aqueles que impliquem a elaboração de benfeitorias permanentes, realizadas exclusivamente a expensas do contratado, que serão revertidas ao patrimônio da Administração Pública ao término do contrato.

Art. 111. Na contratação que previr a conclusão de escopo predefinido, o prazo de vigência será automaticamente prorrogado quando seu objeto não for concluído no período firmado no contrato.

Parágrafo único. Quando a não conclusão decorrer de culpa do contratado:

I – o contratado será constituído em mora, aplicáveis a ele as respectivas sanções administrativas;

II – a Administração poderá optar pela extinção do contrato e, nesse caso, adotará as medidas admitidas em lei para a continuidade da execução contratual.

Art. 112. Os prazos contratuais previstos nesta Lei não excluem nem revogam os prazos contratuais previstos em lei especial.

Art. 113. O contrato firmado sob o regime de fornecimento e prestação de serviço associado terá sua vigência máxima definida pela soma do prazo relativo ao fornecimento inicial ou à entrega da obra com o prazo relativo ao serviço de operação e manutenção, este limitado a 5 (cinco) anos contados da data de recebimento do objeto inicial, autorizada a prorrogação na forma do art. 107 desta Lei.

Art. 114. O contrato que previr a operação continuada de sistemas estruturantes de tecnologia da informação poderá ter vigência máxima de 15 (quinze) anos.

CAPÍTULO VI
DA EXECUÇÃO DOS CONTRATOS

Art. 115. O contrato deverá ser executado fielmente pelas partes, de acordo com as cláusulas avençadas e as normas desta Lei, e cada parte responderá pelas consequências de sua inexecução total ou parcial.

§ 1º E proibido à Administração retardar imotivadamente a execução de obra ou serviço, ou de suas parcelas, inclusive na hipótese de posse do respectivo chefe do Poder Executivo ou de novo titular no órgão ou entidade contratante.

§ 2º (VETADO)

§ 3º (VETADO)

Textos vetados:

"Nas contratações de obras, a expedição da ordem de serviço para execução de cada etapa será obrigatoriamente precedida de depósito em conta vinculada dos recursos financeiros necessários para custear as despesas correspondentes à etapa a ser executada".

"São absolutamente impenhoráveis os valores depositados na conta vinculada a que se refere o § 2º deste artigo".

Razões dos vetos:

" A propositura legislativa estabelece que nas contratações de obras, a expedição da ordem de serviço para execução de cada etapa será obrigatoriamente precedida de depósito em conta vinculada dos recursos financeiros necessários para custear as despesas correspondentes à etapa a ser executada.

Entretanto, e em que pese o mérito da proposta, a medida contraria o interesse público, tendo em vista que a obrigatoriedade de depósito em conta vinculada como requisito para expedição de ordem de serviço na execução de obras contribuirá para aumentar significativamente o empoçamento de recursos, inviabilizando remanejamentos financeiros que possam se mostrar necessários ou mesmo para atender demandas urgentes e inesperadas.

Ademais, tem-se que a existência de financeiro não deve ser exigência para a ordem de início do contrato, mas apenas a previsão orçamentária, caracterizada pela conhecida nota de empenho.

Por fim, tal medida infringe princípios e normas de direito financeiro, como o art. 56 da Lei nº 4.320, de 1964, que exige a observância do princípio de unidade de tesouraria e veda qualquer fragmentação para criação de caixas especiais, como seriam as contas vinculadas, para a realização de antecipação de pagamentos por parte da Administração, que depositaria o valor da etapa da obra de forma antecipada, antes do cumprimento da obrigação por parte do contratado".

§ 4º (VETADO)

Texto vetado:

"Nas contratações de obras e serviços de engenharia, sempre que a responsabilidade pelo licenciamento ambiental for da Administração, a manifestação prévia ou licença prévia, quando cabíveis, deverão ser obtidas antes da divulgação do edital".

Razões do veto:

"A propositura legislativa dispõe que as contratações de obras e serviços de engenharia, sempre que a responsabilidade pelo licenciamento ambiental for da Administração, a manifestação prévia ou licença prévia, quando cabíveis, deverão ser obtidas antes da divulgação do edital.

Todavia, o dispositivo contraria o interesse público, uma vez que restringe o uso do regime de contratação integrada, tendo em vista que o projeto é condição para obter a licença prévia numa fase em que o mesmo ainda será elaborado pela futura contratada".

§ 5º Em caso de impedimento, ordem de paralisação ou suspensão do contrato, o cronograma de execução será prorrogado automaticamente pelo tempo correspondente, anotadas tais circunstâncias mediante simples apostila.

§ 6º Nas contratações de obras, verificada a ocorrência do disposto no § 5º deste artigo por mais de 1 (um) mês, a Administração deverá divulgar, em sítio eletrônico oficial e em placa a ser afixada em local da obra de fácil visualização pelos cidadãos, aviso público de obra paralisada, com o motivo e o responsável pela inexecução temporária do objeto do contrato e a data prevista para o reinicio da sua execução.

§ 7º Os textos com as informações de que trata o § 6º deste artigo deverão ser elaborados pela Administração.

Art. 116. Ao longo de toda a execução do contrato, o contratado deverá cumprir a reserva de cargos prevista em lei para pessoa com deficiência, para reabilitado da Previdência Social ou para aprendiz, bem como as reservas de cargos previstas em outras normas específicas.

Parágrafo único. Sempre que solicitado pela Administração, o contratado deverá comprovar o cumprimento da reserva de cargos a que se refere o caput deste artigo, com a indicação dos empregados que preencherem as referidas vagas.

Art. 117. A execução do contrato deverá ser acompanhada e fiscalizada por 1 (um) ou mais fiscais do contrato, representantes da Administração especialmente designados conforme requisitos estabelecidos no art. 7º desta Lei, ou pelos respectivos substitutos, permitida a contratação de terceiros para assisti-los e subsidiá-los com informações pertinentes a essa atribuição.

§ 1º O fiscal do contrato anotará em registro próprio todas as ocorrências relacionadas à execução do contrato, determinando o que for necessário para a regularização das faltas ou dos defeitos observados.

§ 2º O fiscal do contrato informará a seus superiores, em tempo hábil para a adoção das medidas convenientes, a situação que demandar decisão ou providência que ultrapasse sua competência.

§ 3º O fiscal do contrato será auxiliado pelos órgãos de assessoramento jurídico e de controle interno da Administração, que deverão dirimir dúvidas e subsidiá-lo com informações relevantes para prevenir riscos na execução contratual.

§ 4º Na hipótese da contratação de terceiros prevista no **caput** deste artigo, deverão ser observadas as seguintes regras:

I – a empresa ou o profissional contratado assumirá responsabilidade civil objetiva pela veracidade e pela precisão das informações prestadas, firmará termo de compromisso de confidencialidade e não poderá exercer atribuição própria e exclusiva de fiscal de contrato;

II – a contratação de terceiros não eximirá de responsabilidade o fiscal do contrato, nos limites das informações recebidas do terceiro contratado.

Art. 118. O contratado deverá manter preposto aceito pela Administração no local da obra ou do serviço para representá-lo na execução do contrato.

Art. 119. O contratado será obrigado a reparar, corrigir, remover, reconstruir ou substituir, a suas expensas, no total ou em parte, o objeto do contrato em que se verificarem vícios, defeitos ou incorreções resultantes de sua execução ou de materiais nela empregados.

Art. 120. O contratado será responsável pelos danos causados diretamente à Administração ou a terceiros em razão da execução do contrato, e não excluirá nem reduzirá essa responsabilidade a fiscalização ou o acompanhamento pelo contratante.

Art. 121. Somente o contratado será responsável pelos encargos trabalhistas, previdenciários, fiscais e comerciais resultantes da execução do contrato.

§ 1º A inadimplência do contratado em relação aos encargos trabalhistas, fiscais e comerciais não transferirá à Administração a responsabilidade pelo seu pagamento e não poderá onerar o objeto do contrato nem restringir a regularização e o uso das obras e das edificações, inclusive perante o registro de imóveis, ressalvada a hipótese prevista no § 2º deste artigo.

§ 2º Exclusivamente nas contratações de serviços contínuos com regime de dedicação exclusiva de mão de obra, a Administração responderá solidariamente pelos encargos previdenciários e subsidiariamente pelos encargos trabalhistas se comprovada falha na fiscalização do cumprimento das obrigações do contratado.

§ 3º Nas contratações de serviços contínuos com regime de dedicação exclusiva de mão de obra, para assegurar o cumprimento de obrigações trabalhistas pelo contratado, a Administração, mediante disposição em edital ou em contrato, poderá, entre outras medidas:

I – exigir caução, fiança bancária ou contratação de seguro-garantia com cobertura para verbas rescisórias inadimplidas;

II – condicionar o pagamento à comprovação de quitação das obrigações trabalhistas vencidas relativas ao contrato;

III – efetuar o depósito de valores em conta vinculada;

IV – em caso de inadimplemento, efetuar diretamente o pagamento das verbas trabalhistas, que serão deduzidas do pagamento devido ao contratado;

V – estabelecer que os valores destinados a férias, a décimo terceiro salário, a ausências legais e a verbas rescisórias dos empregados do contratado que participarem da execução dos serviços contratados serão pagos pelo contratante ao contratado somente na ocorrência do fato gerador.

§ 4º Os valores depositados na conta vinculada a que se refere o inciso III do § 3º deste artigo são absolutamente impenhoráveis.

§ 5º O recolhimento das contribuições previdenciárias observará o disposto no art. 31 da Lei nº 8.212, de 24 de julho de 1991.

Art. 122. Na execução do contrato e sem prejuízo das responsabilidades contratuais e legais, o contratado poderá subcontratar partes da obra, do serviço ou do fornecimento até o limite autorizado, em cada caso, pela Administração.

§ 1º O contratado apresentará à Administração documentação que comprove a capacidade técnica do subcontratado, que será avaliada e juntada aos autos do processo correspondente.

§ 2º Regulamento ou edital de licitação poderão vedar, restringir ou estabelecer condições para a subcontratação.

§ 3º Será vedada a subcontratação de pessoa física ou jurídica, se aquela ou os dirigentes desta mantiverem vínculo de natureza técnica, comercial, econômica, financeira, trabalhista ou civil com dirigente do órgão ou entidade contratante ou com agente público que desempenhe função na licitação ou atue na fiscalização ou na gestão do contrato, ou se deles forem cônjuge, companheiro ou parente em linha reta, colateral, ou por afinidade, até o terceiro grau, devendo essa proibição constar expressamente do edital de licitação.

Art. 123. A Administração terá o dever de explicitamente emitir decisão sobre todas as solicitações e reclamações relacionadas à execução dos contratos regidos por esta Lei, ressalvados os requerimentos manifestamente impertinentes, meramente protelatórios ou de nenhum interesse para a boa execução do contrato.

Parágrafo único. Salvo disposição legal ou cláusula contratual que estabeleça prazo específico, concluída a instrução do requerimento, a Administração terá o prazo de 1 (um) mês para decidir, admitida a prorrogação motivada por igual período.

CAPÍTULO VII
DA ALTERAÇÃO DOS CONTRATOS E DOS PREÇOS

Art. 124. Os contratos regidos por esta Lei poderão ser alterados, com as devidas justificativas, nos seguintes casos:

I – unilateralmente pela Administração:

a) quando houver modificação do projeto ou das especificações, para melhor adequação técnica a seus objetivos;

b) quando for necessária a modificação do valor contratual em decorrência de acréscimo ou diminuição quantitativa de seu objeto, nos limites permitidos por esta Lei;

II – por acordo entre as partes:

a) quando conveniente a substituição da garantia de execução;

b) quando necessária a modificação do regime de execução da obra ou do serviço, bem como do modo de fornecimento, em face de verificação técnica da inaplicabilidade dos termos contratuais originários;

c) quando necessária a modificação da forma de pagamento por imposição de circunstâncias supervenientes, mantido o valor inicial atualizado e vedada a antecipação do pagamento em relação ao cronograma financeiro fixado sem a correspondente contraprestação de fornecimento de bens ou execução de obra ou serviço;

d) para restabelecer o equilíbrio econômico-financeiro inicial do contrato em caso de força maior, caso fortuito ou fato do príncipe ou em decorrência de fatos imprevisíveis ou previsíveis de consequências incalculáveis, que inviabilizem a execução do contrato tal como pactuado, respeitada, em qualquer caso, a repartição objetiva de risco estabelecida no contrato.

§ 1º Se forem decorrentes de falhas de projeto, as alterações de contratos de obras e serviços de engenharia ensejarão apuração de responsabilidade do responsável técnico e adoção das providências necessárias para o ressarcimento dos danos causados à Administração.

§ 2º Será aplicado o disposto na alínea "d" do inciso II do **caput** deste artigo às contratações de obras e serviços de engenharia, quando a execução for obstada pelo atraso na conclusão de procedimentos de desapropriação, desocupação, servidão administrativa ou licenciamento ambiental, por circunstâncias alheias ao contratado.

Art. 125. Nas alterações unilaterais a que se refere o inciso I do **caput** do art. 124 desta Lei, o contratado será obrigado a aceitar, nas mesmas condições contratuais, acréscimos ou supressões de até 25% (vinte e cinco por cento) do valor inicial atualizado do contrato que se fizerem nas obras, nos serviços ou nas compras, e, no caso de reforma de edifício ou de equipamento, o limite para os acréscimos será de 50% (cinquenta por cento).

Art. 126. As alterações unilaterais a que se refere o inciso I do **caput** do art. 124 desta Lei não poderão transfigurar o objeto da contratação.

Art. 127. Se o contrato não contemplar preços unitários para obras ou serviços cujo aditamento se fizer necessário, esses serão fixados por meio da aplicação da relação geral entre os valores da proposta e o do orçamento-base da Administração sobre os preços referenciais ou de mercado vigentes na data do aditamento, respeitados os limites estabelecidos no art. 125 desta Lei.

Art. 128. Nas contratações de obras e serviços de engenharia, a diferença percentual entre o valor global do contrato e o preço global de referência não poderá ser reduzida em favor do contratado em decorrência de aditamentos que modifiquem a planilha orçamentária.

Art. 129. Nas alterações contratuais para supressão de obras, bens ou serviços, se o contratado já houver adquirido os materiais e os colocado no local dos trabalhos, estes deverão ser pagos pela Administração pelos custos de aquisição regularmente comprovados e monetariamente reajustados, podendo caber indenização por outros danos eventualmente decorrentes da supressão, desde que regularmente comprovados.

Art. 130. Caso haja alteração unilateral do contrato que aumente ou diminua os encargos do contratado, a Administração deverá restabelecer, no mesmo termo aditivo, o equilíbrio econômico-financeiro inicial.

Art. 131. A extinção do contrato não configurará óbice para o reconhecimento do desequilíbrio econômico-financeiro, hipótese em que será concedida indenização por meio de termo indenizatório.

Parágrafo único. O pedido de restabelecimento do equilíbrio econômico-financeiro deverá ser formulado durante a vigência do contrato e antes de eventual prorrogação nos termos do art. 107 desta Lei.

Art. 132. A formalização do termo aditivo é condição para a execução, pelo contratado, das prestações determinadas pela Administração no curso da execução do contrato, salvo nos casos de justificada necessidade de antecipação de seus efeitos, hipótese em que a formalização deverá ocorrer no prazo máximo de 1 (um) mês.

Art. 133. Nas hipóteses em que for adotada a contratação integrada ou semi- integrada, é vedada a alteração dos valores contratuais, exceto nos seguintes casos:

I – para restabelecimento do equilíbrio econômico-financeiro decorrente de caso fortuito ou força maior;– por necessidade de alteração do projeto ou das especificações para melhor adequação técnica aos objetivos da contratação, a pedido da Administração, desde que não decorrente de erros ou omissões por parte do contratado, observados os limites estabelecidos no art. 125 desta Lei;

II – por necessidade de alteração do projeto nas contratações semi-integradas, nos termos do § 5º do art. 46 desta Lei;

III – por ocorrência de evento superveniente alocado na matriz de riscos como de responsabilidade da Administração.

Art. 134. Os preços contratados serão alterados, para mais ou para menos, conforme o caso, se houver, após a data da apresentação da proposta, criação, alteração ou extinção de quaisquer tributos ou encargos legais ou a superveniência de disposições legais, com comprovada repercussão sobre os preços contratados.

Art. 135. Os preços dos contratos para serviços contínuos com regime de dedicação exclusiva de mão de obra ou com predominância de mão de obra serão repactuados para manutenção do equilíbrio econômico-financeiro, mediante demonstração analítica da variação dos custos contratuais, com data vinculada:

I – à da apresentação da proposta, para custos decorrentes do mercado;

II – ao acordo, à convenção coletiva ou ao dissídio coletivo ao qual a proposta esteja vinculada, para os custos de mão de obra.

§ 1º A Administração não se vinculará às disposições contidas em acordos, convenções ou dissídios coletivos de trabalho que tratem de matéria não trabalhista, de pagamento de participação dos trabalhadores nos lucros ou resultados do contratado, ou que estabeleçam direitos não previstos em lei, como valores ou índices obrigatórios de encargos sociais ou previdenciários, bem como de preços para os insumos relacionados ao exercício da atividade.

§ 2º É vedado a órgão ou entidade contratante vincular-se às disposições previstas nos acordos, convenções ou dissídios coletivos de trabalho que tratem de obrigações e direitos que somente se aplicam aos contratos com a Administração Pública.

§ 3º A repactuação deverá observar o interregno mínimo de 1 (um) ano, contado da data da apresentação da proposta ou da data da última repactuação.

§ 4º A repactuação poderá ser dividida em tantas parcelas quantas forem necessárias, observado o princípio da anualidade do reajuste de preços da contratação, podendo ser realizada em momentos distintos para discutir a variação de custos que tenham sua anualidade resultante em datas diferenciadas, como os decorrentes de mão de obra e os decorrentes dos insumos necessários à execução dos serviços.

§ 5º Quando a contratação envolver mais de uma categoria profissional, a repactuação a que se refere o inciso II do **caput** deste artigo poderá ser dividida em tantos quantos forem os acordos, convenções ou dissídios coletivos de trabalho das categorias envolvidas na contratação.

§ 6º A repactuação será precedida de solicitação do contratado, acompanhada de demonstração analítica da variação dos custos, por meio de apresentação da planilha de custos e formação de preços, ou do novo acordo, convenção ou sentença normativa que fundamenta a repactuação.

Art. 136. Registros que não caracterizam alteração do contrato podem ser realizados por simples apostila, dispensada a celebração de termo aditivo, como nas seguintes situações:

I – variação do valor contratual para fazer face ao reajuste ou à repactuação de preços previstos no próprio contrato;

II – atualizações, compensações ou penalizações financeiras decorrentes das condições de pagamento previstas no contrato;

III – alterações na razão ou na denominação social do contratado;

IV – empenho de dotações orçamentárias.

CAPÍTULO VIII
DAS HIPÓTESES DE EXTINÇÃO DOS CONTRATOS

Art. 137. Constituirão motivos para extinção do contrato, a qual deverá ser formalmente motivada nos autos do processo, assegurados o contraditório e a ampla defesa, as seguintes situações:

I – não cumprimento ou cumprimento irregular de normas editalícias ou de cláusulas contratuais, de especificações, de projetos ou de prazos;

II – desatendimento das determinações regulares emitidas pela autoridade designada para acompanhar e fiscalizar sua execução ou por autoridade superior;

III – alteração social ou modificação da finalidade ou da estrutura da empresa que restrinja sua capacidade de concluir o contrato;

IV – decretação de falência ou de insolvência civil, dissolução da sociedade ou falecimento do contratado;

V – caso fortuito ou força maior, regularmente comprovados, impeditivos da execução do contrato;

VI – atraso na obtenção da licença ambiental, ou impossibilidade de obtê-la, ou alteração substancial do anteprojeto que dela resultar, ainda que obtida no prazo previsto;

VII – atraso na liberação das áreas sujeitas a desapropriação, a desocupação ou a servidão administrativa, ou impossibilidade de liberação dessas áreas;

VIII – razões de interesse público, justificadas pela autoridade máxima do órgão ou da entidade contratante;

IX – não cumprimento das obrigações relativas à reserva de cargos prevista em lei, bem como em outras normas específicas, para pessoa com deficiência, para reabilitado da Previdência Social ou para aprendiz.

§ 1º Regulamento poderá especificar procedimentos e critérios para verificação da ocorrência dos motivos previstos no **caput** deste artigo.

§ 2º O contratado terá direito à extinção do contrato nas seguintes hipóteses:

I – supressão, por parte da Administração, de obras, serviços ou compras que acarrete modificação do valor inicial do contrato além do limite permitido no art. 125 desta Lei;

II – suspensão de execução do contrato, por ordem escrita da Administração, por prazo superior a 3 (três) meses;

III – repetidas suspensões que totalizem 90 (noventa) dias úteis, independentemente do pagamento obrigatório de indenização pelas sucessivas e contratualmente imprevistas desmobilizações e mobilizações e outras previstas;

IV – atraso superior a 2 (dois) meses, contado da emissão da nota fiscal, dos pagamentos ou de parcelas de pagamentos devidos pela Administração por despesas de obras, serviços ou fornecimentos;

V – não liberação pela Administração, nos prazos contratuais, de área, local ou objeto, para execução de obra, serviço ou fornecimento, e de fontes de materiais naturais especificadas no projeto, inclusive devido a atraso ou descumprimento das obrigações atribuídas pelo contrato à Administração relacionadas a desapropriação, a desocupação de áreas públicas ou a licenciamento ambiental.

§ 3º As hipóteses de extinção a que se referem os incisos II, III e IV do § 2º deste artigo observarão as seguintes disposições:

I – não serão admitidas em caso de calamidade pública, de grave perturbação da ordem interna ou de guerra, bem como quando decorrerem de ato ou fato que o contratado tenha praticado, do qual tenha participado ou para o qual tenha contribuído;

II – assegurarão ao contratado o direito de optar pela suspensão do cumprimento das obrigações assumidas até a normalização da situação, admitido o restabelecimento do equilíbrio econômico-financeiro do contrato, na forma da alínea "d" do inciso II do **caput** do art. 124 desta Lei.

§ 4º Os emitentes das garantias previstas no art. 96 desta Lei deverão ser notificados pelo contratante quanto ao início de processo administrativo para apuração de descumprimento de cláusulas contratuais.

Art. 138. A extinção do contrato poderá ser:

I – determinada por ato unilateral e escrito da Administração, exceto no caso de descumprimento decorrente de sua própria conduta;

II – consensual, por acordo entre as partes, por conciliação, por mediação ou por comitê de resolução de disputas, desde que haja interesse da Administração;

III – determinada por decisão arbitrai, em decorrência de cláusula compromissória ou compromisso arbitrai, ou por decisão judicial.

§ 1º A extinção determinada por ato unilateral da Administração e a extinção consensual deverão ser precedidas de autorização escrita e fundamentada da autoridade competente e reduzidas a termo no respectivo processo.

§ 2º Quando a extinção decorrer de culpa exclusiva da Administração, o contratado será ressarcido pelos prejuízos regularmente comprovados que houver sofrido e terá direito a:

I – devolução da garantia;

II – pagamentos devidos pela execução do contrato até a data de extinção;

III – pagamento do custo da desmobilização.

Art. 139. A extinção determinada por ato unilateral da Administração poderá acarretar, sem prejuízo das sanções previstas nesta Lei, as seguintes consequências:

I – assunção imediata do objeto do contrato, no estado e local em que se encontrar, por ato próprio da Administração;

II – ocupação e utilização do local, das instalações, dos equipamentos, do material e do pessoal empregados na execução do contrato e necessários à sua continuidade;

III – execução da garantia contratual para:

a) ressarcimento da Administração Pública por prejuízos decorrentes da não execução;

b) pagamento de verbas trabalhistas, fundiárias e previdenciárias, quando cabível;

c) pagamento das multas devidas à Administração Pública;

d) exigência da assunção da execução e da conclusão do objeto do contrato pela seguradora, quando cabível;

IV – retenção dos créditos decorrentes do contrato até o limite dos prejuízos causados à Administração Pública e das multas aplicadas.

§ 1º A aplicação das medidas previstas nos incisos I e II do **caput** deste artigo ficará a critério da Administração, que poderá dar continuidade à obra ou ao serviço por execução direta ou indireta.

§ 2º Na hipótese do inciso II do **caput** deste artigo, o ato deverá ser precedido de autorização expressa do ministro de Estado, do secretário estadual ou do secretário municipal competente, conforme o caso.

CAPÍTULO IX
DO RECEBIMENTO DO OBJETO DO CONTRATO

Art. 140. O objeto do contrato será recebido:

I – em se tratando de obras e serviços:

a) provisoriamente, pelo responsável por seu acompanhamento e fiscalização, mediante termo detalhado, quando verificado o cumprimento das exigências de caráter técnico;

b) definitivamente, por servidor ou comissão designada pela autoridade competente, mediante termo detalhado que comprove o atendimento das exigências contratuais;

II – em se tratando de compras:

a) provisoriamente, de forma sumária, pelo responsável por seu acompanhamento e fiscalização, com verificação posterior da conformidade do material com as exigências contratuais;

b) definitivamente, por servidor ou comissão designada pela autoridade competente, mediante termo detalhado que comprove o atendimento das exigências contratuais.

§ 1º O objeto do contrato poderá ser rejeitado, no todo ou em parte, quando estiver em desacordo com o contrato.

§ 2º O recebimento provisório ou definitivo não excluirá a responsabilidade civil pela solidez e pela segurança da obra ou serviço nem a responsabilidade ético-profissional pela perfeita execução do contrato, nos limites estabelecidos pela lei ou pelo contrato.

§ 3º Os prazos e os métodos para a realização dos recebimentos provisório e definitivo serão definidos em regulamento ou no contrato.

§ 4º Salvo disposição em contrário constante do edital ou de ato normativo, os ensaios, os testes e as demais provas para aferição da boa execução do objeto do contrato exigidos por normas técnicas oficiais correrão por conta do contratado.

§ 5º Em se tratando de projeto de obra, o recebimento definitivo pela Administração não eximirá o projetista ou o consultor da responsabilidade objetiva por todos os danos causados por falha de projeto.

§ 6º Em se tratando de obra, o recebimento definitivo pela Administração não eximirá o contratado, pelo prazo mínimo de 5 (cinco) anos, admitida a previsão de prazo de garantia superior no edital e no contrato, da responsabilidade objetiva pela solidez e pela segurança dos materiais e dos serviços executados e pela funcionalidade da construção, da reforma, da recuperação ou da ampliação do bem imóvel, e, em caso de vício, defeito ou incorreção identificados, o contratado ficará responsável pela reparação, pela correção, pela reconstrução ou pela substituição necessárias.

CAPÍTULO X
DOS PAGAMENTOS

Art. 141. No dever de pagamento pela Administração, será observada a ordem cronológica para cada fonte diferenciada de recursos, subdividida nas seguintes categorias de contratos:

I – fornecimento de bens;

II – locações;

III – prestação de serviços;

IV – realização de obras.

§ 1º A ordem cronológica referida no **caput** deste artigo poderá ser alterada, mediante prévia justificativa da autoridade competente e posterior comunicação ao órgão de controle interno da Administração e ao tribunal de contas competente, exclusivamente nas seguintes situações:

I – grave perturbação da ordem, situação de emergência ou calamidade pública;

II – pagamento a microempresa, empresa de pequeno porte, agricultor familiar, produtor rural pessoa física, microempreendedor individual e sociedade cooperativa, desde que demonstrado o risco de descontinuidade do cumprimento do objeto do contrato;

III – pagamento de serviços necessários ao funcionamento dos sistemas estruturantes, desde que demonstrado o risco de descontinuidade do cumprimento do objeto do contrato;

IV – pagamento de direitos oriundos de contratos em caso de falência, recuperação judicial ou dissolução da empresa contratada;

V – pagamento de contrato cujo objeto seja imprescindível para assegurar a integridade do patrimônio público ou para manter o funcionamento das atividades finalísticas do órgão ou entidade, quando demonstrado o risco de descontinuidade da prestação de serviço público de relevância ou o cumprimento da missão institucional.

§ 2º A inobservância imotivada da ordem cronológica referida no **caput** deste artigo ensejará a apuração de responsabilidade do agente responsável, cabendo aos órgãos de controle a sua fiscalização.

§ 3º O órgão ou entidade deverá disponibilizar, mensalmente, em seção específica de acesso à informação em seu sítio na internet, a ordem cronológica de seus pagamentos, bem como as justificativas que fundamentarem a eventual alteração dessa ordem.

Art. 142. Disposição expressa no edital ou no contrato poderá prever pagamento em conta vinculada ou pagamento pela efetiva comprovação do fato gerador.

Parágrafo único (VETADO)

Texto vetado:

"Nas contratações de obras, observar-se-á o disposto no § 2º do art. 115 desta Lei".

Razões do veto:

"A propositura legislativa estabelece que nas contratações de obras, a expedição da ordem de serviço para execução de cada etapa será

obrigatoriamente precedida de depósito em conta vinculada dos recursos financeiros necessários para custear as despesas correspondentes à etapa a ser executada.

Entretanto, e em que pese o mérito da proposta, a medida contraria o interesse público, tendo em vista que a obrigatoriedade de depósito em conta vinculada como requisito para expedição de ordem de serviço na execução de obras contribuirá para aumentar significativamente o empoçamento de recursos, inviabilizando remanejamentos financeiros que possam se mostrar necessários ou mesmo para atender demandas urgentes e inesperadas.

Ademais, tem-se que a existência de financeiro não deve ser exigência para a ordem de início do contrato, mas apenas a previsão orçamentária, caracterizada pela conhecida nota de empenho.

Por fim, tal medida infringe princípios e normas de direito financeiro, como o art. 56 da Lei nº 4.320, de 1964, que exige a observância do princípio de unidade de tesouraria e veda qualquer fragmentação para criação de caixas especiais, como seriam as contas vinculadas, para a realização de antecipação de pagamentos por parte da Administração, que depositaria o valor da etapa da obra de forma antecipada, antes do cumprimento da obrigação por parte do contratado".

Art. 143. No caso de controvérsia sobre a execução do objeto, quanto a dimensão, qualidade e quantidade, a parcela incontroversa deverá ser liberada no prazo previsto para pagamento.

Art. 144. Na contratação de obras, fornecimentos e serviços, inclusive de engenharia, poderá ser estabelecida remuneração variável vinculada ao desempenho do contratado, com base em metas, padrões de qualidade, critérios de sustentabilidade ambiental e prazos de entrega definidos no edital de licitação e no contrato.

§ 1º O pagamento poderá ser ajustado em base percentual sobre o valor economizado em determinada despesa, quando o objeto do contrato visar à implantação de processo de racionalização, hipótese em que as despesas correrão à conta dos mesmos créditos orçamentários, na forma de regulamentação específica.

§ 2º A utilização de remuneração variável será motivada e respeitará o limite orçamentário fixado pela Administração para a contratação.

Art. 145. Não será permitido pagamento antecipado, parcial ou total, relativo a parcelas contratuais vinculadas ao fornecimento de bens, à execução de obras ou à prestação de serviços.

§ 1º A antecipação de pagamento somente será permitida se propiciar sensível economia de recursos ou se representar condição indispensável para a obtenção do bem ou para a prestação do serviço, hipótese que deverá ser previamente justificada no processo licitatório e expressamente prevista no edital de licitação ou instrumento formal de contratação direta.

§ 2º A Administração poderá exigir a prestação de garantia adicional como condição para o pagamento antecipado.

§ 3º Caso o objeto não seja executado no prazo contratual, o valor antecipado deverá ser devolvido.

Art. 146. No ato de liquidação da despesa, os serviços de contabilidade comunicarão aos órgãos da administração tributária as características da despesa e os valores pagos, conforme o disposto no art. 63 da Lei nº 4.320, de 17 de março de 1964.

CAPÍTULO XI
DA NULIDADE DOS CONTRATOS

Art. 147. Constatada irregularidade no procedimento licitatório ou na execução contratual, caso não seja possível o saneamento, a decisão sobre a suspensão da execução ou sobre a declaração de nulidade do contrato somente será adotada na hipótese em que se revelar medida de interesse público, com avaliação, entre outros, dos seguintes aspectos:

I – impactos econômicos e financeiros decorrentes do atraso na fruição dos benefícios do objeto do contrato;

II – riscos sociais, ambientais e à segurança da população local decorrentes do atraso na fruição dos benefícios do objeto do contrato;

III – motivação social e ambiental do contrato;

IV – custo da deterioração ou da perda das parcelas executadas;

V – despesa necessária à preservação das instalações e dos serviços já executados;

VI – despesa inerente à desmobilização e ao posterior retomo às atividades;

VII – medidas efetivamente adotadas pelo titular do órgão ou entidade para o saneamento dos indícios de irregularidades apontados;

VIII – custo total e estágio de execução física e financeira dos contratos, dos convênios, das obras ou das parcelas envolvidas;

IX – fechamento de postos de trabalho diretos e indiretos em razão da paralisação;

X – custo para realização de nova licitação ou celebração de novo contrato;

XI – custo de oportunidade do capital durante o período de paralisação.

Parágrafo único. Caso a paralisação ou anulação não se revele medida de interesse público, o poder público deverá optar pela continuidade do contrato e pela solução da irregularidade por meio de indenização por perdas e danos, sem prejuízo da apuração de responsabilidade e da aplicação de penalidades cabíveis.

Art. 148. A declaração de nulidade do contrato administrativo requererá análise prévia do interesse público envolvido, na forma do art. 147 desta Lei, e operará retroativamente, impedindo os efeitos jurídicos que o contrato deveria produzir ordinariamente e desconstituindo os já produzidos.

§ 1º Caso não seja possível o retorno à situação fática anterior, a nulidade será resolvida pela indenização por perdas e danos, sem prejuízo da apuração de responsabilidade e aplicação das penalidades cabíveis.

§ 2º Ao declarar a nulidade do contrato, a autoridade, com vistas à continuidade da atividade administrativa, poderá decidir que ela só tenha eficácia em momento futuro, suficiente para efetuar nova contratação, por prazo de até 6 (seis) meses, prorrogável uma única vez.

Art. 149. A nulidade não exonerará a Administração do dever de indenizar o contratado pelo que houver executado até a data em que for declarada ou tomada eficaz, bem como por outros prejuízos regularmente comprovados, desde que não lhe seja imputável, e será promovida a responsabilização de quem lhe tenha dado causa.

Art. 150. Nenhuma contratação será feita sem a caracterização adequada de seu objeto e sem a indicação dos créditos orçamentários para pagamento das parcelas contratuais vincendas no exercício em que for realizada a contratação, sob pena de nulidade do ato e de responsabilização de quem lhe tiver dado causa.

CAPÍTULO XII
DOS MEIOS ALTERNATIVOS DE RESOLUÇÃO DE CONTROVÉRSIAS

Art. 151. Nas contratações regidas por esta Lei, poderão ser utilizados meios alternativos de prevenção e resolução de controvérsias, notadamente a conciliação, a mediação, o comitê de resolução de disputas e a arbitragem.

Parágrafo único. Será aplicado o disposto no **caput** deste artigo às controvérsias relacionadas a direitos patrimoniais disponíveis, como as questões relacionadas ao restabelecimento do equilíbrio econômico-financeiro do contrato, ao inadimplemento de obrigações contratuais por quaisquer das partes e ao cálculo de indenizações.

Art. 152. A arbitragem será sempre de direito e observará o princípio da publicidade.

Art. 153. Os contratos poderão ser aditados para permitir a adoção dos meios alternativos de resolução de controvérsias.

Art. 154. O processo de escolha dos árbitros, dos colegiados arbitrais e dos comitês de resolução de disputas observará critérios isonômicos, técnicos e transparentes.

TÍTULO IV
DAS IRREGULARIDADES
CAPÍTULO I
DAS INFRAÇÕES E SANÇÕES ADMINISTRATIVAS

Art. 155. O licitante ou o contratado será responsabilizado administrativamente pelas seguintes infrações:

I – dar causa à inexecução parcial do contrato;

II – dar causa à inexecução parcial do contrato que cause grave dano à Administração, ao funcionamento dos serviços públicos ou ao interesse coletivo;

III – dar causa à inexecução total do contrato;

IV – deixar de entregar a documentação exigida para o certame;

V – não manter a proposta, salvo em decorrência de fato superveniente devidamente justificado;

VI – não celebrar o contrato ou não entregar a documentação exigida para a contratação, quando convocado dentro do prazo de validade de sua proposta;

VII – ensejar o retardamento da execução ou da entrega do objeto da licitação sem motivo justificado;

VIII – apresentar declaração ou documentação falsa exigida para o certame ou prestar declaração falsa durante a licitação ou a execução do contrato;

IX – fraudar a licitação ou praticar ato fraudulento na execução do contrato;

X – comportar-se de modo inidôneo ou cometer fraude de qualquer natureza;

XI – praticar atos ilícitos com vistas a frustrar os objetivos da licitação;

XII – praticar ato lesivo previsto no art. 5º da Lei nº 12.846, de 1º de agosto de 2013.

Art. 156. Serão aplicadas ao responsável pelas infrações administrativas previstas nesta Lei as seguintes sanções:

I – advertência;

II – multa;

III – impedimento de licitar e contratar;

IV – declaração de inidoneidade para licitar ou contratar.

§ 1º Na aplicação das sanções serão considerados:

I – a natureza e a gravidade da infração cometida;

II – as peculiaridades do caso concreto;

III – as circunstâncias agravantes ou atenuantes;

IV – os danos que dela provierem para a Administração Pública;

V – a implantação ou o aperfeiçoamento de programa de integridade, conforme normas e orientações dos órgãos de controle.

§ 2º A sanção prevista no inciso I do **caput** deste artigo será aplicada exclusivamente pela infração administrativa prevista no inciso I do **caput** do art. 155 desta Lei, quando não se justificar a imposição de penalidade mais grave.

§ 3º A sanção prevista no inciso II do **caput** deste artigo, calculada na forma do edital ou do contrato, não poderá ser inferior a 0,5% (cinco décimos por cento) nem superior a 30% (trinta por cento) do valor do contrato licitado ou celebrado com contratação direta e será aplicada ao responsável por qualquer das infrações administrativas previstas no art. 155 desta Lei.

§ 4º A sanção prevista no inciso III do **caput** deste artigo será aplicada ao responsável pelas infrações administrativas previstas nos incisos II, III, IV, V, VI e VII do **caput** do art. 155 desta Lei, quando não se justificar a imposição de penalidade mais grave, e impedirá o responsável de licitar ou contratar no âmbito da Administração Pública direta e indireta do ente federativo que tiver aplicado a sanção, pelo prazo máximo de 3 (três) anos.

§ 5º A sanção prevista no inciso IV do **caput** deste artigo será aplicada ao responsável pelas infrações administrativas previstas nos incisos VIII, IX, X, XI e XII do **caput** do art. 155 desta Lei, bem como pelas infrações administrativas previstas nos incisos II, III, IV, V, VI e VII do **caput** do referido artigo que justifiquem a imposição de penalidade mais grave que a sanção referida no § 4º deste artigo, e impedirá o responsável de licitar ou contratar no âmbito da Administração Pública direta e indireta de todos os entes federativos, pelo prazo mínimo de 3 (três) anos e máximo de 6 (seis) anos.

§ 6º A sanção estabelecida no inciso IV do **caput** deste artigo será precedida de análise jurídica e observará as seguintes regras:

I – quando aplicada por órgão do Poder Executivo, será de competência exclusiva de ministro de Estado, de secretário estadual ou de secretário municipal e, quando aplicada por autarquia ou fundação, será de competência exclusiva da autoridade máxima da entidade;

II – quando aplicada por órgãos dos Poderes Legislativo e Judiciário, pelo Ministério Público e pela Defensoria Pública no desempenho da função administrativa, será de competência exclusiva de autoridade de nível hierárquico equivalente às autoridades referidas no inciso I deste parágrafo, na forma de regulamento.

§ 7º As sanções previstas nos incisos I, III e IV do **caput** deste artigo poderão ser aplicadas cumulativamente com a prevista no inciso II do **caput** deste artigo.

§ 8º Se a multa aplicada e as indenizações cabíveis forem superiores ao valor de pagamento eventualmente devido pela Administração ao contratado, além da perda desse valor, a diferença será descontada da garantia prestada ou será cobrada judicialmente.

§ 9º A aplicação das sanções previstas no **caput** deste artigo não exclui, em hipótese alguma, a obrigação de reparação integral do dano causado à Administração Pública.

Art. 157. Na aplicação da sanção prevista no inciso II do **caput** do art. 156 desta Lei, será facultada a defesa do interessado no prazo de 15 (quinze) dias úteis, contado da data de sua intimação.

Art. 158. A aplicação das sanções previstas nos incisos III e IV do **caput** do art. 156 desta Lei requererá a instauração de processo de responsabilização, a ser conduzido por comissão composta de 2 (dois) ou mais servidores estáveis, que avaliará fatos e circunstâncias conhecidos e intimará o licitante ou o contratado para, no prazo de 15 (quinze) dias úteis, contado da data de intimação, apresentar defesa escrita e especificar as provas que pretenda produzir.

§ 1º Em órgão ou entidade da Administração Pública cujo quadro funcional não seja formado de servidores estatutários, a comissão a que se refere o **caput** deste artigo será composta de 2 (dois) ou mais empregados públicos pertencentes aos seus quadros permanentes, preferencialmente com, no mínimo, 3 (três) anos de tempo de serviço no órgão ou entidade.

§ 2º Na hipótese de deferimento de pedido de produção de novas provas ou de juntada de provas julgadas indispensáveis pela comissão, o licitante ou o contratado poderá apresentar alegações finais no prazo de 15 (quinze) dias úteis, contado da data da intimação.

§ 3º Serão indeferidas pela comissão, mediante decisão fundamentada, provas ilícitas, impertinentes, desnecessárias, protelatórias ou intempestivas.

§ 4º A prescrição ocorrerá em 5 (cinco) anos, contados da ciência da infração pela Administração, e será:

I – interrompida pela instauração do processo de responsabilização a que se refere o **caput** deste artigo;

II – suspensa pela celebração de acordo de leniência previsto na Lei nº 12.846, de 1º de agosto de 2013;

III – suspensa por decisão judicial que inviabilize a conclusão da apuração administrativa.

Art. 159. Os atos previstos como infrações administrativas nesta Lei ou em outras leis de licitações e contratos da Administração Pública que também sejam tipificados como atos lesivos na Lei nº 12.846, de 1º de agosto de 2013, serão apurados e julgados conjuntamente, nos mesmos autos, observados o rito procedimental e a autoridade competente definidos na referida Lei.

Parágrafo único (VETADO)

Texto vetado:

*"Na hipótese do **caput** deste artigo, se for celebrado acordo de leniência nos termos da Lei nº 12.846, de 1º de agosto de 2013, a Administração também poderá isentar a pessoa jurídica das sanções previstas no art. 156 desta Lei e, se houver manifestação favorável do tribunal de contas competente, das sanções previstas na sua respectiva lei orgânica".*

Razões do veto:

"A propositura legislativa estabelece que na hipótese de ser celebrado acordo de leniência nos termos da Lei nº 12.846, de 1º de agosto de 2013, a Administração também poderá isentar a pessoa jurídica das sanções previstas no art. 156 desta Lei e das sanções previstas na sua respectiva lei orgânica.

Entretanto, e em que pese o mérito da propositura, a medida, ao prever a participação de órgão auxiliar do Poder Legislativo na aplicação de instrumento típico do exercício do Poder Sancionador da Administração Pública, viola o princípio da separação dos poderes, inscrito no art. 2º da Constituição da República.

Ademais, a extensão dos efeitos promovidos pelo acordo de leniência de que trata a lei nº 12.846, de 2013 se inserem dentro da função típica da Administração pública, e não se confundem com a atividade de fiscalização contábil, financeira e orçamentária exercidas pelo Poder Legislativo, o que acaba por extrapolar as competências conferidas pelo constituinte, por intermédio do art. 71 da Carta Magna.

Outrossim, a medida contraria o interesse público, ao condicionar a assinatura do acordo de leniência à participação do Tribunal de Contas respectivo, ainda que restrito às suas sanções, criando uma nova etapa no procedimento, o que poderia levar a um enfraquecimento do instituto".

Art. 160. A personalidade jurídica poderá ser desconsiderada sempre que utilizada com abuso do direito para facilitar, encobrir ou dissimular a prática dos atos ilícitos previstos nesta Lei ou para provocar confusão patrimonial, e, nesse caso, todos os efeitos das sanções aplicadas à pessoa jurídica serão estendidos aos seus administradores e sócios com poderes de administração, a pessoa jurídica sucessora ou a empresa do mesmo ramo com relação de coligação ou controle, de fato ou de direito, com o sancionado, observados, em todos os casos, o contraditório, a ampla defesa e a obrigatoriedade de análise jurídica prévia.

Art. 161. Os órgãos e entidades dos Poderes Executivo, Legislativo e Judiciário de todos os entes federativos deverão, no prazo máximo 15 (quinze) dias úteis, contado da data de aplicação da sanção, informar e manter atualizados os dados relativos às sanções por eles aplicadas, para fins de publicidade no Cadastro Nacional de Empresas Inidôneas e Suspensas (Ceis) e no Cadastro Nacional de Empresas Punidas (Cnep), instituídos no âmbito do Poder Executivo federal.

Parágrafo único. Para fins de aplicação das sanções previstas nos incisos I, II, III e IV do **caput** do art. 156 desta Lei, o Poder Executivo regulamentará a forma de cômputo e as consequências da soma de diversas sanções aplicadas a uma mesma empresa e derivadas de contratos distintos.

Art. 162. O atraso injustificado na execução do contrato sujeitará o contratado a multa de mora, na forma prevista em edital ou em contrato.

Parágrafo único. A aplicação de multa de mora não impedirá que a Administração a converta em compensatória e promova a extinção unilateral do contrato com a aplicação cumulada de outras sanções previstas nesta Lei.

Art. 163. É admitida a reabilitação do licitante ou contratado perante a própria autoridade que aplicou a penalidade, exigidos, cumulativamente:

I – reparação integral do dano causado à Administração Pública;

II – pagamento da multa;

III – transcurso do prazo mínimo de 1 (um) ano da aplicação da penalidade, no caso de impedimento de licitar e contratar, ou de 3 (três) anos da aplicação da penalidade, no caso de declaração de inidoneidade;

IV – cumprimento das condições de reabilitação definidas no ato punitivo;

V – análise jurídica prévia, com posicionamento conclusivo quanto ao cumprimento dos requisitos definidos neste artigo.

Parágrafo único. A sanção pelas infrações previstas nos incisos VIII e XII do **caput** do art. 155 desta Lei exigirá, como condição de reabilitação do licitante ou contratado, a implantação ou aperfeiçoamento de programa de integridade pelo responsável.

CAPÍTULO II
DAS IMPUGNAÇÕES, DOS PEDIDOS DE ESCLARECIMENTO E DOS RECURSOS

Art. 164. Qualquer pessoa é parte legítima para impugnar edital de licitação por irregularidade na aplicação desta Lei ou para solicitar esclarecimento sobre os seus termos, devendo protocolar o pedido até 3 (três) dias úteis antes da data de abertura do certame.

Parágrafo único. A resposta à impugnação ou ao pedido de esclarecimento será divulgada em sítio eletrônico oficial no prazo de até 3 (três) dias úteis, limitado ao último dia útil anterior à data da abertura do certame.

Art. 165. Dos atos da Administração decorrentes da aplicação desta Lei cabem:

I – recurso, no prazo de 3 (três) dias úteis, contado da data de intimação ou de lavratura da ata, em face de:

a) ato que defira ou indefira pedido de pré-qualificação de interessado ou de inscrição em registro cadastral, sua alteração ou cancelamento;

b) julgamento das propostas;

c) ato de habilitação ou inabilitação de licitante;

d) anulação ou revogação da licitação;

e) extinção do contrato, quando determinada por ato unilateral e escrito da Administração;

II – pedido de reconsideração, no prazo de 3 (três) dias úteis, contado da data de intimação, relativamente a ato do qual não caiba recurso hierárquico.

§ 1º Quanto ao recurso apresentado em virtude do disposto nas alíneas "b" e "c" do inciso I do **caput** deste artigo, serão observadas as seguintes disposições:

I – a intenção de recorrer deverá ser manifestada imediatamente, sob pena de preclusão, e o prazo para apresentação das razões recursais previsto no inciso I do **caput** deste artigo será iniciado na data de intimação ou de lavratura da ata de habilitação ou inabilitação ou, na hipótese de adoção da inversão de fases prevista no § 1º do art. 17 desta Lei, da ata de julgamento;

II – a apreciação dar-se-á em fase única.

§ 2º O recurso de que trata o inciso I do **caput** deste artigo será dirigido à autoridade que tiver editado o ato ou proferido a decisão recorrida, que, se não reconsiderar o ato ou a decisão no prazo de 3 (três) dias úteis, encaminhará o recurso com a sua motivação à autoridade superior, a qual deverá proferir sua decisão no prazo máximo de 10 (dez) dias úteis, contado do recebimento dos autos.

§ 3º O acolhimento do recurso implicará invalidação apenas de ato insuscetível de aproveitamento.

§ 4º O prazo para apresentação de contrarrazões será o mesmo do recurso e terá início na data de intimação pessoal ou de divulgação da interposição do recurso.

§ 5º Será assegurado ao licitante vista dos elementos indispensáveis à defesa de seus interesses.

Art. 166. Da aplicação das sanções previstas nos incisos I, II e III do **caput** do art. 156 desta Lei caberá recurso no prazo de 15 (quinze) dias úteis, contado da data da intimação.

Parágrafo único. O recurso de que trata o **caput** deste artigo será dirigido à autoridade que tiver proferido a decisão recorrida, que, se não a reconsiderar no prazo de 5 (cinco) dias úteis, encaminhará o recurso com sua motivação à autoridade superior, a qual deverá proferir sua decisão no prazo máximo de 20 (vinte) dias úteis, contado do recebimento dos autos.

Art. 167. Da aplicação da sanção prevista no inciso IV do **caput** do art. 156 desta Lei caberá apenas pedido de reconsideração, que deverá ser apresentado no prazo de 15 (quinze) dias úteis, contado da data da intimação, e decidido no prazo máximo de 20 (vinte) dias úteis, contado do seu recebimento.

Art. 168. O recurso e o pedido de reconsideração terão efeito suspensivo do ato ou da decisão recorrida até que sobrevenha decisão final da autoridade competente.

Parágrafo único. Na elaboração de suas decisões, a autoridade competente será auxiliada pelo órgão de assessoramento jurídico, que deverá dirimir dúvidas e subsidiá-la com as informações necessárias.

CAPÍTULO III
DO CONTROLE DAS CONTRATAÇÕES

Art. 169. As contratações públicas deverão submeter-se a práticas contínuas e permanentes de gestão de riscos e de controle preventivo, inclusive mediante adoção de recursos de tecnologia da informação, e, além de estar subordinadas ao controle social, sujeitar-se-ão às seguintes linhas de defesa:

I – primeira linha de defesa, integrada por servidores e empregados públicos, agentes de licitação e autoridades que atuam na estrutura de governança do órgão ou entidade;

II – segunda linha de defesa, integrada pelas unidades de assessoramento jurídico e de controle interno do próprio órgão ou entidade;

III – terceira linha de defesa, integrada pelo órgão central de controle interno da Administração e pelo tribunal de contas.

§ 1º Na forma de regulamento, a implementação das práticas a que se refere o **caput** deste artigo será de responsabilidade da alta administração do órgão ou entidade e levará em consideração os custos e os benefícios decorrentes de sua implementação, optando-se pelas medidas que promovam relações íntegras e confiáveis, com segurança jurídica para todos os envolvidos, e que produzam o resultado mais vantajoso para a Administração, com eficiência, eficácia e efetividade nas contratações públicas.

§ 2º Para a realização de suas atividades, os órgãos de controle deverão ter acesso irrestrito aos documentos e às informações necessárias à realização dos trabalhos, inclusive aos documentos classificados pelo órgão ou entidade nos termos da Lei nº 12.527, de 18 de novembro de 2011, e o órgão de controle com o qual foi compartilhada eventual informação sigilosa tornar-se-á corresponsável pela manutenção do seu sigilo.

§ 3º Os integrantes das linhas de defesa a que se referem os incisos I, II e III do **caput** deste artigo observarão o seguinte:

I – quando constatarem simples impropriedade formal, adotarão medidas para o seu saneamento e para a mitigação de riscos de sua nova ocorrência, preferencialmente com o aperfeiçoamento dos controles preventivos e com a capacitação dos agentes públicos responsáveis;

II – quando constatarem irregularidade que configure dano à Administração, sem prejuízo das medidas previstas no inciso I deste § 3º, adotarão as providências necessárias para a apuração das infrações administrativas, observadas a segregação de funções e a necessidade de individualização das condutas, bem como remeterão ao Ministério Público competente cópias dos documentos cabíveis para a apuração dos ilícitos de sua competência.

Art. 170. Os órgãos de controle adotarão, na fiscalização dos atos previstos nesta Lei, critérios de oportunidade, materialidade, relevância e risco e considerarão as razões apresentadas pelos órgãos e entidades responsáveis e os resultados obtidos com a contratação, observado o disposto no § 3º do art. 169 desta Lei.

§ 1º As razões apresentadas pelos órgãos e entidades responsáveis deverão ser encaminhadas aos órgãos de controle até a conclusão da fase de instrução do processo e não poderão ser desentranhadas dos autos.

§ 2º A omissão na prestação das informações não impedirá as deliberações dos órgãos de controle nem retardará a aplicação de qualquer de seus prazos de tramitação e de deliberação.

§ 3º Os órgãos de controle desconsiderarão os documentos impertinentes, meramente protelatórios ou de nenhum interesse para o esclarecimento dos fatos.

§ 4º Qualquer licitante, contratado ou pessoa física ou jurídica poderá representar aos órgãos de controle interno ou ao tribunal de contas competente contra irregularidades na aplicação desta Lei.

Art. 171. Na fiscalização de controle será observado o seguinte:

I – viabilização de oportunidade de manifestação aos gestores sobre possíveis propostas de encaminhamento que terão impacto significativo nas rotinas de trabalho dos órgãos e entidades fiscalizados, a fim de que eles disponibilizem subsídios para avaliação prévia da relação entre custo e benefício dessas possíveis proposições;

II – adoção de procedimentos objetivos e imparciais e elaboração de relatórios tecnicamente fundamentados, baseados exclusivamente nas evidências obtidas e organizados de acordo com as normas de auditoria do respectivo órgão de controle, de modo a evitar que interesses pessoais e interpretações tendenciosas interfiram na apresentação e no tratamento dos fatos levantados;

III – definição de objetivos, nos regimes de empreitada por preço global, empreitada integral, contratação semi-integrada e contratação integrada, atendidos os requisitos técnicos, legais, orçamentários e financeiros, de acordo com as finalidades da contratação, devendo, ainda, ser perquirida a conformidade do preço global com os parâmetros de mercado para o objeto contratado, considerada inclusive a dimensão geográfica.

§ 1º Ao suspender cautelarmente o processo licitatório, o tribunal de contas deverá pronunciar-se definitivamente sobre o mérito da irregularidade que tenha dado causa à suspensão no prazo de 25 (vinte e cinco) dias úteis, contado da data do recebimento das informações a que se refere o § 2º deste artigo, prorrogável por igual período uma única vez, e definirá objetivamente:

I – as causas da ordem de suspensão;

II – o modo como será garantido o atendimento do interesse público obstado pela suspensão da licitação, no caso de objetos essenciais ou de contratação por emergência.

§ 2º Ao ser intimado da ordem de suspensão do processo licitatório, o órgão ou entidade deverá, no prazo de 10 (dez) dias úteis, admitida a prorrogação:

I – informar as medidas adotadas para cumprimento da decisão;

II – prestar todas as informações cabíveis;

III – proceder à apuração de responsabilidade, se for o caso.

§ 3º A decisão que examinar o mérito da medida cautelar a que se refere o § 1º deste artigo deverá definir as medidas necessárias e adequadas, em face das alternativas possíveis, para o saneamento do processo licitatório, ou determinar a sua anulação.

§ 4º O descumprimento do disposto no § 2º deste artigo ensejará a apuração de responsabilidade e a obrigação de reparação do prejuízo causado ao erário.

Art. 172. (VETADO)

Textos vetados:

"Os órgãos de controle deverão orientar-se pelos enunciados das súmulas do Tribunal de Contas da União relativos à aplicação desta Lei, de modo a garantir uniformidade de entendimentos e a propiciar segurança jurídica aos interessados".

*"Parágrafo único. A decisão que não acompanhar a orientação a que se refere o **caput** deste artigo deverá apresentar motivos relevantes devidamente justificados".*

Razões do veto:

"A propositura estabelece que os órgãos de controle deverão orientar-se pelos enunciados das súmulas do Tribunal de Contas da União relativos à aplicação desta Lei, de modo a garantir uniformidade de entendimentos e a propiciar segurança jurídica aos interessados.

Entretanto, e em que pese o mérito da propositura, o dispositivo ao criar força vinculante às súmulas do Tribunal de Contas da União, viola o princípio da separação dos poderes (art. 2º, CF), bem como viola o princípio do pacto federativo (art. 1º, CF) e a autonomia dos Estados, Distrito Federal e Municípios (art. 18, CF)"

Art. 173. Os tribunais de contas deverão, por meio de suas escolas de contas, promover eventos de capacitação para os servidores efetivos e empregados públicos designados para o desempenho das funções essenciais à execução desta Lei, incluídos cursos presenciais e a distância, redes de aprendizagem, seminários e congressos sobre contratações públicas.

TÍTULO V
DISPOSIÇÕES GERAIS
CAPÍTULO I
DO PORTAL NACIONAL DE CONTRATAÇÕES PÚBLICAS (PNCP)

Art. 174. É criado o Portal Nacional de Contratações Públicas (PNCP), sítio eletrônico oficial destinado à:

I – divulgação centralizada e obrigatória dos atos exigidos por esta Lei;

II – realização facultativa das contratações pelos órgãos e entidades dos Poderes Executivo, Legislativo e Judiciário de todos os entes federativos.

§ 1º O PNCP será gerido pelo Comitê Gestor da Rede Nacional de Contratações Públicas, a ser presidido por representante indicado pelo Presidente da República e composto de:

I – 3 (três) representantes da União indicados pelo Presidente da República;

II – 2 (dois) representantes dos Estados e do Distrito Federal indicados pelo Conselho Nacional de Secretários de Estado da Administração;

III – 2 (dois) representantes dos Municípios indicados pela Confederação Nacional de Municípios.

§ 2º O PNCP conterá, entre outras, as seguintes informações acerca das contratações:

I – planos de contratação anuais;

II – catálogos eletrônicos de padronização;

III – editais de credenciamento e de pré-qualificação, avisos de contratação direta e editais de licitação e respectivos anexos;

IV – atas de registro de preços;

V – contratos e termos aditivos;

VI – notas fiscais eletrônicas, quando for o caso.

§ 3º O PNCP deverá, entre outras funcionalidades, oferecer:

I – sistema de registro cadastral unificado;

II – painel para consulta de preços, banco de preços em saúde e acesso à base nacional de notas fiscais eletrônicas;

III – sistema de planejamento e gerenciamento de contratações, incluído o cadastro de atesto de cumprimento de obrigações previsto no § 4º do art. 88 desta Lei;

IV – sistema eletrônico para a realização de sessões públicas;

V – acesso ao Cadastro Nacional de Empresas Inidôneas e Suspensas (Ceis) e ao Cadastro Nacional de Empresas Punidas (Cnep);

VI – sistema de gestão compartilhada com a sociedade de informações referentes à execução do contrato, que possibilite:

a) envio, registro, armazenamento e divulgação de mensagens de texto ou imagens pelo interessado previamente identificado;

b) acesso ao sistema informatizado de acompanhamento de obras a que se refere o inciso III do **caput** do art. 19 desta Lei;

c) comunicação entre a população e representantes da Administração e do contratado designados para prestar as informações e esclarecimentos pertinentes, na forma de regulamento;

d) divulgação, na forma de regulamento, de relatório final com informações sobre a consecução dos objetivos que tenham justificado a contratação e eventuais condutas a serem adotadas para o aprimoramento das atividades da Administração.

§ 4º O PNCP adotará o formato de dados abertos e observará as exigências previstas na Lei nº 12.527, de 18 de novembro de 2011.

§ 5º (VETADO)

Texto vetado:

"A base nacional de notas fiscais eletrônicas conterá as notas fiscais e os documentos auxiliares destinados a órgão ou entidade da Administração Pública, que serão de livre consulta pública, sem constituir violação de sigilo fiscal".

Razões do veto:

"A propositura legislativa estabelece que a base nacional de notas fiscais eletrônicas conterá as notas fiscais e os documentos auxiliares destinados a órgão ou entidade da Administração Pública, que serão de livre consulta pública, sem constituir violação de sigilo fiscal.

Contudo, embora se reconheça meritória a iniciativa do legislador, a medida contraria o interesse público, tendo em vista que permite consulta irrestrita a base nacional de notas fiscais eletrônicas, sem prever exceção relacionada à necessidade de sigilo, notadamente nos casos relacionados à segurança pública ou nacional.

Ademais, a ausência de previsão nesse sentido pode resultar na possibilidade de conhecimento pela sociedade em geral, incluídas, por exemplo, as organizações criminosas, de informações que necessitam ter sigilo podendo resultar em risco às seguranças mencionadas.

Por fim, a matéria já está regulamentada pelo Decreto nº 10.209, de 2020, a qual 'dispõe sobre a requisição de informações e documentos e sobre o compartilhamento de informações protegidas pelo sigilo fiscal".

Art. 175. Sem prejuízo do disposto no art. 174 desta Lei, os entes federativos poderão instituir sítio eletrônico oficial para divulgação complementar e realização das respectivas contratações.

§ 1º Desde que mantida a integração com o PNCP, as contratações poderão ser realizadas por meio de sistema eletrônico fornecido por pessoa jurídica de direito privado, na forma de regulamento.

§ 2º (VETADO)

Texto vetado:

"Até 31 de dezembro de 2023, os Municípios deverão realizar divulgação complementar de suas contratações mediante publicação de extrato de edital de licitação em jornal diário de grande circulação local".

Razões do veto:

"A propositura estabelece que os entes federativos poderão instituir sítio eletrônico oficial para divulgação complementar e realização das respectivas contratações, e que, até 31 de dezembro de 2023, os Municípios deverão realizar divulgação complementar de suas contratações mediante publicação de extrato de edital de licitação em jornal de grande circulação local.

Todavia, e embora se reconheça o mérito da proposta, a determinação de publicação em jornal de grande circulação contraria o interesse público por ser uma medida desnecessária e antieconômica, tendo em vista que a divulgação em 'sítio eletrônico oficial' atende ao princípio constitucional da publicidade.

Além disso, tem-se que o princípio da publicidade, disposto no art. 37, **caput** *da Constituição da República, já seria devidamente observado com a previsão contida no* **caput** *do art. 54, que prevê a divulgação dos instrumentos de contratação no Portal Nacional de Contratações Públicas (PNCP), o qual passará a centralizar a publicidade dos atos relativos às contratações públicas".*

Art. 176. Os Municípios com até 20.000 (vinte mil) habitantes terão o prazo de 6 (seis) anos, contado da data de publicação desta Lei, para cumprimento:

I – dos requisitos estabelecidos no art. 7º e no **caput** do art. 8º desta Lei;

II – da obrigatoriedade de realização da licitação sob a forma eletrônica a que se refere o § 2º do art. 17 desta Lei;

III – das regras relativas à divulgação em sítio eletrônico oficial.

Parágrafo único. Enquanto não adotarem o PNCP, os Municípios a que se refere o **caput** deste artigo deverão:

I – publicar, em diário oficial, as informações que esta Lei exige que sejam divulgadas em sítio eletrônico oficial, admitida a publicação de extrato;

II – disponibilizar a versão física dos documentos em suas repartições, vedada a cobrança de qualquer valor, salvo o referente ao fornecimento de edital ou de cópia de documento, que não será superior ao custo de sua reprodução gráfica.

CAPÍTULO II
DAS ALTERAÇÕES LEGISLATIVAS

Art. 177. O caput do art. 1.048 da Lei n° 13.105, de 16 de março de 2015 (Código de Processo Civil), passa a vigorar acrescido do seguinte inciso IV:

"Art. 1.048

IV – em que se discuta a aplicação do disposto nas normas gerais de licitação e contratação a que se refere o inciso XXVII do **caput** do art. 22 da Constituição Federal." (NR)

Art. 178. O Título XI da Parte Especial do Decreto-Lei n° 2.848, de 7 de dezembro de 1940 (Código Penal), passa a vigorar acrescido do seguinte Capítulo II-B:

"CAPÍTULO II-B
DOS CRIMES EM LICITAÇÕES E CONTRATOS ADMINISTRATIVOS

Contratação direta ilegal

Art. 337-E. Admitir, possibilitar ou dar causa à contratação direta fora das hipóteses previstas em lei:

Pena – reclusão, de 4 (quatro) a 8 (oito) anos, e multa.

Frustração do caráter competitivo de licitação

Art. 337-F. Frustrar ou fraudar, com o intuito de obter para si ou para outrem vantagem decorrente da adjudicação do objeto da licitação, o caráter competitivo do processo licitatório:

Pena – reclusão, de 4 (quatro) anos a 8 (oito) anos, e multa.

Patrocínio de contratação indevida

Art. 337-G. Patrocinar, direta ou indiretamente, interesse privado perante a Administração Pública, dando causa à instauração de licitação ou à celebração de contrato cuja invalidação vier a ser decretada pelo Poder Judiciário:

Pena – reclusão, de 6 (seis) meses a 3 (três) anos, e multa.

Modificação ou pagamento irregular em contrato administrativo

Art. 337-H. Admitir, possibilitar ou dar causa a qualquer modificação ou vantagem, inclusive prorrogação contratual, em favor do contratado, durante a execução dos contratos celebrados com a Administração Pública, sem autorização em lei, no edital da licitação ou nos respectivos instrumentos contratuais, ou, ainda, pagar fatura com preterição da ordem cronológica de sua exigibilidade:

Pena – reclusão, de 4 (quatro) anos a 8 (oito) anos, e multa.

Perturbação de processo licitatório

Art. 337-1. Impedir, perturbar ou fraudar a realização de qualquer ato de processo licitatório:

Pena – detenção, de 6 (seis) meses a 3 (três) anos, e multa.

Violação de sigilo em licitação

Art. 337-J. Devassar o sigilo de proposta apresentada em processo licitatório ou proporcionar a terceiro o ensejo de devassá-lo:

Pena – detenção, de 2 (dois) anos a 3 (três) anos, e multa.

Afastamento de licitante

Art. 337-K. Afastar ou tentar afastar licitante por meio de violência, grave ameaça, fraude ou oferecimento de vantagem de qualquer tipo:

Pena – reclusão, de 3 (três) anos a 5 (cinco) anos, e multa, além da pena correspondente à violência.

Parágrafo único. Incorre na mesma pena quem se abstém ou desiste de licitar em razão de vantagem oferecida.

Fraude em licitação ou contrato

Art. 337-L. Fraudar, em prejuízo da Administração Pública, licitação ou contrato dela decorrente, mediante:

I – entrega de mercadoria ou prestação de serviços com qualidade ou em quantidade diversas das previstas no edital ou nos instrumentos contratuais;

II – fornecimento, como verdadeira ou perfeita, de mercadoria falsificada, deteriorada, inservível para consumo ou com prazo de validade vencido;

III – entrega de uma mercadoria por outra;

IV – alteração da substância, qualidade ou quantidade da mercadoria ou do serviço fornecido;

V – qualquer meio fraudulento que torne injustamente mais onerosa para a Administração Pública a proposta ou a execução do contrato:

Pena – reclusão, de 4 (quatro) anos a 8 (oito) anos, e multa.

Contratação inidônea

Art. 337-M. Admitir à licitação empresa ou profissional declarado inidôneo:

Pena – reclusão, de 1 (um) ano a 3 (três) anos, e multa.

§ 1º Celebrar contrato com empresa ou profissional declarado inidôneo:

Pena – reclusão, de 3 (três) anos a 6 (seis) anos, e multa.

§ 2º Incide na mesma pena do **caput** deste artigo aquele que, declarado inidôneo, venha a participar de licitação e, na mesma pena do § 1º deste artigo, aquele que, declarado inidôneo, venha a contratar com a Administração Pública.

Impedimento indevido

Art. 337-N. Obstar, impedir ou dificultar injustamente a inscrição de qualquer interessado nos registros cadastrais ou promover indevidamente a alteração, a suspensão ou o cancelamento de registro do inscrito:

Pena – reclusão, de 6 (seis) meses a 2 (dois) anos, e multa.

Omissão grave de dado ou de informação por projetista

Art. 337-O. Omitir, modificar ou entregar à Administração Pública levantamento cadastral ou condição de contorno em relevante dissonância com a realidade, em frustração ao caráter competitivo da licitação ou em detrimento da seleção da proposta mais vantajosa para a Administração Pública, em contratação para a elaboração de projeto básico, projeto executivo ou anteprojeto, em diálogo competitivo ou em procedimento de manifestação de interesse:

Pena – reclusão, de 6 (seis) meses a 3 (três) anos, e multa.

§ 1º Consideram-se condição de contorno as informações e os levantamentos suficientes e necessários para a definição da solução de projeto e dos respectivos preços pelo licitante, incluídos sondagens, topografia, estudos de demanda, condições ambientais e demais elementos ambientais impactantes, considerados requisitos mínimos ou obrigatórios em normas técnicas que orientam a elaboração de projetos.

§ 2º Se o crime é praticado com o fim de obter benefício, direto ou indireto, próprio ou de outrem, aplica-se em dobro a pena prevista no **caput** deste artigo.

Art. 337-P. A pena de multa cominada aos crimes previstos neste Capítulo seguirá a metodologia de cálculo prevista neste Código e não poderá ser inferior a 2% (dois por cento) do valor do contrato licitado ou celebrado com contratação direta."

Art. 179. Os incisos II e III do **caput** do art. 2º da Lei nº 8.987, de 13 de fevereiro de 1995, passam a vigorar com a seguinte redação:

"Art. 2º ....

II – concessão de serviço público: a delegação de sua prestação, feita pelo poder concedente, mediante licitação, na modalidade concorrência ou diálogo competitivo, a pessoa jurídica ou consórcio de empresas que demonstre capacidade para seu desempenho, por sua conta e risco e por prazo determinado;

III – concessão de serviço público precedida da execução de obra pública: a construção, total ou parcial, conservação, reforma, ampliação ou melhoramento de quaisquer obras de interesse público, delegados pelo poder concedente, mediante licitação, na modalidade concorrência ou diálogo competitivo, a pessoa jurídica ou consórcio de empresas que demonstre capacidade para a sua realização, por sua conta e risco, de forma que o investimento da concessionária seja remunerado e amortizado mediante a exploração do serviço ou da obra por prazo determinado;.." (NR)

Art. 180. O **caput** do art. 10 da Lei nº 11.079, de 30 de dezembro de 2004, passa a vigorar com a seguinte redação:

"Art. 10. A contratação de parceria público-privada será precedida de licitação na modalidade concorrência ou diálogo competitivo, estando a abertura do processo licitatório condicionada a:.." (NR)

CAPÍTULO III
DISPOSIÇÕES TRANSITÓRIAS E FINAIS

Art. 181. Os entes federativos instituirão centrais de compras, com o objetivo de realizar compras em grande escala, para atender a diversos órgãos e entidades sob sua competência e atingir as finalidades desta Lei.

Parágrafo único. No caso dos Municípios com até 10.000 (dez mil) habitantes, serão preferencialmente constituídos consórcios públicos para a realização das atividades previstas no **caput** deste artigo, nos termos da Lei nº 11.107, de 6 de abril de 2005.

Art. 182. O Poder Executivo federal atualizará, a cada dia 1º de janeiro, pelo Índice Nacional de Preços ao Consumidor Amplo Especial (IPCA-E) ou por índice que venha a substituí-lo, os valores fixados por esta Lei, os quais serão divulgados no PNCP.

Art. 183. Os prazos previstos nesta Lei serão contados com exclusão do dia do começo e inclusão do dia do vencimento e observarão as seguintes disposições:

I – os prazos expressos em dias corridos serão computados de modo contínuo;

II – os prazos expressos em meses ou anos serão computados de data a data;

III – nos prazos expressos em dias úteis, serão computados somente os dias em que ocorrer expediente administrativo no órgão ou entidade competente.

§ 1º Salvo disposição em contrário, considera-se dia do começo do prazo:

I – o primeiro dia útil seguinte ao da disponibilização da informação na internet;

II – a data de juntada aos autos do aviso de recebimento, quando a notificação for pelos correios.

§ 2º Considera-se prorrogado o prazo até o primeiro dia útil seguinte se o vencimento cair em dia em que não houver expediente, se o expediente for encerrado antes da hora normal ou se houver indisponibilidade da comunicação eletrônica.

§ 3º Na hipótese do inciso II do **caput** deste artigo, se no mês do vencimento não houver o dia equivalente àquele do início do prazo, considera-se como termo o último dia do mês.

Art. 184. Aplicam-se as disposições desta Lei, no que couber e na ausência de norma específica, aos convênios, acordos, ajustes e outros instrumentos congêneres celebrados por órgãos e entidades da Administração Pública, na forma estabelecida em regulamento do Poder Executivo federal.

Art. 185. Aplicam-se às licitações e aos contratos regidos pela Lei nº 13.303, de 30 de junho de 2016, as disposições do Capítulo II-B do Título XI da Parte Especial do Decreto-Lei nº 2.848, de 7 de dezembro de 1940 (Código Penal).

Art. 186. Aplicam-se as disposições desta Lei subsidiariamente à Lei nº 8.987, de 13 de fevereiro de 1995, à Lei nº 11.079, de 30 de dezembro de 2004, e à Lei nº 12.232, de 29 de abril de 2010.

Art. 187. Os Estados, o Distrito Federal e os Municípios poderão aplicar os regulamentos editados pela União para execução desta Lei.

Art. 188. (VETADO)

Texto vetado:

"Ao regulamentar o disposto nesta Lei, os entes federativos editarão, preferencialmente, apenas 1 (um) ato normativo".

Razões do veto:

"A propositura legislativa dispõe que ao regulamentar o disposto nesta Lei, os entes federativos editarão, preferencialmente, apenas 1 (um) ato normativo.

Entretanto, e em que pese o mérito da proposta, o dispositivo incorre em vício de inconstitucionalidade formal, por se tratar de matéria reservada à Lei Complementar, nos termos do parágrafo único do art. 59 da Constituição da República, o qual determina que lei complementar disporá sobre a elaboração, redação, alteração e consolidação das leis".

Art. 189. Aplica-se esta Lei às hipóteses previstas na legislação que façam referência expressa à Lei nº 8.666, de 21 de junho de 1993, à Lei nº 10.520, de 17 de julho de 2002, e aos arts. 1º a 47-A da Lei nº 12.462, de 4 de agosto de 2011.

Art. 190. O contrato cujo instrumento tenha sido assinado antes da entrada em vigor desta Lei continuará a ser regido de acordo com as regras previstas na legislação revogada.

Art. 191. Até o decurso do prazo de que trata o inciso II do **caput** do art. 193, a Administração poderá optar por licitar ou contratar diretamente de acordo com esta Lei ou de acordo com as leis citadas no referido inciso, e a opção escolhida deverá ser indicada expressamente no edital ou no aviso ou instrumento de contratação direta, vedada a aplicação combinada desta Lei com as citadas no referido inciso.

Parágrafo único. Na hipótese do **caput** deste artigo, se a Administração optar por licitar de acordo com as leis citadas no inciso II do **caput** do art. 193 desta Lei, o contrato respectivo será regido pelas regras nelas previstas durante toda a sua vigência.

Art. 192. O contrato relativo a imóvel do patrimônio da União ou de suas autarquias e fundações continuará regido pela legislação pertinente, aplicada esta Lei subsidiariamente.

Art. 193. Revogam-se:

I – os arts. 89 a 108 da Lei nº 8.666, de 21 de junho de 1993, na data de publicação desta Lei;

II – a Lei nº 8.666, de 21 de junho de 1993, a Lei nº 10.520, de 17 de julho de 2002, e os arts. 1º a 47-A da Lei nº 12.462, de 4 de agosto de 2011, após decorridos 2 (dois) anos da publicação oficial desta Lei.

Art. 194. Esta Lei entra em vigor na data de sua publicação.

Brasília, 1º de abril de 2021;
200º da Independência e 133º da República.

JAIR MESSIAS BOLSONARO
Anderson Gustavo Torres
Paulo Guedes
Tarcisio Gomes de Freitas
Marcelo Antônio Cartaxo Queiroga Lopes
Wagner de Campos Rosário
André Luiz de Almeida Mendonça

(Publicada no Diário Oficial da União de 1º.04.2021 – Edição extra-F)

REFERÊNCIAS BIBLIOGRÁFICAS

AFONSO DA SILVA, José. *Curso de Direito Constitucional Positivo.* 12. ed. São Paulo: Malheiros, 1996.

AFONSO DA SILVA, José. Licitações. *Revista de Direito Público,* 7/53.

AMARAL, Antonio Carlos Cintra do. *Licitações nas Empresas Estatais.* São Paulo: McGraw-Hill, 1997.

AMARAL, Antonio Carlos Cintra do. Qualificação Técnica da Empresa na Nova Lei de Licitações e Contatos Administrativos. *Revista Trimestral de Direito Público,* nº 5, ag. 1993.

BANDEIRA DE MELLOP, Celso Antonio. *Curso de Direito Administrativo.* 4. ed. São Paulo: Malheiros, 1993.

BANDEIRA DE MELLOP, Celso Antonio. *Elementos de Direito Administrativo.* São Paulo: Malheiros, 1992.

BANDEIRA DE MELLOP, Celso Antonio. *Licitação.* São Paulo: Revista dos Tribunais, 1980.

BLANCHET, Luiz Alberto. *Roteiro Prático das Licitações.* 6. ed. Curitiba: Juruá, 2003.

BORGES, Alice Gonzalez. Normas Gerais nas Licitações e Contratos Administrativos. *Revista de Direito Público,* 96/81, 1993.

BORGES, Alice Gonzalez. Normas Gerais no Estatuto de Licitações e Contratos Administrativos. São Paulo. *Revista dos Tribunais,* 1991.

DALLARI, Adilson Abreu. *Aspectos Jurídicos da Licitação.* 4. ed. São Paulo: Saraiva, 1997.

DI PIETRO, Maria Sylvia Zanella, *Direito Administrativo*. 12. ed. São Paulo: Atlas, 2000.

FIGUEIREDO, Lúcia Valle. *Direitos dos Licitantes*. 2. ed. São Paulo: Revista dos Tribunais, 1981.

FURTADO, Lucas Rocha, *Curso de Licitações e Contratos Administrativos*. São Paulo: Atlas, 2001.

JUSTEN FILHO, Marçal. *Pregão:* Comentários à Legislação do Pregão Comum e Eletrônico. São Paulo: Dialética, 2001.

JUSTEN FILHO, Marçal. *Comentários à Lei de Licitações e Contatos Administrativos*. 6. ed. São Paulo: Dialética, 1999.

MEIRELLES, Hely Lopes. *Direito Administrativo Brasileiro*. 21. ed. São Paulo: Malheiros, 1996.

MEIRELLES, Hely Lopes. *Licitação e Contrato Administrativo*. 9. ed. São Paulo. Revista dos Tribunais, 1988.

MENDES, Renato Geraldo. *O Regime Jurídico das Contratações Públicas*. Curitiba, Zênite, 2008.

MENDES, Renato Geraldo. *O Processo de Contratação Pública:* Fases, Etapas e Atos. Curitiba: Zênite, 2012.

MENDES, Renato Geraldo. *Lei de Licitações e Contratos Anotada*. 3. ed. Curitiba: Zênite, 1998.

MOTTA, Carlos Pinto Coelho. *Eficácia nas Licitações e Contatos Administrativos*. 2. ed. São Paulo: Saraiva, 1995.

MUKAY, Toshio. *Estudos Jurídicos de Licitações e Contratos Administrativos*. 2. ed. São Paulo: Saraiva, 1990.

PEREIRA JÚNIOR, Jessé Torres. *Comentários à Lei de Licitações e Contratações da Administração Pública*. 6. ed. Rio de Janeiro: Renovar, 2003.

SOUTO, Marcos Juruena Villela. *Licitações & Contratos Administrativos*. 2. ed. Esplanada – Adcoas, 1994.